高等职业教育经典系列教材·财务会计类

业财融合信息化

（用友 U8 V10.1）

主　编　王顺金
编　者　程范涛　曾维维

北京理工大学出版社
BEIJING INSTITUTE OF TECHNOLOGY PRESS

内 容 简 介

本书采用"情境创建与任务实现"的编写体系。学习情境有9个板块：业财融合的系统管理信息化、业财融合基础设置信息化、系统初始数据一体信息化、总账系统信息化、客商往来与固定资产信息化、供应链循环一体信息化、供应链业财融合信息化、系统期末处理一体信息化、财务会计报表信息化。

本书以基于过程的工作任务驱动学习任务的需要来设计编写内容。在结构上，工作任务由任务工单、信息化流程、技能拓展、技能提示等组成；在内容上，采用过程分析法、任务还原法、知识筛选法与任务归并法，用基于业财融合信息化流程的工作任务来设计学习任务。

本书有丰富的数字化学习资源，包括"自主学习""拓展学习""视频学习"等二维码资源，"学银在线""学习通"等线上课程平台，课程标准、授课计划、课业设计、习题答案、实训指导、备份账套与考核试卷等优质教学资源。

版权专有　侵权必究

图书在版编目（CIP）数据

业财融合信息化：用友 U8 V10.1 / 王顺金主编. ‒‒
北京：北京理工大学出版社，2021.11（2021.12 重印）
　ISBN 978‒7‒5763‒0724‒5

Ⅰ. ①业… Ⅱ. ①王… Ⅲ. ①会计信息‒财务管理系统 Ⅳ. ①F232

中国版本图书馆 CIP 数据核字（2021）第 262572 号

出版发行 /	北京理工大学出版社有限责任公司
社　　址 /	北京市海淀区中关村南大街 5 号
邮　　编 /	100081
电　　话 /	（010）68914775（总编室）
	（010）82562903（教材售后服务热线）
	（010）68944723（其他图书服务热线）
网　　址 /	http：//www.bitpress.com.cn
经　　销 /	全国各地新华书店
印　　刷 /	河北盛世彩捷印刷有限公司
开　　本 /	787 毫米 × 1092 毫米　1/16
印　　张 /	19.5
字　　数 /	454 千字
版　　次 /	2021 年 11 月第 1 版　2021 年 12 月第 2 次印刷
定　　价 /	55.00 元

责任编辑 /	徐艳君
文案编辑 /	徐艳君
责任校对 /	周瑞红
责任印制 /	施胜娟

图书出现印装质量问题，请拨打售后服务热线，本社负责调换

前　言

中国实施信息化国家发展战略，财政部全面推进我国会计信息化工作，企事业单位应当实现会计信息化与经营管理信息化融合，即业财融合信息化。业财融合信息化也称财务业务一体信息化，基本目标是"数出一门、资源共享，便于不同信息使用者获取、分析和利用，进行投资和相关决策"。财政部《企业会计信息化工作规范》要求，企业应当促进会计信息系统与业务信息系统的一体化，提高业务数据与会计数据的一致性，实现企业内部信息资源共享。

本书依托用友 U8V10.1 软件，以工业企业一般纳税人典型的财务会计与购销存（供应链）信息化活动为载体，依据最新的《企业会计准则》及最新的财政税收法规，在"工作任务"驱动下详细介绍企业实施财务会计与供应链（SCM）业财融合的信息化流程。

本书采用"情境创建与任务实现"的结构体系，根据国务院《国家职业教育改革实施方案》的要求由校企双元合作开发并编写。由行业与企业专家确定财务会计与供应链信息化中的典型工作任务，学校专家归并信息化应用的情境领域，校外专家论证任务与情境领域，校企专家共同设计学习情境，使学习情境与实际的业财融合信息化应用领域对接，学习任务与仿真的工作任务对接。本书设计了 9 个学习情境：业财融合的系统管理信息化、业财融合基础设置信息化、系统初始数据一体信息化、总账系统信息化、客商往来与固定资产信息化、供应链循环一体信息化、供应链业财融合信息化、系统期末处理一体信息化、财务会计报表信息化。

本书以基于过程的工作任务驱动学习任务的需要来设计编写内容。通过过程分析法，将企业财务会计、购销存信息化流程进行分解、排序，整合为典型的工作流程，分析完成这些流程所需要的理论知识、技能技术。通过任务还原法，消除多余的或非必需的工作流程、工作节点，转换为典型的工作任务。通过知识筛选法，过滤、摒弃无关的理论叙述与知识介绍，精析信息化理论并在工作任务需要时才呈现这些理论，将理论与技能巧妙地隐含在每个具体任务之中。通过任务归并法，将工作任务、信息化流程、工作成果与理论精析等，进行组合、调整与序化，改造为学习任务。通过理实融合法，按照理论与技能服务于所需完成的工作任务，工作任务驱动学习任务，以"理实一体"的方法进行每个学习任务的理论与技能的融合编写。书中设计的每个工作任务，都有一个或多个新的技能点、训练点，所以，在本书的任务驱动下，完成每个工作任务均有不同的收获。

本书的逻辑思路是：通过"任务工单"向读者呈现"工作目标"，工作目标构建后将产生强烈的"动手欲望"；通过"信息化流程"完成工作任务并驱动学习活动，以实现工作目标，培养读者发现问题、分析问题与解决问题的能力；通过"技能拓展""技能提示""理论精析""效果验证"教材模块、教材二维码资源，以及线上线下"混合学习"课程平台，深化企业信息化理论与技能的融合，最终实现本课程学习的技能目标、理论目标与素质目标（课程思政）。所以，本书的结构体例为：每个学习情境由多个学习任务构成，每个学习任务由一个或多个工作任务驱动，工作任务由任务工单、信息化流程、技能拓展、技能

混合学习
线上课程
平台与试题

<u>提示等栏目组成。</u>

  本书可在"理实一体"或"教学做融合"的教学中使用，教学做融合的效果更佳。教学做融合即"做中教、做中学、做中考"，学生在任务驱动中边学边练、教师边教边指导，强调"技能是学出来而非讲出来或听出来的"。为了检查学习效果，本书在每个学习情境后都附有学习效果验证，包括单选题、多选题、判断题与实训题。为了增强学习的主动性，本书进行了教材的"立体开发"，附<u>有丰富的数字化学习资源</u>，包括"自主学习""拓展学习""视频学习""职业素质（思政）案例"等二维码资源。

  为了适应信息化教育教学的"互联网＋职业教育"改革要求，我们依据本书的内容进行了"学银在线""学习通"等<u>线上课程平台的建设，满足线上线下混合学习</u>的需要。同时，为了满足教学活动的需要，减轻教师的工作量，我们将本书的主要内容，以及本课程的课程标准、授课计划、课业设计、习题答案、实训指导与考核试卷等<u>优质教学资源，制作成电子书</u>供教师参考使用（主编联系邮箱：798669490@qq.com）。

  本书是2012年北京理工大学出版社出版的王顺金学术专著《财务业务一体信息化技术研究》的修改再版，曾获四川省高等教育优秀科研成果一等奖、中国交通教育研究会教育科学优秀成果奖。本书由重庆电子工程职业学院程范涛（讲师）撰写学习情境一（业财融合的系统管理信息化），重庆电子工程职业学院曾维维（副教授）撰写学习情境二（业财融合基础设置信息化），其余由重庆电子工程职业学院王顺金（教授）撰写。

  本书在撰写过程中广泛参阅了国内外的教材与专著，借鉴了同行的其他教学研究成果，得到了新道科技有限公司侯爱华总经理及瞿刚经理、四川福瑞斯司律师事务所李文主任（硕士）、四川巨丰会计师事务所有限责任公司於红主任会计师、四川万家宏建筑工程有限公司王伦总经理及王萍经理的大力帮助与支持，在此表示由衷的感谢。由于作者的学识水平有限，书中定有不少缺点和疏漏，恳请读者批评指正。

课程标准

目 录

学习情境一　业财融合的系统管理信息化

学习任务1　用友 U8 V10.1 安装配置 …………………………………… 2
学习任务2　账套管理信息化 …………………………………………… 7
学习任务3　系统权限管理信息化 ……………………………………… 11
学习任务4　信息系统安全监管 ………………………………………… 18
学习任务5　学习效果验证 ……………………………………………… 20

学习情境二　业财融合基础设置信息化

学习任务1　公用档案信息化 …………………………………………… 23
学习任务2　财务档案信息化 …………………………………………… 28
学习任务3　客商与结算档案信息化 …………………………………… 39
学习任务4　物流档案信息化 …………………………………………… 44
学习任务5　学习效果验证 ……………………………………………… 49

学习情境三　系统初始数据一体信息化

学习任务1　业务往来款初始信息化 …………………………………… 54
学习任务2　总账系统初始信息化 ……………………………………… 63
学习任务3　固定资产初始信息化 ……………………………………… 72
学习任务4　供应链管理初始信息化 …………………………………… 78
学习任务5　学习效果验证 ……………………………………………… 87

学习情境四　总账系统信息化

学习任务1　电子记账凭证信息化 ……………………………………… 91
学习任务2　账务处理信息化 …………………………………………… 104
学习任务3　出纳与职工薪酬信息化 …………………………………… 120
学习任务4　学习效果验证 ……………………………………………… 130

学习情境五　客商往来与固定资产信息化

学习任务1　客户往来业财融合信息化 ………………………………… 134

学习任务2　供应商往来业财融合信息化 …… 151
学习任务3　固定资产业财融合信息化 …… 161
学习任务4　学习效果验证 …… 168

学习情境六　供应链循环一体信息化

学习任务1　销售与收款循环一体信息化 …… 171
学习任务2　采购与付款循环一体信息化 …… 176
学习任务3　库存与核算循环一体信息化 …… 179
学习任务4　学习效果验证 …… 191

学习情境七　供应链业财融合信息化

学习任务1　仓存业财融合信息化 …… 194
学习任务2　销售与收款业财融合信息化 …… 202
学习任务3　采购与付款业财融合信息化 …… 220
学习任务4　供应链专项业财融合信息化 …… 237
学习任务5　学习效果验证 …… 251

学习情境八　系统期末处理一体信息化

学习任务1　往来期末处理信息化 …… 255
学习任务2　总账自动转账信息化 …… 258
学习任务3　生产与销售成本信息化 …… 265
学习任务4　损益结转与系统结账信息化 …… 271
学习任务5　学习效果验证 …… 276

学习情境九　财务会计报表信息化

学习任务1　财务费用明细表信息化 …… 280
学习任务2　资产负债表信息化 …… 286
学习任务3　利润表与现金流量表信息化 …… 291
学习任务4　学习效果验证 …… 299

参 考 文 献/301

二维码资源导航

类别及数量	教材页码与二维码内容
混合学习 2 个	P001（前言）混合学习线上课程平台与试题、P300 线上课程平台与实验
自主学习 9 个	P020 自主学习 01、P049 自主学习 02、P087 自主学习 03、P130 自主学习 04、P168 自主学习 05、P191 自主学习 06、P251 自主学习 07、P276 自主学习 08、P299 自主学习 09
视频学习 26 个	P008 新建用友 U8 账套、P012 增加角色及设置权限、P018 信息系统运行监控、P023 设置用友 U8 部门档案、P037 增加辅助核算项目并挂接科目、P040 客户档案信息化、P054 坏账准备与结算方式、P068 系统对账与总账信息输出、P074 固定资产账套启用、P098 填制用友 U8 外币凭证、P104 填制凭证与生成常用凭证、P129 银行对账与未达账、P135 收款单业财融合信息化、P155 付款单标准信息化流程、P163 固定资产购入信息化、P171 发货单业财融合信息化、P176 现购发票信息化、P186 材料入库业财融合信息化、P194 采购入库业财融合信息化、P204 先票后货赊销信息化、P220 赊购在途信息化、P255 客商外币往来调汇信息化、P258 总账外币调汇信息化、P265 函数取数制造费用分配、P282 财务费用函数公式、P288 资产负债表函数公式
信息化技能 2 个	P003 安装 SQL Server2008、P253 渝北音桥商业信息化实验
职业素质案例 8 个	P006 财政部《企业会计信息化发展规划》、P026 经济日报：新基建新动力、P078 我国物流与供应链信息化发展回顾与展望、P097 财政部《增值税会计处理规定》、P149 应收应付账款风险防范、P175 防范电信网络诈骗、P200 案例：虚开发票涉案人员被判刑、P262 案例：不纳税申报的追征期为三年
教学文件 1 个	P002（前言）课程标准

学习情境一

业财融合的系统管理信息化

【技能目标】

掌握用友U8V10.1账套的新建、修改、删除、备份与恢复技能；掌握角色与操作员的增加、修改、删除与注销技能；掌握用户的权限管理与密码管理技能；掌握上机日志、清除任务与运行监控技能；掌握用友U8企业应用平台的登录与重注册技能；了解Windows操作系统、SQL数据库管理系统与用友U8软件的安装与配置技能。

【理论目标】

理解会计电算化、会计信息化与业财融合信息化的含义及关系；理解业财融合信息系统的构成；理解账套管理、用户与角色管理、操作权限管理与系统安全监管的核心内容。

【素质目标】

培养信息化工作的统筹规划意识，强化角色与岗位分工协作的职业素养，培养风险控制与遵纪守法的工作精神，增强信息安全的工作态度。

【思维导图】

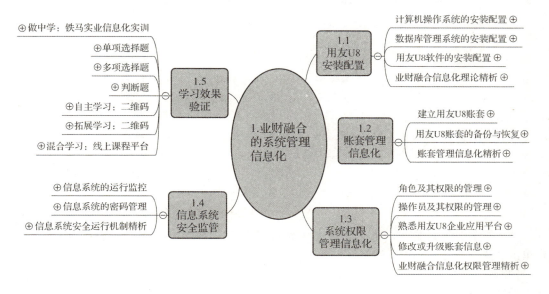

学习任务1　用友U8V10.1安装配置

一、计算机操作系统的安装配置

工作任务1.1　安装配置Windows操作系统

【任务工单】

根据用友U8V10.1等业财融合信息化软件的需要，安装并配置计算机Windows操作系统，以便安装管理信息化软件。

【信息化流程】

（1）安装操作系统。可以安装用友U8V10.1等业财融合信息化（也称财务业务一体信息化）软件的计算机Windows操作系统，主要有Windows11、Windows10、Windows8、Windows7、Windows2003、WindowsXP等版本。

（2）配置Windows10、Windows7等操作系统。操作系统缺省安装时没有安装信息服务功能，所以，需要在"控制面板"中配置安装Internet信息服务（IIS功能）。方法是：在"控制面板"中单击"打开或关闭Windows功能"，如图1.1（a）所示；然后展开"Internet信息服务"全部节点，勾选这些节点（FTP服务器、Web管理工具、万维网服务）中的所有选项，如图1.1（b）所示；单击"确定"按钮完成信息服务功能的安装（可能需要原Windows安装盘）。

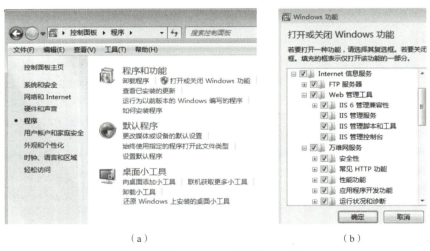

(a)　　　　　　　　　　　　　　(b)

图1.1　在Windows10中安装IIS功能

（3）配置计算机名称。在"计算机（我的电脑）"桌面图标上右击选择"属性"命令，再单击"更改设置"选项，然后将计算机名称修改为没有特殊字符的名称，如"SKY"等。

【技能拓展】

配置Windows Server 2003等操作系统：在"控制面板/添加删除Windows组件"中，勾选"ASP.NET、Internet信息服务（IIS）、启用网络COM+、启用网络DTC访问、应用程序服务器控制台"这5个选项，按向导的提示进行安装（需要原Windows 2003安装盘）。通过"管理工具\组件服务\服务（本地）"命令，将MS DTC的登录身份修改为"NT Authority\NetworkService"；再通过"管理工具\组件服务"命令，注销MS DTC后再重新启动MS DTC。

二、数据库管理系统的安装配置

工作任务1.2　安装并配置 SQL Server

【任务工单】

根据用友 U8V10.1 等业财融合信息化软件的需求，安装并配置 SQL Server 数据库管理系统，以便安装管理信息化软件。

【信息化流程】

（1）安装 SQL Server 2008 R2。用友 U8V10.1 软件使用的<u>数据库管理系统（DBMS）是 SQL Server 关系数据库管理系统</u>。双击该软件的安装文件"setup.exe"进入 SQL Server 安装中心，选择全新安装；根据向导进行检测、安装程序支持文件，选择 SQL Server 功能安装与默认实例，如图1.2所示。

安装 SQL
SERVER 2008

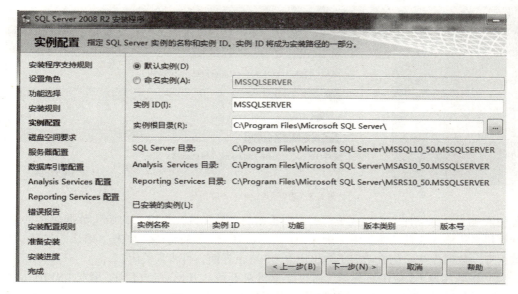

图1.2　SQL Server 2008 R2 安装向导

在 SQL 安装向导提示下进一步配置服务账户，设置 SA 的混合登录密码并添加当前用户等（安装过程较繁杂请参阅二维码资源），完成数据库管理系统的安装。

（2）安装后需要<u>设置"SQL Server 配置管理器"</u>；数据库配置完成后，在 SQL Server Management Studio 中用 SA 的密码连接，可访问企业管理器、查询分析器等 SQL Server 的所有组件。

【技能拓展】

（1）用友 U8V10.1、金蝶 K/3 等软件，还可以使用 SQL Server 2000 或 SQL Server 2005 数据库管理系统。主要安装选项有：在本地计算机上创建 SQL 默认实例，安装服务器和客户端工具，使用本地账户，采用 Windows 和 SQL 混合身份验证模式，录入 SA 登录的密码等。

（2）安装 SQL Server 2000 SP4，它是 MS SQL Server 2000 的补丁，在向导的提示下完成安装，安装中需要输入 SA 的密码、选择升级 SQL 选项等；安装完成后重新启动电脑。

三、用友 U8 软件的安装配置

工作任务 1.3　安装并配置用友 U8V10.1

【任务工单】

安装用友 U8V10.1 业财融合信息化软件与初始化数据库，完成该软件运行环境的配置，检查用友 U8 软件能否正常运行与使用。

【信息化流程】

（1）操作环境的检查。重新启动电脑以便启动 SQL Server 数据库服务，双击"用友 U8V10.1"安装文件夹中的"setup.exe"文件，根据安装向导提示对操作系统、浏览器、IIS 服务器、NET 运行环境等进行检查，并根据检测情况，安装缺少的组件。

（2）安装用友 U8V10.1。环境检查后，在向导提示下完成软件的安装，如图 1.3 所示。

图 1.3　用友 U8V10.1 安装向导

（3）初始化数据库。安装完成后，需要重新启动计算机；并按"初始化数据库"的提示，将计算机名称输入数据库实例中，录入 SQL Server 用户 SA 的密码，单击"确认"按钮，初始化数据库。数据库初始化成功后将弹出用友 U8 登录界面，可将其关闭。

（4）配置用友 U8 应用服务器。通过计算机左下角"开始\所有程序\用友 U8V10.1\系统服务\应用服务器配置"命令进入服务器配置工具界面，如图 1.4（a）所示，单击"数据库服务器"进入"数据源配置"界面，如图 1.4（b）所示。

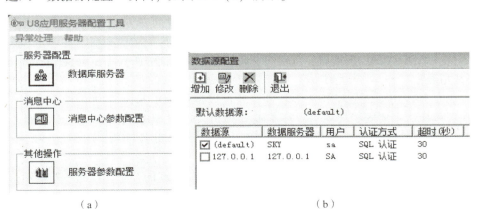

（a）　　　　　　　　　　　　　　（b）

图 1.4　配置用友 U8 应用服务器

单击"增加"按钮进入"新建数据源"界面，输入数据源 default、本机 IP 地址 127.0.0.1 或计算机名称（如"SKY"）；再输入安装 SQL Server 时设置的 SA 的密码，单击"测试连接"按钮，若提示"连接串测试成功"，则表明用友 U8 软件安装后可以正常使用。

【技能拓展】

用友 ERP－U872、用友 U8V11.0、用友 U8+V12.5、用友 U8+V13.0、用友 U8+V15.0、用友 U8+V16.1 等版本，以及金蝶 K/3 V8.8、金蝶 K/3 Wise 10.4、金蝶 K/3 Wise 16.0 等版本的业财融合信息化软件，与用友 U8V10.1 的安装方法类似。

四、业财融合信息化理论精析

（一）会计电算化

世界上第一台电子计算机 Enica（数字积分计算机）1946 年在美国诞生。1954 年美国通用电气公司首次利用计算机计算职工薪金，开始了会计处理手段的变革历程。20 世纪 60 年代末期，西方会计领域已普遍运用计算机替代人工进行各种会计数据的处理。

我国将计算机技术应用于会计数据处理始于 20 世纪 70 年代末。1979 年长春第一汽车制造厂大规模信息系统的设计与实施，是我国会计数据处理变革的一个里程碑。1981 年 8 月财政部、第一机械工业部、中国会计学会在长春召开的"财务、会计、成本应用电子计算机问题研讨会"，第一次提出了"会计电算化"概念。财政部 1989 年制定了第一个会计电算化管理规章《会计核算软件的几项规定》，1994 年颁布了《会计电算化管理办法》《会计核算软件基本功能规范》，1996 年制定了《会计电算化工作规范》等文件，在制度管理、软件管理与替代手工记账管理等方面全面步入正轨，推动了我国会计电算化的稳定、健康发展。到 21 世纪初我国大中型企业与事业单位的会计电算化（替代手工记账）已基本普及。

会计电算化是指将电子计算机处理技术应用到会计工作中，即在财务会计工作中，使用计算机代替人工记账、算账与报账，通常是会计核算数据的计算机处理。

（二）会计信息化

西方发达国家在 20 世纪 70 年代末期，会计领域已普遍运用计算机技术、网络技术融合处理各种会计数据，如集成进行会计核算、工资与固定资产的信息化管理，提供各种会计核算、资金流动有关的管理信息。国际会计师联合会 1987 年 10 月在日本东京召开的以"计算机在会计中的应用"为中心议题的第 13 届世界会计师大会，是会计信息化广泛普及的标志。

1999 年 4 月，中国会计学会在深圳召开的"会计信息化理论专家座谈会"上，首次提出"会计信息化"一词。我国 2006 年实施国家信息化发展战略（中共中央办公厅、国务院办公厅中办发〔2006〕11 号），2009 年财政部全面推进我国会计信息化工作（财会〔2009〕6 号），标志着我国从替代手工记账的"会计电算化"时代全面进入了"会计信息化"时代。

会计信息化是指企业利用计算机、网络通信等现代信息技术手段开展会计核算，以及利用上述技术手段将会计核算与其他经营管理活动有机结合的过程。

（三）业财融合信息化

计算机技术、网络技术的广泛应用，深刻地影响到了业务管理领域，比较典型的是物料需求计划（MRP）、销售自动化管理（SFA）、生产制造管理（PM）、客户关系管理（CRM）与供应链管理（SCM）等。西方发达国家在 20 世纪 80 年代基本上实现了对企业物流、工作流的业务管理信息化。我国经过 20 世纪末期的消化推广，部分企业在 21 世纪初逐步实现了业务管理信息化。

会计信息化侧重于资金价值流、工作流的信息化管理；业务管理信息化侧重于业务流、工作流的信息化管理。业务管理就学校而言，主要是学生管理、教务管理、后勤管理等；就工商企业而言，主要是购货与付款循环、销售与收款循环、仓存与核算循环等的供应链管理。会计信息化与业务管理信息化的相互独立，数据重复输入，必然形成各种"信息孤岛"，已越来越难以满足企业管理的需要。计算机与网络技术的发展，为其互联互通提供了强大的技术支持，20 世纪 80 年代末期，西方企业将财务会计与供应链集成，出现了财务业务一体化管理模式，并被广泛实施。企业财务与业务一体信息化，数据一致与信息资源共享，从而实现对企业物流、资金流、信息流和工作流等资源流的信息化综合管理。

20 世纪末期，我国开始推广、实施财务业务一体信息化，如用友公司 1998 年 12 月推出了用友 UFERP－M8.0，金蝶公司 1999 年 5 月发布了金蝶 K/3 V8.0 等财务业务一体信息化软件；国有商业银行、部分大型企业也成功实施了业务财务一体信息化管理。2009 年财政部全面推进我国会计信息化工作，要求 2020 年前"基本实现大型企事业单位会计信息化与经营管理信息化融合"，即财务业务一体信息化。2013 年 12 月财政部印发《企业会计信息化工作规范》（财会〔2013〕20 号），促进了会计信息系统与业务信息系统的初步融合，企业资源计划（ERP）逐步普及。2021 年 12 月财政部印发了《会计信息化发展规划（2021——2025 年）》（财会〔2021〕36 号），要求"深入推动单位业财融合和会计职能拓展，加快推进单位会计工作数字化转型"；明确了我国"十四五"期间会计信息化工作的首要目标是：应用电子凭证会计数据标准的原始凭证类型占所有原始凭证类型的 50%。

财政部《企业会计信息化发展规划》

财务业务一体信息化也称业财融合信息化，是指利用计算机、网络通信等现代信息技术手段将财务会计信息化与业务管理信息化集成，对企业物流、资金流、信息流和工作流等资源流的信息化综合管理。

（四）业财融合信息系统的配置

信息系统是指由信息化软件及其运行所依赖的软硬件环境组成的集合体。业财融合信息系统的运行，首要的任务是配置与安装计算机操作系统、数据库管理系统和业财融合信息化软件，并区分服务器、客户端与网络运行平台进行信息系统建设。

1. 选择计算机操作系统

（1）选择服务器操作系统。计算机网络服务器或网络平台，一般可分为数据库服务器、Web 服务器、应用服务器、通信服务器等。服务器的操作系统通常可在 Windows、Unix 和 Novell Netware 等网络操作系统间进行选择。相对而言，Windows 的安装、维护和管理比较简单，不限制各种流行软件的应用，一般不选用没有 Server（服务器）功能的 Windows 系统。

（2）选择客户端操作系统。网络客户端或工作站的操作系统，主要是依据信息系统软件对运行平台的要求确定，一般应选择 Windows 7 以上的操作系统。

2. 选择数据库管理系统

数据库管理系统主要在 SQL、Oracle、DB2、Sybase、Informix、Access、Foxpro 等产品之间选择，并受到购买的信息化软件限制。如，用友 U8、金蝶 K/3 等软件使用的是 SQL Server 或 Oracle，用友 UFERP－M8 等软件使用的是 Access，安易账务集成系统使用的是 Foxpro，速达软件使用的是 InterBase。

3. 配置业财融合信息化软件

企业应根据信息化解决方案与自身技术力量以及业务需求，考虑软件功能、安全性、稳定性、响应速度与可扩展性等要求，合理选择购买、定制开发、购买与开发相结合等方式配备信息化软件。

（1）购买软件是指购买由软件开发商研发的、经过有关部门或专家评审后在市场上销售的信息化软件。其特点是：内置较少的核算规则与管理方法，可以自行选择会计政策、设定核算与业务规则等，通用性较强；企业付款购买后即可获得软件的使用、培训、升级、维护承诺等服务；但其初始化工作量大，难以兼顾企业个性化核算与管理的要求；同时商品化软件不提供源程序代码和设计技术资料，实施单位只能使用，不能自行修改、维护。企业真正需要的是软件功能的稳定、易用，故此，购买时应特别关注软件的实用性、可操作性、稳定性。

（2）定制开发软件也称为专用软件，是指针对自身的核算和管理特点，由企业自行开发、委托外部单位开发、企业与外部单位联合开发的信息化软件。如，中国工商银行、中国建设银行等大型商业银行使用的软件。其特点是：立足本单位核算与管理特点，将核算规则与管理方法直接固化在程序中，初始化工作量小、使用方便；但其灵活性较差，核算与管理方法的变动需要及时修改源程序。

学习任务 2　账套管理信息化

一、建立用友 U8 账套

工作任务 1.4　在用友 U8V10.1 中新建账套

【任务工单】

（1）碚渝实业有限公司，简称碚渝实业，位于璧山市桥江北路 72 号，刘科为法人代表。该公司为工业企业增值税一般纳税人，增值税税率为 13%，Email 联系方式为 BYSY238@163.com，纳税登记号 SW71654321。记账本位币为人民币（币符 RMB），账套主管为 SYSTEM。

（2）公司 2023 年 1 月在用友 U8V10.1 中实施财务业务一体信息化管理，执行 2007 年新会计制度科目。存货分类，客户与供应商均不分类，有美元（币符 USD）与港元（币符 HK）业务发生。

（3）信息系统编码方案为：科目编码 4-3-2、存货分类编码 2、部门编码 2-1、费用项目分类编码 1-2、结算方式编码级次 1-2、收发类别编码级次 2-1、项目要素分类档案编码 2-2、行业分类级次 1-2。

（4）数据精度为：数量、单价及税率 2 位小数，换算率 3 位小数。

（5）管理信息系统解决方案为：启用财务会计系统、供应链管理系统，具体包括总账、应收款管理、应付款管理、固定资产、销售管理、采购管理、库存管理、存货核算 8 个子系统。

【信息化流程】

（1）熟悉用友 U8 系统管理界面。选择"开始\所有程序\用友 U8V10.1\系统服务"中的"系统管理"命令进入"系统管理"界面；选择该界面"系统"菜单"注册"命令进入"登录"界面；在"登录到"框中录入本机 IP 地址 127.0.0.1 或计算机名称（SKY），在操作员框中录入 admin，密码为空，选择账套为 default；单击"登录"按钮注册"用友 U8 系统管理"界面，如图 1.5 所示。

注册后的系统管理界面上部为菜单栏；左部为账套与账套库；右部为已登录的子系统、运行状态、注册时间，以及登录的账套号、用户及其正在执行的功能等；下部状态栏显示登录的时间、操作员、服务器等信息。

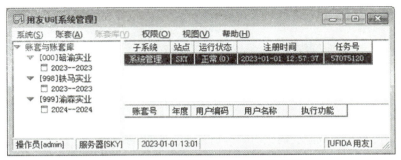

图 1.5　admin 登录用友 U8V10.1 系统管理

（2）熟悉 admin 的权限。依序单击该界面的菜单项，菜单命令显示为灰色（非激活状态）时表示不能使用这些功能，表明没有相应的操作权限。所以，系统管理员 admin 有账套的新建与输出、用户与角色的新增和授权、清除异常任务与站点、查询上机日志等操作权限，但没有修改账套、删除上机日志、账套库等权限。

（3）新建账套。admin 选择系统管理界面"账套\建立"菜单命令，选定"新建空白账套"并单击"下一步"按钮，进入账套信息界面，如图 1.6 所示。

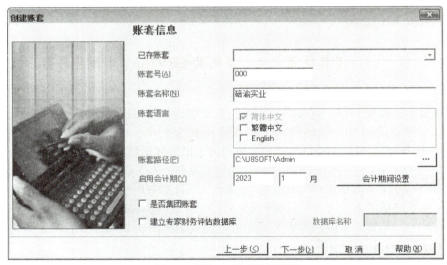

图 1.6　用友 U8 账套信息界面

新建用友 U8 账套

按照向导提示完成相应的信息化建账工作，主要设置内容是：在账套信息中录入账套号、账套名称、账套路径（C:\U8SOFT\Admin）、会计期间（可单击"会计期间设置"按钮后选择）等；在单位信息中录入本公司的基本情况，在备注栏中录入"增值税税率13%"；在核算类型中选择工业企业类型，行业性质为"2007年新会计制度科目"并按行业性质预置科目，账套主管选择"SYSTEM"；在基础信息中选择存货分类、有外币核算，客户与供应商均不分类；单击"下一步"及"完成"按钮，并确认建账（创建账套的时间较长）。

（4）编辑编码方案。完成建账后将弹出"编码方案"界面，如图 1.7（a）所示，在此修改科目编码、结算方式编码等，工作任务中没有提及的不得修改。方法是：在相应编辑框内录入数字可直接修改；删除时应在有数字的末级框中输入 0 或按下键盘上的 Delete 键，如修改存货分类编码级次时，应单击第 5 级的录入框后再连续输入 4 个"0"。

（5）修改数据精度。确认编码方案后，在"确认"按钮变灰色时单击"取消"按钮，将弹出数据精度界面，如图1.7（b）所示，在此修改换算率小数位等精度选项。

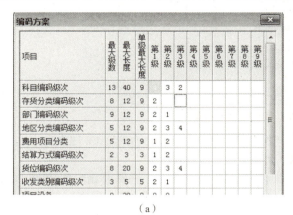
（a）

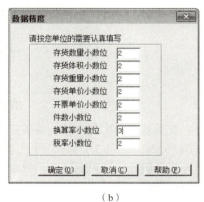
（b）

图1.7 用友U8编码方案与数据精度

（6）启用信息系统。确定数据精度后将提示是否进行系统启用设置，选择"是"后将弹出"系统启用"界面，如图1.8所示；在此选择本公司业财融合信息化需要启用的8个子系统及启用日期；建账成功后，退出创建账套的向导界面。

图1.8 系统启用界面

（7）新建"999渝森实业"账套，启用时间为2024年1月，企业类型为工业；账套的单位信息与其他数据按默认设置不作修改，不必进行启用系统的选择。

再新建"998铁马实业"账套，启用时间为2023年12月，企业类型为商业。

【技能拓展】

若新建账套时没选择启用上述8个子系统或者子系统启用有错，以及有其他建账错误等，可按后述的账套修改方法进行更改。

二、用友U8账套的备份与恢复

工作任务1.5 用友U8账套的输出与引入

【任务工单】

由admin进行用友U8的账套备份、删除与恢复，查看相关的账套文件信息。

【信息化流程】

（1）账套备份。在计算机D盘根目录中新建"碚渝U8账套""渝森U8账套"两个文件夹；由admin选择系统管理界面"账套\输出"菜单命令进入"账套输出"界面，选择需要备份的账套及备份账套保存的位置，如图1.9所示，单击"确认"按钮。

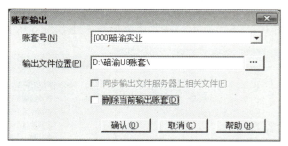

图 1.9 用友 U8 备份账套

（2）查看备份的账套文件。在备份账套保存路径的文件夹（D:\碚渝U8账套\）中，将有"UFDATA.BAK、UfErpAct.Lst"两个文件，容量约为 1.42GB。

（3）账套删除。选择系统管理界面"账套\输出"菜单命令，选择要删除的"999渝森实业"账套及保存位置（D:\渝森U8账套\），勾选下部的"删除当前输出账套"复选框，单击"确认"按钮，在账套备份的同时删除选定的账套。此时，系统管理界面左部不再显示"999渝森实业"账套。

（4）账套恢复。将删除账套时备份的"渝森U8账套"文件夹复制粘贴于U盘（或可存储数据的移动电子设备）中；选择系统管理界面"账套\引入"菜单命令进入"请选择账套备份文件"界面，展开U盘中"渝森U8账套"文件夹并单击"UfErpAct.Lst"文件，单击"确定"按钮；确定"C:\U8SOFT\Admin\"为引入默认路径，进入"请选择账套引入的目录"界面，单击"确定"按钮恢复账套。账套引入成功后，系统管理界面左部将再次显示"999渝森实业"账套。

【技能提示】

用友 U8 是物理删除账套，删除时强制要求备份，所以，删除账套包含在输出功能中。

三、账套管理信息化精析

账套是根据企业经营管理的需要，在信息系统中建立的一组相互关联的电子数据，它是完整反映和监督企业经济活动的电子数据体系。每个企业可以根据管理的需要建立多个账套，每个账套就是一个会计主体，各账套数据之间相互独立、互不影响，使企业资源流（物流、资金流、信息流和工作流）得以最大限度的利用。账套管理一般包括建立账套、修改账套、删除账套、引入账套及备份账套、启用子系统等。

1. 建立账套

建立账套简称建账，主要是在信息系统中建立企业的基本信息、核算与管理方法、编码规则等，它是企业管理信息系统的应用开端。建账采用向导方式进行，其中，账套号是区分不同账套数据的唯一标识；账套路径是账套的数据库在计算机中的存放位置；启用日期是进行企业信息化管理的业务处理起点。

建账可能需要设置某些公共参数，如会计期间、小数位数、编码方案等，这些设置将影响到信息系统功能的发挥，所以，必须根据企业实际情况谨慎选择。新建账套由系统管理员负责，用友 U8、金蝶 K/3 等软件规定，账套主管不能新建账套。

2. 修改账套

新建账套后，可进行相关账套参数的查询，若参数设置不当可进行修改。但有些选项可能无法修改，如用友 U8 的会计期间、记账本位币等。

3. 备份账套

为了保证账套数据的完整性，在系统遭受破坏时尽快恢复，或为了母子公司管理、档案管理的需要等，可定期将账套进行输出，即将本账套在信息管理系统产生的电子数据保存到硬盘、软盘、U 盘、光盘或云盘等磁性存储介质中。

4. 引入账套

由于计算机故障、病毒侵犯、操作不当等原因可能使系统电子数据受损，或由于管理的需要，母公司需要定期检查、汇总子公司的经营管理数据，这时，可利用引入账套（有的软件称为恢复账套）功能，将备份的电子数据引入管理信息系统之中。

5. 删除账套

多余或数据错误多的账套、不需要保留的以前账套，可以进行删除。有的信息系统软件既可以物理删除、也可以逻辑删除账套，如速达软件删除账套时将所删除的账套放入"账套回收站"中，金蝶 K/3 软件可进行账套反注册。有的信息系统软件只能进行账套的物理删除，如用友软件是将账套从系统中彻底删除，所以，系统要求进行强制备份，用友软件将账套备份、账套删除合称为账套输出。

6. 年度账的管理

持续经营、会计分期假设决定了每个账套中均有若干的年度账。年度账的管理一般包括年末结账、新年度建账、以前年度账的引入、输出、查询等。

学习任务 3　系统权限管理信息化

一、角色及其权限的管理

工作任务 1.6　用友 U8 角色的增加与授权

【任务工单】

碚渝实业在实施业财融合信息化时，要对用友 U8 软件的操作员进行分类管理，所以，应增加信息系统的角色并角色授权，如表 1.1 所示。

表 1.1　用友 U8 角色与功能权限列表

角色编码	角色名称	所属用户	功能级权限的授权范围
DATA - MANAGER	账套主管	不选择	
OPER - HR20	普通员工	不选择	
PZJH	凭证稽核	不选择	总账中的审核凭证、查询凭证、主管签字
CNGL	出纳管理	不选择	总账中的"出纳"模块
SCM	供应链管理	不选择	库存管理的"现存量查询"
ZZCX	总账查询	不选择	出纳资金日报表查询、总账科目余额表查询

【信息化流程】

（1）新建角色。选择系统管理界面"权限\角色"菜单命令进入"角色管理"界面，该界面列出了系统预设的"账套主管、普通员工"等角色，不用增加。

单击角色管理界面工具栏"增加"按钮，录入"凭证稽核、供应链管理"等角色编码、角色名称，下部的所属用户名称不必选择，再单击下部的"增加"按钮。

（2）角色授权。选择系统管理界面"权限\权限"菜单命令，进入"操作员权限"界面，如图1.10所示。该界面上部为工具栏，工具栏下为查询功能及已建立的账套、年度、是否为账套主管；左部为已建立的角色与操作员；右部为权限树形列表（树形菜单）。

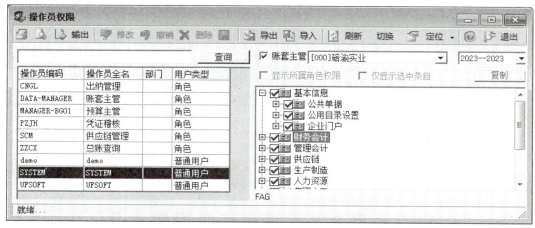

图1.10　用友U8操作员权限界面

选择上部的"000碚渝实业"账套、左部的"出纳管理"角色，单击工具栏"修改"按钮；展开右部"财务会计\总账"树形列表，勾选总账列表中的"出纳"选项，单击"保存"按钮。

（3）类似地，凭证稽核角色为"财务会计\总账\凭证"项下的审核凭证等3项权限。总账查询角色为"总账"树形列表中"出纳"与"账表"菜单内的2个末级选项。供应链管理角色为"供应链\库存管理\报表\库存账"菜单内的非末级"现存量查询"选项。

增加角色
及设置权限

二、操作员及其权限的管理

工作任务1.7　admin增加操作员与授权

【任务工单】

碚渝实业在实施业财融合信息化时，有权操作用友U8软件的职工及其相关岗位工作权限，如表1.2所示。

表1.2　用友U8操作员及其权限列表

编号	用户名	用户类型	密码	所属角色	单独授权
admin	admin	管理员用户	（空）		
SYSTEM	SYSTEM	普通用户	SYSTEM	凭证稽核	取消账套主管
WL	王林	普通用户	123	账套主管	

续表

编号	用户名	用户类型	密码	所属角色	单独授权
ZHL	周红林	普通用户	123	出纳管理	出纳签字
LK	刘科	普通用户	123	总账查询	
ZR	张蓉	普通用户	123	供应链管理	采购管理
CDP	陈东萍	普通用户	123	供应链管理	采购管理
DXB	杜先兵	普通用户	123	供应链管理	库存管理

【信息化流程】

(1) 浏览操作员。选择系统管理界面“权限\用户”菜单命令进入“用户管理”界面，如图1.11所示；系统已预设admin（密码为空）、demo（密码DEMO）、SYSTEM（密码SYSTEM）和UFSOFT（密码UFSOFT）等用户，这些用户不必增加。

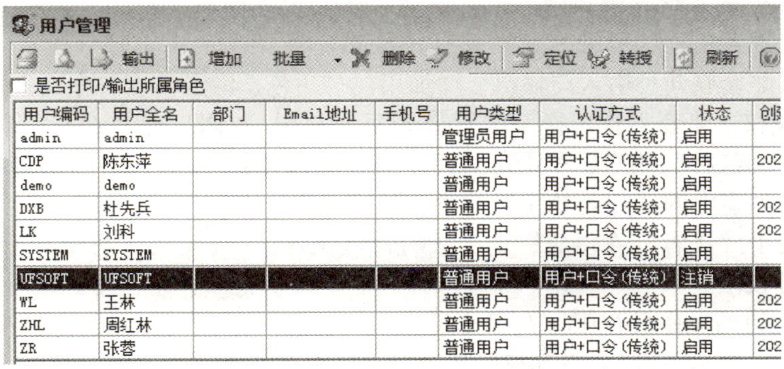

用户编码	用户全名	部门	Email地址	手机号	用户类型	认证方式	状态	创
admin	admin				管理员用户	用户+口令(传统)	启用	
CDP	陈东萍				普通用户	用户+口令(传统)	启用	202
demo	demo				普通用户	用户+口令(传统)	启用	
DXB	杜先兵				普通用户	用户+口令(传统)	启用	202
LK	刘科				普通用户	用户+口令(传统)	启用	202
SYSTEM	SYSTEM				普通用户	用户+口令(传统)	启用	
UFSOFT	UFSOFT				普通用户	用户+口令(传统)	注销	
WL	王林				普通用户	用户+口令(传统)	启用	202
ZHL	周红林				普通用户	用户+口令(传统)	启用	202
ZR	张蓉				普通用户	用户+口令(传统)	启用	202

图1.11 用友U8用户管理界面

(2) 增加操作员。单击用户管理界面工具栏“增加”按钮；增加王林、杜先兵等6名操作员，并输入各操作员的登录密码（口令），选择各操作员的用户类型、所属角色；单击下部“增加”按钮。

(3) 注销操作员。选择用户管理界面中的UFSOFT操作员，单击工具栏“修改”按钮，在弹出的界面中单击“注销当前用户”按钮。

操作员注销后将不能登录信息系统进行操作（可重新启用）。若某操作员原使用信息系统而现在已调离本公司，无法删除时应进行注销。新增而没有使用信息系统的操作员，可直接删除。

(4) 修改操作员的角色。在用户管理界面，双击列表中SYSTEM操作员，勾选下部的“凭证稽核”角色，单击“确定”按钮。

(5) 查看与修改账套主管。在系统管理界面选择“权限\权限”菜单命令进入操作员权限界面；选定上部“000 碚渝实业”账套，单击左部的王林将显示他是“碚渝实业”的账套主管。所以，再单击左部的SYSTEM操作员，取消上部账套主管的选项。

选定上部“999 渝森实业”或“998 铁马实业”账套，单击左部的demo操作员，可见他是这两个账套的主管，这是新建账套时的默认设置。

【技能链接】

用友U8+V15.0、用友U8+V16.0等版本的系统管理界面中，无法增加操作员。解决方法是：在U8产品安装完毕后，在用友云网站对U8产品进行云注册，企业或个人进行实名认证；

在用友云网站的"添加应用"中增加操作员，进行用友 U8 产品使用或试用的许可申请；申请获批后下载许可文件"license. zip""licence. u8bak"；在用友 U8 系统管理界面"权限\用户"菜单命令中，通过用户管理的"同步"功能引入用友云中的操作员。

工作任务1.8　账套主管授权与修改账套

【任务工单】

由账套主管（王林）按表1.2的"单独授权"要求，对碚渝实业的用友 U8 操作员的工作岗位授权；若 admin 新建的账套有错，则修改账套信息。

【信息化流程】

（1）更换操作员。选择系统管理界面"系统\注销"菜单命令，退出管理员 admin 的登录。选择系统管理界面"系统\注册"菜单命令进入"登录"界面；在操作员框中录入"王林"或"WL"（王林的编码），键入密码"123"，在账套选框中选择"碚渝实业"，修改日期；单击"登录"按钮，由账套主管进入系统管理界面，状态栏左下角将显示账套主管的姓名。

（2）账套主管的系统管理权限。王林登录系统管理界面后，左部只显示"碚渝实业"账套；逐一单击上部菜单栏，可见账套主管有"账套库"菜单、决策管理设置、账套修改等系统管理权，没有账套新建、引入与输出、增加用户与角色、清退站点与查询上机日志等权限。

（3）单独授权。账套主管选择系统管理界面"权限\权限"菜单命令进入操作员权限界面；选择左部"周红林"用户，单击工具栏"修改"按钮；展开右部"财务会计\总账\凭证"树形列表，勾选列表中的"出纳签字"选项并保存。

类似地，授予"张蓉"在供应链中的采购管理权限，"杜先兵"的库存管理权限，"陈东萍"的采购管理权限。

（4）账套主管的操作员权限。在操作员权限界面，选择左部"王林"操作员，从该界面右上部可见已是"账套主管"，右部权限树形列表显示拥有操作员的所有权限（不单独授权）。

（5）理解角色权限。在操作员权限界面，选定左部的"周红林"操作员，展开右部树形列表，显示仅有"出纳签字"权限。勾选该界面上部"显示所属角色权限"选项，周红林还有"出纳"模块的权限。

在操作员权限界面"显示所属角色权限"时，属于"总账查询"角色的"刘科"没有单独授权但自动拥有总账中的2项查询权；属于"凭证稽核"角色的"SYSTEM"没有单独授权但自动拥有"总账\凭证"中的3项权限。

所以，操作员自动拥有所属角色的权限，可不再授权。取消该操作员的角色后，将自动取消该操作员因角色所获得的授权。

【技能拓展】

修改账套：若 admin 新建的账套有错，可由账套主管（王森）选择"账套\修改"菜单命令改错。但有的选项无法通过"账套\修改"菜单命令进行修改，如账套号、账套路径、启用日期、本位币、企业类型、账套主管等。

三、熟悉用友 U8 企业应用平台

工作任务1.9　熟悉用友 U8 企业应用平台

【任务工单】

检查系统启用与出纳授权，掌握用友 U8 企业应用平台（即客户端，下同）的登录、重注册，熟悉客户端界面。

【信息化流程】

（1）账套主管登录企业应用平台。双击桌面"企业应用平台"图标（或单击"开始\所有程序\用友 U8V10.1\企业应用平台"菜单命令）进入登录界面；在计算机名称框中录入本机 IP 地址"127.0.0.1"（或安装 SQL Server 服务的计算机名称），账号框中录入"王林"或"WL"，密码"123"，选择碚渝实业账套，修改操作日期；单击"登录"按钮进入企业应用平台。

（2）熟悉企业应用平台。该界面上部显示标题栏、菜单栏与工具按钮栏；<u>下部状态栏显示登录的账套、操作员与登录日期；左部为业务导航视图，以经典树形菜单显示。</u>

<u>查看经典树形菜单</u>：单击左下部"业务工作"按钮并展开上部菜单树，将显示财务会计、供应链等本公司启用的 8 个子系统等树形菜单，如图 1.12 所示；展开"总账"菜单树还将显示设置、凭证与期末等 9 项明细树形菜单功能。

图 1.12　用友 U8V10.1 企业应用平台（客户端）界面

（3）获得帮助。单击左下部"系统服务"按钮，上部将显示系统管理、权限等菜单树。展开"服务器配置"并双击"应用服务器配置"菜单树命令进入"U8 应用服务器配置工具"界面；单击"数据库服务器"按钮，将显示安装用友 U8 软件时设置的数据源与数据库服务器信息；<u>按下键盘上的"F1"键，可以获得联机帮助文件。</u>

（4）出纳登录企业应用平台。单击企业应用平台左上角"系统\重注册"菜单命令或"重注册"工具按钮；在登录界面的账号框中录入"周红林"或"ZHL"，密码为"123"，选择"碚渝实业"账套，修改操作日期；单击"登录"按钮进入企业应用平台。展开左部"业务工作\财务会计\总账"菜单树，有"凭证""出纳"2个明细功能。

不同操作员的菜单树列示项目不同，是因为"王林"属于账套主管，拥有所属账套的所有操作权限，而"周红林"属于出纳，仅有功能授权1项（出纳）、单独授权1项（出纳签字）。

四、修改或升级账套信息

工作任务1.10 查看或修改U8账套信息

【任务工单】

管理员admin新建的账套可能不符合企业实情、设置不当或有错误，部分信息资料可由账套主管在系统管理界面修改，也可由账套主管在用友U8企业应用平台进行修改。

【信息化流程】

（1）账套主管（王林）登录用友U8企业应用平台，单击左下部"基础设置"按钮，展开上部的"基本信息"菜单树，双击"会计期间"命令，可以查询本账套启用年月以及相应的会计期间，但不能修改。

双击"系统启用"可以查询、修改已启用的用友U8子系统。双击"编码方案"可以查询、修改新建账套时的编码方案。双击"数据精度"可以查询、修改数据精度。

（2）展开"基础设置\基础档案\机构人员"菜单树，双击"本单位信息"命令，可进行单位名称、地址、法人代表等的查询、修改。

【技能拓展】

信息系统中区分不同账套数据的唯一标识是账套号，它在系统运行时无法修改。若确需修改账套号，由admin登录系统管理界面，选择"账套\输出"菜单命令进行账套备份；找到备份路径，双击"UfErpAct.Lst"文件，用记事本或写字板打开；将"cAcc_Id = 000"中的"000"修改为正确的账套号并保存；再由admin选择"账套\引入"菜单命令，若有相同的账套号应同意覆盖原有账套，即可实现账套号的修改。

五、业财融合信息化权限管理精析

（一）业财融合信息系统的构成

（1）财务会计系统。该系统主要由总账（账务处理）、固定资产管理、应付款管理、应收款管理、资金管理与会计报表等子系统组成，以总账（账务处理）、报表子系统为核心，如图1.13下部所示。该系统以记账凭证、固定资产卡片、收付款单与报表等作为信息化的管理手段，对企业的资金流、工作流实施信息化管理。

（2）供应链系统。该系统主要由采购管理、销售管理、库存管理与存货核算等业务子系统组成，以库存管理、存货核算为核心，如图1.13上部所示。该系统以原始单据作为信息化的管理手段，如采购发票、收款单、付款单、出库单与入库单等，对企业购货与付款循环、销售与收款循环、仓存与核算循环等的物流、钱流与工作流等实施信息化管理。

（3）系统集成一体。业财融合信息化的关键是业务单据在业务流程经过的各子系统之间自动生成，并根据业务单据自动生成记账凭证，从而消除"信息孤岛"，实现对企业物流、资金流、信息流与工作流等的信息化综合管理。

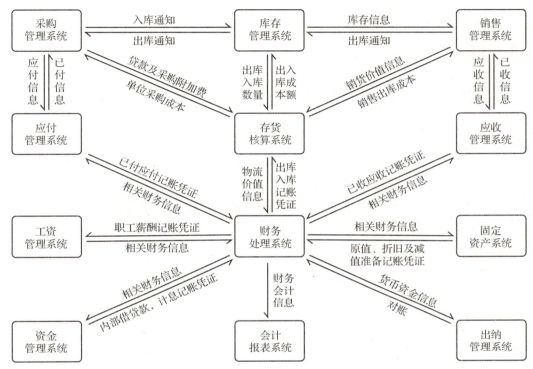

图1.13 业财融合相关信息子系统

例如：根据采购订单生成库存系统的入库单，根据入库单生成记账凭证；根据采购订单生成采购发票，根据采购发票生成记账凭证等。

又如：根据销售订单生成库存系统的销售出库单或发货单，根据销售出库单生成结转销售成本的记账凭证；根据销售发货单生成销售发票，根据销售发票生成记账凭证等。

（二）操作员的管理

安装信息系统软件时，需要直接选择或指定一名信息系统管理员；实施信息系统时，必须建立相应的账套，每个账套必须要有账套主管，它由系统管理员指定。一个账套由多个子系统或功能模块构成，必须要有相关的操作员。

操作员也称用户，是指有权登录并使用管理信息系统的人员。操作员编号是信息系统内区分不同操作人员的唯一标识；操作员密码（口令）是登录系统的通行证，对系统的安全与保密具有重大的作用，初始口令由管理者设置，操作员在登录系统后一般均可进行修改。

（三）操作权限的管理

信息系统管理员对整个系统具有控制和维护、指定或取消账套主管的权限；很多信息系统（如金蝶、速达等）的管理员，拥有该信息系统所有权限；有的信息系统（如用友U8等）的管理员，没有财务或业务日常数据处理权限。账套主管拥有所辖账套的一切权限，不必授权。一般而言，系统管理员和账套主管都能对其他操作员进行授权。

信息系统进行操作权限分类（功能权限）管理，每类权限再划分为多项明细权限。既可将某类权限快速授予操作员，也可进行详细授权，即进行明细权限的逐项授予。

设置操作员权限是从内部控制的角度出发，对系统操作人员进行严格的岗位分工、严密的授权管理,严禁越权操作,保证系统使用的安全性。管理信息系统已按照现代企业管理的要求,提供了各种需要进行内部牵制、不相容职务分工的操作岗位与权限。健全有效的内部控制制度、严密的操作规程、企业资源流的充分利用、管理水平的提高,在很大程度上依赖于授权与操作规程的管理。

(四)角色的管理

由于管理信息系统的操作员(软件用户)较多,信息系统软件将操作员分类进行角色管理。角色是指企业管理中拥有某一类职能的组织,这个组织可以是实际的部门,也可以是拥有同一类职能的人员所构成的虚拟组织。设置角色后再定义角色的权限,当操作员归属某一个角色后,就相应地拥有了该角色的权限。设置角色的目的在于可以根据职能统一划分权限,便于权限的管理。

学习任务 4　信息系统安全监管

一、信息系统的运行监控

工作任务 1.11　查询与输出用友 U8 上机日志

【任务工单】

Sadmin 查询用友 U8 上机操作情况,为系统安全监管与审计工作等提供资料,并将其保存为 Excel 文件。

【信息化流程】

(1) Sadmin 登录。由安全管理员 Sadmin 注册登录(密码为空)系统管理界面,逐一单击上部的菜单项将发现,Sadmin 有安全策略设置、数据清除、数据还原、上机日志等权限,但没有账套、账套库、权限等功能权限(菜单命令显示为灰色不可用)。

(2) 查询日志。选择系统管理"视图\上机日志"菜单命令进入日志过滤界面,单击"确定"按钮,可查看全部的上机日志记录。

上机日志将显示哪些操作员在什么计算机上,何时进入与退出信息系统,进行了哪些功能、子系统、账套号、年度账的操作等;并可进行不同字段的排序、打印输出。日志中的进入与退出日期是计算机的系统时间,不是登录界面选择的注册日期;该界面只列示了 15 条记录,单击工具栏"下一页"按钮可查看其他的记录信息。

信息系统
运行监控

单击该界面工具栏"过滤"按钮,可重新设置查询日志的条件,如起止日期、账套号、操作员、执行功能、子系统、站点与每页显示记录行数等。

【技能拓展】

保存为 Excel 文件:单击"上机日志"界面工具栏"输出"按钮,可将日志另存为 Excel 格式(电子表格)的文件,作为系统安全评估、审计工作等的参考资料。

工作任务 1.12　用友 U8 中清除异常任务与清退站点

【任务工单】

admin 在用友 U8 系统管理中随时监控系统运行情况,清除异常任务与不明站点,保证系统安全与高效运行。

【信息化流程】

（1）清除异常任务。企业应用平台超过异常限制时间未工作，或由于不可预见的原因非法退出某子系统等，视为异常任务，将影响信息系统的正常运行。可由系统管理员 admin 登录系统管理界面，选择"视图\刷新"菜单命令；若发现中部某子系统的运行状态栏显示"异常"等字样时，选定该子系统，再选取"视图\清除异常任务"菜单命令。

（2）清退站点。若发现某个登录站点可疑或需强制某个客户端退出时，可在系统管理界面选定该站点，选择"视图\清退站点"菜单命令，将该站点（客户端）强制退出，客户端将在限定的时间内自动关闭、退出，如图 1.14 所示。

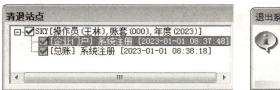 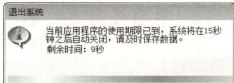

图 1.14　清退站点与企业应用平台被限时踢出

【技能拓展】

若发现登录的客户端过多影响系统运行效果，或客户端提示"业务单据被锁定""功能互斥"时，可使用系统管理界面"视图"菜单的"清除选定任务""清除所有任务"和"清除单据锁定"命令。

二、信息系统的密码管理

工作任务 1.13　密码策略与修改登录密码

【任务工单】

用友 U8 密码的修改或删除，设置密码策略，保证信息系统运行的安全。

【信息化流程】

（1）用户修改密码。任何操作员均可在用友 U8 登录界面输入原密码，勾选"修改密码"选项，将原有密码修改为新的密码。

（2）admin 修改密码。当操作员的密码遗忘无法登录系统时，可由系统管理员 admin 登录系统管理界面，选择"权限\用户"菜单命令进入用户管理界面，选择该用户单击"修改"按钮（或双击该用户），删除原密码并设置新密码。

（3）Sadmin 设置密码策略。由安全管理员 Sadmin 登录系统管理界面，选择"系统"菜单中的"安全策略"命令进入"安全策略"界面；设置客户端是否可以修改密码，设置密码的最小长度、密码最长使用天数、密码最多输入次数、初始密码强制修改等。

还可设置是否允许同一操作员在不同客户端登录、客户端自动清退时间等安全策略。

三、信息系统安全运行机制精析

实施管理信息系统必须要建立强有力的安全保障机制，使系统运行稳定、数据安全。建立安全机制应从硬件安全（如机房建设、数据备份）、软件安全、网络安全（如访问控制、身份识别、病毒入侵、安全监测等）、管理安全（如组织机构、人员、工作流程、技术资料管理）

等方面入手。

其中，管理信息系统提供的软件安全措施，除了进行系统权限管理（数据库超级用户、系统管理员、账套主管、用户与权限）、账套备份等，还有监控系统运行、清除异常任务与安全策略等。

监控系统主要是由信息系统管理员或安全管理员进行用户登录查询、上机日志查询等。在系统管理界面，能够实时查看登录用户或网络用户的上机时间、所登录的子系统、相关的操作情况；能随时对操作员上机情况行登记，形成上机日志。

由于死机、停电、网络阻断、软件异常中断等，可能造成信息系统的互斥操作或系统异常，应及时进行异常任务或网络异常的清除，以释放系统资源、恢复系统正常运行。

学习任务5 学习效果验证

自主学习01

一、单项选择题

1. 业财融合信息系统中作为区分不同账套数据的唯一标识的是（　　）。
   A. 账套号　　　　B. 账套名称　　　　C. 单位名称　　　　D. 账套主管
2. 信息系统的操作员也称用户，其初始密码（口令）由（　　）指定。
   A. 超级用户　　　B. 系统管理员　　　C. 账套主管　　　　D. 操作员增加者
3. 用友U8系统管理中预设的用户（操作员）没有（　　）。
   A. demo　　　　 B. SYSTEM　　　　C. UFSOFT　　　　D. 账套主管
4. 信息系统中的账套就是一个会计主体，它可以是一个（　　）的电子数据体系。
   A. 部门　　　　　B. 分公司　　　　　C. 总公司　　　　　D. 都可以
5. 为了明确操作员的工作范围和职责，应为每个信息系统操作员设定（　　）。
   A. 操作员代码　　B. 操作权限　　　　C. 操作员姓名　　　D. 操作时间
6. 我国1999年首次提出"会计信息化"一词，我国"会计电算化"一词始于（　　）。
   A. 1946年　　　　B. 1981年　　　　　C. 1989年　　　　　D. 1979年

二、多项选择题

1. 单位实施信息化建设时，下列软件中属于数据库管理系统的有（　　）。
   A. Windows　　　B. SQL Server　　　C. Oracle　　　　　D. Access
2. 用友U8建立账套时必须设置的基本信息包括（　　）。
   A. 启用会计期　　B. 系统管理员　　　C. 本位币　　　　　D. 单位名称
3. 建立账套完成之后，通过用友U8系统管理不能修改（　　）。
   A. 记账本位币　　B. 账套名称　　　　C. 启用会计期　　　D. 账套主管
4. 在实际工作中增加系统操作员时，应当指定的基本信息有（　　）。
   A. 操作员编号　　B. 操作员姓名　　　C. 所属账套　　　　D. 操作员密码
5. 若发现登录的用友U8企业应用平台（客户端）过多，或客户端提示"功能互斥"时，可使用系统管理界面"视图"菜单的（　　）命令。
   A. 清除选定任务　B. 清除所有任务　　C. 清除单据锁定　　D. 清退站点
6. 以下软件操作人员可以注册进入用友U8系统管理界面的是（　　）。
   A. 单位领导　　　B. 账套主管　　　　C. 安全管理员　　　D. 系统管理员

三、判断题

1. 财政部要求"实现企事业单位会计信息化与经营管理信息化融合",即是财务业务一体信息化,也称业财融合信息化。（   ）
2. 用友 U8 中最多可以建立 1000 个会计主体的账套进行信息化管理。（   ）
3. 用友 U8 日常操作中,遇到系统类似"操作异常"提示时,应到系统管理的"视图"菜单下进行"清除异常任务"操作。（   ）
4. 只有系统管理员、账套主管才有用友 U8 系统管理的操作权限。（   ）
5. 用友 U8 系统管理涉及会计主体、会计分期、持续经营与货币计量会计假设。（   ）
6. 信息系统的账套既可以设置为自动备份,也可以进行人工手动备份。（   ）
7. 财务会计系统以总账子系统为核心,供应链系统以存货核算子系统为核心。（   ）
8. 在用友 U8 中增加某操作员时选择"账套主管"角色,该操作员将是信息系统内所有账套的账套主管;在操作员权限管理中将某操作员修改为"账套主管",该操作员只是选定账套的账套主管。（   ）

四、做中学:铁马实业信息化实训

工作任务 1.14　建立铁马实业的用友 U8 账套

【背景介绍】

铁马实业公司（简称铁马实业）是商业增值税小规模纳税人,发生应税销售行为不抵扣进项税额,增值税应纳税额＝销售额×征收率,征收率为 3%。该公司是商业批零兼营公司,批发部的库存商品采用实际成本核算,发出商品按全月加权平均法计价；零售部的库存商品采用售价核算,月末结转销售成本并同时分配商品进销差价,然后价税分离结转零售收入的应交增值税。

【任务工单】

（1）账套号：学号后 3 位；账套名：铁马实业；2023 年 12 月启用。
（2）单位名称：铁马实业公司；备注：小规模纳税人,增值税征收率 3%。
（3）行业：商业；使用 2007 新会计制度科目；账套主管：demo。
（4）存货、客户、供应商均不分类；无外币业务；科目编码 4－2。
（5）启用 4 个用友 U8 子系统：总账、固定资产、应收款管理、应付款管理。

工作任务 1.15　铁马实业的系统授权与账套备份

【任务工单】

（1）demo 在系统管理中授权：SYSTEM 为"总账/出纳"权限；UFSOFT 为"总账/出纳/银行对账"及"总账/凭证/审核凭证"权限。
（2）admin 在系统管理中进行账套备份与恢复。

学习情境二

业财融合基础设置信息化

【技能目标】

在用友 U8V10.1 中,掌握部门档案、职员档案等公用档案的设置技能;掌握凭证、外币、会计科目与辅助核算项目等财务档案的设置技能;掌握编码规则、客户档案与供应商档案的设置技能;掌握结算方式、现金折扣与开户银行等收付结算档案的设置技能;掌握收发类型、仓库、计量单位、存货、仓存对照等物流业务档案的设置技能。

【理论目标】

理解管理信息系统基础设置前应收集的本单位的财务、业务与物流活动资料;理解公用档案、财务档案、往来单位档案、收付结算档案与物流档案设置的内容;理解数据编码的原理与特点;理解记账本位币与外币的关系、会计科目与辅助核算的关系;理解换算率的含义与运用;理解信息系统参照选择的前提、方法与选择后的修改。

【素质目标】

培养善于思考、耐心细致的工匠精神和工作作风,加深"基础决定高度"理解并领会基础设置的重要意义,提升"功成不必在我"的精神境界和"功成必定有我"的责任担当。

【思维导图】

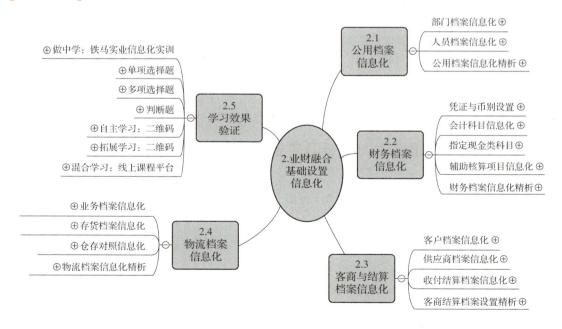

学习任务 1　公用档案信息化

一、部门档案信息化

工作任务 2.1　增加用友 U8 部门档案

【任务工单】

碚渝实业 2023 年年初已设立的内部职能部门情况如表 2.1 所示。

表 2.1　碚渝实业已设立的部门

设置用友 U8 部门档案

部门编码	部门名称	部门负责人	成立日期
01	管理部	何霞	2012-1-1
02	采购部	张蓉	2012-1-1
03	生产部	林洪	2012-1-1
031	生产办		2012-1-1
032	加工车间	吴文秀	2012-1-1
033	装制车间	赵光海	2012-1-1
04	销售部	陈东萍	2012-1-1
05	财务部	王林	2012-1-1

【信息化流程】

（1）理解编码规则来源。选择"开始\所有程序\用友 U8V10.1\企业应用平台"命令进入登录界面；在计算机名称框中录入本机 IP 地址"127.0.0.1"，账号框中录入"王林"或"WL"，密码为"123"，选择账套为"碚渝实业"，修改操作日期；单击"登录"按钮进入客户端。

单击用友 U8 企业应用平台菜单树下部"基础设置"项，展开上部"基本信息"并双击"编码方案"命令，显示部门为"2-1"的群码方案，可对这些新建账套时设置的编码规则进行修改。

展开菜单树"基础设置\基础档案\机构人员"的全部节点，双击"部门档案"命令进入"部门档案"界面，如图 2.1 所示。右下部用星号＊＊＊表示"2-1"的部门编码规则，其含义为：第 1 级编码为 2 位，第 2 级编码包含第 1 级为 3 位。

（2）增加部门档案。单击部门档案界面工具栏的"增加"按钮，在右部录入编码、名称与日期，暂时不录入负责人，其中蓝色标识的选项为必录项；单击工具栏"保存"按钮，中部将显示增加的部门列表。注意：增加下级部门前必须先增加上级部门。

设置用友 U8 部门档案

（3）编辑部门档案。若部门资料录入或选择错误，没有保存前可单击工具栏"放弃"按钮；保存后可选定左部列表的部门名称，单击"修改"按钮，但编码无法修改。删除所有的下级部门后才能删除上级部门。

【技能拓展】

已使用的编码规则不能被修改：在部门档案增加完毕后，单击工具栏"刷新"按钮；再双击菜单树"基础设置\基本信息\编码方案"命令，将显示"只读"的编码方案，即所有编码规则都无法修改。

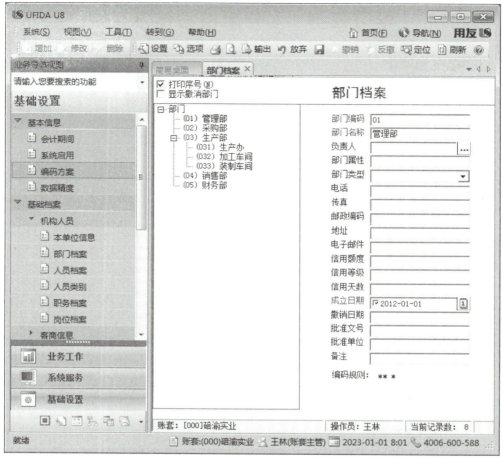

图 2.1　用友 U8 增加部门档案界面

关闭部门档案、编码方案 2 个卡片界面（或账套主管重注册用友 U8 企业应用平台），再双击进入"编码方案"界面，此时，部门编码第 1～2 级呈灰色非激活状态，已无法修改，没有使用的第 3～9 级还可以修改。

二、人员档案信息化

工作任务 2.2　增加用友 U8 人员档案

【任务工单】

碚渝实业在职的部分员工基本情况如表 2.2 所示。

表 2.2　碚渝实业在职的部分员工情况表

编码	姓名	部门	业务员及生效日期	性别	到职日期
101	刘科	管理部	是，2022－1－1	男	2012－1－8
102	何霞	管理部	是，2022－1－1	女	2016－2－6

续表

编码	姓名	部门	业务员及生效日期	性别	到职日期
201	张蓉	采购部	是，2022-1-1	女	2013-2-5
202	李明良	采购部	是，2022-1-1	男	2019-9-10
301	林洪	生产办	是，2022-1-1	男	2017-8-5
302	吴文秀	加工车间		女	2018-8-9
303	杜先兵	加工车间		男	2021-2-8
304	赵光海	装制车间	是，2022-1-1	男	2018-11-8
401	陈东萍	销售部	是，2022-1-1	女	2018-4-6
402	余绍志	销售部	是，2022-1-1	男	2021-2-6
501	王林	财务部		男	2017-7-9
502	周红林	财务部		女	2020-2-28

【信息化流程】

（1）增加人员档案。双击菜单树"基础档案\机构人员"中的"人员档案"命令进入"人员列表"界面；单击工具栏"增加"按钮进入人员档案界面，如图2.2所示，上部有"基本""其它"两个卡片；选定"基本"卡片，蓝色标识的选项是必录项。

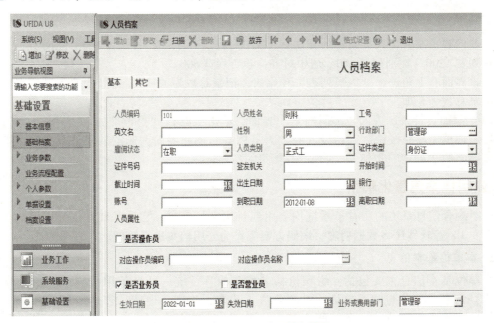

图2.2 用友U8增加人员档案界面

录入人员编码、人员姓名；性别、行政部门、雇佣状态、人员类别等选项，应单击参照按钮选择或修改；日期可以单击参照按钮选择，也可以直接录入日期数字；按实际情况勾选"是否业务员"；单击工具栏"保存"按钮。类似地，在此录入本公司12名员工的档案数据。

（2）修改杜先兵为"生产办"职员。保存12名员工的档案数据后，退出人员档案界面回到"人员列表"界面，在列表"杜先兵"前的"选择"栏上双击使之显示为"√"，单击工具栏"修改"按钮；在人员档案"基本"卡片中单击行政部门框中的参照按钮，在弹出的"参照"界面中将只显示"加工车间"选项，无法进行参照选择修改；所以，退出参照界面回到人员档案界面，删除行政部门框中的内容，再单击参照按钮将其修改为"生产办"。

（3）显示栏目的修改。在"人员列表"界面单击工具栏"栏目"按钮进入"栏目设置"界面；通过在相应项目上双击或双击后参照选择，单击"上移、下移"按钮等方式，将显示的内容、列宽、顺序等进行修改，并取消不需查看的内容，最终要求显示如图2.3所示。

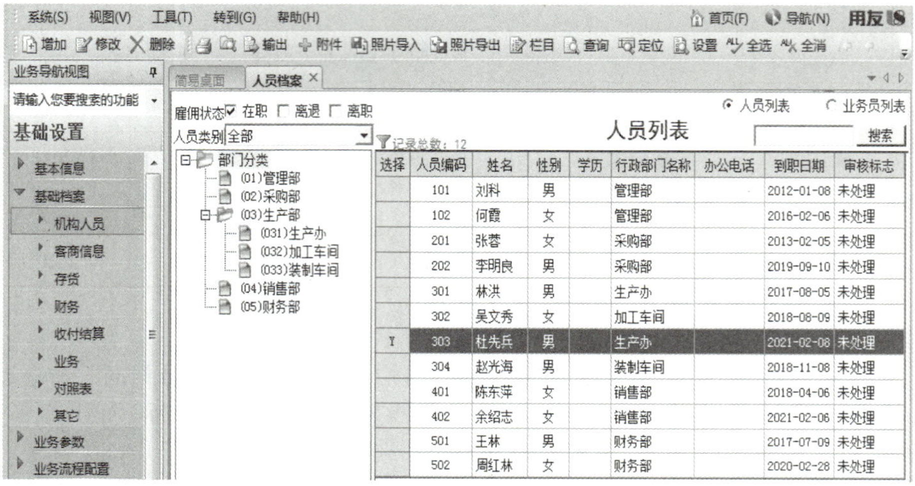

图2.3　用友 U8 人员列表界面

修改内容主要有：人员编码列宽900、居中对齐、升序；姓名列宽800、左对齐；行政部门名称列宽1200；性别列宽600、居中对齐；学历列宽600。

在该界面右上角选择"人员列表"项则表体记录总数为12项，选择"业务员列表"项则表体记录总数为8项。

（4）添加负责人。进入"部门档案"界面，单击工具栏"修改"按钮；单击"负责人"录入框后再单击参照按钮进入已设置的"人员档案"参照界面，选定某职员双击（或选定后单击该界面的"确定"按钮），实现已有档案的参照选择。

三、公用档案信息化精析

业财融合信息系统的所有子系统均会用到机构人员信息，它是基础性、公用性的档案资料，用友 U8 等软件还将数据精度、编码方案等作为公用档案进行管理。

1. 本单位基本信息

本单位基本信息主要包括：组织机构名称与简称、统一社会信用代码或纳税人登记号、地址与联系电话；本单位法人代表，生产、经营、管理的部门与业务班组；本单位的职务、职位与岗位类别；各部门负责人，各部门职员；本单位的业务经营范围、开户银行及账号等。

经济日报：新基建、新动力

2. 机构人员

本单位的部门包括部门名称、负责人、分管领导、部门类别、联系方式与成立日期等，这些资料一般在基础功能模块中设置。企业中的部门一般需要分级管理，所以，部门档案需要分上级部门、下级部门建立。

本单位职员情况，包括姓名、性别、文化程度、行政与技术职务、人员类别、联系方式、发放薪资的银行账户、进入本单位日期与任职日期、身份信息与考勤信息等。为了加强人力资源管理，有的软件对职员的设置指标达到80项以上。

3. 信息系统的数据编码

业财融合信息系统中必须要有一套科学的数据标识体系，以及一套与之相应的编码方案。它对于提高信息化中的输入效率和处理效率，输出详细、完整的数据资料，有着极为重要的作用。数据编码可以简化数据的表现形式，以利于数据的输入、存储、加工处理和传输；通过有规则的编码方式，可使管理信息系统根据代码判断它所代表的数据属性，如类型、级别等，以利于信息系统对数据的分类、汇总与查询等。

例如，某超市有近万个品种的存货，在18个经营部，分A、B、C等21类营销，则可对存货用"2-1-4"（3级7位）的群码（分组码）方式进行设计。对第3经营部B类的第651号"全自动洗衣机"可编号为"03B0651"，其中"全自动洗衣机"称为数据标识。

数据编码不宜过长，否则对记忆、输入与查询使用都不方便。研究表明，编码长度与输入出错率有很大的关系，编码越长出错率越高，长度在9位以下时这种关系不明显，超过9位则出错率大幅度上升。所以，编码长度应在9位或9位以内为宜。

数据编码在信息系统的数据输入、数据处理与数据输出中均可使用。数据标识一般用汉字表示，供信息系统在数据输入、屏幕显示、打印或另存为其他文件时使用；即数据标识一般是在数据输入、数据输出时使用，信息系统在数据处理时一般不使用数据标识。所以，数据编码在使用后或有下级编码时，将无法修改，但数据标识在大多数情况下是可以随时修改的。

4. 信息系统的参照选择

为了保证信息系统的数据同源、数据一致、信息共享，对信息系统中已建立或已存在的电子数据可以进行参照选择，从而提高工作效率，消除数据冗余。

（1）参照选择的前提：相应的档案资料已在信息系统中存在；目的是数据一致，提高数据录入的工作效率，保证数据结构的统一规范。基础设置中增加的档案资料、系统预置的档案资料，在需要使用时均可进行参照选择。

（2）按钮参照选择：可以参照选择的编辑项，其录入框中有参照按钮，如三点弹出式 ⋯、下拉式 ▼、日期弹出式 📅、放大镜弹出式 🔍 等多种样式。

（3）代码参照选择：参照选择针对数据编码或数据代码，不是数据标识，并且可以直接录入编码或代码实现参照选择（一般不要录入用名称表示的数据标识）。

（4）快捷键参照选择：选定可以参照选择的录入框后，用友U8按下键盘上的"F2"键，金蝶K/3按下键盘上的"F7"键，可以调出相关的档案界面进行参照选择。

（5）参照选择的修改：参照选择后需修改时，应先删除原录入框中的信息，再进行参照选择；否则，单击参照按钮进入的参照界面列表中的信息不全面，可能只有原已选择项的档案（按原保存的数据筛选后显示），无法修改。

（6）使用后无法修改：档案资料一经参照选择使用，或已按其规则运用等，即表明该档案已经使用。使用后将不允许修改其编码（代码）和某些选项或属性，但其数据标识或档案标识（一般是用汉字表示的名称）是可以修改的。

学习任务2 财务档案信息化

一、凭证与币别设置

工作任务2.3 增加美元与通用记账凭证

【任务工单】

(1) 碚渝实业的记账凭证使用通用记账凭证且无限制。

(2) 会计核算的记账本位币是人民币(币符RMB)。有美元(币符USD)业务发生,采用变动(浮动)汇率进行会计核算,汇率小数位3位,最大误差为0.001,2023年1月初的美元汇率为6.32。

【信息化流程】

(1) 增加美元。双击菜单树"基础档案\财务\外币设置"命令进入"外币设置"界面,如图2.4所示。

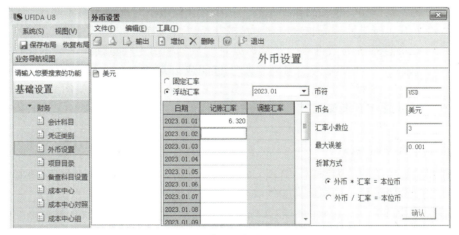

图2.4 用友U8外币设置界面

单击工具栏"增加"按钮,在右部录入"美元"档案信息,选择上部"浮动汇率",单击右下角的"确认"按钮;选定左部列表中显示的"美元"项,录入期初记账汇率;在其他位置上单击,再退出"外币设置"界面。

(2) 设置凭证类别。账套主管在用友U8企业应用平台,双击菜单树"基础设置\基础档案\财务"中的"凭证类别"命令,选择弹出界面的"记账凭证",单击"确定"按钮,再退出"凭证类别"界面。

二、会计科目信息化

工作任务2.4 编辑用友U8会计科目

【任务工单】

碚渝实业2023年1月初会计科目及余额如表2.3所示。注意:基础设置时只使用科目编码、名称及方向、辅助核算信息；表中的年初余额、数量等暂不使用。

表2.3 碚渝实业2023年1月初会计科目及余额

科目编码	科目名称及方向		年初余额（元）	辅助核算信息
1001	库存现金	借	2 631.72	日记账
1002	银行存款	借	2 657 052.61	日记账、银行账
1002001	工行人民币存款	借	2 600 172.61	
1002002	中行美元存款	借	56 880	9 000美元（USD），汇率6.32
1012	其他货币资金	借	150 107	日记账、银行账
1012001	存出投资款	借	150 107	
1101	交易性金融资产	借	15 030	
1101001	长岭股票	借	15 030	数量核算，3 000股
1121	应收票据	借	245 988	客户往来，受控应收系统
1122	应收账款	借	685 841.92	客户往来，受控应收系统
1123	预付账款	借	10 030	供应商往来，受控应付系统
1131	应收股利	借	12 000	
1131001	虹源公司股利	借	12 000	
1220	应收出口退税款	借	2 309	
1221	其他应收款	借	7 030.2	
1221001	职工借欠款	借	7 030.2	个人往来
1231	坏账准备	贷	2 057.53	
1402	在途物资	借	60 000	项目核算，受控存货核算系统
1403	原材料	借	971 980.06	项目核算，受控存货核算系统
1405	库存商品	借	1 058 144	项目核算，受控存货核算系统
1406	发出商品	借	24 000	项目核算，受控存货核算系统
1511	长期股权投资	借	250 200	
1511001	虹源公司	借	250 200	
1601	固定资产	借	2 580 000	
1602	累计折旧	贷	1 411 215	
1604	在建工程	借	158 700	
1604001	液注设备安装	借	158 700	
1701	无形资产	借	45 000	

续表

科目编码	科目名称及方向		年初余额（元）	辅助核算信息
1701001	专利权	借	45 000	
1702	累计摊销	贷	15 000	
1801	长期待摊费用	借	36 000	
1801001	设备租赁费	借	36 000	
2001	短期借款	贷	390 300	
2201	应付票据	贷	200 100	供应商往来，受控应付系统
2202	应付账款	贷	1 048 044.76	
2202001	应付供应商	贷	1 033 044.76	供应商往来，受控应付系统
2202002	暂估账款	贷	15 000	
2203	预收账款	贷	35 600	客户往来，受控应收系统
2211	应付职工薪酬	贷		
2211001	薪资津补贴	贷		部门
2211002	职工福利费	贷		
2211003	工会经费	贷		
2221	应交税费	贷	93 700	
2221001	应交增值税	贷		
222100101	销项税额	贷		
222100102	出口退税	贷		
222100103	进项税额转出	贷		
222100104	进项税额	借		
222100105	转出未交增值税	借		
2221002	未交增值税	贷	30 000	
2221003	应交所得税	贷	60 700	
2221004	应交城建税	贷	2 100	
2221005	教育费附加	贷	900	
2221006	个人所得税	贷		
2231	应付利息	贷	13 000	
2231001	工行借款利息	贷	13 000	
2232	应付股利	贷	68 200	
2241	其他应付款	贷	5 688	

续表

科目编码	科目名称及方向		年初余额（元）	辅助核算信息
2241001	美国KDS公司	贷	5 688	900美元，汇率6.32
2501	长期借款	贷	790 000	
2501001	工行借款本金	贷	790 000	
4001	实收资本	贷	3 500 000	
4101	盈余公积	贷	890 450	
4103	本年利润	贷		
4104	利润分配	贷	509 417.92	
4104001	未分配利润	贷	509 417.92	
5001	生产成本	借	728.7	
5001001	直接材料	借	593	项目核算
5001002	直接人工	借	89.6	项目核算
5001003	制造费用	借	46.1	项目核算
5101	制造费用	借		项目核算
6001	主营业务收入	贷		
6001001	国内销售	贷		
6001002	出口销售	贷		
6051	其他业务收入	贷		
6111	投资收益	贷		
6111001	股票投资损益	贷		
6301	营业外收入	贷		
6401	主营业务成本	借		
6401001	国内销售	借		
6401002	出口销售	借		
6402	其他业务成本	借		
6403	税金及附加	借		
6601	销售费用	借		项目核算
6602	管理费用	借		项目核算
6603	财务费用	借		
6603001	借款利息费用	借		
6603002	汇兑损益	借		
6701	资产减值损失	借		

续表

科目编码	科目名称及方向		年初余额（元）	辅助核算信息
6702	信用减值损失	借		
6711	营业外支出	借		
6801	所得税费用	借		

【本书约定】

本书在表述时，总账（一级）科目、明细（二、三级）科目之间用左斜杠“/”分隔。文件路径、软件工作路径或菜单路径等用右斜杠“\”分隔（以后不再提示）。

【信息化流程】

（1）查看会计科目。账套主管（王林）登录用友 U8 企业应用平台，展开菜单树“基础设置\基础档案\财务”，双击“会计科目”命令进入“会计科目”界面，如图 2.5 所示。

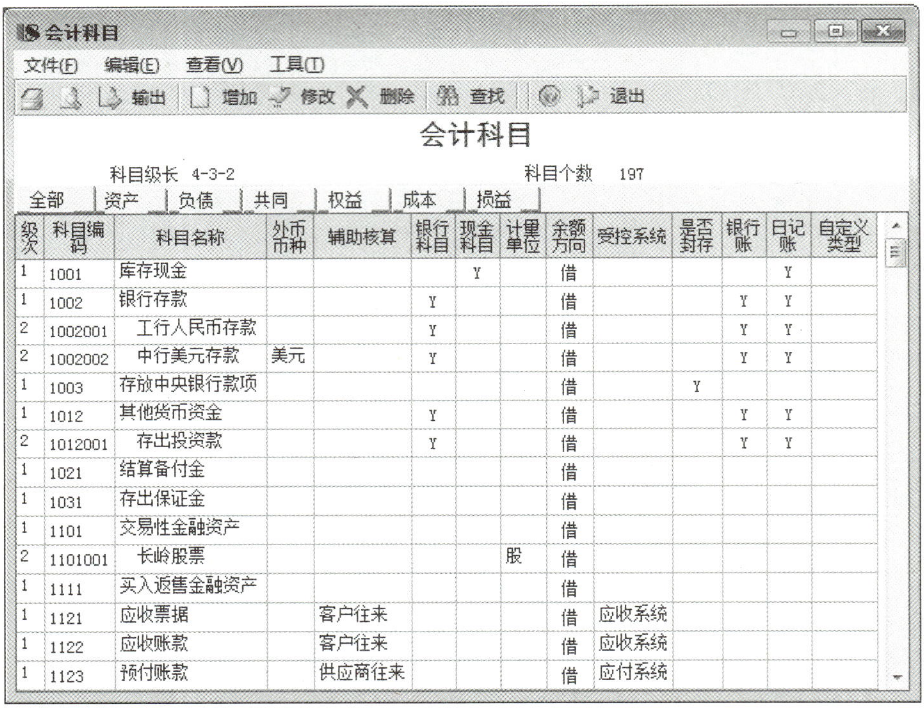

级次	科目编码	科目名称	外币币种	辅助核算	银行科目	现金科目	计量单位	余额方向	受控系统	是否封存	银行账	日记账	自定义类型
1	1001	库存现金				Y		借				Y	
1	1002	银行存款			Y			借			Y	Y	
2	1002001	工行人民币存款			Y			借			Y	Y	
2	1002002	中行美元存款	美元		Y			借			Y	Y	
1	1003	存放中央银行款项						借		Y			
1	1012	其他货币资金			Y			借			Y	Y	
2	1012001	存出投资款			Y			借			Y	Y	
1	1021	结算备付金						借					
1	1031	存出保证金						借					
1	1101	交易性金融资产						借					
2	1101001	长岭股票					股	借					
1	1111	买入返售金融资产						借					
1	1121	应收票据		客户往来				借	应收系统				
1	1122	应收账款		客户往来				借	应收系统				
1	1123	预付账款		供应商往来				借	应付系统				

图 2.5　用友 U8 会计科目（编辑完成后）

该界面上部显示的科目级长 4－3－2，由前述“编码方案”限定（未使用前可以在编码方案中修改除第 1 级以外的级、长）。表体显示的是 2007 年新会计准则科目（新建账套时选定），有资产、负债、共同、权益、成本与损益 6 类总账科目（没有明细科目）。

（2）修改资产类总账科目。单击会计科目界面上部的“资产”卡片，选定“应收票据”科目并单击工具栏“修改”按钮进入“会计科目修改”界面；单击下部的“修改”按钮，勾选右部“客户往来”项，选择下部受控系统为“应收系统”，如图 2.6 所示；再单击“确定”按钮，单击“返回”按钮。

学习情境二 业财融合基础设置信息化　33

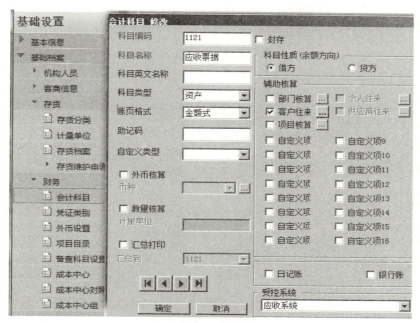

图 2.6　用友 U8 会计科目修改

在会计科目界面双击"库存现金"科目进入会计科目修改界面，单击"修改"按钮；勾选下部"日记账"选项，单击"确定"按钮。再单击该界面左下部 ◀◀ ◀ ▶ ▶▶ 中的"下一个"按钮，当显示为"银行存款"科目时单击"修改"按钮；再勾选下部的"日记账、银行账"选项，单击"确定"按钮。

类似地，按表 2.3 所示的内容，修改资产类其他总账科目。如，"其他货币资金"科目修改为日记账、银行账；"应收账款"科目修改为客户往来、受控应收系统；"预付账款"科目修改为供应商往来、受控应付系统；"在途物资、发出商品"等科目为项目核算、受控存货核算系统等。科目编码以"1"开头的资产类总账科目修改完毕，单击"返回"按钮回到会计科目界面。

（3）修改其他类总账科目。单击会计科目界面上部"负债"卡片，将"应付票据"科目修改为供应商往来、受控应付系统；"预收账款"科目修改为客户往来、受控应收系统等；修改完科目编码以"2"开头的负债类总账科目后，单击"返回"按钮。

单击"成本"卡片，将"制造费用"科目修改项目核算。

单击"损益"卡片，将"销售费用、管理费用"科目修改为项目核算；将"管理费用"科目修改为部门核算；将"营业税金及附加"修改为"税金及附加"科目。

（4）增加资产类会计科目。在会计科目界面单击"资产"卡片，单击工具栏"增加"按钮进入"新增会计科目"界面，如图 2.7 所示；录入"中行美元存款"的科目编码、名称，勾选"外币核算"并选择"美元 USD"；录入"1002002"科目编码后将自动继承银行存款科目的"日记账""银行账"选项；单击"确定"按钮。

类似地，增加资产类其他总账科目或明细科目，如"工行人民币存款""存出投资款""应收出口退税款"等。

增加"交易性金融资产/长岭股票"明细科目时，应勾选"数量核算"复选框并输入计量单位"股"。增加"其他应收款/职工借欠款"明细科目时，应勾选"个人往来"复选框

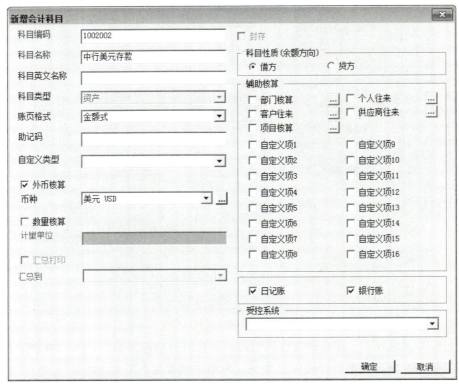

图2.7　用友 U8 新增会计科目界面

完成资产类科目增加后，单击新增会计科目界面"取消"按钮，回到会计科目界面。

（5）复制会计科目。单击会计科目界面"损益"卡片，增加"6001 主营业务收入"科目下的 2 个明细科目，再单击新增会计科目界面的"取消"按钮。单击会计科目界面"编辑\成批复制"菜单命令，将"6001"科目的所有下级科目复制到"6401 主营业务成本"科目中，单击"确认"按钮。

（6）增加其他科目。增加负债类的"应付账款/应付供应商"明细科目时，应勾选"供应商往来"复选框并选择受控系统为"应付系统"。增加"应付账款/暂估账款"明细科目时，不得设置辅助核算与受控系统，否则，后述的采购暂估业务处理中可能无法使用。

增加"应付职工薪酬/薪资津补贴"明细科目时，应勾选"部门核算"选项。增加"其他应付款/美国 KDS 公司"明细科目时，应勾选"外币核算"复选框并选择相应的币种。

增加"应交税费"明细科目时，应先增加二级科目再增加其下的三级科目。部分三级科目还需修改科目性质，即借贷方向。

增加生产成本所属的 3 个明细科目时，应勾选"项目核算"复选框。

增加权益类、损益类等的总账或明细科目时，不选择任何辅助核算项。

（7）删除会计科目。单击会计科目界面"全部"卡片，选定"1011 存放同业"与企业无关的会计科目（是商业银行的核算科目），单击工具栏"删除"按钮并确认。

（8）封存科目。双击"1003 存放中央银行款项"与企业无关的科目（是商业银行的核算科目），单击弹出界面的"修改"按钮，勾选上部"封存"选项。

【技能提示】

（1）某科目已使用则不能删除也无法删除，为了减少参照科目时的列表，可封存该科目。

（2）凡是在会计科目编辑界面勾选了部门核算、个人往来"辅助核算"的科目，均不得在这些科目下增加明细科目；而由前述基础设置中增加的部门档案、人员档案代替其明细科目。同样地，勾选了项目核算、客户往来、供应商往来"辅助核算"的科目，必须按后述的方法增加项目档案、客户档案、供应商档案代替该科目的明细科目。

（3）不能删除其下有明细科目的上级科目。若需删除上级科目，应先删除其下的所有下级科目。一般情况下不要随意删除系统预设的1级会计科目，以免在编制财务会计报表时出错。

三、指定现金类科目

工作任务2.5 指定用友U8出纳与流量科目

【任务工单】

用友U8信息系统中，为了加强货币资金的出纳管理，需要将货币资金类科目指定给出纳使用，以便相关记账凭证由出纳签字，编制日记账、资金日报表与开展银行对账等出纳信息化管理；为了进行现金流量辅助核算，需要指定现金流量科目。

【信息化流程】

单击会计科目界面"编辑\指定科目"菜单命令，进入"指定科目"界面，如图2.8所示。将"库存现金"选定为现金科目，将"银行存款""其他货币资金"2个总账科目选定为银行科目，将上述3科目或所属明细科目共4个末级科目选定为现金流量科目，单击"确定"按钮。

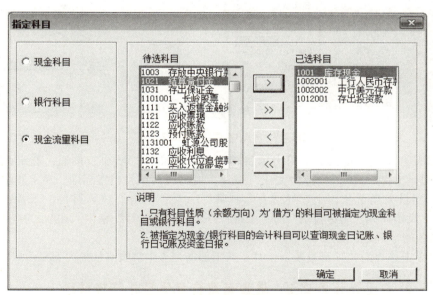

图2.8 用友U8指定科目界面

【技能提示】

被指定为现金科目、银行科目的会计科目，在以后出纳日常业务中可以查询现金、银行日记账，进行银行对账，以及在制单（填制记账凭证）中进行支票控制和资金赤字控制，从而实现现金、银行存款的严格内部控制管理。

四、辅助核算项目信息化

工作任务2.6　查看与增加辅助核算项目

【任务工单】

（1）本公司的3个货币资金的末级科目需要进行现金流量项目辅助核算，以便编制现金流量表，所以，查看现金流量项目有哪些，是否需要修改。

（2）本公司的"在途物资""原材料""库存商品""发出商品"，以及"生产成本"的明细科目，其下均不再设置明细科目，但要求按存货类别及存货名称进行明细核算。

【信息化流程】

（1）查看现金流量项目。展开菜单树"基础设置\基础档案\财务"，双击"项目目录"命令进入"项目档案"界面，从该界面右上角的项目大类下拉框可见，系统预设了"现金流量项目""项目管理"2大类。从右上角下拉框中选择"现金流量项目"，单击中部"项目分类定义"卡片，查看5项现金流量分类，如图2.9所示；单击"项目目录"卡片，查看24项现金流量项目。由于这些项目与现行会计制度、会计报表的内容完全相符，所以，不作修改。

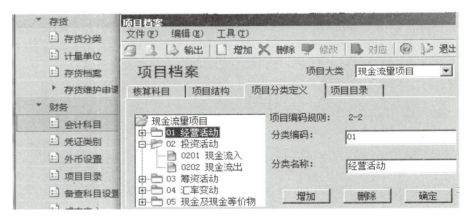

图2.9　用友U8项目分类定义卡片

（2）挂接存货核算的科目。单击项目档案界面工具栏"增加"按钮，选定弹出界面的"使用存货目录定义项目"，单击"完成"按钮，退出回到项目档案界面。在上述项目档案界面的右上角项目大类下拉框中选择"存货核算"大类，单击"核算科目"卡片；将其中的"在途物资、发出商品、制造费用"等7个科目转入"已选科目"框中，如图2.10所示；单击该界面右下角的"确定"按钮。

此时，单击该界面"项目目录"卡片，其下部的列表中将没有任何内容显示。

工作任务2.7　增加辅助核算项目并挂接科目

【任务工单】

本公司的"制造费用""销售费用""管理费用"这3个总账科目不设置明细科目，但要进行工资及福利、工会经费、社会保险、折旧费、物料消耗、运杂费等"要素费用"的明细核算。

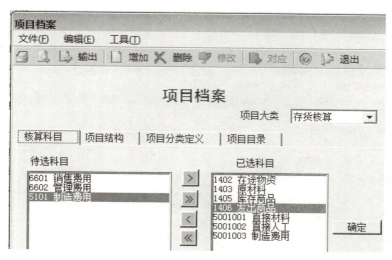

图 2.10 用友 U8 挂接存货核算的科目

【信息化流程】

（1）增加项目大类。展开菜单树"基础设置\基础档案\财务"，双击"项目目录"命令进入项目档案界面，单击项目档案界面工具栏"增加"按钮；选择"普通项目"，输入大类名称"要素费用"，如图 2.11 所示；两次单击"下一步"按钮及"完成"按钮。

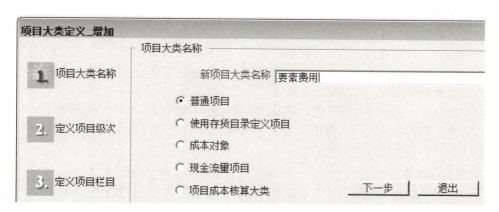

图 2.11 增加"要素费用"项目大类

（2）挂接科目。在项目档案界面右上角选择"要素费用"大类，单击"核算科目"卡片；将"制造费用""销售费用""管理费用" 3 总账科目，由"待选科目"框移入"已选科目"框，单击右下角"确定"按钮。

（3）增加项目分类。单击项目档案界面"项目分类定义"卡片，在右下部键入分类编码"1"，分类名称为"无分类"，单击下部"确定"按钮。

（4）增加项目目录。单击项目档案界面"项目目录"卡片，单击右下部的"维护"按钮，进入"项目目录维护"界面；单击该界面工具栏"增加"按钮，添加"01 工资及福利"项目，录入所属分类码"1"，在其他位置单击；再单击"增加"按钮，添加其他的费用项目编号、费用名称，选择所属分类码"1"；退出并回到项目档案界面，将显示图 2.12 内容。

增加辅助核算项目并挂接科目

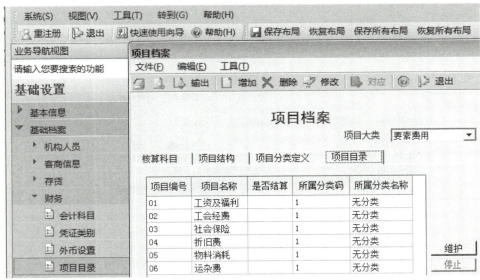

图 2.12 用友 U8 "要素费用" 的项目目录

五、财务档案信息化精析

1. 币别设置

根据货币计量的会计核算前提条件，新建账套时需要确定记账本位币。《中华人民共和国会计法》规定，会计核算以人民币为记账本位币；业务收支以人民币以外的货币为主的单位，可以选定其中一种货币作为记账本位币，但是编报的财务会计报告应当折算为人民币。记账本位币与外币是相对而言的，凡是记账本位币以外的货币都是外币。

有外币业务时，应设置外币名称、编码、单位、折算方式与汇率等。使用固定汇率（即月初或年初汇率）的，应预先录入月初或年初的外币汇率；使用变动汇率（即当日汇率）的，在业务发生时录入当天的外币汇率。

2. 会计科目设置

会计科目是总账系统规划设计的重点与核心，它是工作量大、设置最复杂的工作，稍有失误都要影响核算工作的正常进行。一般而言，管理信息系统都预设了一级科目，只需引入或直接使用；故此，科目的核算要求及明细科目的设置是主要内容。

会计信息化中的科目编码非常重要，利用科目编码反映科目之间的逻辑关系，便于信息系统识别、减少凭证输入的工作量。有的软件提供不定长的科目编码方案，如金蝶 KIS、金蝶 K/3 的编码方案是各级科目之间用点"."分隔，金算盘的编码方案是各级科目之间用横杠"-"分隔。很多软件是"级长"的编码方案，即确定科目的级次与每级次的长度，如用友、速达等软件的编码方案。科目编码应按群码的方式进行科目全码的编制，即每个科目的编码，都是其全部上级科目加本级科目的所有编码的组合码。总的要求都是：各级科目编码必须唯一，必须按先上级后下级的次序建立，一级科目编码必须符合会计制度或会计准则规定，编码体系要有扩展性，使用后或有下级科目时不能修改。

科目名称分为中文名称和英文名称，它是数据标识，即便使用后也可以修改。助记码用于帮助记忆科目并可实现快速输入，一般可用科目名称中各个汉字拼音的头一个字母组成。科目类型分为资产、负债、共同、权益、成本与损益等。科目借贷方向由系统根据科目的第一位编码自动判断，可以修改。不再使用的科目在无法删除时，可勾选"封存"选项。进行外币核算应选取相应的币种，货币资金类科目可设置为出日记账或银行账，需进行辅助核算的科目应进行辅助核算标记。

3. 辅助核算

辅助核算也称辅助账类，是总账系统参与企业管理的重要手段，用于说明某科目除了总分类、明细分类核算以外的其他的核算要求。其作用是<u>减少明细科目的数量、消除基础设置的数据冗余</u>。这些辅助核算的设置主要是，客户往来、供应商往来、个人往来、部门、存货、仓库、现金流量等辅助核算，数量与外币核算，以及日记账、结算方式、支票、预算管理与自定义项等。

单个会计科目可同时设置多种专项辅助核算，<u>辅助账类必须设在末级科目</u>上，但为了查询或出账方便，有些科目也可以同时在末级和上级科目设置；当上级科目设有某辅助核算，其末级科目中没有该辅助核算时，信息系统将不作处理。

4. 凭证设置

根据企业管理和核算要求，将会计凭证进行分类编制，信息系统提供了设置凭证类别的功能，以便将凭证按类别编制、管理、记账和汇总。管理信息系统通常提供5种常用的凭证分类方式供选择：①记账凭证；②收款、付款、转账凭证；③现金、银行、转账凭证；④现金收款、现金付款、银行收款、银行付款、转账凭证；⑤自定义凭证。

学习任务3 客商与结算档案信息化

一、客户档案信息化

工作任务2.8 设置档案的自动编号规则

【任务工单】

为了提高工作效率，用友U8的客户编码、供应商编码由系统自动编号处理。

【信息化流程】

（1）客户编码规则。展开菜单树"基础设置\档案设置"，双击"档案编码设置"命令进入"档案编码设置"界面，如图2.13所示。

展开左部"基础档案"并选定"客户档案"列表项，<u>单击右部左上角 ✎（修改）按钮</u>；将其修改为"自动生成编号，允许手工改动"，前缀为"手工输入"，长度为1，规则为K，流水号长度为3位，起始值与步长均为1；单击 💾（保存）按钮，在警告界面中单击"是"。

（2）供应商编码规则。将供应商档案的编码修改为"自动生成编号，允许手工改动"，前缀为手工输入，长度为1，规则为G，流水号长度为3位，起始值与步长均为1。

工作任务2.9 增加用友U8客户档案

【任务工单】

碚渝实业2023年年初部分客户档案资料如表2.4所示。

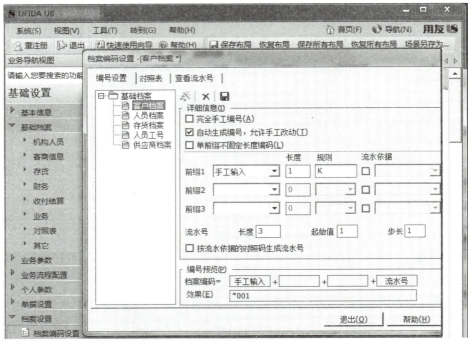

图 2.13 用友 U8 档案编码设置界面

表 2.4 碚渝实业部分客户档案资料

编号	客商名称	开户银行	银行账号	税号	发展日期
K001	景悦实业公司	工商银行通景办	GH050601	SW27654305	2013-1-1
K002	盛玖商贸公司	建设银行南盛办	JH120633	SW07754821	2012-1-1
K003	疆源实业公司	工商银行实源办	GH300629	SW70614368	2014-1-1
K004	迪码集团公司	工商银行德码办	GH520907	SW47654305	2015-1-1
K005	博琛实业公司	建设银行城博办	JH750638	SW07654325	2012-1-1

【信息化流程】

（1）增加客户档案。双击菜单树"基础设置\基础档案\客商信息"中的"客户档案"命令进入客户档案界面，左部显示客户分类为"无分类"；单击工具栏"增加"按钮进入"增加客户档案"界面，该界面的客户编码、客户简称等蓝色标记的信息项必须填写，如图 2.14 所示。

客户档案信息化

单击"基本"卡片，左上角客户编码"K001"由系统自动生成（"档案编码设置"的编号规则），可以修改；所属分类等后部有参照按钮的，应单击参照按钮后双击选择，也可直接录入编码进行快速参照选择；勾选下部的"国内"项。

单击"其他"卡片，修改发展日期（保存后无法修改）。

销售开票时对方需要增值税专用发票，必须填写开户银行、账号与税号。单击工具栏"银行"按钮，增加并保存该客户的银行信息，如图 2.15 所示。

（2）该客户建档完成后，单击工具栏"保存并新增"按钮，再录入其他客户信息。

学习情境二　业财融合基础设置信息化

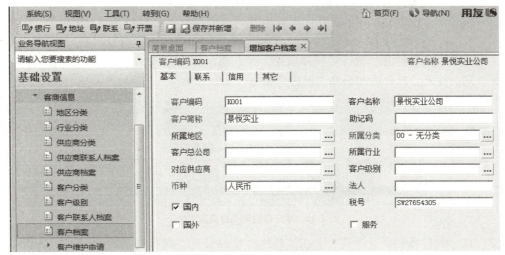

图 2.14　增加用友 U8 客户档案界面

图 2.15　客户银行档案

（3）关闭增加客户档案界面回到"客户档案"界面，左部显示客户"无分类"，右部显示 5 个客户的详细信息。若有错误，可选择该客户（选择栏显示为"Y"），单击工具栏的"修改""批改"或"删除"等按钮处理。

二、供应商档案信息化

工作任务 2.10　增加用友 U8 供应商档案

【任务工单】

碚渝实业 2023 年年初部分供应商档案资料如表 2.5 所示。

表 2.5　碚渝实业部分供应商档案资料

编号	客商名称	开户银行	银行账号	税号	发展日期
G001	白鼎实业公司	工商银行白街办	GH750690	SW50754802	2013-1-1
G002	吉拓制造公司	建设银行拓路办	JH350698	SW67604728	2015-1-1
G003	隆恒商务公司	工商银行渝恒办	GH851607	SW68652307	2015-1-1
G004	界铁实业公司	建设银行界实办	JH250932	SW47654309	2017-1-1

【信息化流程】

（1）增加供应商档案。双击菜单树"基础档案\客商信息\供应商档案"命令进入"供应商档案"界面,如图 2.16 所示;单击工具栏"增加"按钮进入"增加供应商档案"界面,在"基本"卡片中,供应商编码"G001"由系统自动生成(前述"基础设置\档案编码设置"的编号规则),录入税率 13.00。与客户档案不同的是,供应商的银行信息可在"基本"卡片中录入,也可单击工具栏"银行"按钮后录入;下部勾选"采购"项。在"其他"卡片中修改发展日期。注意:保存后无法修改供应商编号、发展日期。

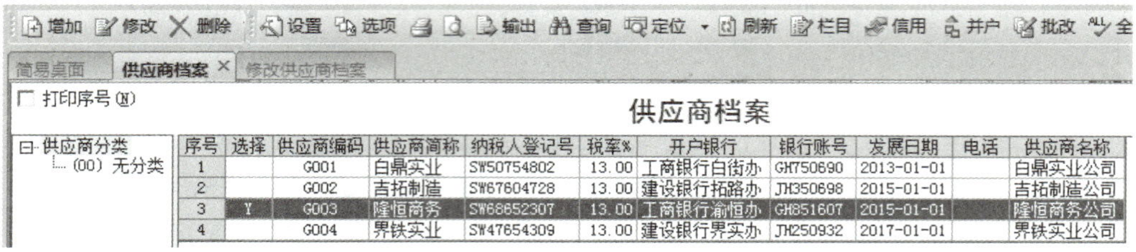

图 2.16 供应商档案(栏目设置后)

(2)在"供应商档案"界面,单击工具栏"栏目设置"按钮进入栏目设置对话框;通过在相应项目上双击后修改,或双击后参照选择,单击"上移、下移"按钮等方式,将要显示的内容、对齐方式、列宽等修改为图 2.16 样式。

三、收付结算档案信息化

工作任务 2.11　银行账号规则与本公司开户行

【任务工单】
(1)浏览银行档案资料,修改企业在中国工商银行的账号规则。
(2)本公司人民币基本存款账户:工商银行碚新办;账号:GH858648。

【信息化流程】
(1)展开菜单树"基础设置\基础档案\收付结算",双击"银行档案"命令,在弹出的界面中选择"中国工商银行",单击工具栏"修改"按钮,修改企业账户定长为 8 位。
(2)设置本单位开户银行。双击菜单树"收付结算\本单位开户银行"命令,增加本公司基本存款账户,如图 2.17 所示。

图 2.17 设置本公司开户银行

工作任务 2.12　用友 U8 收付结算设置

【任务工单】
(1)收付结算方式有:现金结算、普通支票、委托收款。
(2)购销活动中的现金折扣条件有:n/30;1/30、n/60;2/30、1/60、n/90。

【信息化流程】

(1) 设置结算方式。展开菜单树“基础设置\基础档案\收付结算”，双击“结算方式”命令，下部用星号表示“1－2”的编码规则；单击工具栏“增加”按钮，添加结算方式，单击工具栏“保存”按钮，如图 2.18 所示。

结算方式
文件(F) 操作(O) 帮助(H)
设置 输出 增加 修改 删除 放弃 刷新
结算方式
结算方式
(1) 现金结算
(2) 普通支票
(3) 委托收款
结算方式编码 1
结算方式名称 现金结算
是否票据管理 适用零售
对应票据类型
编码规则： * **

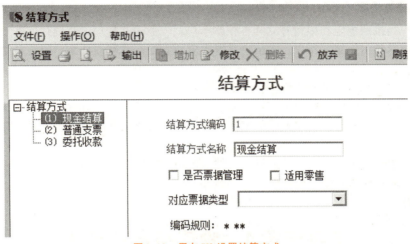

图 2.18 用友 U8 设置结算方式

(2) 设置付款条件。双击菜单树“基础档案\收付结算\付款条件”命令进入“付款条件”界面，如图 2.19 所示；单击工具栏“增加”按钮，输入相应的信用天数、优惠天数、优惠率，单击工具栏“保存”按钮。

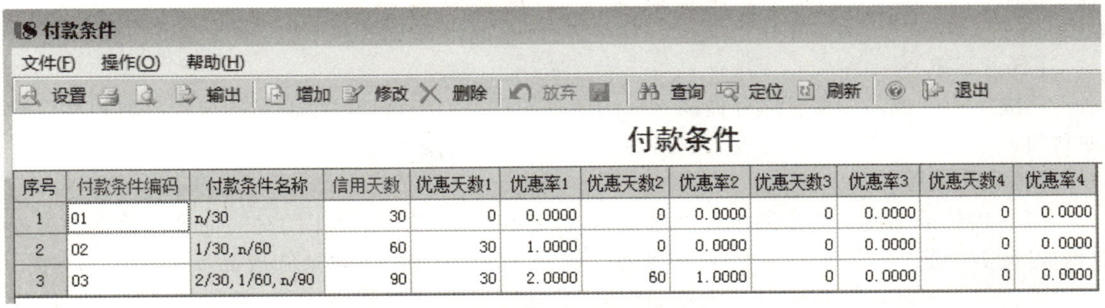

付款条件
文件(F) 操作(O) 帮助(H)
设置 输出 增加 修改 删除 放弃 查询 定位 刷新 退出
付款条件
序号 付款条件编码 付款条件名称 信用天数 优惠天数1 优惠率1 优惠天数2 优惠率2 优惠天数3 优惠率3 优惠天数4 优惠率4
1 01 n/30 30 0 0.0000 0 0.0000 0 0.0000 0 0.0000
2 02 1/30,n/60 60 30 1.0000 0 0.0000 0 0.0000 0 0.0000
3 03 2/30,1/60,n/90 90 30 2.0000 60 1.0000 0 0.0000 0 0.0000

图 2.19 用友 U8 设置付款条件

四、客商结算档案设置精析

1. 往来单位分类

为了充分利用信息系统的分类统计和汇总功能，需要对与本单位有业务和资金往来的单位进行分类管理。一般而言，将与本单位的销售与收款业务循环相关的单位称为客户，将与本单位的采购与付款业务循环相关的单位称为供应商。除此之外，还可以对往来单位按照所属行业、所在地区、信用级别、重要程度、单位性质或所有制等进行分类。

2. 往来单位档案

在传统的往来单位管理模式下，企业的客户、供应商资料由各业务部门或人员掌握，很难积累资料、系统分析、有效利用；企业关键的营销人员一旦离职，所有的资料将随他而去。故此，必须加强客户关系、供应商关系管理，建立详细的往来单位档案资料。

这些资料包括往来单位的编码、名称与简称、地址、所在区域、行业、纳税人登记号、开户银行及账号、联系人、联系方式与信用等级等。很多信息系统软件对往来单位的档案资料的设置都超过70项指标。

3. 收付结算档案

各单位应当按照规定在银行开立基本存款账户、一般存款账户、专用存款账户和临时存款账户等进行货款收付结算。所以，在信息系统中应建立银行与联行档案，设置单位的开户银行与账号信息。

在社会经济活动中一般使用支票、本票、商业汇票、信用卡、汇兑、托收承付、委托收款等结算方式进行货币收付及其资金清算。所以，启用应收款管理、应付款管理系统时必须进行结算方式的设置，主要包括结算方式的编码、名称、是否票据管理，有的还要设置缺省的"入账科目"等。

收付结算中有优惠条件时应设置付款条件，付款条件也称现金折扣，是指赊购、赊销业务中为了鼓励付款方提前付款，由收款方给予的价款减让。例如，"1/30、n/60"表示在60天内必须全额付款（无折扣），若在30天以内付款将给予1%的现金折扣。

学习任务4　物流档案信息化

一、业务档案信息化

工作任务2.13　增加仓库档案

【任务工单】

碚渝实业的成品库保管库存商品，采用全月加权平均法结转发出商品的成本。材料库保管原材料，采用先进先出法计算发出材料的成本。两仓库的实物负责人均为杜先兵。

【信息化流程】

（1）增加成品库。双击菜单树"基础设置\基础档案\业务\仓库档案"命令；单击工具栏"增加"按钮进入"增加仓库档案"界面，如图2.20所示；在此录入成品库的编码与名称、负责人，参照选择计价方法为"全月加权法"，仓库属性为"普通仓"，其他信息可按默认设置不作修改；单击"保存"按钮。

（2）类似地，增加"材料库"档案，选择"先进先出法"。

工作任务2.14　设置物流收发类型

【任务工单】

（1）存货收入类型编码及名称：01 材料入库，02 产品入库，03 盘盈入库。

（2）存货发出类型编码及名称：11 产品领料，12 经管领料，13 销售出库，14 盘亏出库。

（3）采购类型编码及名称：01 现购，02 赊购（默认类型），03 预购。它是存货收入类型中的"材料入库"的进一步分类。

（4）销售类型编码及名称：01 现销，02 赊销（默认类型），03 预销，04 代销。它是存货发出类型中的"销售出库"的进一步分类。

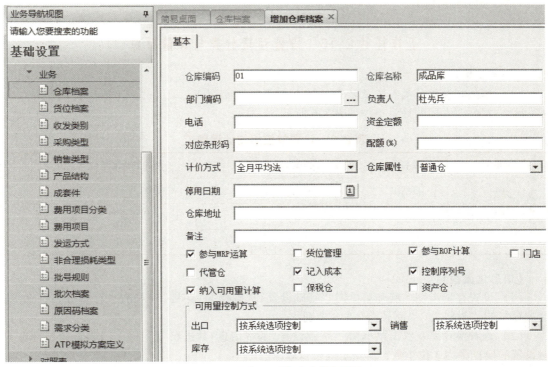

图 2.20　用友 U8 增加仓库档案界面

【信息化流程】

（1）设置收发类别。双击菜单树"基础档案\业务"的"收发类别"命令进入"收发类别"界面，下部用星号表示编码规则为"2-1"；单击"增加"按钮，录入编码、名称，选择收发标志；单击"保存"按钮。

（2）设置采购类型。双击菜单树"基础档案\业务"中的"采购类型"命令进入"采购类型"界面，如图 2.21 所示，增加 3 项材料入库的类型。其中，默认类型是增加采购业务单据时自动携带的缺省类型，指定默认类型可以减少录入单据的工作量（现代企业一般以赊购为主）。

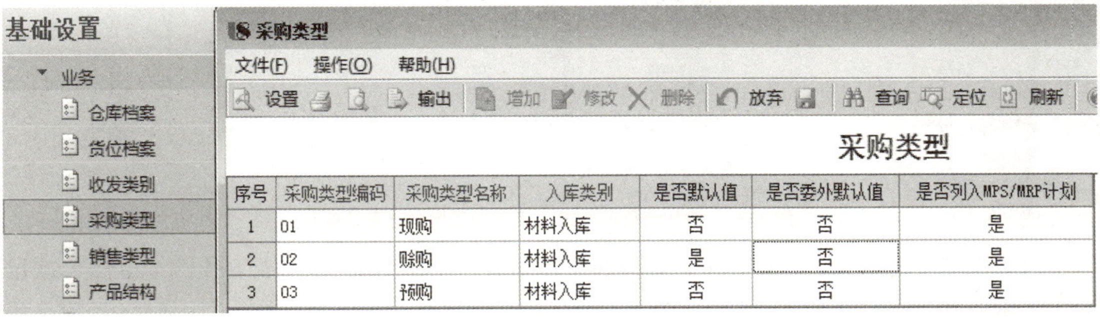

序号	采购类型编码	采购类型名称	入库类型	是否默认值	是否委外默认值	是否列入MPS/MRP计划
1	01	现购	材料入库	否	否	是
2	02	赊购	材料入库	是	否	是
3	03	预购	材料入库	否	否	是

图 2.21　增加采购类型界面

（3）设置销售类型。双击菜单树"基础档案\业务"中的"销售类型"命令，增加销售出库的 4 个类型（现代企业一般以赊销为主）。

二、存货档案信息化

工作任务2.15　设置存货分类与计量单位

【任务工单】

（1）本公司存货分类编码及名称：CL 材料类，SP 商品类。
（2）本公司常用的计量单位如表2.6所示。

表2.6　计量单位组与计量单位

组编号	组名称	组类别	组内的计量单位
01	自然组	无换算率	件，个，套
02	千克组	固定换算率	千克（主计量），吨，克
03	瓶箱组	浮动换算率	瓶（主计量），箱

【信息化流程】

（1）设置存货类别。展开菜单树"基础设置\基础档案\存货"，双击"存货分类"命令，增加存货的"材料类""商品类"2个类别。

（2）查看换算率。双击菜单树"基础设置\基本信息\数据精度"命令，将显示新建账套时设置的换算率为3位小数，若不正确可以修改。

（3）增加计量单位组。双击菜单树"基础档案\存货\计量单位"命令，单击工具栏"分组"按钮进入计量单位组界面，增加"千克组""自然组""瓶箱组"，如图2.22所示，其中，组类别应从下拉列表中参照选择。

图2.22　增加计量单位组（先分组后增加计量单位）

（4）增加计量单位。选定计量单位界面左部列表的"千克组"，单击工具栏"单位"按钮进入计量单位界面，增加"千克""克""吨"三个计量单位，千克换算率为"1"，克换算率为"0.001"，吨换算率为"1 000"。

选定"自然组"并单击"单位"按钮，增加"件""个""套"等计量单位。

选定"瓶箱组"单击"单位"按钮，增加"瓶""箱"计量单位。

工作任务2.16 增加存货档案

【任务工单】

碚渝实业存货档案信息如表2.7所示。

表2.7 碚渝实业存货档案信息

存货类别	仓库	存货编号与名称	单位	属性	税率
材料类	材料库	CL001 豆源籽	千克	内销、采购或 外购、生产耗用	13%
材料类	材料库	CL002 椰麻屑	件	内销、采购或 外购、生产耗用	13%
材料类	材料库	CL003 红纤素	个	内销、采购或 外购、生产耗用	13%
商品类	成品库	SP001 沐涤Ⅱ型	套	内销、自制、在制	13%
商品类	成品库	SP002 露涤Ⅲ型	套	内销、自制、在制	13%

【信息化流程】

(1)增加材料类3个存货档案。双击菜单树"基础设置\基础档案\存货\存货档案"命令进入"存货档案"界面,左部列示存货分类;选定左部的"材料类",单击工具栏"增加"按钮进入"增加存货档案"界面,该界面有"基本""图片"等8个卡片,如图2.23所示。

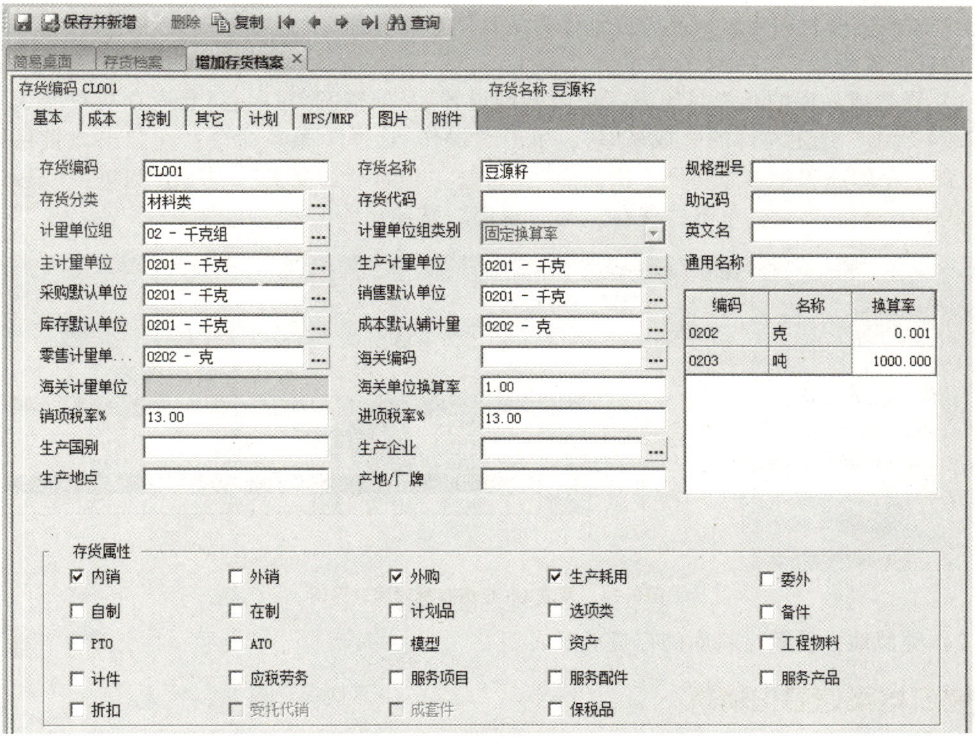

图2.23 增加存货档案基本卡片

在"基本"卡片中,录入存货编码、存货名称;参照选择计量单组后才能选择主计量单位,参照选择固定换算率的计量单位组后,还应修改采购、销售、库存的默认计量单位为主计量单位或辅计量单位，但成本默认辅计量单位不能与主计量单位相同；录入进项税率、销项税率，均为13%；勾选下部存货属性的相关选项。

在"成本"卡片中选择默认仓库；由于存货计价方法按仓库设置，每种存货可以不选择其计价方法（先进先出法、加权平均法等）。

（2）类似地，增加商品类2个存货档案。

【特别提示】

（1）存货属性的选择要慎重，否则以后填制业务单据时可能无法参照选择。"销售"是指填制发货单、发票、销售出库单等与销售有关的单据时用于参照选择存货档案。"外购"是指填制到货单、采购发票、采购入库单、运费发票等与采购有关的单据时用于参照选择存货档案。"生产耗用"是指填制材料领用单、出库单时用于参照选择存货。"自制"是指填制产成品入库单时用于参照选择存货。"应税劳务"是指开具在采购发票上的运输费、包装费等采购费用，或开具在销售发票上的劳务费用等。

（2）存货档案中录入或修改了增值税税率，所以，前述客户档案中不需要录入；而供应商档案中需要录入或修改增值税税率。

三、仓存对照信息化

工作任务2.17　设置仓存对照表

【任务工单】

设置碚渝实业材料库、成品库分别保管的具体存货名称。

【信息化流程】

（1）设置成品库的存货对照表。在"基础设置\基础档案\对照表\仓库存货对照表"中，如图2.24所示，选定左部的"成品库"，单击"操作\选择"菜单命令；在弹出"批量增加"界面上部的仓库编码中参照选择"成品库"，勾选左部的"商品类"，单击工具栏"显示"按钮将显示2个产品项目；单击"保存"与"退出"按钮。

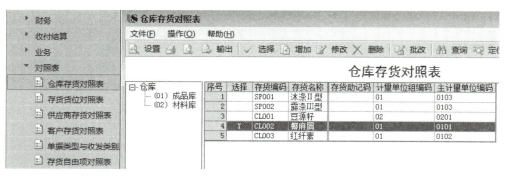

图2.24　用友U8仓库存货对照表界面

（2）类似地，设置材料库的存货对照表。

四、物流档案信息化精析

1. 了解公司的物流活动情况

企业的物流活动主要是货物的采购、运输、储存、生产加工、销售等经营活动。为了加强物流管理，应了解企业的业务经营范围、采购类型、销售类型、生产组织方式、收发货类型、收发货地点、交货方式、购销中的经营费用、支出、代垫款、合理与非合理损耗、保管存货的仓库与门店等。

2. 设置仓库档案

存货一般是存放在普通仓库中保管的，对存货进行核算与管理应建立仓库档案。仓库既可以是普通的实体仓库，也可以是虚拟的仓库。如返修的商品、车间的半成品等存放地点可能不固定，金蝶 K/3 可设置其属性为"虚仓"，用友 U8 可设置为"现场仓"。仓库档案的设置主要包括仓库编码与名称、地址、管理部门与保管员、是否分类管理与货位管理等。

3. 存货计价方法

存货计价方法主要有个别计价法、移动平均法、全月加权平均法、先进先出法、后进先出法、计划成本法与售价法等。

一般而言，存货计价方法既可以按仓库设置，也可以按存货类别或存货品种设置。但也可能有限制，如用友 U8 等软件不能按存货类别选择计价方法，速达 5000 等软件没有先进先出法、计划成本法等。

4. 设置计量单位

存货管理中必须设置计量单位，计量单位应分组管理。计量单位组有浮动换算率、固定换算率和无换算率三类。换算率是指辅计量单位和主计量单位之间的换算比，例如：1 件包装袋中有 10 只商品，若主计量单位是"只"，则"10"就是换算率；若主计量单位是"件"，则"0.1"就是换算率。换算率公式为：

$$主计量单位的数量 = 辅计量单位的数量 \times 换算率$$

在一个账套中，无换算率只能设置一组，组内可设多个单位，相互间无关联性，全部缺省为主计量单位。浮动换算率可有多个组，组内部只能有两个计量单位，需指定一个主计量单位，但换算率不固定，如一箱啤酒既有 20 瓶也有 12 瓶时，可采用浮动换算率。固定换算率可有多个组，每组内部的单位至少有两个，必须指定主计量单位与这些单位之间的换算率。

5. 存货档案

为了便于对存货进行分类统计和汇总，可对存货进行分类管理，主要是设置存货类别编码和类别名称等。

设置了存货分类以后，存货档案必须在末级存货分类中设置。存货档案主要是设置存货的编码与名称、存货分类、规格型号、计量单位、存货属性、计价方法、是否有保质期管理、分类管理、成套件管理、批量管理、货位管理等特殊要求。很多信息系统软件对存货档案的设置指标达 80 余项。

学习任务 5　学习效果验证

一、单项选择题

1. 用友 U8 软件按键盘（　　）键可快捷选择基础档案，金蝶 K/3 软件按键盘 F7 键可快捷选择基础档案，这是参照选择的技术方法之一。
　　A. Ctrl　　　　　B. Shift　　　　　C. F2　　　　　D. F7
2. 用友 U8 会计科目的受控系统不包括（　　）。
　　A. 应收系统　　　B. 应付系统　　　C. 存货核算系统　　　D. 报表系统

自主学习 02

3. 确定会计科目编码规则方案时，应该满足的要求是（　　）。
   A. 所有科目的编码长度相同　　　　B. 编码有层次性和可扩充性
   C. 编码的层次不要超过两级　　　　D. 编码可用字母与数字组合
4. 用友 U8 中指定会计科目是确定出纳的专管科目，指定科目后与（　　）无关。
   A. 填制凭证　　B. 银行对账　　C. 出纳签字　　D. 查询日记账
5. 总账系统基础设置不包括（　　）内容。
   A. 会计科目　　B. 结算方式　　C. 单据设置　　D. 外币设置
6. 我国现行会计制度统一规定了各行业会计科目的（　　）的编码与名称。
   A. 一级科目　　B. 二级科目　　C. 三级科目　　D. 所有科目

二、多项选择题

1. 数据编码是基础设置中的规划重点，应达到（　　）要求。
   A. 相对稳定性　　B. 要有扩展性　　C. 层次关系　　D. 长度适宜
2. 用友 U8 的"项目目录"功能中，可以进行（　　）的定义或设置等操作。
   A. 项目大类　　B. 项目的科目挂接　　C. 项目结构与分类　　D. 项目目录
3. 存货的计量单位组设置为无换算率时，则（　　）。
   A. 每个账套只能设置一组　　　　　B. 该组中可设多个计量单位
   C. 该组各单位间无关联性　　　　　D. 该组的单位全为主计量单位
4. 绍珍公司在工商银行开立了日元账户，由出纳管理日记账并定期进行银行对账，在用友 U8 中设置会计科目时应选择（　　）选项。
   A. 外币核算　　B. 项目核算　　C. 日记账　　D. 银行账
5. 会计科目可设置为辅助核算的项目主要是（　　）。
   A. 客户往来　　B. 供应商往来　　C. 个人往来　　D. 部门
6. 信息系统中供应链管理进行的基础设置有（　　）。
   A. 存货档案　　B. 仓库档案　　C. 出入库类型　　D. 客户档案

三、判断题

1. 供应商编码可以分级进行设置，存货编码可以根据存货的分类按级别进行设置。
   （　　）
2. 用友 U8 中如果不启用往来系统，"应收账款"科目设置为客户往来辅助核算时，下部的受控系统应选择为空。（　　）
3. 科目名称一般用汉字或英文字母表示，信息系统在数据输入、输出时使用，在数据处理时一般不使用。（　　）
4. 为了加强存货管理，提高原始数据录入速度，存货档案统计指标越少越好。（　　）
5. 在总账系统中建立会计科目时，企业应根据经营管理需要自行设置一级科目及明细科目编码。（　　）
6. 根据记账本位币假设，信息系统采用固定汇率核算外币业务时，应在本期期初或上期期末录入记账汇率，本期期末录入调整汇率。（　　）
7. 在进行科目成批复制时，源科目与目标科目的级次必须相同，且同为非末级科目。（　　）
8. 在用友 U8 总账系统项目目录设置功能中，指定项目核算科目之前必须先将该科目的辅

助核算属性定义为项目核算。   (   )

四、做中学：铁马实业信息化实训

工作任务2.18　铁马实业的部门与客商档案

【任务工单】

铁马实业账套主管demo（密码DEMO）登录用友U8企业应用平台，在基础设置中完成以下工作任务。

（1）部门：管理部（编码1），批发部（编码2），零售部（编码3）。

（2）客户档案：艾施实业公司（编码K01）；蜀江实业公司（编码K02）；陵嘉实业公司（编码K03）。

（3）供应商档案：万泰实业公司（编码G01）；华星实业公司（编码G02）；海京实业公司（编码G03）。

工作任务2.19　铁马实业的计量单位与存货档案

【任务工单】

（1）计量单位组：自然组，编码1，无换算率。

（2）计量单位：台（编码101）、件（编码102）、元（编码103）。

（3）存货档案如表2.8所示。

表2.8　铁马实业存货档案

编码	名称	计量单位	销项税率	进项税率	属性
P01	A商品	台	3%	0%	内销、外购
P02	B商品	件	3%	0%	内销、外购
L01	零售商品	元	0%	0%	内销、外购

工作任务2.20　铁马实业的会计科目编辑

【任务工单】

（1）修改总账科目。库存现金：日记账；银行存款：日记账、银行账；应收账款：客户往来，应收系统控制；应付账款：供应商往来，应付系统控制；销售费用、管理费用：项目核算；6403税金及附加。

（2）增加明细科目。增加表2.9所示的明细科目，并设置辅助核算。

表2.9　铁马实业应增加的明细科目

科目编码及名称	科目编码及名称	科目编码及名称（辅助核算）
100201　工行存款	222102　应交城建税	140501　批发部（项目核算；数量：单位）
100202　建行存款	222103　教育费附加	600101　批发收入（项目核算；数量：单位）

续表

科目编码及名称	科目编码及名称	科目编码及名称（辅助核算）
221101　职员薪资	222104　应交所得税	640101　批发成本（项目核算）
221102　五险一金	224101　三险一金	140502　零售部（数量：元）
222101　应交增值税	640102　零售成本	600102　零售收入（数量：元）

工作任务2.21　铁马实业的辅助核算项目

【任务工单】

（1）存货辅助核算项目。项目大类：存货核算。挂接科目：140501 批发部、600101 批发收入、640101 批发成本。

（2）费用辅助核算项目。项目大类：费用项目，普通项目，无分类（编码1）。挂接科目：6601 销售费用、6602 管理费用。

项目目录：职工薪酬（编码01），折旧费（编码02），运杂费（编码03），水电费（编码04），租赁费（编码05），差旅费（编码06），办公费（编码07）。

工作任务2.22　铁马实业的凭证和银行初始设置

【任务工单】

（1）凭证类别。记账凭证（通用凭证），无限制。

（2）结算方式。普通支票（编码1），现金结算（编码2）。

（3）本单位开户银行。户名：铁马实业公司；账号：GH0123456789；开户行：工商银行新熙成办。

学习情境三

系统初始数据一体信息化

【技能目标】

在用友 U8 V10.1 中，掌握坏账准备与客户往来科目初始数据信息化技能；掌握供应商往来初始数据信息化技能；掌握总账系统引入客户与供应商往来科目余额技能；掌握总账系统存货科目余额初始化、会计科目与出纳管理余额初始化技能；掌握固定资产管理系统的初始化技能；掌握固定资产初始卡片信息化技能；掌握购销活动期初未了业务信息化技能；掌握库存管理与存货核算初始数据信息化技能；掌握总账、固定资产与供应链系统信息输出技能；掌握财务会计、供应链系统结束初始状态技能；掌握信息子系统之间相互对账技能。

【理论目标】

理解系统一体信息化时应准备哪些初始数据；理解客户与供应商往来款管理信息化模式、手段与初始数据输入的内容；理解总账系统初始数据的引入与输入的内容；理解出纳管理与固定资产管理初始数据输入的内容；理解财务业务一体信息化应用模式、供应链管理的信息化手段及初始数据输入的内容；理解系统对账、结束初始状态的作用。

【素质目标】

培养信息系统数据同源、信息共享的专业意识，加深"数据一体化"的理解并提升"共享"发展理念观，培养"模块化整体化"职业精神。

【思维导图】

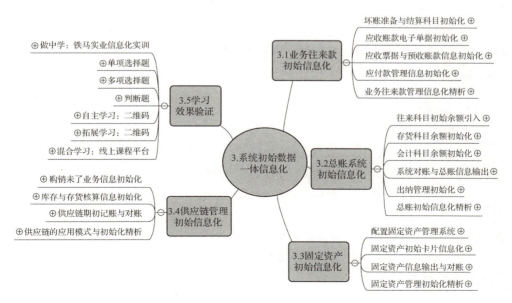

学习任务 1　业务往来款初始信息化

一、坏账准备与结算科目初始化

工作任务 3.1　坏账准备与结算方式科目初始化

坏账准备与结算方式

【任务工单】

（1）碚渝实业的坏账准备按应收账款余额的 0.3% 提取，2023 年年初坏账准备账户余额为 2 057.53 元。

（2）设置结算方式默认科目，以便提高录入会计凭证的效率。

【信息化流程】

（1）设置坏账处理方式。账套主管（王林）登录用友 U8 企业应用平台，展开菜单树"业务工作\财务会计\应收款管理\设置"，双击"选项"命令进入"账套参数设置"界面，如图 3.1 所示。单击下部"编辑"按钮，单击提示对话框的"确定"按钮；在"常规"卡片中将坏账处理方式通过下拉框选择为"应收余额百分比法"，单击"确定"按钮。

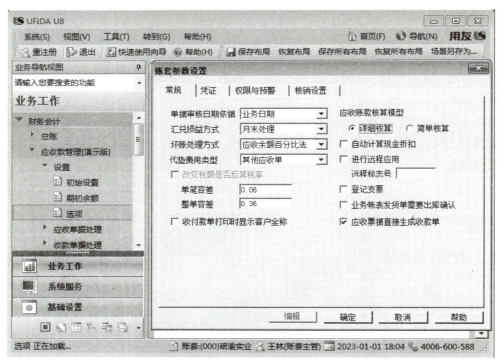

图 3.1　用友 U8 账套参数设置界面

（2）坏账准备初始化。单击左上角"重注册"按钮或"系统\重注册"菜单命令，账套主管重新登录企业应用平台；双击"应收款管理\设置\初始设置"命令进入"初始设置"界面，如图 3.2 所示；选定列表中的"坏账准备设置"，录入期初坏账准备余额、提取比例。

单击坏账准备科目编辑框中的参照按钮，弹出"科目参照"界面；双击列表中的"资产"项将其展开，双击"1231 坏账准备"科目实现科目的选择。

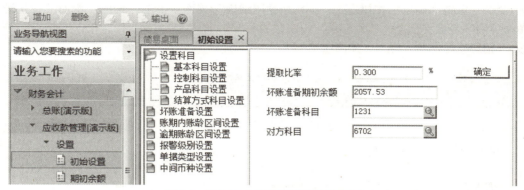

图 3.2 用友 U8 应收款管理初始设置界面

在对方科目框中直接录入科目编码"6702"（信用减值损失）实现科目的参照选择，也可以单击参照按钮进入"科目参照"界面，在"损益"类中选择"6702 信用减值损失"科目。

（3）结算方式科目设置。双击"应收款管理\设置\初始设置"后选择"结算方式科目设置"，单击工具栏"增加"按钮；参照选择现金结算的币种为人民币，科目为"库存现金"；再参照选择普通支票、委托收款的币种，均为人民币，入账科目均为"银行存款/工行人民币存款"，并参照选择本公司银行账号。

二、应收账款电子单据初始化

工作任务 3.2 录入应收账款年初原始凭证

【任务工单】

磁渝实业 2023 年年初"应收账款"科目余额所涉及的相关经济业务与活动情况如下，在用友 U8 中录入年初的电子单据（即会计核算中的原始凭证）。

（1）景悦实业公司于 2022 年 9 月 9 日赊购露涤Ⅲ型 1747 套，价税合计 497 825.12 元，增值税税率 13%，销售部陈东萍经办开出增值税专用发票。

（2）景悦实业公司于 2022 年 11 月 21 日赊购沐涤Ⅱ型 292 套，货款 59 004.31 元，税款 7 670.56 元，销售部陈东萍开出增值税专用发票。

（3）疆源实业公司于 2022 年 11 月 1 日赊购露涤Ⅲ型 140 套，含税单价 292.5 元；销售部余绍志经办开出增值税专用发票，增值税税率 13%。

（4）迪码集团公司于 2022 年 11 月 20 日赊购沐涤Ⅱ型 220 套，含税单价 234 元，税率 13%；销售部余绍志经办开出专用发票，付款条件（现金折扣）为 2/30、1/60、n/90。

（5）博琛实业公司于 2022 年 12 月 16 日赊购露涤Ⅲ型 96 套，货款 24 206.9 元，税款 3 146.9 元，销售部陈东萍经办开出专用发票。

同日，本公司出纳用现金为博琛实业公司代垫运费 350 元。

（6）紫晶商务公司于 2011 年 12 月 3 日赊购露涤Ⅲ型 5 套，价税合计 1 208.13 元，税率 17%（2018 年 5 月前的税率）；管理部刘科经办开出普通发票。

经查，紫晶商务公司是 2011 年年初发展的经销商，在工商银行明道办的账号为 GH310637，税号为 SW50104301。

【信息化流程】

（1）录入应收景悦实业公司的专用发票。双击菜单树"应收款管理\设置"的"期初余额”命令，单击“确定”按钮进入“期初余额明细表”界面；单击工具栏“增加”按钮进入“单据类别”界面，选择“销售发票”中的“销售专用发票”与“正向”，单击“确定”按钮进入“销售专用发票”界面，如图 3.3 所示。

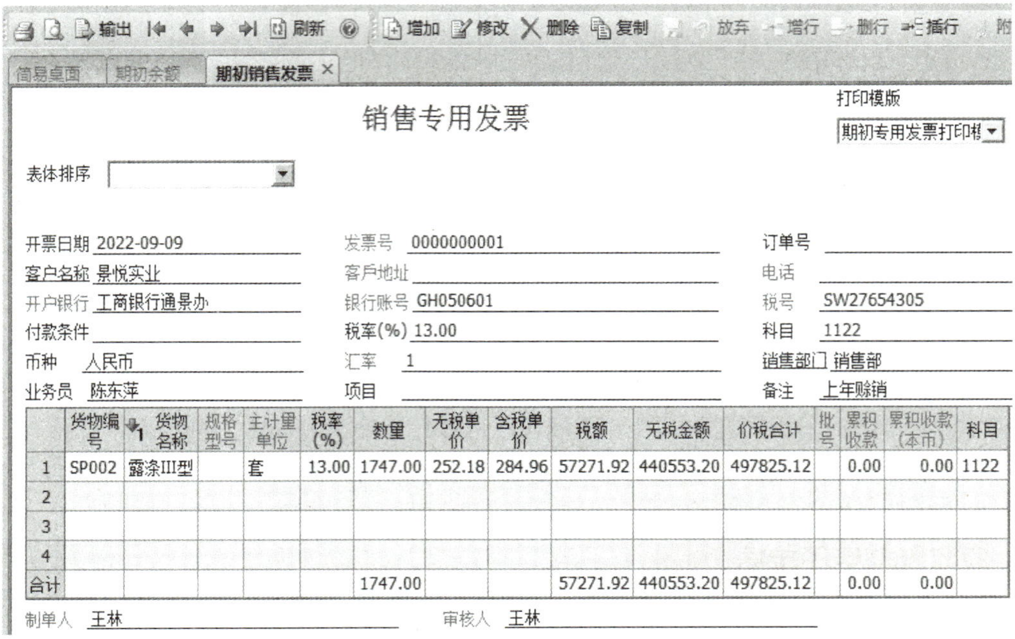

销售专用发票

打印模版 期初专用发票打印模

表体排序

开票日期 2022-09-09　发票号 0000000001　订单号

客户名称 景悦实业　客户地址　电话

开户银行 工商银行通景办　银行账号 GH050601　税号 SW27654305

付款条件　税率(%) 13.00　科目 1122

币种 人民币　汇率 1　销售部门 销售部

业务员 陈东萍　项目　备注 上年赊销

	货物编号	货物名称	规格型号	主计量单位	税率(%)	数量	无税单价	含税单价	税额	无税金额	价税合计	批号	累积收款	累积收款(本币)	科目
1	SP002	露涂III型		套	13.00	1747.00	252.18	284.96	57271.92	440553.20	497825.12		0.00	0.00	1122
2															
3															
4															
合计						1747.00			57271.92	440553.20	497825.12		0.00	0.00	

制单人 王林　审核人 王林

图 3.3　用友 U8 销售专用发票界面

处理表头信息：单击发票界面工具栏“增加”按钮，系统将自动生成表头的发票号、币种、汇率等项目，表尾的制单人也将自动签名；修改开票日期，录入备注信息；单击客户名称框后的参照按钮并双击弹出界面的景悦实业公司的记录行实现选择，同时，该公司在“客户档案”中的银行、税务等信息将自动携带到该发票中；参照选择表头的业务员后，自动携带该职员所在的部门；参照选择表头科目为“1122（应收账款）”，单击表体第 1 行则表体科目栏将自动生成。

处理表体信息：双击表体第 1 行货物编号框并单击参照按钮，再双击列表中的“SP002”（或选定后单击“确定”按钮），实现该商品的参照选择，同时，该商品在“存货档案”中的名称、计量单位、税率等信息将自动携带到发票表体，并自动填入表头的税率 13.00；录入表体的数量、价税合计，表体的其他数据将自动计算、生成，这些自动生成的数据可以修改。

单击销售专用发票工具栏“保存”按钮，表尾的审核人自动签名。

（2）录入应收其他客户的专用发票。单击销售发票工具栏“增加”按钮，类似地，录入其他 4 张专用销售发票。注意：并不是表体所有的数据都要录入的，其中，景悦实业、博琛实业的表体应录入数量、无税金额；疆源实业、迪码集团发票表体应录入数量、含税单价；迪码集团表头需参照选择付款条件。

关闭销售专用发票界面回到应收款期初余额明细表界面，单击工具栏 刷新 按钮，将列表显示上述 5 张销售专用发票。

（3）录入应收单。单击期初余额明细表界面工具栏“增加”按钮，选择“应收单”中的“其他应收单”与“正向”，单击“确定”按钮进入“应收单”界面，如图 3.4 所示。

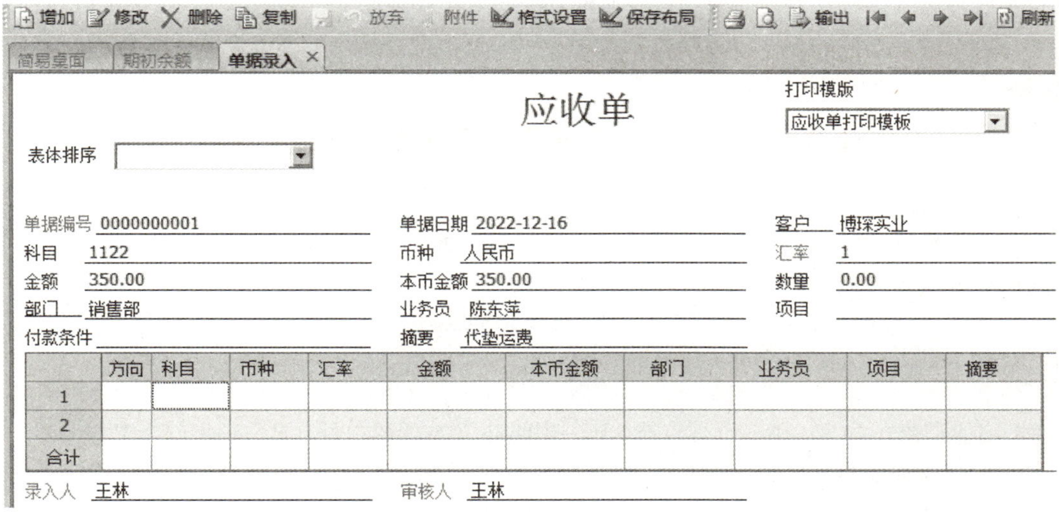

学习情境三
系统初始数据一体信息化

57

图 3.4 用友 U8 应收单界面

单击工具栏"增加"按钮，表头单据号、币种、汇率自动生成，表尾录入人自动签名；选择客户、科目、业务员（自动生成部门），录入金额（自动生成本币金额）、摘要，不录入表体信息；单击工具栏"保存"按钮，表尾审核人自动签名；关闭退出应收单界面。

（4）录入销售普通发票。单击期初余额界面工具栏"增加"按钮，选择"销售发票"中的"销售普通发票"的"正向"，单击"确定"按钮进入销售普通发票界面；单击工具栏"增加"按钮，选择表头客户进入的参照界面列表中没有紫晶商务公司，如图 3.5 所示，这是因为，基础设置时没有建立该公司的档案，在不退出相关界面时按以下方法增加该客户的档案信息。

单击参照界面的"编辑"按钮进入"客户档案"界面；单击工具栏"增加"按钮，录入保存该客户的档案资料；然后依序退出增加客户档案、客户档案界面回到客户基本参照界面，该公司将列示于参照界面中；双击该公司的记录行（或选定该公司后单击工具栏的"确定"按钮）实现参照选择；再录入或选择应收紫晶商务公司的赊销款的相关项目，其中，表体应录入数量、税率17%（2018年5月前的）及价税合计；单击工具栏"保存"按钮。

图 3.5 用友 U8 客户基本参照界面

【技能拓展】

增加客户档案也可退出客户基本参照界面，单击销售普通发票界面工具栏"放弃"按钮，关闭所有的期初余额录入界面；再到"基础设置"的"客户档案"中，增加该客户的档案信息；然后再进入普通发票界面处理。但这种方法的工作效率低下。

三、应收票据与预收账款信息初始化

工作任务 3.3 预收账款与应收票据信息初始化

【任务工单】

（1）预收账款科目期初余额，是荣华实业公司于 2022 年 12 月 23 日用普通支票 0709 号预付的购货款 35 600 元，销售部余绍志经办。

经查询，荣华实业公司是 2016 年年初发展的经销商，在工商银行新东办的账号为 GH910601，税号为 SW70654304。

（2）应收银行承兑汇票，是景悦实业公司因购买商品于 2022 年 11 月 8 日签发并经工商银行承兑的商业汇票 0379 号，金额为 140 680 元，到期日为 2023 年 1 月 8 日，销售部余绍志经办。

（3）应收商业承兑汇票，是盛玖商贸公司因购买商品于 2022 年 10 月 30 日签发并承兑的商业汇票 1026 号，金额为 105 308 元，到期日为 2023 年 1 月 9 日，销售部陈东萍经办。

【信息化流程】

（1）录入收款单。双击菜单树“应收款管理\设置”的“期初余额”命令并单击“确定”按钮进入期初余额明细表界面；单击工具栏“增加”按钮，选择“预收款”中的“收款单”与“正向”，单击“确定”按钮进入“收款单”界面，如图 3.6 所示。

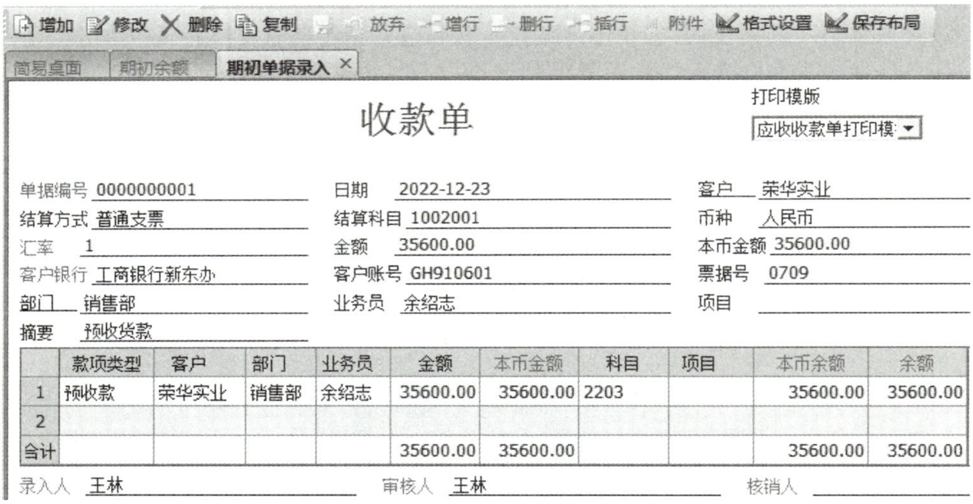
增加 修改 删除 复制 放弃 增行 删行 插行 附件 格式设置 保存布局

简易桌面 期初余额 期初单据录入

收款单

打印模版 应收收款单打印模

单据编号 0000000001 日期 2022-12-23 客户 荣华实业

结算方式 普通支票 结算科目 1002001 币种 人民币

汇率 1 金额 35600.00 本币金额 35600.00

客户银行 工商银行新东办 客户账号 GH910601 票据号 0709

部门 销售部 业务员 余绍志 项目

摘要 预收货款

	款项类型	客户	部门	业务员	金额	本币金额	科目	项目	本币余额	余额
1	预收款	荣华实业	销售部	余绍志	35600.00	35600.00	2203		35600.00	35600.00
2										
合计					35600.00	35600.00			35600.00	35600.00

录入人 王林 审核人 王林 核销人

图 3.6 收款单界面

单击收款单界面工具栏“增加”按钮，自动生成表头编号、币种、汇率，表尾录入人自动签名；选择客户时，应单击参照界面的“编辑”按钮，增加该客户档案，回到参照界面后才能选择；参照选择表头结算方式后，自动携带结算科目“1002001”；选择业务员，自动生成部门；录入票号、摘要、金额，自动生成本币金额。

单击表体第 1 行，将自动生成相关信息；款项类型参照选择为“预收款”，科目选择为“2203 预收账款”；单击工具栏“保存”按钮，表尾审核人处自动签名；退出收款单界面。

（2）录入商业汇票。单击期初余额明细表界面“增加”按钮，选择“应收票据”中的“银行承兑汇票”进入“期初票据”界面，如图 3.7 所示。

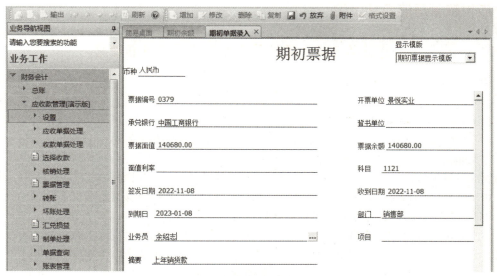

图 3.7　期初票据界面

单击工具栏"增加"按钮，录入应收景悦实业公司的银行承兑汇票。其中，录入票据面值后自动生成票据余额，科目应参照选择为"1121（应收票据）"。

类似地，选择"应收票据"中的"商业承兑汇票"，录入应收盛玖商贸公司的商业汇票（不选择"承兑银行"项目）。

（3）显示期初数据。录入完毕后，在期初余额明细表界面单击"刷新"按钮；<u>将鼠标指针指向表列头字段的竖线处，当指针变为十字双向箭头时，按下左键向左拖动，缩小列宽或隐藏某列</u>，再按单据类型降序排序，如图 3.8 所示；也可单击工具栏"栏目"按钮设置。

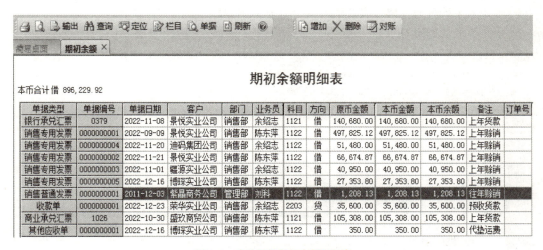

图 3.8　应收票据期初余额明细表

【技能拓展】

录入的原始凭证若有错，应选定列表某条记录，通过工具栏可删除相应的单据；双击列表某记录行进入原始单据（电子单据）界面，可查看、修改或删除相应的单据。

四、应付款管理信息初始化

工作任务3.4　应付款项原始凭证信息初始化

【任务工单】

（1）应付账款/应付供应商：本公司2022年12月18日向吉拓制造公司赊购椰麻屑80件，单价1 019元，采购部张蓉收到普通采购发票（无增值税额）。

（2）应付银行承兑汇票：本公司2022年10月8日向白鼎实业公司开出并由工商银行承兑的2317号商业汇票，金额为200 100元，到期日为2023年1月7日，采购部张蓉经办。

（3）应付供应商：本公司2022年10月30日向界铁实业公司赊购椰麻屑977件，货款482 739.66元，税款62 756.16元，采购部张蓉收到购货增值税专用发票。

同日，界铁实业公司为本公司代垫购材料运费3 672元。

（4）应付供应商：本公司2022年12月2日向浩佳实业公司赊购红纤素800个，价税合计18 720元，税率13%，采购部李明良收到专用发票，付款条件是2/30、1/60、n/90。

经查：浩佳实业是2017年年初发展的供应商，税号SW90076513，工行湘成办的账号GH610706。

（5）应付供应商：本公司2022年11月2日向隆恒商务公司赊购豆源籽86.6千克，无税货款（即原币金额）87 346.55元，椰麻屑500件，无税货款252 155.17元，两材料税款总额44 135.22元，采购部李明良收到采购增值税专用发票。

（6）预付账款：本公司2022年11月19日用普通支票7103号向凌风制造公司预付购料款10 030元，采购部李明良经办。

经查：凌风制造是2014年年初发展的供应商，工行成阳办的账号为GH510903。

【信息化流程】

（1）录入采购普通发票。展开菜单树"业务工作\财务会计\应付款管理"，双击"期初余额"命令并单击"确定"按钮，进入期初余额明细表界面，如图3.9所示。

图3.9　应付款期初余额明细表

单击工具栏"增加"按钮，选择"采购发票"中的"采购普通发票"与"正向"进入"采购普通发票"界面，如图3.10所示；单击工具栏"增加"按钮，录入或选择表头项目（科目"2202001应付供应商"）；选择或录入表体项目（其中税率为"0"）；单击"保存"按钮，下部审核人处自动签名。

图 3.10　用友 U8 采购普通发票界面

（2）录入其他供应商原始凭证。与应收款管理系统相似，将年初相关经济业务数据录入原始单据中，包括采购专用发票、其他应付单、付款单和银行承兑汇票；没有供应商档案的应在参照界面单击"编辑"按钮，增加（税率 13.00）后才能选择。

与应收款管理录入收款单不同的是，录入应付款管理的付款单时，表头的结算科目应选择"1002001"，表体的款项类型从下拉框中选择"预付款"，表体科目选择"1123"（预付账款），如图 3.11 所示。

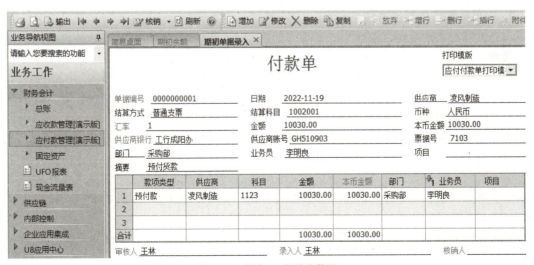

图 3.11　用友 U8 付款单界面

（3）单击期初余额明细表界面工具栏的"刷新"及"栏目"按钮，将"原币金额"修改为"原币价税合计"（这是用友 U8 软件的小缺陷）。

【技能提示】

应收款管理中设置了结算科目,录入收款单表头的结算方式后自动生成结算科目(即货币资金类科目);但应付款管理没有设置,所以录入了付款单的结算方式后还需要选择结算科目。

五、业务往来款管理信息化精析

1. 业务往来款管理信息化模式

用友U8、金蝶K/3、速达、金算盘与浪潮等管理信息系统中,业务往来款管理有多种信息化实施模式,如,在总账系统进行往来核算实施财务信息化模式,单独启用往来款管理系统实施业务信息化模式,往来款管理系统与其他子系统结合实施往来款一体信息化模式等。本书介绍同时启用往来款、供应链与总账系统,进行财务业务一体信息化的应用模式。

业务往来款就工商企业而言,主要是本单位购销存等业务经营活动中产生的债权债务事项,包括应收客户往来款和应付供应商往来款。其中,应收客户往来款,是销售与收款业务循环的"钱流"业务,涉及的会计科目主要是应收票据、应收账款、预收账款与坏账准备等。应付供应商往来款,是采购与付款循环业务的"钱流"业务,涉及的会计科目主要是应付票据、应付账款与预付账款等。

2. 应收款管理信息化手段

应收款管理系统应用于销售与收款循环业务,对该循环中与客户之间的债权债务进行信息化管理。信息化的核心手段是"电子单据流",即将业务流、工作流与资金流转化为"电子单据流",以反映、控制与保存业务活动数据,提供详细的管理信息。例如,本单位发生赊销业务、代垫销售运杂费时,需填制销售发票或应收单等原始单据;购货单位开具商业汇票延付本单位的货款时,需填制商业汇票;收回货款、预收销货款或收回商业汇票款时,需填制收款单;发生坏账时,需填制坏账发生的原始单据。

3. 应付款管理信息化手段

应付款管理系统应用于购货与付款循环业务,对该循环中与供应商之间的债权债务进行信息化管理,信息化的核心手段是在"电子单据流"。例如,企业发生赊购业务、采购运杂费时,需填制采购发票或应付单等原始单据;本单位开具商业承兑汇票或银行承兑汇票延付(即以商业汇票为手段延期支付)采购货款时,需填制商业汇票;支付货款、预付购货款或支付商业汇票款时,需填制付款单。

4. 业务往来款管理信息初始化的内容

其内容主要是将企业实施信息系统前的业务循环往来欠款,以原始单据为手段录入各子系统之中。其中,应收款管理系统主要是录入应收票据、应收账款、预收账款与坏账准备等科目期初余额所涉及的原始单据,应付款管理系统主要是录入应付票据、应付账款、预付账款等科目期初余额所涉及的原始单据。

由于信息系统软件具有强大的数据处理能力,一般只需要录入已知的部分业务数据,软件将根据数据的项目关系、运算关系、定义的公式、关联性或相关程度等,自动进行数据的参照与引用、数据的查找与过滤、数据的求和与汇总、数据的反算与推算、数据的统计与分析等工作。

学习任务2　总账系统初始信息化

一、往来科目初始余额引入

工作任务3.5　总账系统引入往来期初余额

【任务工单】

在总账系统中引入应收款管理系统的期初债权余额、应付款管理系统的债务余额。

【信息化流程】

（1）账套主管（王林）登录用友U8企业应用平台，展开菜单树"财务会计\总账"并双击"期初余额"命令，进入期初余额界面，如图3.12右上部所示。

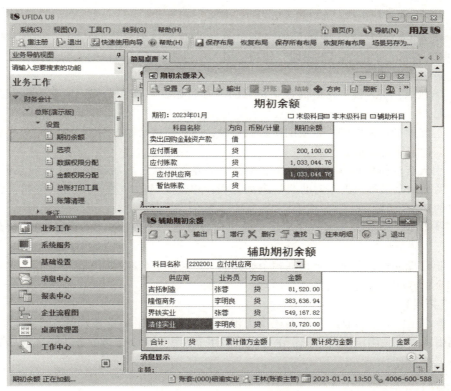

图3.12　总账引入应付供应商期初余额

通过滚动条找到"应付供应商"明细科目，在其后的期初余额栏双击，进入辅助期初余额界面，该界面上部科目名称框将显示"2202001应付供应商"，工具栏的"往来明细"按钮呈现为激活动状态，如图3.12右下部所示；单击该界面工具栏"往来明细"按钮进入期初往来明细界面，如图3.13所示。

单击工具栏"引入"按钮，在提示框中单击"是"同意加载数据（若已有期初数应选择是覆盖还是追加这些数据）；单击工具栏"汇总"按钮，同意汇总辅助项数据；提示完成了辅助期初表汇总后，退出期初往来明细界面回到辅助期初余额界面。

图 3.13 应付供应商期初往来明细

（2）引入供应商往来其他科目的余额。单击辅助期初余额界面科目名称的下拉框选择"应付票据"科目；单击"往来明细"按钮，引入应付票据总账科目的期初余额；汇总后再退回期初往来明细界面。

（3）类似地，引入设为供应商往来核算的"预付账款"期初余额；汇总后再退回期初往来明细界面。

（4）退出期初往来明细、辅助期初余额界面，回到期初余额界面，这3个设为供应商往来的科目的期初余额自动汇总生成。

（5）引入客户往来科目期初余额。在期初余额界面，通过滚动条找到"应收票据"科目，双击其后的期初余额栏，进入辅助期初余额界面；单击工具栏"往来明细"按钮，引入并汇总该科目的期初余额。

（6）类似地，引入设为客户往来核算的"应收账款""预收账款"科目的期初余额，再汇总。

（7）退出期初往来明细、辅助期初余额界面，回到期初余额界面，这3个设为客户往来科目的期初余额自动汇总生成。

【技能拓展】

为了提高工作效率，总账系统上述设为供应商与客户往来辅助核算的6个科目的期初余额，采用引入的方法确定期初余额；也可以按后述个人往来期初余额的方法录入这些数据，但工作效率低下。

二、存货科目余额初始化

工作任务3.6 修改存货科目与存货余额初始化

【任务工单】

（1）修改会计科目："在途物资"总账科目不需要进行存货项目核算，但受控存货核算系统；"发出商品"总账需要存货项目核算、数量核算，受控存货核算系统。

（2）碚渝实业存货科目期初余额情况，如表3.1所示。

表 3.1　碚渝实业存货科目期初余额情况

存货品名	生产成本（元）	原材料（元）	库存商品（元）	发出商品（元）
豆源籽		157 101.53		
椰麻屑		749 082		
红纤素		65 796.53		
沐涤Ⅱ型	728.7		397 506	24 000
露涤Ⅲ型			660 638	

（3）"生产成本"的明细科目余额为：直接材料 593 元，直接人工 89.6 元，制造费用 46.1 元，"发出商品"科目的数量 160 套。

【信息化流程】

（1）修改科目。双击菜单树"基础设置\基础档案\财务\会计科目"命令，双击"在途物资"科目；单击"修改"按钮，取消右部的"项目核算"选项，单击"确定"按钮。

双击"发出商品"科目，单击"修改"按钮，勾选数量核算选项，录入计量单位为"单位"，单击"确定"按钮。

（2）理解存货项目核算的含义。双击菜单树"基础设置\基础档案\财务\项目目录"命令进入项目档案界面，在右上角项目大类的下拉框中选择"存货核算"，如图 3.14 所示。

图 3.14　存货核算的项目目录

分别单击上部"核算科目""项目分类定义""项目目录"卡片查看，将显示存货核算的 6 个科目、2 个存货类别和 5 个存货名称。

上述设置的含义是："1403 原材料""5001003 制造费用"等 6 个已选会计科目，其下不能再设置明细科目，但它们都需要按此处列示的 2 个存货类别与 5 个存货名称进行明细分类核算。

（3）录入项目辅助核算科目的期初余额。展开菜单树"财务会计\总账"，双击"期初余额"命令进入"期初余额"界面，如图 3.15 左部所示。

拖动滚动条或鼠标中间滚轮找到"发出商品"科目，双击其后的期初余额栏进入辅助期初余额界面；科目名称框将显示"1406 发出商品"，工具栏"往来明细"按钮呈灰色非激活状态（不可用），如图 3.15 右部所示；单击"增行"按钮；单击项目栏后的参照按钮，选定参照界面左部商品类再双击"沐涤Ⅱ型"商品名称；录入金额、数量；退出该界面回到期初余额界面，自动生成该科目的金额与数量。

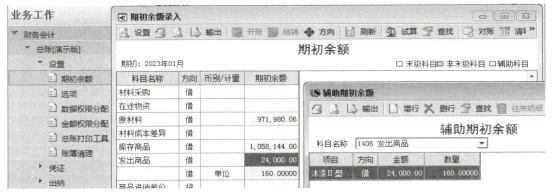

图 3.15　发出商品期初余额

在期初余额界面"原材料"科目的期初余额栏双击进入辅助期初余额界面，左上角的下拉框中显示为"1403 原材料"科目；单击"增行"按钮，录入该科目 3 项材料的期初金额（无数量）。

在期初余额界面"库存商品"科目的期初余额栏双击进入辅助期初余额界面，左上角的下拉框中显示为"1405 库存商品"科目；单击"增行"按钮，录入该科目 2 项商品的期初金额（无数量）。

（4）类似地，录入"生产成本"所属的 3 个明细科目的"沐涤Ⅱ型"项目相应的期初金额。

【技能拓展】

若"基础设置\基础档案\财务\项目目录\存货核算项目大类"中显示的已选科目有错，应将错选的科目从已选科目框转入待选科目框，单击右下角"确定"按钮；再选择正确的科目并单击右下角"确定"按钮。

【计量单位提示】

（1）用友 U8 会计科目的数量核算只能设置在末级科目，且只能设置一个计量单位，"发出商品"科目需要核算多个商品，沐涤Ⅱ型计量单位是套，豆源籽计量单位是千克，等等，所以，设置该科目计量单位为通用标识"单位"，而不能设置为"套"。

（2）在菜单树"基础设置\基础档案\存货"中，增加的计量单位运用于业务系统，而此处的计量单位是会计核算时使用；在用友 U8 中，这两种计量单位之间没有关联性，不能信息共享；但金蝶 K/3 等软件，一个账套中的计量单位是同源的，可以消除数据冗余。

三、会计科目余额初始化

工作任务 3.7　会计科目与个人往来期初余额

【任务工单】

（1）磅渝实业 2023 年 1 月期初有关会计科目余额，如"工作任务 2.4"中的表 2.3 所示。

（2）2023 年年初职工借欠款的业务发生情况如表 3.2 所示。

表3.2 碚渝实业2023年年初职工借欠款的业务发生情况

发生日期	凭证号	部门	职员	摘要	金额（元）
2022-10-9	记-26	采购部	张蓉	借出差款	2 580
2022-12-5	记-28	销售部	余绍志	借出差款	950.2
2021-11-2	记-15	生产办	林洪	借出差款	3 500

【信息化流程】

（1）录入末级科目期初余额。展开菜单树"业务工作\财务会计\总账"，双击"期初余额"命令进入期初余额界面，如图3.16所示。

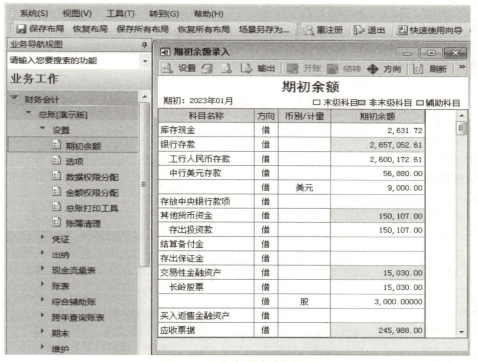

图3.16 总账科目期初余额界面

白色显示的期初余额栏才能直接录入，如库存现金、工行人民币存款等；有外币、数量核算的科目应先录入本币金额，再录入外币、数量；末级科目余额录入后，自动汇总其上级科目余额。若需调整总账科目的借贷方向，可选定该科目，单击工具栏"方向"按钮。明细科目不能调整方向，同一总账科目下的明细科目有借有贷时，在金额前录入"-"号进行区分。

（2）录入个人往来期初余额。双击"1221001职工借欠款"明细科目后的期初余额栏，进入辅助期初余额界面，如图3.17所示；单击工具栏"往来明细"按钮（注意：不要单击"增行"按钮）进入期初往来明细界面，如图3.17右部所示；单击工具栏"增行"按钮，录入的日期将影响账龄的计算与分析，凭证号应单击参照按钮后录入编号，如图3.17左下部所示；选择个人后自动生成部门，再录入摘要、金额。

再单击"增行"按钮，删除自动生成的部门、个人选项，再录入第2条记录。录完3条记录后，单击工具栏"汇总"按钮并退出。

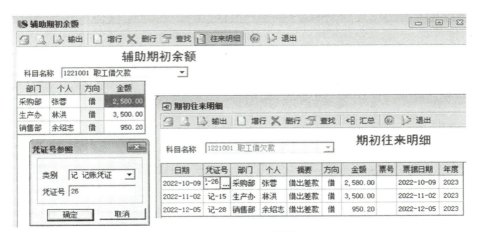

图 3.17 辅助期初余额界面

四、系统对账与总账信息输出

工作任务 3.8　系统对账与总账信息输出

【任务工单】
进行总账系统内部的对账与试算平衡、总账数据输出、总账与往来对账。

【信息化流程】
（1）总账对账。展开菜单树"业务工作\财务会计\总账\设置"并双击"期初余额"命令，单击期初余额界面工具栏"对账"按钮进入期初对账界面，单击"开始"按钮。

对账后若该界面的"对账错误"按钮呈激活状态，则表明有错，应单击该按钮查看后进行修改；若显示为灰色非激活状态，则表明没有错误。

（2）总账试算平衡。对账无误并不表明试算平衡，所以，还应单击期初余额界面工具栏"试算"按钮进入期初试算平衡表界面，检查期初试算是否平衡（借方合计是否等于贷方合计），同时显示资产、负债、共同、权益、成本与损益之 6 大类科目的合计金额。

（3）查看对账结果。展开菜单树"财务会计\总账\期末"并双击"对账"命令；在弹出界面后部的"是否对账"栏双击使之显示为"Y"，单击工具栏"对账"按钮；工具栏"错误"按钮呈激活状态表示有错误，单击之可查看详细的错误信息，若正确将显示为灰色非激活状态。

在"总账\期末\对账"功能中，也可以进行试算平衡，如图 3.18 所示。

（4）应付款对账。双击菜单树"应付款管理\账表管理\业务账表\与总账对账"命令，单击"对账条件"界面的"确定"按钮进入"与总账对账结果"界面；若后部的差额栏没有数据，表明按"供应商+币种"的对账正确。

单击该界面工具栏"查询"按钮，可选择"按科目+供应商"的条件进行对账。

系统对账与
总账信息输出

（5）应收款对账。双击菜单树"应收款管理\账表管理\业务账表\与总账对账"命令，在弹出的界面中可选择"按客户+币种""按科目+客户"两种方式之一进行对账；若对账结果界面后部的差额栏没有数据，表明应收款管理系统与总账系统的数据一致。

（6）信息查询与输出。双击菜单树"总账\账表\科目账\余额表"命令，单击"确定"按钮进入"发生额及余额表"界面，如图 3.19 所示。

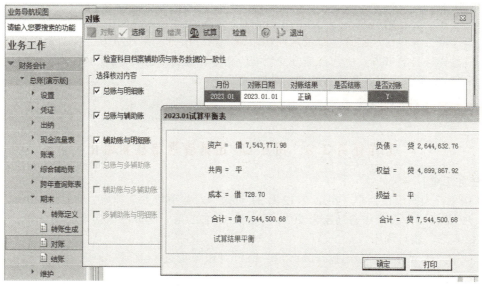

图 3.18　用友 U8 对账与试算平衡

科目编码	科目名称	期初余额		本期发生		期末余额	
		借方	贷方	借方	贷方	借方	贷方
2221	应交税费		93,700.00				93,700.00
2231	应付利息		13,000.00				13,000.00
2232	应付股利		68,200.00				68,200.00
2241	其他应付款		5,688.00				5,688.00
2501	长期借款		790,000.00				790,000.00
负债小计			2,644,632.76				2,644,632.76
4001	实收资本		3,500,000.00				3,500,000.00
4101	盈余公积		890,450.00				890,450.00
4104	利润分配		509,417.92				509,417.92
权益小计			4,899,867.92				4,899,867.92
5001	生产成本	728.70				728.70	
成本小计		728.70				728.70	
合计		8,972,773.21	8,972,773.21			8,972,773.21	8,972,773.21

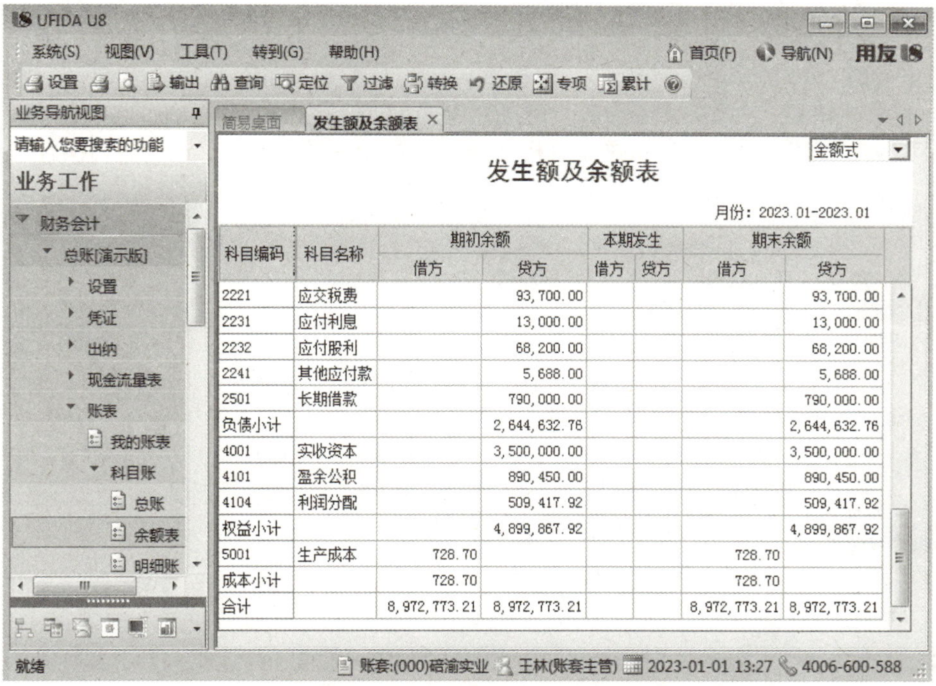

图 3.19　用友 U8 发生额及余额表界面

通过右上角的下拉框，可选择金额式、数量金额式、外币金额式等格式进行查询。

单击工具栏“查询”按钮，在该条件界面的外币名称中选择“美元”，选择 1 – 2 级科目，单击“确定”按钮；再选择右上角的外币金额式账页，可只查看两个美元账户的外币及本币的期初余额、期末余额。

单击工具栏“查询”按钮，还可以重新按某个科目、某类科目、科目级次、末级科目进行余额表的查询。

【技能拓展】

若新建账套的起始日期不是当年的1月1日，期初余额录入界面将多显示年初余额、累计借方、累计贷方等栏目。此时，需录入期初余额、累计借方、累计贷方，年初余额自动生成。同时，损益类科目的借方发生额与贷方发生额应相等，且为损益类科目的实际发生额（便于利润表的编制），不录入损益类科目的期初余额、期末余额。

五、出纳管理初始化

工作任务3.9 用友U8出纳管理信息初始化

【任务工单】

（1）工行人民币存款户，2022年12月31日银行对账单贷方余额为2 653 294.61元。经核对，12月29日本单位开出普通支票2031号金额53 122元，支付白鼎实业公司货款，记-58号凭证已入账、银行尚未入账。

（2）中行美元存款、存出投资款账户，银行对账单贷方余额与日记账借方余额相符，没有未达账项。

【信息化流程】

（1）出纳查询日记账。由出纳"周红林"或"ZHL"（密码为"123"）登录用友U8企业应用平台，展开菜单树"业务工作\财务会计\总账\出纳"，双击"银行日记账"命令并选择"中行美元存款"科目，单击"确定"按钮进入银行日记账界面；通过右上角的下拉框选择"外币金额式"格式，如图3.20所示。通过左上角科目下拉框，可查询"工行人民币存款""存出投资款"日记账；也可以单击工具栏"查询"按钮，进行不同日记账的切换查询。

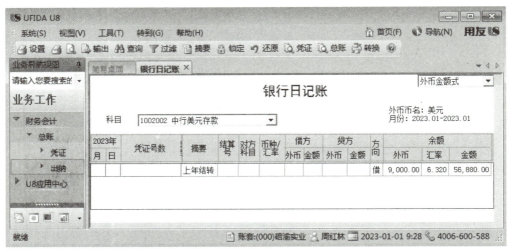

图3.20 出纳查询外币金额式日记账

（2）工行人民币存款的对账期初。双击菜单树"总账\出纳\银行对账\银行对账期初录入"命令，选择"工行人民币存款"科目进入"银行对账期初"界面，如图3.21所示。

单击工具栏"方向"按钮，将银行对账单的余额方向调整为贷方；单击启用日期后的参照按钮可修改日期；录入单位日记账、银行对账单的调整前余额。

单击下部"日记账期初未达项"按钮，进入企业方期初界面；单击"增行"按钮，录入上述的未达账项。

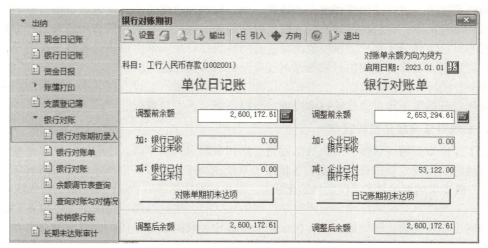

图 3.21　用友 U8 银行对账期初界面

（3）类似地，录入存出投资款、中行美元存款 2 个科目的期初数，它们都没有未达账项。其中，中行美元存款科目应录入美元金额而不是人民币金额。

（4）查询余额调节表。双击菜单树"总账\出纳\银行对账\余额调节表查询"命令，可查询 3 个银行科目的调节表，如果调节平衡则显示调整后的存款余额，否则显示"不平衡"的字样。

选定列表中的某账户，单击工具栏"查询"按钮将显示其余额调节表。

六、总账初始信息化精析

1. 拉入或推入业务系统初始数据

业财融合信息化的核心优势之一在于数据同源、信息共享；应收款管理、应付款管理的子系统，通过原始单据（电子单据）进行了信息初始化，必然产生各种债权、债务信息，可通过拉入或推入的方式生成总账系统的初始数据。其中，用友 U8 等软件，可在总账系统中直接引入（即拉入）而自动生成相关往来科目的期初余额；金蝶 K/3 等软件，可在相关子系统中推出到总账系统而自动生成（即推入）总账系统相关往来科目的期初余额。

由于数据同源且信息共享，可以消除"信息孤岛、数据冗余"，从而保证了各子系统的协调性与一致性。

2. 录入会计科目的初始数据

在初次使用总账系统时，应将经过整理的手工会计或其他管理软件中会计账目的期初余额，录入信息系统中。如果是年中启用总账系统，应先将各科目期初余额、借贷方累计发生额，作为启用系统的初始数据录入总账系统中，系统自动计算年初余额。如果企业是在年初建账，或虽然是年中建账但不反映启用日期以前的发生额，录入的期初余额即为年初余额，此时可以不录入科目借贷方的累计发生额。

由于信息系统软件具有强大的数据处理能力，一般只需录入末级会计科目的数据，其他数据的求和与汇总、统计与分析等工作可由软件自动完成。

3. 录入辅助专项核算信息

由于会计应参与企业经营管理，提供业务活动的相关信息，所以可以对相关会计科目设置特殊的核算要求，进行辅助核算或专项核算。如，有的科目需要录入数量与单价，有的科目需要录入外币与汇率，有的科目需要录入发生时间与经办人员，有的科目需要录入结算方式与票号，有的科目需要录入客户或供应商名称，有的科目需要录入部门或职员名称，有的科目需要录入存货类别或名称，有的科目需要录入现金流量与其他信息等。

辅助专项核算的初始数据，一般在专门的工作界面中录入、拉入或推入；数据的求和与汇总、统计与分析等工作可由软件自动完成，所以不能录入汇总数据。

4. 系统对账与结束初始状态

为了保证数据的一致性、消除数据差错，期初余额录入完毕后，还应进行试算平衡、总账科目与辅助核算或专项核算的对账、各信息子系统的相互对账等。信息系统在进行日常业务处理时，一般要求结束相关子系统的初始化状态。结束初始化状态后，期初余额数据将无法修改。

总账系统在第1次进行凭证记账时结束初始化状态，也就是说，总账系统可以在初始化状态下填制总账系统的记账凭证，没有凭证记账前若相关数据没有被使用仍可修改总账系统的期初数据。

5. 出纳信息化初始

（1）出纳的职责是对本单位的货币资金进行管理，主要包括现金出纳业务、银行出纳业务。出纳管理涉及的会计科目主要是库存现金、银行存款与其他货币资金。

（2）期初日记账。由于信息系统高度集成、数据共享，出纳管理中的现金、存款等期初日记账，在用友U8等软件中由系统自动生成，在金蝶K/3等软件中一般通过拉入或推入的方式自动生成。

（3）期初银行对账。按开户银行与账号分别录入上期末的银行对单的余额；将以前期间的银行已收付企业未收付、企业已收付银行未收付的未达账项录入系统中；检查信息系统中自动生成的未达账调节表是否平衡，以保证出纳系统的银行初始数据的正确性。

需说明的是：银行是分币种核算的，开户银行传递给本单位的外币对账单上不可能有本位币的金额；所以，外币对账是针对相应外币的金额（不是记账本位币金额）进行的。银行存款是本单位的资产，余额应为借方；但对银行而言，则是对本单位的负债，所以，开户银行传递给本单位的存款对账单的余额为贷方。类似地，本单位"长期借款""短期借款"科目余额为贷方，但开户银行传递的贷款对账单的余额为借方。

学习任务3　固定资产初始信息化

一、配置固定资产管理系统

工作任务3.10　用友U8固定资产管理账套启用

【任务工单】

碚渝实业自2023年1月启用固定资产系统，与总账系统集成实施业财融合信息化的建设。

【信息化流程】

（1）固定资产账套初始化。账套主管（王林）登录企业应用平台，展开"业务工作\财务会计\固定资产"菜单树，同意进行系统初始化，进入6步初始化固定资产管理账套的向导界面；在向导的约定中选择"同意"并单击"下一步"按钮；在启用月份、折旧信息中单击"下一步"按钮；在编码方式中按默认的"2-1-1-2"的方式进行资产类别的编码，并选择

"自动编码"方式,如图 3.22 所示,单击"下一步"按钮;在账务接口中参照选择"固定资产""累计折旧"为对账科目,并选择"对账不平时不允许固定资产月末结账",单击"下一步"按钮;在提示信息中单击"完成"按钮。

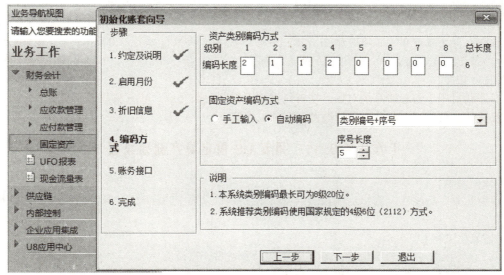

图 3.22　用友 U8 固定资产初始化账套向导

(2) 设置固定资产账套参数。展开菜单树"固定资产\设置",双击"选项"命令进入"选项"界面,该界面上部有基本信息、编码方式等 5 个卡片,如图 3.23 所示;单击下部的"编辑"按钮,进行以下参数查询或修改设置。

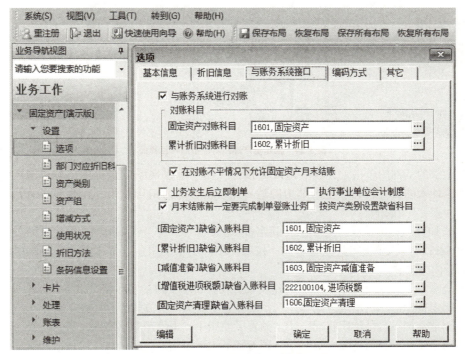

图 3.23　用友 U8 固定资产系统参数设置

基本信息：包括账套号、单位名称、启用日期与本位币等，无法修改。

折旧信息：采用平均年限法（二）折旧，变动单当期不生效，新增资产当月不提折旧。

与账务系统接口：与账务系统对账，月结前要完成制单登账，业务发生后不立即制单；参照选择固定资产、累计折旧、固定资产减值准备、进项税额、固定资产清理等对账科目、缺省科目。

其它：资产减少6年后才能删除卡片，自动填补卡片断号（编号从00001号起始），自动连续增加卡片，不允许转回减值准备。

固定资产
账套启用

【技能拓展】

对账科目用于与总账系统对账，缺省科目用于编制记账凭证。缺省科目若不选择，自动生成的记账凭证，每次都需要选择会计科目，影响工作效率。

工作任务3.11　用友U8固定资产初始设置

【任务工单】

碚渝实业有房屋建筑物、运输设备与加工设备3大类固定资产，均需要按照规定提取折旧费用。

【信息化流程】

（1）部门对应折旧科目设置。展开菜单树"固定资产\设置"，双击"部门对应折旧科目"命令进入"部门对应折旧科目"界面，如图3.24所示。

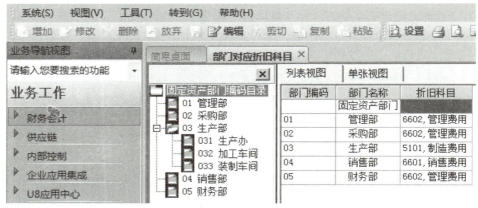

图3.24　固定资产部门对应折旧科目界面

选定中部的某部门单击工具栏"修改"按钮；在"单张视图"卡片中，参照选择各部门的折旧费用应计入的会计科目：生产部为制造费用、销售部为销售费用、其他部门为管理费用科目；单击"保存"按钮。

（2）增加资产类别。双击菜单树"固定资产\设置\资产类别"命令，进入"资产类别"界面，如图3.25所示；单击工具栏"增加"按钮，在"单张视图"卡片中录入类别编码、类别名称，选择折旧方法、卡片样式等。

（3）查看以下默认（缺省）设置，这些设置均符合本公司的实际情况，不必修改。

在"固定资产\设置\增减方式"中，系统预置了6项增加方式，8项减少方式。

在"固定资产\设置\使用状况"中，预置了使用中、未使用和不需用3类。

在"固定资产\设置\折旧方法"中，预置了平均年限法、工作量法、年数总和法、双倍余额递减法等7种折旧方法。

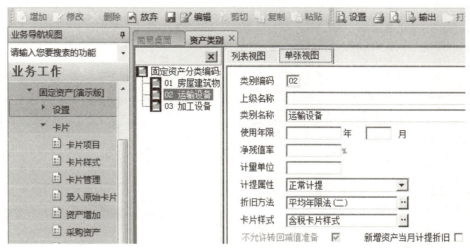

图3.25　固定资产类别增加

【技能提示】

选定折旧方法中的"平均年限法（二）"并单击"单张视图"卡片，本公司选用的平均年限法（二）的含义是：月折旧率＝（1－净残值率）/使用总月数；月折旧额＝（月初原值－月初累计减值准备金额＋月初累计转回减值准备金额－月初累计折旧－月初净残值）/（使用总月数－已计提月份）。

二、固定资产初始卡片信息化

工作任务3.12　录入期初固定资产卡片

【任务工单】

（1）碚渝综合楼，原值890 000元，预计可用20年，残值4%；2012年11月2日开始使用，在建工程转入，采用平均年限法折旧，已计提折旧430 760元；折旧费管理部占30%，财务部占10%，采购部占20%，销售部占40%。

（2）车间厂房，原值950 000元，预计可用20年，残值4%；2012年11月20日开始使用，在建工程转入，生产办管理，采用平均年限法折旧，累计折旧459 800元。

（3）小轿车，原值120 000元，增值税20 400元，预计可用10年，残值4%；2012年10月12日开始使用，直接购入，管理部使用，采用平均年限法折旧，已计提折旧115 200元。

（4）货运小车，原值40 000元，增值税额6 800元，预计可用10年，残值4%；2015年11月26日开始使用，直接购进，销售部使用，采用平均年限法折旧，累计折旧27 200元。

（5）粉碎设备，原值510 000元，增值税86 700元，预计可用15年，残值1%；2012年11月6日开始使用，直接购进，采用平均年限法折旧，生产办管理，已计提折旧339 405元。

（6）封装设备，原值70 000元，增值税9 100元，可用5年，残值10%；2019年11月3日开始使用，直接购入；生产办管理，采用工作量法折旧，工作总量12 000小时，已用7 400小时，已提折旧38 850元。

【信息化流程】

（1）录入碚渝综合楼卡片。展开"财务会计\固定资产\卡片"菜单树，双击"录入原始卡片"命令，双击"房屋建筑物类别"，进入"固定资产卡片"界面；该界面上部有"附属设备、原值变动”等7个卡片；因为选项设置为“自动连续增加片卡”，所以，没有单击工具栏“增加”按钮也会自动增加1张空白卡片，卡片编号、日期、固定资产编号、类别、折旧方式与币种等自动生成，下部的录入人自动签名，如图3.26所示。

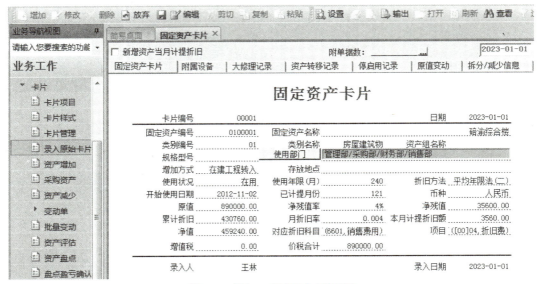

图3.26 用友U8固定资产卡片界面

单击使用部门录入框时将自动呈现参照按钮，单击参照按钮弹出“部门使用方式”界面；选择“多部门使用”，单击“确定”按钮，进入“使用部门”界面，如图3.27所示；单击下部“增加”按钮，该界面自动增加空白录入行，参照选择或录入使用部门、使用比例、对应折旧科目与对应项目等；单击“确定”按钮，卡片中的对应折旧科目与项目自动生成。

序号	使用部门	使用比例%	对应折旧科目	项目大类	对应项目	部门编码
1	管理部	30	6602,管理费用	00	04,折旧费	01
2	采购部	20	6602,管理费用	00	04,折旧费	02
3	财务部	10	6602,管理费用	00	04,折旧费	05
4	销售部	40.0000	6601,销售费用	00	04,折旧费	04

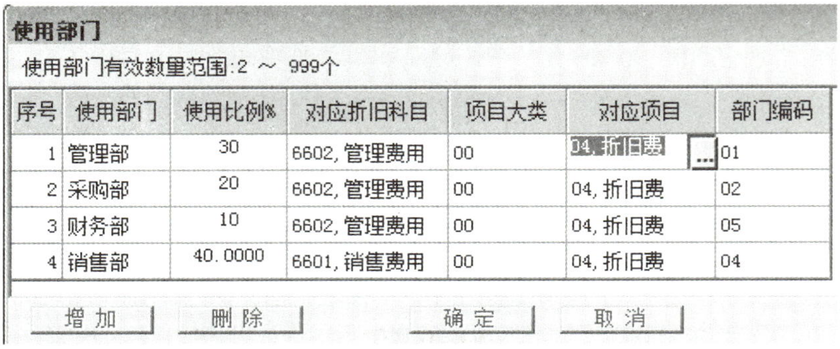

图3.27 多部门使用设置

录入卡片中的使用年限时应为“可用年限∗12”，月折旧率自动生成；录入开始使用日期后，按“当月增加的固定资产当月不提折旧”的规定自动计算已计提月份（可以修改）；录入原值、累计折旧、净残值率后，卡片中的净残值、净值、本月计提折旧额重新自动计算。

（2）录入第2张卡片。第1张卡片保存后，将自动增加1张新卡片（选项设置为“自动连续增加卡片”）；在此增加“车间厂房”的固定资产卡片。

第2张卡片保存后，将再显示1张新的空白卡片；单击工具栏“放弃”按钮回到该卡片界面；若该卡片有错，单击工具栏“修改”按钮可更正错误项目；再单击工具栏“上张”（⇦）按钮，查看第1张卡片是否有错。

(3) 录入其他固定资产卡片。单击卡片界面"增加"按钮，先删除类别编码才能重新选择资产类别；单个部门使用的资产，直接参照选择相应的部门；录入小轿车卡片时应将已计提折旧月份改为 120 月，本月折旧额为空（已足额提取折旧），录入增值税后自动计算价税合计，选择项目为"折旧费"；封装设备选择折旧方法为"工作量法"时，卡片将自动增加工作总量、累计工作量与工作量单位等栏目，然后录入相关信息即可。

三、固定资产信息输出与对账

工作任务 3.13　固定资产信息输出与对账

【任务工单】

查询期初固定资产卡片，并设计固定资产卡片显示的主要信息，将固定资产系统与总账系统对账，保证账卡相符。

【信息化流程】

(1) 卡片查询。双击菜单树"固定资产\卡片\卡片管理"命令，单击"确定"按钮后将没有任何内容显示，这是因为默认为查询当年的固定资产卡片；所以，单击工具栏的"查询"按钮，在查询条件中修改"开始使用日期"为空，单击"确定"按钮进入"卡片管理"界面，如图 3.28 所示。

卡片编号	固定资产名称	使用年限(月)	已计提月份	原值	累计折旧	净值	对应折旧科目	项目
00001	硒渝综合楼	240	121	890,000.00	430,760.00	459,240.00	管理费用/销售费用	折旧费
00002	车间厂房	240	121	950,000.00	459,800.00	490,200.00	制造费用	折旧费
00003	小轿车	120	120	120,000.00	115,200.00	4,800.00	管理费用	折旧费
00004	货运小车	120	85	40,000.00	27,200.00	12,800.00	销售费用	折旧费
00005	粉碎设备	180	121	510,000.00	339,405.00	170,595.00	制造费用	折旧费
00006	封装设备	60	37	70,000.00	38,850.00	31,150.00	制造费用	折旧费
合计：(共计)				2,580,000.00	1,411,215.00	1,168,785.00		

图 3.28　固定资产卡片查询（列头编辑后）

通过左上部的下拉列表框可按部门、按类别或自定义方式显示"在役资产"。双击列表的某条记录（或选定某条记录后单击工具栏"打开"按钮），可查询该资产的原始卡片。

若某条记录不当，可选定后单击工具栏"删除"或"修改"按钮进行编辑。在修改参照选择项时，应注意先删除原有内容，才能参照选择后修改。

(2) 显示内容。单击卡片管理界面工具栏"编辑\列头编辑"命令，进入表头设定界面；取消不必显示或勾选需要显示的字段，并通过中部的顺序调整按钮调整显示顺序，单击"确定"按钮；用鼠标拖动各栏目的列宽，最终显示内容如图 3.28 所示。

(3) 对账。双击菜单树"固定资产/处理/对账"命令，选择科目单击"确定"按钮；可查看固定资产与总账的原值、累计折旧金额是否有对账差异。

【技能拓展】

卡片内容的重新查询：单击卡片管理界面工具栏"查询"按钮进入查询条件界面，可按卡片编号、资产类别、使用部门、原值与使用月份等条件重新进行查询。在查询条件的"高级条件"卡片中，还可用等于、大于、不等于、包含等比较符，进行条件查询。

四、固定资产管理初始化精析

1. 固定资产信息化模式

固定资产系统可以单独启用，进行业务管理信息化，但与总账等系统集成才能信息共享。本书介绍这种财务业务一体（业财融合）信息化应用模式。

2. 固定资产系统初始设置

（1）环境设置，如信息系统的启用日期、与总账系统的数据接口、基本折旧方法、编码方案等。其中，折旧方法有平均年限法、双倍余额递减法、年数总和法、工作量法等。

（2）账务处理设置，如固定资产、累计折旧、减值准备与增值税等的缺省入账科目，折旧费用的缺省入账科目等。

（3）固定资产与卡片设置，如资产类别与组别、使用状况、增减方式、存放地点等，卡片样式、每种卡片样式的具体项目等。

3. 录入期初的资产卡片

固定资产使用期限长、价值高、规格复杂多样、地点分散，所以采用卡片的方式进行信息化管理。由于固定资产占企业资产的比重较高，管理要求复杂，卡片需长期保存等，所以，卡片的内容很多；最关键的内容是将建立信息系统之前，每项固定资产的原值、使用寿命、已使用时间、净残值、折旧、减值准备、折旧费用入账科目等信息，通过卡片的方式录入系统中。

4. 对账与结束初始化

用友U8等软件为了进行数据验证，要求固定资产中录入卡片信息后，还需要在总账系统录入固定资产、累计折旧与固定资产减值准备这3个科目的期初余额，通过对账的方式检查总账与固定资产系统信息的一致性。金蝶K/3等软件在录入期初卡片后，可以将卡片中的相关信息通过"拉入"或"推入"的方式，自动生成总账系统这3个科目的期初余额，从而保证数据同源；再通过系统对账的方式检查总账与固定资产系统信息的一致性。

信息系统进行日常业务处理时，一般需要结束初始化状态；转入业务处理状态后，将无法修改固定资产系统的期初卡片。用友U8等软件在提取第1个月的折旧时自动结束初始化状态，即没有提取折旧前均可修改期初错误的卡片。金蝶K/3等软件，要求结束初始化状态后，才能进行日常业务的处理。

学习任务4　供应链管理初始信息化

我国物流与供应链信息化发展回顾与展望

一、购销未了业务信息初始化

工作任务3.14　销售管理期初未了原始单据录入

【任务工单】

期初代销：2022年12月28日博琛实业公司按代销协议提货沐涤Ⅱ型160套，代销后按无税单价220元、增值税税率13%结算，销售部陈东萍经办。

【信息化流程】

（1）设置销售选项。双击菜单树"业务工作\供应链\销售管理\设置\销售选项"命令进入"销售选项"界面；在"业务控制"卡片中勾选"有委托代销业务""销售生成出库单"等项，如图 3.29 所示，单击"确定"按钮。

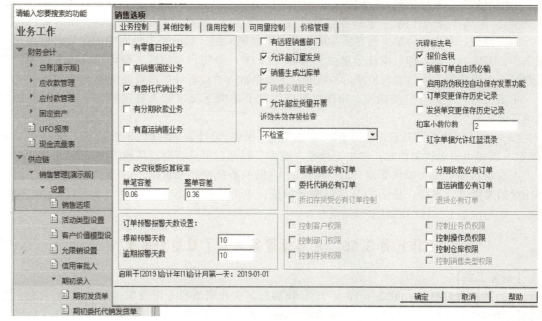

图 3.29　用友 U8 销售选项设置

（2）录入期初委托代销发货单。双击菜单树"销售管理\设置\期初录入\期初委托代销发货单"命令，进入"期初委托代销发货单"界面，如图 3.30 所示。

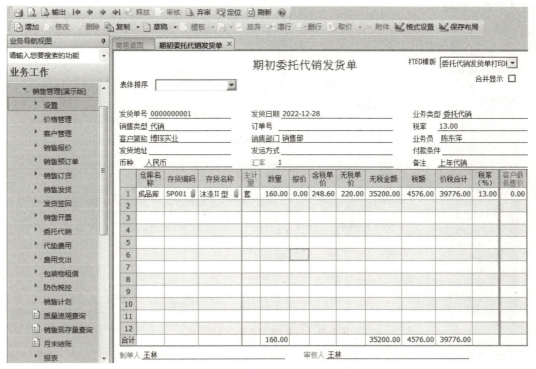

图 3.30　用友 U8 期初委托代销发货单界面

表头处理：单击工具栏"增加"按钮，自动生成发货单号、发货日期、业务类型、销售类型、币种与汇率，表尾制单人自动签名；删除销售类型中"赊销"选项（基础设置将其选择为默认类型），再选择为"代销"；选择业务员后自动生成部门；选择客户，修改日期，录入备注。

表体处理：双击表体第1行存货编码栏并单击参照按钮，双击弹出界面中的存货名称实现参照选择，表体的仓库名称、主计量单位、税率（13.00）等将自动生成，自动生成表头税率；录入数量、无税单价，表体的含税单价、税额、无税金额与价税合计等将自动生成。

单击工具栏"保存"按钮与"审核"按钮，电子单据下部审核人自动签名。再关闭上述发货单界面。

（3）委托代销查询。双击菜单树"销售管理\报表\统计表\委托代销统计表"命令，单击"确定"按钮可显示代销信息；单击工具栏"查询"按钮，可重新设定其他条件查询。

再次双击菜单树"销售管理\设置\期初录入\期初委托代销发货单"命令，进入上述"期初委托代销发货单"界面，显示的是空白电子单据；单击工具栏"首张"或"上张"（ ）按钮，才能显示上述代销的电子单据信息。

工作任务3.15　采购管理期初未了原始单据录入

【任务工单】

（1）期初在途材料：2022年12月25日收到白鼎实业增值税专用发票，豆源籽11千克、无税货款10 000元、椰麻屑100件、无税货款50 000元，增值税税率13%，本公司当日用工行磴新办普通支票9109号付款67 800元，材料在途，采购部张蓉经办。

（2）期初暂估账款：界铁实业公司2022年12月29日发来豆源籽15千克，因没收到采购发票，按每千克1 000元暂估入账，采购部李明良经办。

【信息化流程】

（1）录入期初在途材料。展开菜单树"供应链\采购管理\采购发票"，双击"专用采购发票"命令进入期初专用发票界面，如图3.31所示。

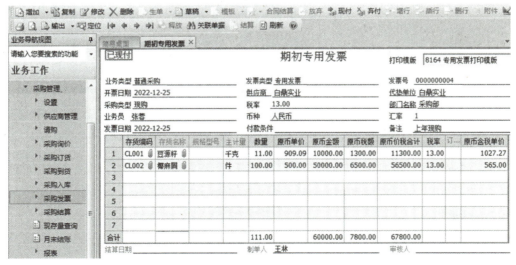

图3.31　用友U8期初专用发票界面

处理表头：单击"增加"按钮，自动生成业务类型与发票类型、发票号与日期、采购类型与税率（13.00）、币种与汇率等，下部制单人自动签名；删除采购类型中的"赊购"选项（基础设置将其选择为默认类型）修改为"现购"；选择供应商后自动生成代垫单位；选择业务员后自动生成部门；修改日期，录入备注。

处理表体：双击表体第 1 行存货编码栏并单击参照按钮，双击材料名称实现参照选择，<u>自动生成主计量单位、税率等</u>；录入数量、原币金额，自动生成原币单价、原币税额、原币价税合计与原币含税单价等。类似地，选择并录入表体第 2 行的采购材料的信息。

单击工具栏"保存"按钮。单击工具栏"现付"按钮进入"采购现付"界面，如图 3.32 所示。

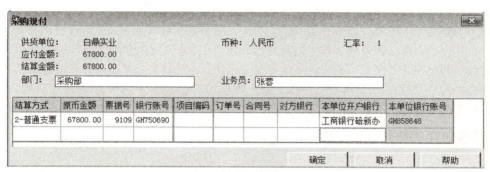

图 3.32　用友 U8 采购现付界面

选择结算方式，自动生成对方公司的银行账号；录入金额、票号；选择本单位开户银行，自动生成本公司银行账号；单击"确定"按钮回到发票界面，左上角将显示"已现付"印章。

（2）查看期初采购发票。双击菜单树"采购管理\采购发票\采购发票列表"命令，单击"确定"按钮将显示没有发票记录，因为系统默认查询当年的发票；所以，<u>单击工具栏"查询"按钮，取消开票起始日期，单击"确定"按钮将显示两条记录</u>；双击列表记录可查看上述发票，若发票有错误，可在此取消现付（弃付）、修改或删除。

（3）录入期初暂估账款。双击菜单树"采购管理\采购入库\采购入库单"命令进入"期初采购入库单"界面，如图 3.33 所示。

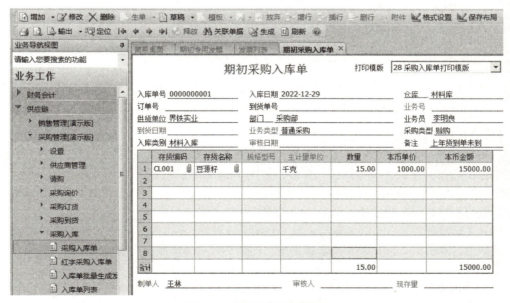

图 3.33　期初采购入库单界面

单击工具栏"增加"按钮,自动生成表头入库单号与日期、业务与采购类型,表尾制单人自动签名;选择仓库、供货单位、入库类别;选择业务员,自动生成部门;修改日期,录入备注。

在表体中,选择存货编码,录入数量、单价,自动生成金额。单击工具栏"保存"按钮;再关闭退出期初采购入库单界面。

(4)入库单查询。再次双击菜单树"采购管理\采购入库\采购入库单"命令,显示空白的期初采购入库单,<u>单击工具栏"首张"或"上张"按钮,才能显示上述入库单</u>;若采购入库单有错误,可在此进行修改、删除。

也可双击菜单树"采购管理\采购入库\入库单列表"命令进行查询。

(5)理解暂估与在途。选择"系统\重注册"命令重新登录用友U8企业应用平台,以关闭所有工作界面;双击菜单树"采购管理\报表\统计表\未完成业务明细表"命令,单击"确定"按钮,将显示3条记录;其中,<u>采购发票记录就是在途物资,采购入库单就是暂估账款</u>。

单击工具栏"查询"按钮,在<u>查询类型框中选择"票到货未到"并单击"确定"按钮,显示的是在途物资的2条记录</u>;若选择"货到票未到",显示的是暂估账款的1条记录。

二、库存与存货核算信息初始化

工作任务3.16 库存管理期初库存的录入与查询

【任务工单】

碚渝实业2023年期初库存的数量与成本如表3.3所示。

表3.3 碚渝实业2023年期初库存的数量与成本

存货品名	单位	仓库	原材料		库存商品	
			数量	成本总额(元)	数量	成本总额(元)
豆源籽	千克	材料库	158.36	157 101.53		
椰麻屑	件	材料库	1 597	749 082		
红纤素	个	材料库	3 298	65 796.53		
沐涤Ⅱ型	套	成品库			2 658	397 506
露涤Ⅲ型	套	成品库			3 487	660 638
合计				971 980.06		1 058 144

【信息化流程】

(1)录入成品库期初库存。账套主管(王林)双击菜单树"供应链\库存管理\初始设置\期初结存"命令,进入"库存期初"界面,如图3.34所示;<u>从右上角仓库下拉框中选择"成品库",单击工具栏"修改"按钮;单击表体第1行,自动生成仓库及制单人</u>;双击表体第1行存货编码栏将显示参照按钮,单击该参照按钮并双击弹出界面的"沐涤Ⅱ型",自动生成存货名称、主计量单位等;录入数量与金额,自动生成单价。

类似地,双击第2行并录入"露涤Ⅲ型"的期初数量与金额,自动生成单价;若只录入数量不录入金额,则不会生成单价。

(2)单击工具栏"保存"及"批审"按钮,<u>使表体两行后部的审核人及日期自动签具</u>。若需要取消审核,单击工具栏"批弃"或"弃审"按钮。

图3.34 用友U8库存期初界面

或者选定第1行后单击工具栏"审核"按钮,应再选定第2行审核,使表体后部两行都有审核签字与日期。

(3) 录入材料库期初库存。在上述界面右上角仓库下拉框中选择"材料库",单击工具栏"修改"按钮;单击表体第1行,单击工具栏"选择"按钮,进入"选择存货"界面;展开左部"存货"项并选择列表中的"材料类",单击工具栏"全选"与"确定"按钮;录入数量、金额;单击"保存"按钮;单击工具栏"批审"按钮。

(4) 库存查询。双击菜单树"库存管理\报表\库存账\现存量查询"命令,单击"确定"按钮,将显示上述存货的5条记录,只有现存数量、可用数量,没有单价与金额。

注意:若期初库存没有进行审核或批审,无法查询库存现存量。

工作任务3.17 存货核算期初余额录入与查询

【任务工单】
发出商品:期初委托博琛实业代销的沐涤Ⅱ型为160套,单位成本为150元。
【信息化流程】
(1) 引入期初成本。双击菜单树"供应链\存货核算\初始设置\期初数据\期初余额"命令,进入期初余额界面,如图3.35所示;选定上部的仓库为"材料库"将显示"先进先出法"的计价方式提示;单击工具栏"取数"按钮,自动将库存管理中的期初数据携带进入该界面的中部;参照选择存货科目为"原材料"。

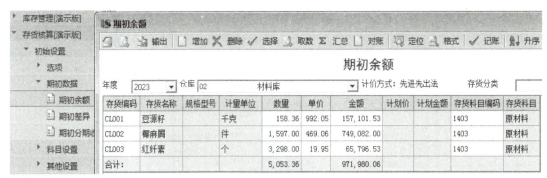

图 3.35　存货核算期初余额界面

类似地，对"成品库"（全月平均法）进行取数，并参照选择存货科目为"库存商品"。

（2）设置核算方式。双击菜单树"存货核算\初始设置\选项\选项录入"命令，在"核算方式"卡片中，将委托代销成本核算方式改为"按发出商品核算"；将暂估方式修改为"单到回冲"，单击"确定"按钮。

（3）录入发出商品成本。双击菜单树"存货核算\初始设置\期初数据\期初委托代销发出商品"命令，单击工具栏"取数"按钮，将提示取数成功；单击工具栏"查询"按钮，选择成品库并单击"确定"按钮，将显示销售管理中录入的委托代销商品信息；录入该商品的单位成本（单价），选择表体第 1 行尾部的科目编码为"1406"，将自动显示科目名称为"发出商品"，如图 3.36 所示。

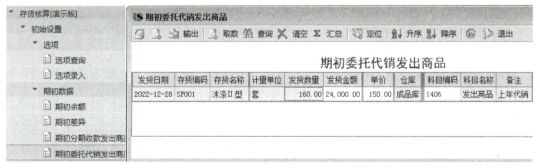

图 3.36　录入期初委托代销发出商品

【技能拓展】

（1）库存成本查询：关闭上述所有窗口，双击菜单树"存货核算\初始设置\期初数据\期初余额"命令，进入存货核算期初余额界面，界面显示为空，选择上部的仓库后才能查询。

（2）发出商品成本查询：双击菜单树"存货核算\初始设置\期初数据\期初委托代销发出商品"命令，进入"期初委托代销发出商品"界面，界面显示为空；单击工具栏"查询"按钮，选择成品库并单击"确定"按钮，才能查询到发出商品成本。

三、供应链期初记账与对账

工作任务3.18　供应链系统的期初记账

【任务工单】

用友 U8 供应链系统期初记账结束初始化状态，进入信息化日常业务处理模式。

学习情境三 系统初始数据一体信息化

【信息化流程】

（1）采购管理期初记账。双击菜单树"采购管理\设置\采购期初记账"命令，单击弹出界面的"记账"按钮，如图3.37所示，结束该系统的初始化状态。

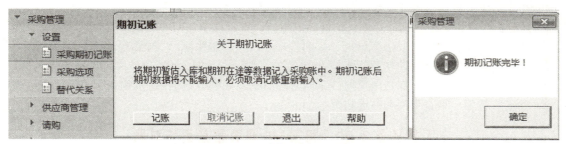

图3.37 采购管理期初记账界面

若需取消记账，应双击菜单树"采购管理\设置\采购期初记账"命令，单击弹出界面的"取消记账"按钮。

（2）存货核算期初记账。双击菜单树"存货核算\初始设置\初始数据\期初余额"命令，选择上部的"材料库"，单击工具栏"记账"按钮；再选择"成品库"，若工具栏为"恢复"按钮表明已经记账，否则单击"记账"按钮。

若需取消记账，应进入上述期初余额界面，选择仓库后单击"恢复"按钮。

【特别提示】

（1）供应链中的销售管理、库存管理需要审核，不需要期初记账。采购管理、存货核算不需要审核，但要期初记账。同时，采购管理应先于存货核算记账；供应链的所有期初数据录入完毕后，存货核算系统才能进行期初记账。

（2）供应链系统的各子系统审核与记账后，相关数据将无法修改；若需要修改，应先取消记账与审核。审核与期初记账后，才可以进行购销存日常活动信息化处理。

工作任务3.19 供应链一体化信息查询

【任务工单】

用友U8供应链业务一体化初始信息化后，将数据同源、信息共享。

【信息化流程】

（1）存货成本查询。双击菜单树"存货核算\账表\账簿\总账"命令，选择弹出界面的仓库、存货名称；单击"确定"按钮，可查询某存货的收发存数量与成本，如图3.38所示。

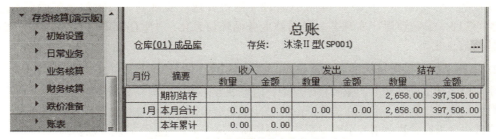

图3.38 查询存货核算的收发存数量与金额

单击该界面"存货"后部的参照按钮，可选择其他存货查询；也可单击工具栏"查询"按钮，重新选择其他存货查询。

（2）代销查询。双击菜单树"存货核算\账表\账簿\发出商品明细账"命令，选择成品库与委托代销选项，单击"确定"按钮，可查询期初代销商品的数量与成本金额（成本 24 000 元）。

双击菜单树"销售管理\账表\明细表\委托代销明细账"命令，选择存货"SP001"，可查询期初委托代销数量与售价金额（代销后应收的货款 39 776 元）。

注意：存货核算中查询的是该代销商品成本，销售管理中查询的是代销后应收的货款。

（3）暂估账款查询。双击菜单树"采购管理\报表\采购账簿\采购结算余额表"命令，单击"确定"按钮，可查询期初暂估账款。

（4）在途材料查询。双击菜单树"采购管理\报表\采购账簿\在途货物余额表"命令，单击"确定"按钮，可查询期初在途物资。

工作任务3.20　用友U8相关信息系统对账

【任务工单】

为了保证数据的一致性，进行供应链系统、总账系统的相互对账。

【信息化流程】

（1）库存与存货对账。双击菜单树"库存管理\对账\库存与存货对账"命令，可检查两者之间是否相符。

（2）发出商品与总账对账。双击菜单树"存货核算\财务核算\发出商品与总账对账"命令，检查两系统的数量与金额是否都正确。

（3）存货与总账对账。双击菜单树"存货核算\财务核算\与总账对账"命令，若列表中两系统的期初金额完全相等，表明没有错误。由于总账没有对"原材料""库存商品"进行数量核算，所以，忽略此处的数量差异。

四、供应链的应用模式与初始化精析

1. 业财融合信息化应用模式

供应链系统对企业从货物采购到货物销售的全部物流、资金流、信息流和工作流实施信息化管理，核心是采购管理、销售管理、库存管理和存货核算4个子系统。任何一个子系统均可单独使用，这种应用模式下，将产生各种"信息孤岛"，所以一般集成应用。本书介绍较为复杂的将供应链（SCM）与财务会计系统集成，实施业财融合（财务业务一体）信息化的应用模式。

供应链与财务会计系统集成下，供应链侧重于"业务物流"的管理，往来管理侧重于"业务钱流"的管理，总账侧重于资金价值流的管理，从而实现对企业物流、资金流、工作流与信息流的一体化管理。其中，"应收款管理＋销售管理"实现销售与收款业务循环信息化，"应付款管理＋采购管理"实现购货与付款业务循环信息化，"库存管理＋存货核算"实现物流与核算信息化。

2. 原始单据是供应链的信息化手段

供应链系统的业务频繁、流转程序复杂、信息量大，加之货物控制措施的严密性、物流信息的及时性等要求，客观上需要在供应链系统中，以原始单据为手段进行企业资源流的管理。所以在供应链中，采购货物要录入采购发票，销售货物要录入销售发票，发出商品要录入出库单。

供应链通过"电子单据流"对企业资源流（即物流、资金流、信息流和工作流）实施信息化管理。管理信息系统提供各种原始单据的字段，包括了各类业务活动的大部分信息，能满足业务管理的共性需要；同时方便灵活的单据自定义设置，可适应企业的特殊需要。

3. 供应链信息初始化

（1）前期业务的电子单据。对于前期购销业务未终结的业务活动，一般用采购发票录入期初单到货未到的物料（即在途物资），用采购入库单录入期初货到单未到的物料（即暂估账款），用出库单录入期初发出未开票的销售商品，用销售发货单录入期初委托代销的商品，用采购收货单录入期初受托代销商品。

（2）前期存货。在库存管理系统中，将期初结存的原材料、库存商品等，分别按仓库、分品种录入各种存货的库存数量、成本资料，前期库存一般不使用原始单据。

用友 U8、金蝶 K/3 等软件，有存货核算系统进行存货成本核算，所以，在库存管理系统中可以只录入数量，不录入期初存货的成本。在存货核算系统中通过拉入的方式，自动生成该系统的期初存货数量，然后录入存货的成本数据。同时，还应将期初代销发出商品成本、期初暂估账款等数据，录入存货核算系统中。

（3）对账与结束初始化。为了保证各子系统数据的一致性，应进行各子系统的相互对账，保证期初数据的准确性。

期初对账正确后可以结束初始化状态，金蝶 K/3 等软件有结束初始化的功能模块，用友 U8 等软件采用期初记账的方式结束供应链初始化状态。在没有进行日常业务处理前若发现期初数据错误，可以返回初始化状态。

学习任务5　学习效果验证

自主学习 03

一、单项选择题

1. 修改用友 U8 总账某会计科目期初余额方向时，不需满足（　　）条件。
   A. 尚未录入余额　　B. 一级会计科目　　C. 末级会计科目　　D. 选中该科目
2. 总账系统初始余额录入完成后，应由（　　）校验借贷双方总额平衡。
   A. 输入人员　　　　B. 信息系统　　　　C. 程序员　　　　　D. 账套主管
3. 在应收款管理系统初始化中，需要录入每笔（　　）往来业务的电子单据。
   A. 未核销的　　　　B. 已发生的　　　　C. 将要发生的　　　D. 以前所有的
4. 录入用友 U8 固定资产系统的固定资产卡片，没有提取折旧前进行修改可以（　　）。
   A. 任意进行　　　　B. 留有痕迹　　　　C. 不必留有痕迹　　D. 留不留痕迹均可
5. 不影响固定资产本期折旧额计提数据的是（　　）的固定资产。
   A. 期初结转　　　　B. 本月减少　　　　C. 上月购入　　　　D. 本月增加
6. 用友 U8 的往来管理业财融合信息化中，录入期初余额时（　　）应使用电子单据。
   A. 末级会计科目　　B. 部门核算　　　　C. 个人往来　　　　D. 供应商往来

二、多项选择题

1. 用友 U8 中下列科目不能直接输入期初余额，需要通过辅助项输入期初数据的有（　　）科目。
   A. 往来核算　　　　B. 外币核算　　　　C. 项目核算　　　　D. 数量核算
2. 供应链中与期初存货核算相关的未了的（　　）业务应通过电子单据录入。
   A. 代销商品　　　　B. 在途材料　　　　C. 暂估账款　　　　D. 分期收款发出商品
3. 财务业务一体信息化的特点是在所启用的信息系统中，保证数据输入时（　　），数据处理时消除（　　），数据输出使用时（　　），信息子系统之间（　　）。
 A. 数据冗余　　　　B. 数据同源　　　　C. 信息共享　　　　D. 数据一致
4. 应收款管理系统初始化必须录入期初数据，其主要的电子单据有（　　）。
 A. 商业票据　　　　B. 销售发票　　　　C. 应收单　　　　D. 预收单
5. 结算方式科目设置是指在单位之间的往来款结算中使用支票、本票、商业汇票、托收承付与汇兑等银行结算方式时，款项收付后会计核算应计入（　　）等缺省科目。
 A. 应收票据　　　　B. 库存现金　　　　C. 银行存款　　　　D. 其他货币资金
6. 应付款管理系统初始设置的内容主要包括（　　）。
 A. 业务规则选项　　B. 供应商档案　　　C. 结算方式　　　　D. 未了单据

三、判断题

1. 供应链系统的期初未了经济业务、期初库存结余全部用原始单据录入。（　　）
2. 在总账系统中输入会计科目期初余额时，应遵循由下至上的原则，先输入下级科目余额，再输入上级科目余额。（　　）
3. 在用友 U8 总账系统中期初余额试算不平衡时，可以填制凭证，但不能执行记账功能。（　　）
4. 设置为个人往来核算且录入期初数据后的科目不能删除，在科目所有的初始数据被删除、再取消其个人辅助核算选项后，该科目也可以删除。（　　）
5. 在总账系统中录入会计科目期初余额时，如果某科目为外币核算，则必须先输入其外币余额，再输入本币余额。（　　）
6. 固定资产明细分类核算的方法是在固定资产系统中进行卡片登记管理。（　　）
7. 系统初始化的作用是通过对系统进行设置，将一个通用账务处理系统转化为满足企业需求的专用信息系统。（　　）
8. 管理信息系统越通用，企业进行初始化的工作量越小；初始化是每年年初都必须进行的工作。（　　）

四、做中学：铁马实业信息化实训

工作任务3.21　铁马实业的固定资产初始化

【任务工单】

铁马实业账套主管demo（密码DEMO）登录用友 U8 企业应用平台，在"业务工作"菜单树中完成以下工作任务。

（1）固定资产账套：启用日期为 2023 年 12 月；固定资产对账科目为 1601，累计折旧对账科目为 1602。

（2）部门对应折旧科目：管理部为 6602，批发部与零售部均为 6601。

（3）资产类别：房屋建筑物，运输设备。

（4）办公用房（编号 FJ01）直接购入，原值 500 000 元，可使用寿命 20 年，残值 4%，管理部已用 60 个月，累计折旧 120 000 元。

（5）货运小车（编号 YS01）直接购入，原值 60 000 元，可使用寿命 5 年，残值 10%，批发部已用 58 个月，累计折旧 52 200 元。

工作任务3.22　铁马实业的往来电子单据初始化

【任务工单】

（1）应收账款/艾施实业公司：批发部上月21日赊销A商品开具3%的增值税专用发票，522台，价税合计350 100元。

（2）应收账款/蜀江实业公司：批发部上月12日赊销开具的普通发票，A商品180台，含税单价670元；B商品530件，含税单价526元。另外，上月13日代垫运费2 520元。

（3）应付账款/华星实业公司：批发部上月15日赊购A商品收到13%增值税专用发票，750台，无税单价451元。

（4）应付账款/万泰实业公司：批发部上月20日赊购B商品712件，收到普通发票（税率0%），货款合计286 160元。

工作任务3.23　铁马实业的总账余额初始化

【任务工单】

（1）在总账系统的期初余额界面，引入客户往来、供应商往来的期初余额。

（2）铁马实业2023年12月初会计科目的部分余额如表3.4所示。

表3.4　铁马实业2023年12月初部分科目余额表　　金额：元

末级科目及方向		金额	末级科目及方向		金额	末级科目及方向		金额
库存现金	借	7 960	商品进销差价	贷	18 915	应交所得税	贷	5 015
工行存款	借	430 150	短期借款	贷	510 600	应付利息	贷	3 100
建行存款	借	50 300	应交增值税	贷	27 000	实收资本	贷	1 200 800
批发部	借	1 295 000	应交城建税	贷	1 890	盈余公积	贷	平衡差
零售部	借	48 500	教育费附加	贷	810			

（3）"库存商品/批发部"数量与金额期初明细：A商品497 000元，980台；B商品798 000元，1 985件。

（4）在总账系统的期初余额界面，录入固定资产、累计折旧的期初余额。

（5）期初试算不平衡的差额，即为2023年12月初盈余公积科目的余额。

学习情境四

总账系统信息化

【技能目标】

在用友 U8V10.1 中，掌握电子记账凭证的填制与修改技能；掌握填制凭证时对科目、项目与业务员等基础档案增加或修改的技能；掌握填制凭证时相关错误信息提示的处理技能；掌握清除系统任务、参照选择与快捷键的使用技能；掌握填制凭证时信息联查的技能；掌握常用凭证、常用摘要的使用技能；掌握凭证标错、作废、整理、审签、记账与错账更正技能；掌握凭证查询、电子账表查询技能；掌握个人往来管理、往来两清与账龄分析处理技能；掌握库存现金与银行存款清查技能；了解打印正式凭证与正式账簿的技能。

【理论目标】

理解电子记账凭证的内容、填制要求、审核、签字与记账的规范；理解总账系统的数据源、总账信息输出的特点与形式；理解个人往来管理信息化的手段；理解出纳管理信息化的应用模式与内容。

【素质目标】

培养准确高效的工作作风、严肃认真的工作态度和精益求精的工匠精神，增强信息化专业工作的手脑协同意识，提升工作效率与工作责任意识。

【思维导图】

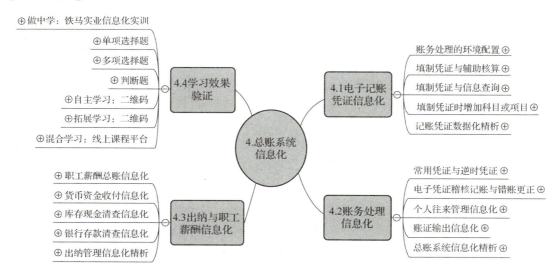

学习任务1　电子记账凭证信息化

一、账务处理的环境配置

工作任务4.1　查看或修改辅助核算项目

【任务工单】

查看或修改会计科目的辅助核算项目，理解相关项目核算的含义，若有错误请修改。

【信息化流程】

（1）账套主管（王林）登录用友U8企业应用平台，双击菜单树"基础设置\基础档案\财务\会计科目"命令，单击弹出界面"编辑\指定科目"菜单命令，再选择弹出界面左部"现金流量科目"，右部将有货币资金的4个末级科目在已选科目中显示。

双击菜单树"基础设置\基础档案\财务\项目目录"命令，右上角项目大类中显示为"现金流量项目"；单击"核算科目"卡片将没有任何科目显示；单击"项目分类定义"卡片将显示"经营活动""汇率变动"等5类；单击"项目目录"卡片将显示"销售商品、提供劳务收到的现金""支付的其他与筹资活动有关的现金"等24项现金流量项目，如图4.1所示。

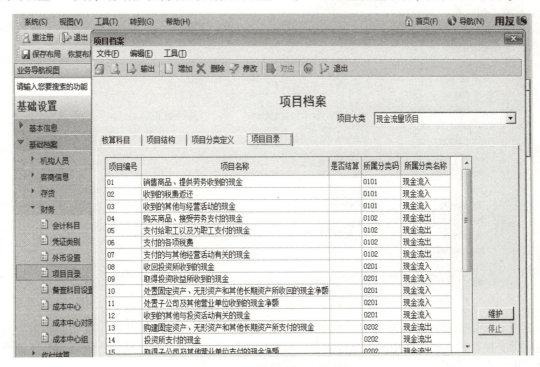

图4.1　现金流量项目目录

以上设置的含义是：现金流量科目（货币资金的4个末级科目）要进行5类24项现金流量的辅助核算。

（2）在上述项目档案界面右上角下拉框中选择"要素费用"项目大类，其下部"核算科目"卡片中有"销售费用""管理费用""制造费用"3个已选总账科目；在"项目目录"卡片中将有"工资及福利""运杂费"等6个费用项目名称。

上述设置的含义是：这3个总账科目都要按这些费用名称进行辅助明细核算，但它们都不需要再设置明细科目。

（3）在上述项目档案界面"要素费用"项目大类的"项目目录"卡片中，单击右下角的"维护"按钮，再单击"增加"按钮，录入并保存"07业务招待费"项目。

工作任务4.2 用友U8账务处理环境配置

【任务工单】

总账系统的特点之一是内部控制已部分实现程序化，为了进行账务处理信息化的日常工作，应对总账系统操作环境进行参数配置。

【信息化流程】

双击菜单树"财务会计\总账\设置\选项"命令，进入总账"选项"界面，如图4.2所示；单击下部"编辑"按钮后进行以下内容的修改（没有提及的选项不能修改）。

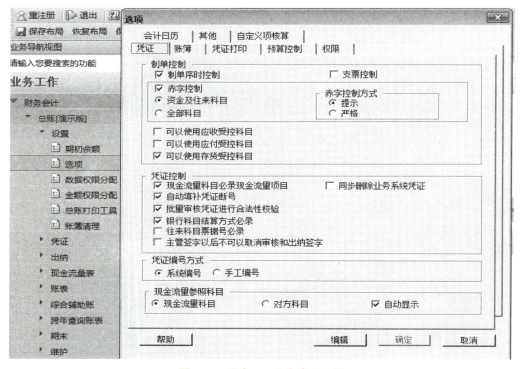

图4.2 用友U8总账选项设置

（1）凭证卡片设置：制单序时控制、赤字控制资金及往来科目且提示、不可以使用应收与应付受控科目、可以使用存货受控科目、现金流量科目必录现金流量项目、自动填补凭证断号、批量审核凭证进行合法性校验、银行科目结算方式必录、凭证采用系统编号方式、现金流量参照现金流量科目且自动显示。

（2）权限卡片设置：出纳凭证必须经出纳签字、可查询他人凭证、不允许修改作废他人填制的凭证。

（3）其他卡片设置：按浮动汇率核算外币；部门、个人和项目均按编码排序。

（4）会计日历卡片：单价与数量小数均为3位，本位币精度为2位小数。

二、填制凭证与辅助核算

工作任务4.3　填制凭证并核算流量结算方式

【任务工单】

碚渝实业于2023年1月1日接银行通知，收到虹源公司普通支票4061号支付上年股利12 000元；收到主管税务机关转来的上年出口退税款2 309元，普通支票1965号。附件3张。

借：银行存款/工行人民币存款　　　　14 309
　　贷：应收股利/虹源公司股利　　　　　　12 000
　　　　应收出口退税款　　　　　　　　　　2 309

【信息化流程】

（1）修改计算机日期。操作系统为Windows7～Windows10时，在计算机右下角时钟区上右击选择"调整日期和时间"，将日期修改为2023年1月1日。

（2）录入记账凭证头部。展开"财务会计\总账\凭证"菜单树，双击"填制凭证"命令进入记账凭证界面，如图4.3所示；单击该界面工具栏"增加"按钮，<u>下部"制单"处将自动签名</u>；基础设置中凭证类别选择为通用记账凭证，所以左上角自动显示"记"字；因为核算选项设置为凭证采用系统编号，所以自动编号为0001且不能修改；制单日期为登录日期。所以，<u>凭证头部只需要录入附单据数</u>，附单据数上部的两条短线中可以录入自定义信息。

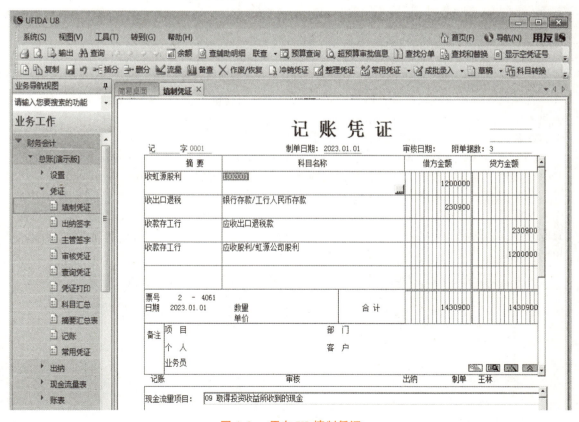

图4.3　用友U8填制凭证

(3) 录入或选择凭证体第1行和第2行的摘要、科目与借方金额。其中，选定第1行科目名称栏并单击三点参照按钮（ ··· ）进入科目参照界面，如图4.4（a）所示。展开列表中的"资产\银行存款"项，选定"工行人民币存款"明细科目，下部用蓝色提示该科目为"末级科目、日记账、银行账"；由于该科目经常使用，所以单击参照界面右部的"常用"按钮，此时展开"常用"项，列表中将显示该明细科目；选定该明细科目后再单击参照界面"确定"按钮，记账凭证中将显示科目编码；单击第1行的借方金额栏时，显示科目名称。同时，弹出辅助项界面，如图4.4（b）所示，因为前述总账选项设置为"银行科目结算方式必录"。

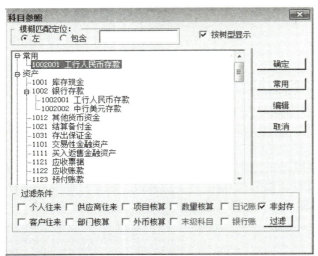

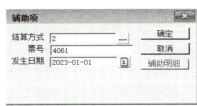

（a） （b）

图4.4　科目参照与结算方式辅助项界面

选择结算方式，录入票号，单击"确定"按钮后，凭证下部票号栏将显示这些信息。录入借方金额后，按下键盘上的Enter（回车）键使光标移动到第2行，修改摘要；第2行的科目可在科目参照界面"常用"列表中，双击该明细科目选择。

(4) 录入第3行和第4行的摘要、科目与贷方金额。其中，没有录入第4行金额前，单击贷方金额栏，按下键盘"＝"键，将自动按"借贷必相等"的规则填入其金额。

(5) 选择现金流量项目。单击工具栏"流量"按钮进入"现金流量录入修改"界面，如图4.5所示；双击第1行项目编码框并单击参照按钮，进入现金流量参照界面，选择"取得投资收益所收到的现金"项目，单击"返回"按钮；第2行参照选择"收到的税费返还"项目；单击"确定"按钮。

图4.5　用友U8现金流量录入修改界面

(6) 查看辅助项目。单击第 1 行或第 2 行的任意位置，下部将显示辅助项的票号与日期；单击右下角的展开按钮（　　），将显示现金流量项目。单击第 3 行或第 4 行任意位置时，这些辅助核算信息自动消失。

(7) 录入完毕后，单击凭证工具栏"保存"按钮，将提示凭证成功保存。

工作任务4.4　填制凭证与修改辅助项

【任务工单】

2023 年 1 月 1 日，用本公司普通支票 2098 号向股东支付上年现金股利 68 200 元，附件 2 张。

　　借：应付股利　　　　　　　　　　　　68 200
　　　　贷：银行存款/工行人民币存款　　　　　68 200

【信息化流程】

(1) 填制记账凭证。单击记账凭证工具栏"增加"按钮，按前述方法填制电子记账凭证。其中，第 1 行科目应从负债列表中参照选择；第 2 行科目可直接在参照界面"常用"列表中双击该明细科目选择，再选择结算方式，录入票号与日期。

(2) 没有选择现金流量项目前单击"保存"按钮，将自动弹出现金流量录入修改界面，因为前述总账选项设置为"现金流量项目必录"；参照选择为"分配股利、利润或偿还利息所支付的现金"。

(3) 修改辅助项。经查原始凭证，普通支票号应为 2051 号。修改票号的方法是：选定第 2 行的任意位置，双击凭证右下角辅助项修改按钮（　　），或鼠标指向辅助项显示区待指针变为捕捉状（　　）时双击，均可进入辅助项界面；修改票号，单击"确定"按钮。

工作任务4.5　填制凭证与资金赤字、修改科目

【任务工单】

2023 年 1 月 1 日，收到工行 6% 的增值税专用发票，利息费用款 11 320.75 元，税款 679.25 元，出纳经手支付上月欠工行借款利息，附件 2 张。

　　借：应付利息/工行借款利息　　　　　12 000
　　　　贷：库存现金　　　　　　　　　　　　12 000

　　提示：我国增值税征管法规最新规定，纳税人购进的贷款服务（借款利息、票据贴现利息等）的进项税额不得从销项税额中抵扣。

【信息化流程】

(1) 填制凭证。在填制凭证界面按下键盘上的"F5"快捷键，增加一张空白凭证；录入库存现金贷方金额并单击其他位置时，将弹出该科目赤字的询问界面，单击"是"，如图 4.6 (a) 所示；现金流量为"分配股利、利润或偿还利息所支付的现金"。

按下键盘上的"F6"快捷键保存凭证时，将再次提示凭证赤字，单击"继续"按钮，如图 4.6（b）所示；按下键盘上的"Ctrl + F4"快捷键，退出当前窗口。

出现上述提示是因为前述选项设置为：资金及往来科目赤字控制并提示；库存现金期初余额只有 2 631.72 元，不能足额支付 12 000 元的利息款，属于资金赤字。

(2) 查看已保存的凭证。再次进入填制凭证界面，单击工具栏"上张"按钮，可逐一查看已保存的 3 张记账凭证。

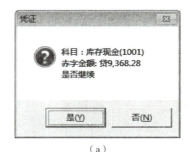 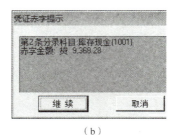

（a）　　　　　　　　　　　　　（b）

图 4.6　凭证资金赤字提示

（3）修改凭证科目。经检查原始凭证，利息费用是用工行普通支票 2052 号支付的；所以应将"1001 库存现金"修改为"1002001 工行人民币存款"科目。修改方法是：

通过工具栏"上张""下张"等按钮找到错误的第 3 号凭证，删除原有"库存现金"科目，单击参照按钮；双击科目参照界面"常用/工行人民币存款"项，将其修改为银行存款明细科目；录入结算方式与票号；单击"流量"按钮，删除原有"1001"科目，单击参照按钮，再双击弹出界面的"1002001"科目；单击"保存"按钮，将不会有资金赤字提示。

注意：若不删除凭证第 2 行原有科目直接单击科目栏的参照按钮，将只显示库存现金科目，无法修改为 1002001 科目。

【技能拓展】

在填制凭证录入货币资金、应收应付类科目的金额后，若在此之前的余额加减此金额后，出现该科目非缺省方向的余额时，将提示赤字。如应付账款科目缺省方向为贷方余额，如果录入的金额保存后将出现借方余额，即为往来赤字。

三、填制凭证与信息查询

工作任务 4.6　填制凭证与日期滞后

【任务工单】

2023 年 1 月 2 日，用工行普通支票 2053 号归还工行长期借款 6 000 元，附件 1 张。

借：长期借款/工行借款本金　　　　　　　　6 000

　　贷：银行存款/工行人民币存款　　　　　　6 000

【信息化流程】

（1）账套主管于 1 月 1 日登录企业应用平台（计算机系统也是 1 月 1 日），单击凭证工具栏"增加"按钮，修改制单日期时，将提示不能滞后于系统日期，如图 4.7（a）所示。此时，应单击"确定"按钮再单击工具栏"放弃"按钮并选择"是"。

（a）　　　　　　　　　　　　　（b）

图 4.7　日期滞后与修改系统日期

单击计算机左下角"开始/控制面板"命令，单击"时钟语言和区域"类别的"设置时间和日期"，如图4.7（b）所示；在弹出的"更改日期和时间"界面，将日期修改为1月2日。

（2）重注册。单击企业应用平台左上角"系统\重注册"菜单命令，账套主管重新于1月2日登录企业应用平台。

（3）填制凭证。其中，选择第2行的银行科目后需要选择结算方式，录入票号与日期。现金流量为"偿还债务所支付的现金"。

【重要提示】

凡是参照选择了基础设置时指定的银行科目，都应在辅助项中选择结算方式，录入票号与日期，本书以后不再单独提示。

工作任务4.7 填制凭证与代码参照

【任务工单】

2023年1月2日，收到保利公司9%的增值税专用发票，价款3 450元，税款310.5元，开出转账支票2054号支付液注设备安装费，附件2张。

借：在建工程/液注设备安装 　　　　　　　3 450
　　应交税费/应交增值税/进项税额　　　　 310.5
　　贷：银行存款/工行人民币存款 　　　　　　3 760.5

财政部《增值税会计处理规定》

【任务提示】

假设收到增值税专用发票后，立即由本公司的税务会计人员报请主管税务机关进行增值税进项税额的认证，且认证额与发票的税额完全一致，可以全额从当期销项税额中抵扣。此种情况下才能全额列作"应交税费/应交增值税/进项税额"。没有认证的进项税额应列作"应交税费/待认证进项税额"，待税务机关认证后才能转入该明细科目，从认证当月的销项税额中抵扣。

【信息化流程】

在总账系统中填制凭证。其中，单击第3行科目栏后，直接从键盘上录入代码"1002001"，可以快速实现该科目的参照选择。现金流量为"购建固定资产、无形资产和其他长期资产支付的现金"。按下键盘上的"F6"快捷键，保存该记账凭证。

【代码参照技能提示】

（1）代码过滤：若在科目栏录入"100"，单击其参照按钮，弹出的科目参照界面将只显示3个科目，已将不符合这个条件的其他科目都过滤掉了，以提高工作效率。所以，修改科目时应先将已选择的科目删除。

（2）代码不全：若在科目栏只录入"5"，在其他位置单击时将弹出"科目不合法"的终止对话框；若单击参照按钮，过滤后将只显示成本类科目。

（3）末级代码：若在科目栏录入有明细科目的上级科目，如录入"2221"（应交税费），将弹出"不是末级科目"的终止对话框；所以，选择科目时只能是末级科目。

（4）代码参照：科目栏中最好不要录入汉字，如在科目栏录入"库存商品"时，多输入了一个空格或标点符号，或误录为"库成商品"等，都将弹出"科目不合法"的终止对话框；所以，科目栏输入代码或编码是最好的。

工作任务 4.8　填制外币凭证与辅助核算

填制用友 U8
外币凭证

【任务工单】

2023 年 1 月 2 日，收到工行普通支票 0021 号，本公司售出中行的 6 000 美元存款，收到人民币 38 209 元已存入工行，当日记账汇率为 6.35，附件 2 张。

借：银行存款/工行人民币存款　　　　　38 209
　　贷：银行存款/中行美元存款　　　　　38 100
　　　　财务费用/汇兑损益　　　　　　　109

【信息化流程】

（1）录入美元汇率。双击菜单树"基础设置\基础档案\财务\外币设置"命令；选择美元的浮动汇率，录入本日的记账汇率，在其他位置单击以确认录入的数据；退出时单击"是"。

（2）填制凭证。其中，参照选择中行美元存款明细科目后，记账凭证将变换为外币格式，如图 4.8 所示；选择科目并进行结算方式辅助核算后自动代入当日汇率；录入 6 000 美元后，自动按"外币 * 汇率"计算本位币金额显示于借方；单击借方金额栏，按下键盘上的空格键，将金额调整到贷方；回车后选择第 3 行的科目，单击贷方金额栏后按下键盘"="键。

图 4.8　用友 U8 外币式记账凭证

（3）现金流量参照选择为"汇率变动对现金的影响"，金额修改为 109 元，即删除现金流量对话框中的贷方记录，并将其借方金额修改为 109 元。

工作任务 4.9　填制凭证与联查明细账

【任务工单】

2023 年 1 月 2 日，收到证券营业部普通支票 0003 号，出售长岭股票 1 000 股，出售款净额 5 715 元已存入投资专户，附件 3 张。

借：其他货币资金/存出投资款　　　　　5 715

贷：交易性金融资产/长岭股票　　　　　　（查明细账）
　　　投资收益/股票投资损益　　　　　　　　　（差额）
注：税法规定，买卖交易性金融资产（股票、公司债券等）不得开具增值税专用发票。

【信息化流程】

（1）填制凭证。其中，参照选择"长岭股票"明细科目后将弹出辅助项界面，单击"取消"按钮；此时单击工具栏"联查\联查明细账"命令进入"明细账"界面，选择右上角"数量金额式"账页后显示：每股成本5.01元，如图4.9（a）所示；退出明细账后，双击凭证右下角"辅助项修改"按钮进入辅助项界面，如图4.9（b）所示，录入数量1 000、单价5.01；单击"确定"按钮，自动计算的金额显示在借方；按下空格键调整到贷方，辅助核算区域将显示数量、单价；回车后选择第3行的科目，在贷方金额栏按下键盘"="键。现金流量为"收回投资所收到的现金"。

（a）

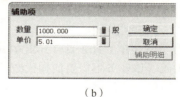
（b）

图4.9　明细账与数量辅助核算

（2）穿透查询。凭证保存后，选择凭证第2行任意位置，单击"联查\联查明细账"菜单命令，该明细账的相关记录已更新，摘要栏的"＊"说明该凭证没有记账。

单击明细账工具栏"总账"按钮，可查询该科目总账，按下"Alt＋F4"键退出总账界面；单击明细账界面工具栏"查询"按钮，可选择查看其他科目的发生额及余额。

工作任务4.10　填制凭证与费用项目核算

【任务工单】

2023年1月2日，收到某饭店6%的增值税专用发票，价款1 141.51元，税额68.49元，用工行普通支票2031号支付管理部的业务招待费，附件3张。

　　借：管理费用　　　　　　　　　　　1 210
　　　　贷：银行存款/工行人民币存款　　　　1 210

提示：我国增值税征管法规最新规定，纳税人购进的餐饮服务、居民日常服务和娱乐服务，进项税额不得从销项税额中抵扣。

【信息化流程】

在总账系统中填制凭证。其中，参照选择第1行"管理费用"科目时，科目参照界面下部用蓝色提示该科目为"项目核算""末级科目"，如图4.10（a）所示。

所以，选择该科目后将弹出辅助项界面，如图4.10（b）所示。单击参照按钮后双击"业务招待费"，单击"确定"按钮，凭证左下部将显示项目核算信息；现金流量为"支付的与其他经营活动有关的现金"。

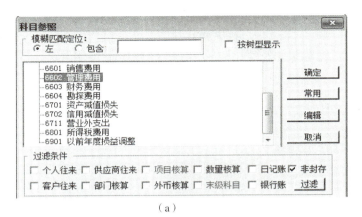
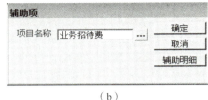

(a)　　　　　　　　　　　　　　　　　(b)

图4.10　选择科目与项目辅助核算

工作任务4.11　填制外币凭证与查看最新余额

【任务工单】

2023年1月2日,开出0126号中行普通支票支付上年欠美国KDS公司的存入保证金580美元(该业务不需要代扣代缴增值税和企业所得税),当日汇率为6.35元,附件2张。

　　借：其他应付款/美国KDS公司　　　　　　3 683
　　　　贷：银行存款/中行美元存款　　　　　　　3 683

【信息化流程】

(1) 填制凭证第1行。选择第1行科目后变为外币凭证,单击工具栏"余额"按钮,弹出最新余额一览表,将显示原币(美元)与本币的期初与期末余额,但没有借方与贷方发生额;回到记账凭证界面录入580美元,将自动生成借方金额;此时,再单击工具栏"余额"按钮,其发生额及余额已自动更新。

(2) 按下回车键,光标到达第2行,选择科目并录入结算方式,录入美元后将自动生成的金额调整到贷方(用键盘空格键)。

(3) 现金流量为"支付的与其他经营活动有关的现金"。

四、填制凭证时增加科目或项目

工作任务4.12　填制凭证时增加明细科目

【任务工单】

2023年1月3日,用证券营业部普通支票3 698号,购进洪武股票20 000股,每股3元;另外根据增值税专用发票支付交易费用520元,以及6%的增值税款;附件2张。

　　借：交易性金融资产/洪武股票　　　　　60 000
　　　　投资收益/证券投资交易费　　　　　　　520
　　　　应交税费/应交增值税/进项税额　　　　31.2
　　　　贷：其他货币资金/存出投资款　　　　60 551.2

【信息化流程】

(1) 修改计算机操作系统日期;账套主管1月3日登录企业应用平台。

（2）填制凭证。其中，参照选择第1行科目时，科目参照界面中没有"洪武股票"明细科目，单击科目参照界面的"编辑"按钮进入会计科目界面；单击该界面工具栏"增加"按钮进入增加会计科目界面，增加"1101002 洪武股票"明细科目，勾选"数量核算"并录入计量单位"股"；单击"确定"和"关闭"按钮以退出增加会计科目界面，再退出会计科目界面回到科目参照界面；双击"资产/交易性金融资产/洪武股票"列表项，选择该科目后将自动弹出辅助项界面，录入数量、单价。

参照选择第2行科目时，也应在科目参照界面单击"编辑"按钮，增加"6111002 证券投资交易费"明细科目。

（3）现金流量为"投资所支付的现金"60 551.2元。

工作任务4.13　填制凭证与清除所有任务

【任务工单】

2023年1月3日，用普通支票2058号归还5月前工行借款190 800元，附件2张。

借：短期借款/工行借款本金　　　　　190 800
　　贷：银行存款/工行人民币存款　　　　　190 800

【信息化流程】

（1）填制记账凭证。其中，参照选择"短期借款"科目时显示该总账科目为末级科目（其下没有明细科目）；所以，在科目参照界面单击"编辑"按钮进入会计科目界面，单击"增加"按钮进入新增会计科目界面；录入"2001001 工行借款本金"，单击"确定"按钮，将有上级科目已使用的终止对话框，如图4.11所示。

图4.11　已使用科目新增下级科目的终止提示

单击"是"回到新增会计科目界面，单击"下一步"按钮，弹出增加后不能恢复的终止对话框，如图4.12所示。

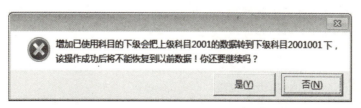

图4.12　数据由上级科目转下级科目的提示

单击"是"将弹出站点任务独占申请不成功的终止对话框，如图4.13所示；单击"确定"按钮返回新增会计科目界面。所以，新增明细科目不成功；此时，不必退出上述的所有操作界面。

由系统管理员admin登录系统管理界面，单击"视图\刷新"菜单命令；单击"视图\清除所有任务"菜单命令，如图4.14所示，单击弹出"可能引发客户端异常"界面的"是"。

图 4.13 数据库级独占任务不成功的提示

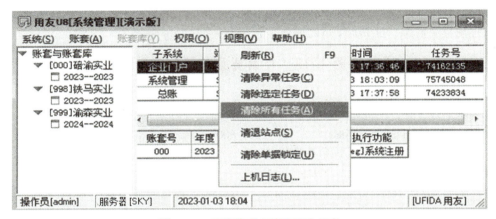

图 4.14 系统管理中清除所有任务

清除以上所有任务后，回到新增会计科目界面，单击"下一步"按钮，将重复弹出增加后不能恢复的终止对话框；单击"是"，系统将提示成功增加明细科目，单击"确定"按钮。

关闭新增会计科目界面回到会计科目界面，再退出会计科目界面回到科目参照界面；双击列表中"负债/短期借款/工行借款本金"，选择该明细科目。

（2）现金流量为"偿还债务所支付的现金"。

工作任务 4.14　填制凭证时增加辅助核算项目

【任务工单】

2023 年 1 月 3 日，出纳用现金支付管理部何霞幼儿园费 363 元，管理部普通发票列示的办公费 360 元，生产办增值税专用发票列示的办公费 820 元（税率 13%），附件 6 张。

借：应付职工薪酬/职工福利费　　　　　363
　　管理费用　　　　　　　　　　　　360
　　制造费用　　　　　　　　　　　　820
　　应交税费/应交增值税/进项税额　　（计算）
　　贷：库存现金　　　　　　　　　　　　（计算）

【信息化流程】

（1）填制凭证时增加费用项目。由于"管理费用"科目设为项目核算（要素费用），参照选择该科目后需进行辅助项选择，如图 4.15（a）所示；按下键盘上的"F2"快捷键（或单击参照按钮）后弹出"参照"界面，如图 4.15（b）所示，要素费用档案中显示没有"办公费"项目。

单击参照界面工具栏"编辑"按钮进入"项目档案"界面，如图 4.16 所示。

图 4.15　参照选择要素费用档案

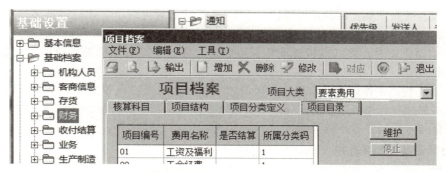

图 4.16　参照选择时增加项目档案

　　选择右上角的"要素费用"项目大类，单击"项目目录"卡片，单击右下部的"维护"按钮进入"项目目录维护"界面，单击"增加"按钮，录入"08 办公费"项目；退出项目目录维护界面，再退出项目档案界面，返回到参照界面；此时，列表中已有"08 办公费"项目，双击该项目实现参照选择。

　　录入第 4 行"进项税额"的借方金额时，可先单击工具栏的"计算器"按钮输入数据计算，然后单击计算器中的"确定"按钮填入。第 5 行的贷方金额可按下键盘上的"＝"键计算。

　　（2）修改现金流量。第 1 行修改为"支付给职工以及为职工支付的现金"363 元；单击下部"增行"按钮，选择科目并修改为"支付的与其他经营活动有关的现金"360 元；再单击"增行"按钮，选择科目并修改为"购买商品接受劳务所支付的现金"926.6 元。

五、记账凭证数据化精析

1. 电子记账凭证的内容

　　总账系统日常处理的核心是电子记账凭证的处理。电子记账凭证包括凭证头、凭证体与凭证尾三部分。

　　凭证头包括凭证类别、凭证编号、凭证日期和附单据数等。凭证体包括摘要、会计科目、借贷方向和金额等；如果输入的会计科目有辅助专项核算要求，应输入辅助专项内容；如果一个科目同时兼有多种辅助专项核算，则要求同时输入相关的辅助专项内容。凭证尾包括制单人、审核人与记账人等，在这些栏目中签名意味着承担相应的责任。

2. 电子记账凭证的填制要求

（1）信息系统中填制电子记账凭证时，应保证填制的记账凭证信息齐全完整，如必须录入或选择凭证类别、编号、日期、摘要与相关人员签名等；记账凭证是总账系统的数据源，应保证数据准确，防止"病从口入"。

（2）在填制凭证的会计分录（即科目、方向与金额）时，要求每张凭证只记录一笔经济业务，不能将记录不同经济业务的分录填入一张凭证；每张凭证可以录入多条分录，但应尽量避免出现多借多贷的凭证。

（3）管理信息系统提供了辅助专项核算与管理的功能，以实现核算型会计向管理型会计的过渡，如进行个人往来、部门、数量、结算方式、项目等核算与管理。

辅助专项核算是总账系统参与管理的重要手段，它可提供手工会计无法或很难提供的各种核算信息；它可对每个会计科目进行交叉、立体式的核算，如对"管理费用"设为部门核算和预算管理，可提供全方位的管理信息。用友U8等软件规定每个会计科目最多只能设置两项辅助核算，金蝶K/3等软件可进行多项辅助核算。

（4）填制凭证时，可以直接查询相关科目的总账、明细账或辅助核算账等的相关信息，以提高工作效率。

（5）为了提高工作效率，系统已经预设的项目、本公司已设置的基础档案，均可以在填制凭证时参照选择；也可以在填制凭证时直接增加档案信息，如新增会计科目、费用项目，生成常用凭证与常用摘要等档案资料。

3. 档案资料的参照选择

档案资料的参照选择有多种方式，如：录入档案编码或代码可直接选择；双击录入框可进行参照选择；单击参照按钮可进行选择；用友U8软件按下键盘上的"F2"键、金蝶K/3软件按下键盘上的"F7"键，可实现参照选择。除此之外，用友U8软件可不用菜单命令或工具按钮，而直接在键盘上按下快捷键完成相应的工作，如表4.1所示。

表4.1 用友U8填制凭证常用快捷键

类型	快捷键及实现的功能
F快捷键	F1（帮助）、F2（参照）、F3（查询）、F4（调用常用凭证）、F5（增加）、F6（保存）、F7（会计日历）、F8（成批修改）、F9（计算器）、F10（激活菜单）、F11（记事本）、F12（显示命令窗）
组合快捷键	Ctrl+C（复制）、Ctrl+V（粘贴）、Ctrl+X（剪切）、Ctrl+P（打印）、Ctrl+I（增行）、Ctrl+D（删行）、Ctrl+F4（退出当前嵌套窗口）、Alt+F4（退出系统、关闭当前独立窗口）

学习任务2　账务处理信息化

填制凭证与
生成常用凭证

一、常用凭证与逆时凭证

工作任务4.15　填制凭证与生成常用凭证

【任务工单】

2023年1月3日，用工行普通支票2056号交纳上月增值税30 000元，所得税60 700元，城建税 2 100 元，教育费附加 900 元，附件 6 张。
　　借：应交税费　　　　　　　　　　　　93 700
　　　贷：银行存款/工行人民币存款　　　　　93 700
　　注：应交税费的 4 个明细科目为未交增值税（30 000 元）、应交城建税（2 100 元）、应交所得税（60 700 元）、教育费附加（900 元）。

【信息化流程】

（1）填制凭证。单击凭证体第 1 行的科目名称框，按下键盘上的"F2"快捷键，参照选择应交税费的第 1 个明细科目；类似地，需录入科目名称时再使用"F2"快捷键，依序选择应交税费其余 3 个明细科目；现金流量为"支付的各项税费"。

（2）生成常用凭证。保存该凭证后，选择工具栏"常用凭证\生成常用凭证"命令，进入"常用凭证生成"界面，如图 4.17（a）所示；键入"SP001 交纳上月税费"，单击"确认"按钮。

（3）修改常用凭证。双击菜单树"总账\凭证\常用凭证"命令，进入"常用凭证"界面，如图 4.17（b）所示；删除附单据数中的数字，单击工具栏"详细"按钮，删除弹出界面中的借方与贷方金额。

（a）

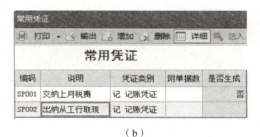
（b）

图 4.17　生成并查询常用凭证

（4）增加常用凭证。在常用凭证界面单击"增加"按钮，录入"SP002 出纳从工行取现"，选择凭证类别；单击工具栏"详细"按钮进入记账凭证界面，如图 4.18 所示；单击工具栏"增行"按钮，参照选择第 1 行的科目；单击"增行"按钮，选择第 2 行的科目，选择普通支票结算方式。

图 4.18　用友 U8 增加常用凭证

工作任务4.16　填制凭证与常用凭证的调用

【任务工单】

2023年1月3日，开出普通支票2057号交纳本月增值税50 000元、城建税3 500元、教育费附加1 500元、交纳个人所得税1 025元（注：本书以后不再提示附件张数，估计输入即可）。

借：应交税费　　　　　　　　　　　　56 025
　　贷：银行存款/工行人民币存款　　　　56 025

注：应交税费明细科目为应交增值税/已交税金50 000元、应交城建税3 500元、教育费附加1 500元、个人所得税1 025元。

【信息化流程】

（1）调用常用凭证。若已增加了记账凭证应先单击工具栏"放弃"按钮；选择工具栏"常用凭证\调用常用凭证"命令；录入参照代码"SP001"（也可单击参照按钮选择），单击"确定"按钮，自动生成交纳上月税费的记账凭证；但此处是交纳本月税费，不适用（也可修改后保存但较麻烦），所以单击记账凭证工具栏"放弃"按钮。

（2）填制凭证。其中，选择"已交税金"明细科目时，应在科目参照界面单击"编辑"按钮，增加"222100106 已交税金" 3级科目后，才能参照选择。

（3）现金流量项目：支付的各项税费55 000元，支付给职工以及为职工支付的现金1 025元。

工作任务4.17　填制用友U8逆时凭证

【任务工单】

2023年1月3日，开出普通支票2055号，出纳周红林从工行提取现金6 000元备用。

借：库存现金　　　　　　　　　　　　6 000
　　贷：银行存款/工行人民币存款　　　　6 000

【任务提示】

此处虽然有2个现金流量（货币资金类）科目，但借贷相抵后没有现金净流动金额，所以不必选择现金流量项目。

【信息化流程】

（1）调用常用凭证。计算机系统日期、账套主管登录企业应用平台日期均为1月3日；在填制凭证界面（若已增加记账凭证应先单击工具栏"放弃"按钮）选择工具栏"常用凭证\调用常用凭证"命令；录入"SP002"并单击"确认"按钮，自动携带没有金额的会计分录到记账凭证界面；录入借贷方金额；选定第2行任意位置，双击凭证右下部的辅助项修改按钮（ ），录入票号、日期，结算方式不用选择；单击工具栏"保存"按钮。

（2）修改为逆时凭证。经查检原始凭证发现，该普通支票是1月2日开具的，出纳于第2天才交给会计人员（原始单据传递不及时）。

所以，找到该记账凭证，将表头的制单日期修改为2日，将弹出日期不序时的终止对话框，如图4.19（a）所示；单击"确定"与"放弃"按钮，关闭记账凭证界面。

双击"总账\设置\选项"命令，单击下部"编辑"按钮，取消"凭证"卡片的"制单序时控制"选项，单击"确定"按钮。

再次进入填制凭证界面找到该凭证，修改凭证头制单日期，将不会提示不序时了。单击工具栏"保存"按钮，将弹出发生日期大于制单日期的终止对话框，如图4.19（b）所示，单击"确定"按钮；选定第2行任意位置，双击凭证右下角辅助项修改按钮，将日期修改为"2023－1－2"，单击"确定"按钮；再单击填制凭证界面工具栏"保存"按钮。

图 4.19　日期不序时与发生日期提示

特别提醒：这张记账凭证，从凭证头看为2023年1月2日编制的第15号。

二、电子凭证稽核记账与错账更正

工作任务4.18　凭证标错、作废与凭证整理

【任务工单】

2023年1月3日，账套主管同时增加了以下1月2日、1月3日为制单日期的2张周转材料入库的记账凭证。

　　借：周转材料　　　　　　　　　2 070与3 086
　　　　贷：材料采购　　　　　　　　　　　　2 070与3 086

假设：账套主管发现2日的错误凭证，凭证审核人员发现了3日的错误凭证。

【信息化流程】

（1）1月3日，账套主管（王林）填制并保存1月2日（能逆时制单时）2 070元、1月3日3 086元的2张记账凭证；到此，记账凭证已编号至第17号。

（2）凭证作废。账套主管单击工具栏"上张"按钮，找到2日的错误凭证；单击工具栏"作废"按钮，凭证左上角显示"作废"红色印章。

单击工具栏"恢复"按钮将取消该红色印章；再次单击工具栏"作废"按钮，使凭证左上角显示"作废"红色印章。

（3）凭证标错。由SYSTEM（密码SYSTEM）登录企业应用平台，双击菜单树"财务会计\总账\凭证\审核凭证"命令，单击"确定"按钮进入审核凭证列表界面；双击第1号凭证进入"审核凭证"界面，单击工具栏"末张"按钮（ ➡ ）找到3日错误的第17号凭证；单击工具栏"标错"按钮，录入"实际成本计价不能使用材料采购科目"的错误原因；单击"确定"按钮，该凭证左上角显示"有错"红色印章。

再次单击工具栏"标错"按钮将取消该红色印章；第3次单击工具栏"标错"按钮，使凭证左上角显示"有错"红色印章。

（4）修改或作废。账套主管进入填制凭证界面，鼠标指针指向标错凭证的红色印章，将有错误原因提示；若修改为正确的凭证并保存后，红色印章自动消失；此处不修改凭证，直接单击"作废"按钮。

（5）凭证整理。这2张作废的凭证要占用凭证编号，所以应整理凭证。账套主管单击填制凭证界面的工具栏"凭证整理"按钮，选择期间，如图4.20（a）所示，单击"确定"按钮进入"作废凭证表"界面，如图4.20（b）所示。

图 4.20　凭证整理与删除凭证选择

单击"全选""确定"按钮，在删除凭证的同时弹出编号重排界面，如图 4.21（a）所示，选择按凭证日期重排，单击"是"；再同意整理凭证断号，如图 4.21（b）所示。

图 4.21　凭证编号重排与断号整理

凭证整理后回到记账凭证界面，作废的 2 张凭证已消失；最后一张记账凭证编号由 17 号变为 15 号。连续单击工具栏"上张"按钮显示，2023 年 1 月 2 日逆时编制的原第 15 号凭证，已按时间顺序修改为第 10 号。

注意：若选择"按凭证号重排"，进行凭证断号整理后，1 月 2 日逆时编制的第 15 号凭证的编号不变。

工作任务 4.19　出纳及主管签字与凭证审核

【任务工单】

稽核已填制的记账凭证，若无错误则出纳签字、主管签字、凭证审核签字。

【信息化流程】

（1）主管签字。SYSTEM 登录企业应用平台，双击菜单树"财务会计\总账\凭证\主管签字"命令，单击"确定"按钮进入"主管签字列表"界面，如图 4.22 所示；双击列表中的凭证记录进入主管签字的记账凭证界面；单击工具栏"签字"按钮，记账凭证右上角将显示 SYSTEM 的红色印章，单击工具栏"下张"按钮后再签字。

逆向处理：凭证一经签字，就不能被修改、标错、作废与删除。若要取消主管签字，可通过工具栏"首张""上张""下张""末张"按钮找到需要取消签字的凭证，单击工具栏"取消"按钮。

成批处理：选择工具栏"批处理\成批主管签字"命令，可对全部凭证进行主管签字；选择工具栏"批处理\成批取消签字"命令，可对全部凭证进行主管签字的取消。

（2）出纳签字。周红林（ZHL）登录进入企业应用平台，双击菜单树"总账\凭证\出纳签字"命令，单击"确定"按钮进入出纳签字列表界面；双击列表中的凭证记录进入出纳签字的记账凭证界面，单击工具栏"签字"按钮，记账凭证底部的"出纳"处将自动签名；单击"下张"按钮再单击"签字"按钮。

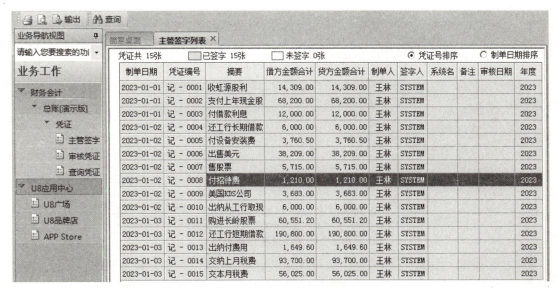

图 4.22　用友 U8 主管签字列表

逆向处理：若要取消出纳签字，可通过工具栏"首张""上张""下张""末张"按钮找到需要取消签字的凭证，单击工具栏"取消"按钮。

成批处理：选择工具栏"批处理\成批出纳签字"命令，可对全部凭证进行出纳签字；选择工具栏"批处理\成批取消签字"命令，可对全部凭证进行出纳签字的取消。

（3）凭证审核。由 SYSTEM 双击"总账\凭证\审核凭证"菜单树命令，单击"确定"按钮进入"凭证审核列表"界面；双击列表中的凭证记录进入审核凭证的记账凭证界面；单击工具栏"审核"按钮，记账凭证底部的审核处将自动签名；同时切换到下张凭证，再单击"审核"按钮。

逆向处理：若要取消凭证审核，可通过工具栏"首张""上张""下张""末张"按钮找到需要取消审核的凭证，单击工具栏"取消"按钮。

成批处理：选择工具栏"批处理\成批审核凭证"命令，可对全部凭证进行审核签字；选择工具栏"批处理\成批取消审核"命令，可对全部凭证进行审核签字的取消。

工作任务 4.20　凭证记账与取消记账

【任务工单】

2023 年 1 月 3 日，将已审核的记账凭证进行凭证记账，以形成总账系统稳定的数据源；再取消第 9～12 号凭证的记账。

【信息化流程】

（1）凭证记账。账套主管登录企业应用平台，双击菜单树"总账\凭证\记账"命令进入"记账"界面，如图 4.23 所示；单击下部的"全选"按钮，或输入记账范围，再单击"记账"按钮，由于是第一次记账，将自动进行期初试算平衡检查，不平衡时将不允许记账；若试算平衡，单击"确定"按钮，完成记账后将弹出记账报告，列示相关会计科目的金额、数量与外币的借方与贷方的发生数据。

（2）取消记账。账套主管登录企业应用平台，双击菜单树"总账\期末\对账"命令进入"对账"界面，按下键盘的"Ctrl＋H"键，此时，菜单树中将显示"恢复记账前状态"命令，

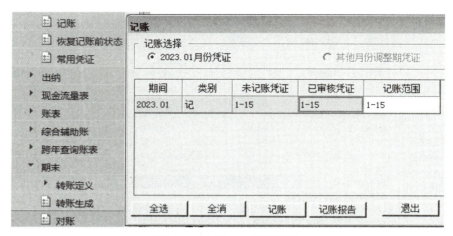

图 4.23 用友 U8 记账界面

双击菜单树"总账\凭证\恢复记账前状态"命令,进入"恢复记账前状态"界面;勾选"选择凭证范围恢复记账",在下部的恢复记账范围中输入"9－12",单击"确定"按钮;在弹出界面中输入账套主管的密码(口令),单击"确定"按钮即可取消记账。

(3)按下键盘上的"Alt＋F4"快捷键,退出用友 U8 企业应用平台。账套主管"重注册"企业应用平台,展开菜单树"总账\凭证"列表,可见其中的"恢复记账前状态"功能已自动隐藏。

【法规提示】

不得随意使用"恢复记账前状态"功能:财政部印发的《企业会计信息化工作规范》规定,会计软件应当提供不可逆的记账功能,确保对同类已记账凭证连续编号,不得提供对已记账凭证的删除和插入功能,不得提供对已记账凭证日期、金额、科目和操作人的修改功能。所以,只有在演示学习或模拟训练中才能使用取消记账(恢复记账前状态)。

工作任务4.21 用友 U8 记账凭证查询

【任务工单】

在用友 U8 企业应用平台中查询已记账凭证、未记账凭证或作废凭证。

【信息化流程】

(1)查询记账凭证。账套主管双击菜单树"总账\凭证\查询凭证"命令;在弹出的界面中选择"已记账凭证",取消起止日期。

单击"确定"按钮进入"查询凭证列表"界面,将显示已记账的 11 张记账凭证。双击列表中的某条记录进入查询记账凭证界面;从凭证右上角、凭证底部签名栏可见:该凭证已经制单签字、已经主管签字、已经出纳签字、已经审核签字与已经记账签字;通过工具栏"上张""下张"等按钮,可查看其他记账凭证。

单击查询凭证列表界面工具栏"查询"按钮,弹出凭证查询界面,如图 4.24 所示;选择"未记账凭证",不取消起止日期,单击"确定"按钮,将显示未记账的 4 张记账凭证。双击列表中的某条记录进入查询记账凭证界面,没有记账签字,但制单、主管、出纳与审核都已经签字。

(2)未记账凭证。未记账的凭证还可以直接在"总账\凭证\填制凭证"界面,单击工具栏的"上张""下张"等按钮进行查询。但是,在填制凭证界面,不能查询已经记账的凭证。

图 4.24　用友 U8 凭证查询界面

注意：在凭证查询界面无法增加凭证，在填制凭证界面无法查看已记账的凭证。这两个界面显示的记账凭证格式相似，容易混淆，只是工具按钮有所不同；所以，在凭证处理中要特别关注企业应用平台上部的 简易桌面 查询凭证列表 **查询凭证** × 填制凭证 卡片标签，正在使用的是"查询凭证"还是"填制凭证"功能。

【技能拓展】

在查询凭证列表界面单击工具栏"查询"按钮，可对作废凭证、有错凭证进行查询；也可设定凭证类别、设定不同日期或不同月份、设定不同审核日期与部分凭证号等条件，进行记账凭证的查询；还可以选择不同的制单人、审核人等查询。

工作任务 4.22　红字冲销已记账凭证的错误

【任务工单】

2023 年 1 月 3 日，经查询原始凭证发现，2 日出售长岭股票存入投资专户款应为 5 625 元。

　　借：其他货币资金/存出投资款　　　　　 −90
　　　　贷：投资收益/股票投资损益　　　　　　 −90

【信息化流程】

（1）在"总账\凭证\查询凭证"中，找到上述已记账但有错误的记账凭证，记住该凭证的编号；按下键盘上的"Ctrl + F4"快捷键，退出当前嵌套的凭证查询窗口。

（2）红字冲销。进入"总账\凭证\填制凭证"界面，若已新增凭证单击"放弃"按钮；单击工具栏"冲销凭证"按钮，录入有错凭证的编号，单击"确定"按钮，将自动生成与原分录相同的金额为红字的记账凭证；选定第 2 行任意位置单击工具栏"删分"按钮，单击"是"，修改借方与贷方的红字金额。现金流量为"收回投资所收到的现金" −90 元。按下键盘上的"Ctrl + F4"快捷键，退出当前嵌套的填制凭证窗口。

（3）改为序时控制。制单序时控制是会计核算的基本规范，所以，双击菜单树"总账\设置\选项"命令，修改为制单序时控制，单击"确定"按钮。按下键盘上的"Alt + F4"快捷键，退出用友 U8 企业应用平台。

【技能拓展】

本例还可以由账套主管取消记账（恢复记账前状态），由相关人员取消凭证审核与凭证签字，然后由账套主管将此错误凭证修改为正确的凭证。财政部印发的《企业会计信息化工作规范》规定，会计软件应当提供不可逆的记账功能，所以，在企业信息化实际工作中取消记账是违规行为，已被明令禁止。

三、个人往来管理信息化

工作任务4.23　个人往来与常用摘要信息化

【任务工单】

2023年1月3日，管理部刘科出差借款2 780元，借款单票号0035号。

借：其他应收款/职工借欠款　　　　　　　　2 780
　　贷：库存现金　　　　　　　　　　　　　　　　2 780

【信息化流程】

（1）填制凭证。其中，参照选择"职工借欠款"明细科目后弹出辅助项界面，如图4.25（a）所示，参照选择"个人"后自动生成部门，录入票号及日期。现金流量为"支付的与其他经营活动有关的现金"。

（2）生成常用摘要。单击凭证摘要栏中的参照按钮，进入"常用摘要"界面，如图4.25（b）所示；单击工具栏"增加"按钮，键入"ZY001借出差款"，并选择相关科目；再增加"ZY002报销差旅费"的常用摘要（不选择相关科目）。

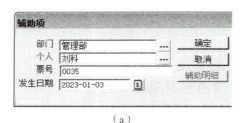　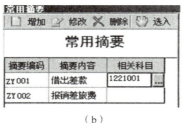
　　　　　　（a）　　　　　　　　　　　　　　　（b）

图4.25　个人辅助核算与常用摘要

（3）编辑常用摘要。双击菜单树"基础设置\基础档案\其他\常用摘要"命令，可查看、增加、修改或删除这些摘要。

工作任务4.24　填制凭证时修改业务员

【任务工单】

2023年1月3日，生产部加工车间吴文秀出差借款1 630元，票号0036号，出纳付款。

借：其他应收款/职工借欠款　　　　　　　　1 630
　　贷：库存现金　　　　　　　　　　　　　　　　1 630

【信息化流程】

（1）填制凭证。其中，先单击摘要栏的参照按钮，再双击弹出界面列表中的"ZY001"实现摘要的录入，回车后自动生成明细科目；再回车后单击弹出辅助项界面的个人参照按钮，进入的业务员参照界面没有"吴文秀"；单击工具栏"编辑"按钮进入人员列表界面，双击"吴文秀"进入人员档案界面；单击"修改"按钮，勾选业务员选项，单击"保存"按钮；依序退出人员档案、人员列表界面，回到业务员参照界面；双击列表中的"吴文秀"，选择个人的同时自动生成部门。

(2) 现金流量为"购买商品接受劳务支付的现金"。

工作任务 4.25　填制凭证时增加要素费用项目

【任务工单】

2023 年 1 月 4 日，生产部林洪报销差旅费 1 865 元，填具工商银行进账单（现金结算）5051 号将上年多借的出差款项存入工行人民币户。

借：制造费用　　　　　　　　　　　　　1 865
　　银行存款/工行人民币存款　　　　　　（差额）
　　贷：其他应收款/职工借欠款　　　　　　（查看辅助金额）

【信息化流程】

(1) 修改计算机系统日期为 2023-1-4，以该日期登录（或重新注册）用友 U8 企业应用平台。

(2) 填制凭证第 1 行分录。在摘要栏录入"ZY002"实现常用摘要的参照选择。选择"制造费用"科目后弹出辅助项界面，单击参照按钮弹出的界面列表中没有"差旅费"项目；单击该界面"编辑"按钮进入项目档案界面，选择右上角"要素费用"项目大类；在"项目目录"卡片中单击右下角"维护"按钮，在弹出界面中单击"增加"按钮，添加"09 差旅费"项目；退出相关编辑界面回到参照界面，双击选择该项目，录入第 1 行借方金额；回车后将自动复制第 2 行的摘要。

(3) 第 2 行先查看林洪余额。在第 2 行的科目栏录入"1221001"，选择弹出界面的"林洪"辅助项（不录入票号）并单击"确定"按钮，单击工具栏"查辅助明细"按钮，将显示林洪上年借款为 3 500 元（借方），退出该界面，在贷方录入该金额。

(4) 插分。单击第 2 行任意位置，再单击工具栏"插分"按钮，科目栏录入"1002001"。选择结算方式并录入票号，在借方金额栏按下键盘"="键。

(5) 现金流量为"购买商品、接受劳务支付的现金"1 635 元。

工作任务 4.26　填制凭证与查看辅助明细

【任务工单】

2023 年 1 月 4 日，采购部张蓉报销差旅费 2 610 元（其中，住宿费发票及旅客运输发票的增值税额为 72 元），上年出差借款不足部分由出纳用现金支付。

借：管理费用　　　　　　　　　　　　　2 538
　　应交税费/应交增值税/进项税额　　　　72
　　贷：其他应收款/职工借欠款　　　　　　（查看辅助账）
　　　　库存现金　　　　　　　　　　　　（差额）

【信息化流程】

(1) 填制凭证。其中，在摘要栏录入"ZY002"实现常用摘要的参照选择。管理费用应进行要素费用辅助核算，在"职工借欠款"明细科目的辅助项选择"张蓉"；单击工具栏"辅助明细"按钮，辅助明细界面显示张蓉上年借款 2 580 元，关闭辅助明细界面，在贷方录入该金额。现金流量为"支付的与其他经营活动有关的现金"30 元。

(2) 再次查看辅助明细。保存凭证后，选定"职工借欠款"明细科目所在行的任意位置，单击工具栏"查辅助明细"按钮，辅助明细界面已有此笔报销记录，余额为 0。

工作任务4.27　个人往来两清与账龄分析

【任务工单】

2023年1月4日，进行个人往来两清处理，查询个人往来明细信息。

【信息化流程】

(1) 凭证稽核过账。出纳（周红林）登录企业应用平台，进行"出纳签字"；签字完成后，按下键盘上的"Alt＋F4"快捷键，退出系统。

SYSTEM登录企业应用平台，进行凭证主管签字；签字完成后，按下键盘上的"Ctrl＋F4"快捷键，退出当前窗口（不是退出系统）。再由SYSTEM进行凭证审核；审核完成后，按下键盘上的"Alt＋F4"快捷键，退出系统。

账套主管（王林）登录企业应用平台，进行凭证记账。

(2) 手动两清。账套主管双击菜单树"总账\账表\个人往来账\个人往来清理"命令，单击"确定"按钮进入个人往来两清界面，如图4.26所示。

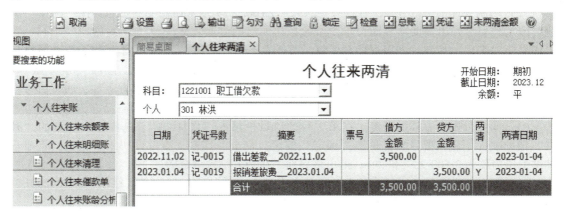

图4.26　用友U8个人往来两清界面

选择个人下拉框中的"林洪"，其借方与贷方金额相等，表明该笔借款已结清。所以，双击后部的两清栏使之显示为"Y"，这是手动两清的标记。

(3) 自动两清。单击工具栏"勾对"按钮并单击"是"；系统将自动两清并提示有2笔往来款两清。选择个人"张蓉"，将显示为空。单击工具栏"查询"按钮，选择条件对话框下部的"显示已全部两清"，单击"确定"按钮；再选择个人"张蓉"将显示2条往来款记录，两清栏标记为"○"，这是自动两清的标记。

(4) 若要取消两清标记，应单击工具栏的"取消"按钮，或双击两清栏。

(5) 账龄分析。双击菜单树"总账\账表\个人往来账\个人往来账龄分析"命令进入条件界面，单击"账龄区间设置"按钮，删除第2～4行，再将第2行总天数修改为180天，第3行修改为360天，单击"取消"按钮回到条件界面，如图4.27所示；选择"1221001 职工借欠款"科目，单击"确定"按钮，可查询选定科目的账龄分析表。

单击工具栏"查询"按钮，再单击"账龄区间设置"按钮，将第2行改为45天，删除第3行，单击"取消"按钮回到条件界面；单击条件界面的"确定"按钮再次查看分析表。

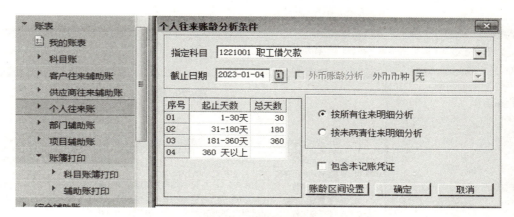

图 4.27　用友 U8 个人往来账龄分析条件界面

【技能提示】

（1）两清的前提：<u>记账凭证已记账；同一人既有借方记录又有贷方记录，且借贷方的金额相等</u>。若只有借方没有贷方记录，或只有贷方没有借方记录，或虽有借贷方记录但若干笔组合相加后的借方与贷方金额不相等时，都不能两清处理。如"职工借欠款"中的"刘科""吴文秀"等只有借方记录没有贷方记录，其往来款不能"两清"。

（2）自动勾对是按"专认+逐笔+总额"的方式进行；若账务处理有错将不会自动两清，若没有自动两清则可进行手动两清处理。

四、账证输出信息化

工作任务4.28　用友 U8 总账电子账表输出

【任务工单】

2023年1月4日，查询、打印或输出发生额及余额表、序时账、明细账等账表记录。

【信息化流程】

（1）双击菜单树"总账\账表\科目账\序时账"命令，勾选"包含未记账凭证"，单击"确定"按钮进入"序时账"界面，如图4.28所示。该界面以记录的形式反映记账凭证的信息，是后述发生额及余额表"本期发生"栏的详细反映，每条分录列示一行（末级科目编码与名称），底部列示发生额合计。所以，序时账也称为"会计分录簿"。

（2）双击菜单树"总账\账表\科目账\余额表"命令；在弹出界面中选择1～3级科目，包含未记账凭证，单击"确定"按钮进入发生额及余额表界面，该表分别列示期初余额、本期发生与期末余额的借方与贷方。

（3）穿透查询。在发生额及余额表界面，双击本期发生栏有金额的某科目记录行，可查询该科目的明细账；单击明细账界面工具栏"总账"按钮，可查询该科目的总账，按下键盘上的"Ctrl + F4"快捷键退出当前窗口（即关闭总账界面）。

选定该明细账有凭证号数的记录行单击"凭证"按钮（或双击该条记录），可查询相应的记账凭证。在记账凭证界面选定其他科目，单击"联查\联查明细账"按钮，可查询其他科目的明细账（独立窗口）。按下键盘上的"Alt + F4"键退出当前独立的窗口，连续按下键盘上的"Ctrl + F4"键，退出所有当前嵌套窗口。

这就是账证表联查，也称"穿透查询"，类似于浏览网页的"超链接"功能。

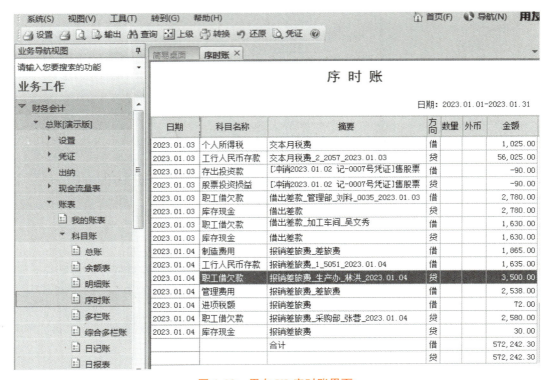

图 4.28　用友 U8 序时账界面

（4）查询明细账。双击"总账\账表\科目账\明细账"并单击"确定"按钮进入"明细账"界面；选择左上角的"2241001"科目及右上角"外币金额式"，如图 4.29 所示；单击该明细账界面工具栏"查询"按钮，在科目框录入"6602"，单击"确定"按钮，再将右上角选择为"金额式"，可查询"管理费用"三栏式明细账。

图 4.29　外币金额式明细账查询

（5）查询现金流量。展开"总账\现金流量表"菜单树，双击"现金流量凭证查询"命令并单击"确定"按钮，将显示哪些凭证会产生现金流量；单击"修改"按钮，可对指定现金流量进行修改；选定某凭证号，单击"凭证"按钮可查看完整的凭证信息。

【技能拓展】

（1）输出为 xlsx 文件：单击工具栏"输出"按钮，将上述两张数据表保存为 xlsx 文件格式。因为，开展审计工作时，一般需将发生额及余额表、序时账两者保存为 Excel 文件，作为审计分析、编制审计工作底稿的关键、核心资料。

（2）已记账或已审核的凭证，在联查凭证或查询凭证界面，无法修改现金流量；而在现金流量凭证查询中，即便是已审核或已记账的凭证，也可以进行现金流量的修改。

工作任务 4.29　打印用友 U8 正式记账凭证

【任务工单】

2023 年 1 月 4 日，打印记账凭证，经相关人员签字后作为正式的纸质的会计档案保管。

【信息化流程】

（1）记账凭证打印设置。双击菜单树"总账\设置\选项"命令，单击下部"编辑"按钮，单击"凭证打印"卡片作以下设置：打印凭证不包括页脚姓名，即不打印制单、出纳、审核与记账等人员姓名（以便打印后由相关人员手动签字）；打印包含科目编码；单击"摘要与科目打印内容设置"按钮，选择结算方式、票号、日期、业务员与外币名称在摘要栏打印，选择部门、项目、个人、客户、供应商与现金流量项目在科目栏打印；金额式多栏账每页打印 32 行，外币数量式凭证每页打印 4 行。

单击选项界面的"账簿"卡片，取消"凭证、账簿套打"选项。以上设置完成后，单击总账选项界面的"确定"按钮。

（2）用空白纸张打印凭证。经以上设置后，双击菜单树"总账/凭证/凭证打印"命令进入"凭证打印"界面，如图 4.30 所示；单击"预览"按钮，将显示打印在空白的 A4 纸上记账凭证的效果；下部状态栏显示需要几张 A4 纸打印；单击工具栏"下张"按钮查看第 2 页的打印效果。如果满意，单击工具栏"打印"按钮。

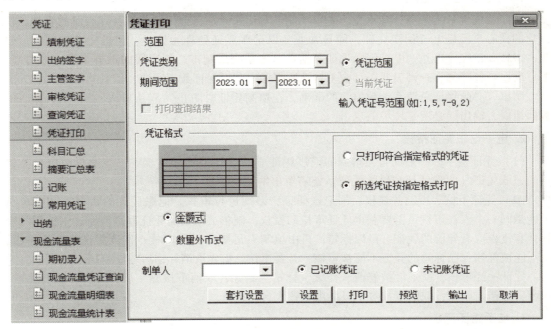

图 4.30　用友 U8 凭证打印界面

如果不满意，退出打印预览界面，单击"设置"按钮，选择 B5 纸，调整纸张方向为纵向、页边距均为 10 毫米，单击"确定"按钮；再单击"预览"按钮，显示打印在空白纸张上的效果（非套打）。

（3）凭证套打。在凭证打印界面，如图 4.30 所示，单击"套打设置"按钮；勾选"凭证、账簿套打""使用标准版 A4 激光"选项，单击"确定"按钮。单击"预览"按钮，显示的是没有表格框线的填空式打印内容。

所以，凭证套打不能打印在空白的纸张上，需要购买印刷有记账凭证格式的专用耗材进行打印，这种凭证耗材料与手工记账凭证类似，即套打是在有凭证格式的纸张上填空打印。

工作任务4.30　打印用友 U8 正式账簿

【任务工单】

2023 年 1 月 4 日，打印正式账簿，以便作为正式的会计档案保管。

【信息化流程】

（1）双击菜单树"总账\设置\选项"命令，单击下部"编辑"按钮；在"账簿"卡片中修改摘要宽度为 25 字符，汇率及单价宽度为 9 字符，勾选"凭证、账簿套打""使用标准版 A4 激光"选项；在打印凭证卡片中，修改金额式日记账每页打印 33 行。

（2）双击菜单树"总账\出纳\账簿打印\银行日记账"命令；单击"预览"按钮，可查看银行日记账打印在专用格式（专用耗材）账簿上的套打效果，即日记账的填空式打印。

（3）若取消"总账\设置\选项"中"账簿"卡片的"凭证、账簿套打"选项，上述日记账账可打印在空白 A4 纸上。

五、总账系统信息化精析

1. 总账系统的数据源

总账系统也称为账务处理系统，基本功能是对记账凭证、会计账簿与会计表册的管理，信息化的核心手段是电子记账凭证，即日常业务以记账凭证处理为核心，包括凭证的填制、修改、审核和记账等工作。电子记账凭证数据是总账系统最基本、最主要的数据来源；序时账、汇总表、会计账簿、查询表册等都应来自该数据源，从而保证数据同源、信息共享。

所以，必须保证总账系统数据源的准确，在填制凭证时防止"病从口入"；否则，输入的数据错误，输出的必定是垃圾信息。

2. 电子记账凭证稽核

（1）凭证签字。一般而言，填制的记账凭证应经会计主管复核签字；涉及货币资金类科目的记账凭证（收款凭证和付款凭证）还需要出纳复核签字。

（2）凭证审核。填制并复核后的记账凭证，必须进行审核。记账凭证的审核员和制单员不能是同一个人；审核员需要获得凭证审核的授权。制单员填制的凭证都必须经过审核员的审核；有错误或有异议的凭证，可以标错，再由填制人员修改后再审核。作废凭证不能被审核，也不能被标错；已标错的凭证不能被审核，若要审核，需先取消标错后才能审核。

凭证一经审核，就不能被修改、作废、标错与删除，取消审核签字后，才可以进行修改、作废、标错与删除；取消审核签字只能由审核人自己进行。

3. 电子凭证记账

审核后的记账凭证才能进行凭证记账，第 1 次记账后将结束总账系统的初始化状态。一个会计期间可以多次记账。如果期初余额试算不平衡不能记账，如果上月未结账本月也不能记账。

总账系统的凭证记账一般采用向导方式进行，只需给出相应的参数或命令即可，记账过程由系统自动控制。总账系统中的记账过程，从关系数据库管理系统的角度来看，实际上是数据库中凭证数据库文件的转移与传递过程；同时，还将对其他数据库文件进行更新或作出标记。用友 U8 等软件，凭证记账时是在记账凭证数据库文件 Accvouch 的 cbook 与 ibook 等字段中作出标记；金蝶 K/3 等软件，凭证记账时是将临时凭证数据库文件传递到正式凭证数据库文件中。正式凭证数据文件中，相关的数据不能被修改，以便形成会计信息系统稳定的数据源；所以，已经记账的凭证不能被修改、作废与删除。

4. 个人往来管理信息化

信息系统中设为"个人往来"辅助核算的科目，主要目的是进行账龄分析以了解债权债务的质量，形成催款单或对账单以便通知相关单位或个人。其管理手段是在填制凭证时，录入业务发生日期（它直接影响账龄分析）、业务号（票号）与业务员等。

用友 U8 等软件，为了及时了解、清理个人借款与欠款等债权债务情况，对进行个人往来核算的会计科目，需进行个人往来的两清处理。在凭证审核并记账后，职员的某笔个人往来款项已经结算清楚，即某职员个人往来款账务记录中，借贷双方均有记录且金额相等时，才能进行个人往来两清。只有个人往来款的发生而没有结算清楚时，不进行往来两清处理。往来两清处理可采用自动勾对或手工勾对的方式进行。

金蝶 K/3 等软件，在凭证审核记账后，对进行个人往来核算的会计科目，需进行个人往来核销处理。某职员个人往来款账务记录中，借贷双方均有记录时即可进行个人往来核销处理，也就是说，往来核销可以全额核销也可以部分核销。

5. 总账信息输出的特点

（1）组装信息。在管理信息系统中，严格意义上的账簿与统计表册，并不在数据库中以文件的形式保存。也即是说，类似于手工会计中的凭证与账表的外观格式和内容等，在信息系统的数据库中并不存在，只是由于计算机处理数据的速度极快，不会让人感觉到是临时"组装"的。真正的凭证与账册只有在需要时，才随时从数据库的数据源中进行分离、抽取与组合，然后按照指定的格式显示出来。所以，输出账证表的格式、所需的数据信息内容等，完全可以由信息使用者自行决定。

（2）输出方式与格式。总账系统信息的输出方式，主要有查询、打印与引出（另存为其他格式的文件）。账簿与统计表册可按三栏式、数量金额式、外币金额式与多栏式等需要的各种格式输出；每个会计科目一般可以输出各种格式的账簿与统计表。

（3）核心数据。总账系统输出的内容，主要是发生额及余额表、日记账、明细账、总账和辅助账等；核心数据是会计科目表、会计分录簿（序时账）、发生额及余额表、辅助核算表。通过这 4 项核心数据表，公司的会计信息一般能够分析或加工出来。所以，实际审计工作、财务检查或数据挖掘时，这 4 项电子数据是必须收集的。

会计科目表应包括各级科目的编码、名称、方向与辅助核算的内容等。会计分录簿也称序时账，它将总账系统的数据源（记账凭证）以记录的形式反映。发生额及余额表可查询、统计和打印特定日期或期间、各级科目的本期发生额、累计发生额和余额，它是总账系统中最重要、必须输出的信息载体，一般可用它代替总分类账。辅助核算表主要是部门、个人、供应商、客户、项目辅助核算的结果，如前述的个人往来明细账、个人往来账龄分析表等。

学习任务 3　出纳与职工薪酬信息化

一、职工薪酬总账信息化

工作任务 4.31　职工薪资发放信息化

【任务工单】

2023 年 1 月 4 日，碚渝实业本月在职职工的应发薪资、实发薪资等，按部门汇总数据如表 4.2 所示，用普通支票 2066 号支付给职工。

表 4.2　碚渝实业 2023 年 1 月职工薪资表　　　　单位：元

部门	应发薪资	三险一金	个人所得税	实发薪资	备注
管理部	35 080	8 060	308	26 712	
采购部	13 780	3 162	136	10 482	
生产办	15 030	3 453	153	11 424	
加工车间	90 290	20 766	586	68 938	
装制车间	105 800	24 335	692	80 773	
销售部	17 890	4 112	203	13 575	
财务部	19 320	4 437	107	14 776	
合计	297 190	68 325	2 185	226 680	

借：应付职工薪酬/薪资津补贴　　　　　　297 190
　　贷：银行存款/工行人民币存款　　　　　　226 680
　　　　其他应付款/职工三险一金　　　　　　68 325
　　　　应交税费/个人所得税　　　　　　　　2 185

注：三险一金是指基本养老保险、基本医疗保险、失业保险与住房公积金，由公司从职工应发薪资中扣收并代缴。

【信息化流程】

（1）编辑会计科目。账套主管（王林）登录用友 U8 企业应用平台，双击菜单树"基础设置\基础档案\财务\会计科目"命令进入会计科目界面；单击"负债"卡片，再单击工具栏"增加"按钮，分别增加"2211004 教育经费""2211005 五险一金""2241002 职工三险一金"明细科目。

（2）编辑核算项目。双击菜单树"基础档案\财务\项目目录"命令进入项目档案界面；选择右上角下拉框的"要素费用"项目大类，单击"项目目录"卡片并单击右下角的"维护"按钮，将列表中的"02 工会经费"改为"02 工会及教育经费"，将"03 社会保险"改为"03 五险一金"。

（3）填制凭证。其中，"应付职工薪酬/薪资津补贴"科目进行部门核算，如图 4.31 所示，所以，借方科目应分 7 行录入；第 2 次及以后选择时应先删除辅助项部门框中的内容才能参照选择为其他部门。录入"应交税费/个人所得税"的贷方金额后，单击工具栏"余额"按钮,将显示该科目最新贷方余额为1 160元。

图4.31 部门辅助核算参照选择

(4) 现金流量为"支付给职工以及为职工支付的现金"。

工作任务4.32 职工薪资提取信息化

【任务工单】

2023年1月5日,根据表4.2的金额提取本月应发职工薪资,按规定计入相关成本费用。其中,加工车间生产工人的应发薪资计入沐涤Ⅱ型产品的"直接人工"明细科目,装制车间生产工人的应发薪资计入露涤Ⅲ型产品的"直接人工"明细科目,管理部、采购部与财务部职工的应发薪资列入"管理费用"科目。

借:生产成本/直接人工　　　　　　196 090
　　制造费用　　　　　　　　　　　 15 030
　　管理费用　　　　　　　　　　　 68 180
　　销售费用　　　　　　　　　　　 17 890
　　贷:应付职工薪酬/薪资津补贴　　　　　297 190

【信息化流程】

(1) 填制凭证。其中,借方"生产成本/直接人工"科目进行"存货"辅助核算,如图4.32(a)所示,所以,应选择不同的产品名称,并分2行录入其金额;"制造费用"科目进行"要素费用"核算,如图4.32(b)所示,所以,应选择"工资及福利"的费用项目名称并录入其金额;类似地,"管理费用""销售费用"科目也应选择"工资及福利"的费用项目名称并录入其金额。

图4.32 存货与要素费用辅助核算

贷方"应付职工薪酬/薪资津补贴"科目进行"部门"辅助核算,所以,应分7行选择不同的部门并录入相应的金额。

(2) 该项经济业务没有使用货币资金类科目,所以,不选择现金流量项目。

（3）查询部门辅助信息。凭证保存后，单击贷方科目"采购部"所在行的任意位置，再单击工具栏"余额"按钮，将显示该部门在"2211001 薪资津补贴"明细科目中的发生额及余额信息，如图4.33（a）所示；单击工具栏"查辅助明细"按钮，则按凭证号分行显示该部门在"2211001 薪资津补贴"明细科目中的发生额及余额信息，如图4.33（b）所示。

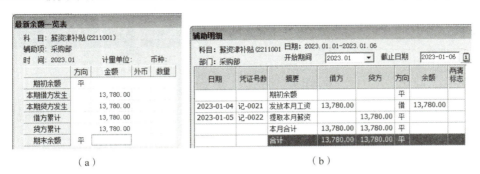

图 4.33　辅助信息查询

（4）联查明细账。单击贷方科目"采购部"所在行的任意位置，再单击工具栏"联查\联查明细账"命令，将分凭证号分部门显示所有7个部门在"2211001 薪资津补贴"明细科目中的发生额及余额信息，摘要栏用"＊"号表示该凭证没记账。

工作任务 4.33　薪资附加费提取信息化

【任务工单】

2023年1月5日，碚渝实业提取本月职工薪资附加费如表4.3所示，按规定计入相关成本费用。其中，加工车间生产工人的薪资附加费计入沐涤Ⅱ型产品的"直接人工"明细科目，装制车间生产工人的薪资附加费计入露涤Ⅲ型产品的"直接人工"明细科目，管理部、采购部与财务部职工的薪资附加费列入"管理费用"科目。

表4.3　碚渝实业2023年1月职工薪资附加费提取　　　　单位：元

部门	五险一金	工会经费	教育经费	职工福利费	合计
管理部	8 770	701.6	2 806.4	4 911.2	17 189.2
采购部	3 445	275.6	1 102.4	1 929.2	6 752.2
生产办	3 757.5	300.6	1 202.4	2 104.2	7 364.7
加工车间	22 572.5	1 805.8	7 223.2	12 640.6	44 242.1
装制车间	26 450	2 116	8 464	14 812	51 842
销售部	4 472.5	357.8	1 431.2	2 504.6	8 766.1
财务部	4 830	386.4	1 545.6	2 704.8	9 466.8
合计	74 297.5	5 943.8	23 775.2	41 606.6	145 623.1

借：生产成本/直接人工　　　　96 084.1
　　制造费用　　　　　　　　　7 364.7
　　管理费用　　　　　　　　　33 408.2
　　销售费用　　　　　　　　　8 766.1

  贷：应付职工薪酬　　　　　　　　　145 623.1

  注：五险一金是指基本养老保险、基本医疗保险、失业保险、工伤保险、生育保险与住房公积金，属于企业为职工承担的短期薪酬或离职后福利。

  【信息化流程】

  （1）填制凭证。其中，"生产成本/直接人工"科目应分别按不同存货产品名称，分2行录入其借方金额；"制造费用"科目应分别选择"五险一金""工会及教育经费""工资及福利"的要素费用名称，分3行录入其借方金额；类似地，"管理费用""销售费用"科目均应分别选择不同的要素费用名称，每个科目都应分3行录入其借方金额；所以，该记账凭证的借方科目有11行。

  该凭证"应付职工薪酬"科目，应分别选择"五险一金""工会经费""教育经费""职工福利费"明细科目，分4行录入其贷方金额。

  （2）该凭证没有使用货币资金类科目，不进行现金流量辅助核算。

工作任务4.34　缴存职工住房公积金信息化

  【任务工单】

  2023年1月5日，用工行普通支票2154号向住房公积金管理中心交纳职工公积金，其中，代扣职工款34 130元，公司为职工缴存款34 130元。

  借：应付职工薪酬/五险一金　　　　　　34 130
  　　其他应付款/职工三险一金　　　　　　34 130
  　　贷：银行存款/工行人民币存款　　　　　　　68 260

  【任务提示】

  从职工薪资中扣收以及由本公司承担并提取的住房公积金，其所有权归职工个人，所以，应定期向住房公积金管理机构缴存。

  【信息化流程】

  （1）填制凭证。其中，现金流量为"支付给职工以及为职工支付的现金"。

  （2）凭证保存后，选定"其他应付款/职工三险一金"科目所在行的任意位置，单击"余额"按钮将显示，该科目的最新贷方余额为34 195元，"应付职工薪酬/五险一金"最新贷方余额为40 167.5元。

工作任务4.35　缴存职工社会保险费信息化

  【任务工单】

  2023年1月5日，用工行普通支票2155号，向社会保险经办机构交纳职工的社会保险费，其中，代扣职工款34 195元，公司为职工缴存款40 167.5元。

  借：应付职工薪酬/五险一金　　　　　　40 167.5
  　　其他应付款/职工三险一金　　　　　　34 195
  　　贷：银行存款/工行人民币存款　　　　　　　74 362.5

  【任务提示】

  从职工薪资中扣收的"三险"以及由本公司承担并提取的"五险"等社会保险费，是职工离职福利或短期薪酬，所以，应定期向社会保险经办机构缴存。

  【信息化流程】

  （1）填制凭证。其中，现金流量为"支付给职工以及为职工支付的现金"。

（2）凭证保存后，选定"应付职工薪酬/五险一金"科目所在行的任意位置，单击"余额"按钮，将显示该科目借方与贷发发生额相等且最新余额方向为"平"。

工作任务4.36　职工伙食团支出信息化

【任务工单】

2023年1月5日，用工行普通支票2156号支付本公司职工食堂补贴款32 090元。

借：应付职工薪酬/职工福利费　　　　　32 090
　　贷：银行存款/工行人民币存款　　　　　32 090

【信息化流程】

（1）填制凭证。其中，现金流量为"支付给职工以及为职工支付的现金"。

（2）凭证保存后，选定"应付职工薪酬/职工福利费"科目所在行的任意位置，单击"联查\联查明细账"按钮将显示，该科目的最新贷方余额为9 153.6元。

工作任务4.37　工会与培训支出信息化

【任务工单】

2023年1月5日，用普通支票2157号向本公司工会组织支付工会经费5 943.8元，用普通支票2158号向职业培训学院付职工岗位技能培训与继续教育费21 083元。

借：应付职工薪酬　　　　　　　　　　27 026.8
　　贷：银行存款/工行人民币存款　　　　　27 026.8

【信息化流程】

（1）填制凭证。其中，现金流量为"支付给职工以及为职工支付的现金"。

（2）凭证保存后，选定"应付职工薪酬/教育经费"科目所在行的任意位置，单击"联查\联查明细账"按钮，将显示该科目的最新贷方余额为2 692.2元。

二、货币资金收付信息化

工作任务4.38　存款利息收入信息化

【任务工单】

2023年1月6日，接工行转账计息单（普通支票）2219号，本月银行存款利息收入305.6元入账。

借：银行存款/工行人民币存款　　　　　305.6
　　贷：财务费用/存款利息收入　　　　　　305.6

【信息化流程】

填制凭证。其中，参照选择科目时应先单击"编辑"按钮增加"6603003 存款利息收入"明细科目；现金流量参照选择为"收到的其他与经营活动有关的现金"。

工作任务4.39　收到流动借款信息化

【任务工单】

2023年1月6日，向工行借入10月期的流动借款20 000元存入工行，收到工行特种转账传票（普通支票）8809号。

借：银行存款/工行人民币存款　　　　　　20 000
　　　　贷：短期借款/工行借款本金　　　　　　　　20 000
【信息化流程】
（1）填制凭证。其中，现金流量为"借款所收到的现金"。
（2）凭证保存后，选定"短期借款/工行借款本金"科目所在行的任意位置，单击"联查\联查明细账"按钮，将显示该科目的最新贷方余额为219 500元。

工作任务4.40　出纳提取现金信息化

【任务工单】
2023年1月6日，开出普通支票2061号，出纳从工行提取现金45 900元。
　　借：库存现金　　　　　　　　　　　　　45 900
　　　　贷：银行存款/工行人民币存款　　　　　　　45 900
【信息化流程】
（1）调用常用凭证。在填制凭证界面，若已增加凭证应单击工具栏的"放弃"按钮；单击工具栏"常用凭证/调用常用凭证"，也可按下键盘上的"F4"快捷键；录入编号SP002，单击"确定"按钮，然后录入借贷方金额；单击第2行任意位置，双击凭证右下角辅助项修改按钮，填入结算票号，选择发生日期。
（2）这是货币资金类科目的此增彼减，没有现金净增减额，所以没有现金流量。

工作任务4.41　出纳现金支出信息化

【任务工单】
2023年1月7日，出纳用现金支付车间电费28 000元，车间水费3 000元，车间办公费800元，专用发票列示的增值税额合计为3 968元（部分办公用品无增值税发票）；厂部电费2 000元，增值税率13%；厂部邮电费500元，增值税率9%。销售产品上车费850元；广告费1 000元，增值税率6%；捐助贫困学生320元。
　　借：制造费用　　　　　　　　　　　　　31 800
　　　　管理费用　　　　　　　　　　　　　 2 500
　　　　销售费用　　　　　　　　　　　　　 1 850
　　　　营业外支出　　　　　　　　　　　　　　320
　　　　应交税费/应交增值税/进项税额　　　　4 333
　　　　贷：库存现金　　　　　　　　　　　　　　40 803
【任务提示】
制造费用包括车间水电费31 000元、办公费800元；管理费用包括厂部水电费2 000元、邮电费500元；销售费用包括运杂费850元、广告费1 000元。
【信息化流程】
（1）填制凭证。其中，选择会计科目后进行辅助项参照选择时，应先单击参照界面的"编辑"按钮，增加"要素费用"档案中的"10 水电费""11 广告费""12 邮电费"项目。
（2）现金流量：购买商品、接受劳务支付的现金35 768元，支付的与其他经营活动有关的现金4 715元，支付的其他与筹资活动有关的现金320元。

工作任务 4.42　出售股票与信息查询

【任务工单】

2023 年 1 月 7 日，出售长岭股票 2 000 股，每股售价 6 元；出售洪武股票 20 000 股，每股售价 3.1 元；发生交易费用 750 元，交易费增值税专用发票上注明的增值税额为 45 元；出售款扣除交易税费后的净额收到证券营业部的普通支票 6091 号入账。

借：其他货币资金/存出投资款　　　　　　　73 205
　　应交税费/应交增值税（进项税额）　　　　45
　　贷：交易性金融资产　　　　　　　　　　（查明细账）
　　　　投资收益/股票投资损益　　　　　　　　　　（差额）

【任务提示】

交易性金融资产"长岭股票""洪武股票"明细科目的贷方金额，需查账计算。

【信息化流程】

（1）填制凭证。其中，选择"交易性金融资产/长岭股票"科目后将自动弹出辅助项界面，按下键盘上的"Alt + F4"键将其关闭；单击工具栏"联查\联查明细账"并选择右上角的"数量金额式"，将显示其单价为 5.01 元（余额栏的"金额÷数量"）；按下键盘上的"Alt + F4"键退出明细账界面；双击凭证右下角的辅助项修改按钮，录入数量 2 000、单价 5.01，单击"确定"按钮；按下键盘上的空格键，将自动生成的金额调整到贷方。

类似地，选择并录入"交易性金融资产/洪武股票"的数量与单价。在"投资收益/股票投资损益"科目贷方金额栏按下"＝"键，自动计算其金额为 3 230 元。现金流量为"收回投资所收到的现金"。

（2）凭证保存后选定"交易性金融资产/洪武股票"科目所在行，单击工具栏"余额"或"联查\联查明细账"按钮，都将显示其余额方向为"平"，期末余额栏的金额与数量为空。

工作任务 4.43　货币资金转账信息化

【任务工单】

2023 年 1 月 7 日，管理部何霞借用投资专户的普通支票 9903 号，将股票投资账户的专款 148 000 元转存本公司工行人民币户。

借：银行存款/工行人民币存款　　　　　148 000
　　贷：其他货币资金/存出投资款　　　　　148 000

【信息化流程】

（1）填制凭证，没有现金流量。

（2）凭证保存后选定"其他货币资金/存出投资款"科目所在行，单击"余额"按钮，将显示该科目借方最新余额为 20 385.8 元。

三、库存现金清查信息化

工作任务 4.44　库存现金盘盈信息化

【任务工单】

2023 年 1 月 7 日，会计人员组织进行现金盘点，出纳周红林实际现金的结余为 7 649.25

元。经与日记账核对,现金盘盈,原因待查。
借:库存现金　　　　　　　　　　　(查余额计算)
　　贷:待处理财产损溢/现金盘盈　　　　　　(计算)

【信息化流程】

(1) 确定盘盈金额。双击菜单树"总账\出纳\现金日记账"命令,勾选"包含未记账凭证",单击"确定"按钮,将显示实时余额为 7 639.12 元(摘要栏用"*"表示这些凭证没记账)。所以现金盘盈 10.13 元。

(2) 填制凭证。其中,参照选择贷方科目时,应单击"编辑"按钮,先增加"1901001 现金盘盈"二级科目;现金流量为"收到的其他与经营活动有关的现金"。

(3) 账实核对。凭证保存后,单击借方科目所在行任意位置,再单击工具栏"余额"按钮,将显示"库存现金"期末借方余额为 7 649.25 元,说明账实相符。

工作任务4.45　记账凭证的账务处理

【任务工单】

2023 年 1 月 7 日,进行凭证稽核与记账,并查询证、账、表。

【信息化流程】

(1) 周红林登录用友 U8 企业应用平台,进行出纳签字。

(2) SYSTEM 登录企业应用平台,进行主管签字、凭证审核。

(3) 账套主管(王林)登录企业应用平台,进行凭证记账。查询"全部"凭证将显示:本公司已填制 34 张记账凭证,发生额合计为 1 842 253.42 元。

(4) 查询多栏账。双击菜单树"总账/账表/科目账/多栏账"命令进入"多栏账"界面;单击"增加"按钮进入"多栏账定义"界面,如图 4.34 所示;在核算科目中选择"应交增值税",单击中部"增加栏目"按钮,选择"应交增值税"的所有 3 级科目;单击右部的"选项"按钮,选择"分析栏前置"与"输出余额"选项,再修改方向、排序;单击"确定"按钮回到"多栏账"界面;单击工具栏"查询"按钮,再单击"确定"按钮,将显示"应交增值税"多栏账,其借方余额为 54 898.3 元。

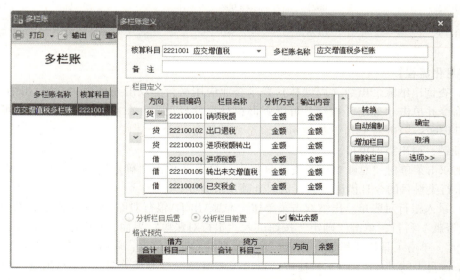

图 4.34　用友 U8 设置多栏账

【技能提示】

出纳签字列表的凭证编号不连续，即部分凭证没显示，是因为没有货币资金类科目的记账凭证，如提取职工薪酬的凭证，不需要出纳签字；货币资金类科目是指库存现金、银行存款与其他货币资金这3个科目。

四、银行存款清查信息化

工作任务4.46　银行对账与未达账项调节

【任务工单】

2023年1月7日，出纳收到证券投资公司、中行美元的银行对账单，如表4.4和表4.5所示，暂未收到工行存款对账单。

表4.4　证券投资公司账户对账单

年月日	结算方式	结算号	借方	贷方	方向	余额
2023－1－1					贷	150 107
2023－1－2		0003		5 625	贷	155 732
2023－1－2		3698	60 551.2		贷	95 180.8
2023－1－6		6091		61 380	贷	
2023－1－7		6093		11 825	贷	168 385.8

表4.5　中行美元存款账户对账单

年月日	结算方式	结算号	美元借方	美元贷方	方向	美元余额
2023－1－1					贷	9 000
2023－1－2		0021	6 000		贷	3 000
2023－1－3		0126	580		贷	2 420

【信息化流程】

（1）查询出纳账。出纳（周红林）登录企业应用平台，双击菜单树"总账\出纳\银行日记账"命令并单击"确定"按钮，可以查询银行存款日记账；在左上角下拉框中，可切换查看其他日记账；单击右上角下拉框可查看金额式、外币金额式账页；按下键盘上的"Ctrl＋F4"快捷键，退出当前窗口。

出纳双击菜单树"总账\出纳\资金日报表"命令并单击"确定"按钮，可以查询特定日期3个银行类科目的今日借记金额、贷记金额及余额等。

（2）录入银行对账单。出纳双击菜单树"总账\出纳\银行对账\银行对账单"命令，选择"存出投资款"科目，单击"确定"按钮进入"银行对账单"界面，右上角将显示账面余额为150 107元；单击工具栏"增加"按钮，录入收到的对账单信息；单击工具栏"保存"按钮。

按下键盘上的"Ctrl＋F4"快捷键，退出当前窗口；双击菜单树"总账\出纳\银行对账\银行对账单"命令，选择"中行美元存款"科目，单击"确定"按钮进入银行对账单界面，右上角将显示账面余额为 9 000 美元；录入该对账单的美元金额。

（3）取消出纳银行对账权。按照内部控制的要求，出纳不能进行银行对账工作。账套主管（王林）登录系统管理界面，选择“权限\权限”命令；选定左部的“出纳管理”角色，单击工具栏“修改”按钮，展开右部“财务会计\总账\出纳\银行对账\银行对账”，取消树形列表中的“银行账勾对”“取消银行对账”，单击“保存”按钮。

（4）存出投资款对账。账套主管登录企业应用平台，双击菜单树“总账\出纳\银行对账\银行对账”命令并选择“存出投资款”，勾选“显示已达账”，单击“确定”按钮进入银行对账界面，如图 4.35 所示；该界面左部为本公司日记账（凭证记账后才能显示），右部为出纳已录入的对账单。单击工具栏“对账”按钮进入“自动对账”界面，取消“结算方式相同”选项，单击“确定”按钮，系统自动进行对账；系统能识别的已达账，用“○”显示于“两清”栏；无对账序号且两清栏无标识的记录行，为未达账或系统不能识别的已达账。

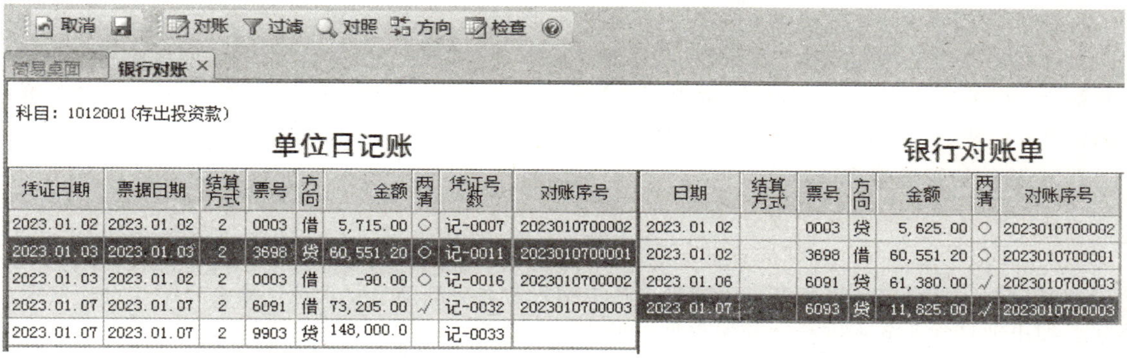

单位日记账

凭证日期	票据日期	结算方式	票号	方向	金额	两清	凭证号数	对账序号
2023.01.02	2023.01.02	2	0003	借	5,715.00	○	记-0007	2023010700002
2023.01.03	2023.01.03	2	3698	贷	60,551.20	○	记-0011	2023010700001
2023.01.03	2023.01.02	2	0003	借	-90.00	○	记-0016	2023010700002
2023.01.07	2023.01.07	2	6091	借	73,205.00	√	记-0032	2023010700003
2023.01.07	2023.01.07	2	9903	贷	148,000.0		记-0033	

银行对账单

日期	结算方式	票号	方向	金额	两清	对账序号
2023.01.02		0003	贷	5,625.00	○	2023010700002
2023.01.02		3698	借	60,551.20	○	2023010700001
2023.01.06		6091	贷	61,380.00	√	2023010700003
2023.01.07		6093	贷	11,825.00	√	2023010700003

图 4.35　存出投资款的自动与手动对账

系统不能识别的已达账应手动两清：双击某条已达账记录“两清”栏使之显示为“√”，保存后显示为“Y”。对账完成后，注意理解左右两边“对账序号”之间的关系。

若需取消对账，单击工具栏“取消”按钮，也可以双击“两清”栏手动取消。

（5）美元存款对账。双击菜单树“总账\出纳\银行对账\银行对账”命令，选择“中行美元存款”进行对账。

若选择“工行人民币存款”，银行对账界面将只显示左边的单位日记账，右边无银行对账单记录（出纳没录入），所以，该银行账户无法对账。

（6）查询调节表。出纳登录企业应用平台，双击菜单树“出纳\银行对账\余额调节表查询”命令，可查看 3 个银行类末级科目调整后的存款余额。

双击列表中的“工行人民币存款”进入“余额调节表”界面，只有右部“企业已收付银行未收付”有金额，左部“银行已收付企业未收付”没有金额显示，这是因为工行的对账单没有录入，所以，信息系统全部将其视为未达账。按下键盘上的“Alt + F4”快捷键退出。

双击列表中的“存出投资款”进入余额调节表界面，单击工具栏“详细”按钮，可查看银行已收付企业未收付、企业已收付银行未收付的未达账项；再选定弹出界面后部的凭证记录行，单击工具栏“凭证”按钮，将弹出该操作员无权查询的终止对话框，因为，在系统管理授权时，出纳不能查询会计凭证。

银行对账与未达账

五、出纳管理信息化精析

管理信息系统中进行出纳信息化的应用，以是否对现金出纳业务、银行出纳业务使用原始凭证产生"电子单据流"进行出纳信息化管理为依据，可分为业财融合（财务业务一体）信息化与财务管理信息化2种应用模式。

1. 出纳业财融合信息化

（1）出纳的业务信息化。出纳日常业务工作通过"电子单据流"进行业务工作流、资金价值流与数据信息流的管理。

出纳在信息系统中直接填制电子数据的支票、委托收款凭证、银行本票申请书、银行汇兑凭证、现金收付款单、银行进账单等原始单据，这些电子数据通过特定渠道或方式传递到本单位开户银行的结算系统进行货币资金结算与款项收付；可将电子数据套打为纸质的支票、汇票与收付款单等，开展现金收付业务，或到银行柜台取款、存款与办理转账结算业务等；还可以通过特定的数据接口、使用U盘与电子邮箱等电子媒介的方式，接收或引入开户银行结算账户的电子数据，进行银行对账与未达账的处理等。

（2）出纳管理一体信息化。用友U8等软件必须启用"出纳管理"子系统，金蝶K/3、速达与神州数码等软件必须启用"现金管理""现金业务"子系统，然后与总账系统集成应用。此种情况下，出纳日常业务中必须填制货币资金收付的原始单据，如转账支票、银行汇票等电子单据，然后根据这些电子单据自动生成记账凭证，再将记账凭证传递到总账系统中进行会计核算。

2. 出纳的财务管理信息化

在出纳财务管理信息化模式下，在信息系统中不使用原始（电子）单据进行货币资金（即库存现金、银行存款和其他货币资金3个科目）的管理，而是由出纳在总账系统中使用出纳功能模块，在会计核算的基础上附带进行出纳日常业务的信息化管理。本书介绍这种应用模式，即出纳日常业务不进行"原始单据电子流"的管理。

这种模式下出纳管理信息化的功能，主要包括：查询和打印现金日记账、银行存款日记账和资金日报；录入或引入银行对账单，进行银行对账；由系统自动识别未达账项，输出余额调节表，并可对银行长期未达账提供专项报告；出纳票据管理。

学习任务4　学习效果验证

一、单项选择题

1. 在信息系统中出纳可以进行的信息化工作是（　　）。
   A. 填制凭证　　　B. 银行对账　　　C. 查询凭证　　　D. 录入对账单
2. 使用总账系统填制凭证时，要求输入对应的票据日期、结算方式和票号，进行（　　）辅助核算。
   A. 数量账　　　B. 往来账　　　C. 银行　　　D. 外币核算
3. 总账系统只能对（　　）的记账凭证进行记账。
   A. 已保存且主管已签字　　　　　　　B. 已修改
   C. 没错误且出纳已签字　　　　　　　D. 已审核
4. 在用友U8总账系统填制凭证时，操作员输入科目代码后系统将自动显示（　　）。
   A. 科目类型　　　B. 科目名称　　　C. 借方金额　　　D. 贷方金额
5. 在用友U8总账系统"选项"中选择为"凭证由系统编号"，则系统会将凭证（　　）。
   A. 任意编号　　　　　　　　　　　　B. 按凭证类别按月顺序编号

C. 按月顺序编号 D. 按凭证类别顺序编号
6. 在用友U8总账系统中可通过（　　）功能彻底删除已作废记账凭证。
A. 冲销凭证　　B. 作废凭证　　C. 整理凭证　　D. 删除分录

二、多项选择题

1. 发现已经记账的记账凭证有错误的，应当采用（　　）进行更正。
A. 删除凭证　　B. 反记账后修改　　C. 补充凭证　　D. 红字凭证冲销
2. 总账系统进行出纳信息化管理，通常包括（　　）。
A. 输出日记账和资金日报　　　　B. 银行对账
C. 输出发生额及余额表　　　　　D. 登记和管理支票
3. 信息系统中进行银行对账的工作通常包括（　　）。
A. 录入银行对账期初　　　　　　B. 录入银行对账单
C. 银行对账　　　　　　　　　　D. 查询余额调节表
4. 关于电子会计账簿、电子会计表册，（　　）说法正确。
A. 账表格式与内容等以文件形式存放　　B. 是从数据库中临时组装的
C. 账表格式可由查询者自行设定　　　　D. 可用发生额及余额表代替总账
5. 总账系统审核记账凭证时，正确的是（　　）。
A. 审核后才能记账　　　　　　　B. 操作员要有审核权限
C. 可以标错但不能修改　　　　　D. 审核后不能再修改
6. 在总账系统中填制记账凭证时，"科目名称"栏可选择用（　　）方法输入。
A. 科目编码　　B. 参照选择　　C. 科目名称　　D. 科目助记码

三、判断题

1. 在已使用的末级会计科目下增设明细科目时，系统自动将该科目的原有数据转移到新增加的第一个明细科目上。（　　）
2. 根据内部控制原理，银行对账功能通常由出纳人员在会计期末进行。（　　）
3. 信息化辅助核算的管理功能只有在辅助核算查询功能时才能体现。（　　）
4. 账簿中的数据是账务处理系统主要的数据来源，是总账系统的关键环节。（　　）
5. 记账后的凭证不能被修改、标错与删除，但可以对有错的凭证进行冲销。（　　）
6. 总账的记账过程实际上是一个数据传递的过程，以便形成稳定的数据源。（　　）
7. 在用友U8系统中填制凭证时，按下"Ctrl + F4"键退出当前嵌套窗口，按下"Alt + F4"键退出系统、退出独立的窗口。（　　）
8. 在总账系统中进行银行对账时，由于存在凭证不规范输入等情况，可能会造成一些特殊的已达账项未能被系统自动勾对出来，为了保证对账彻底准确，可以通过手工对账进行调整。（　　）

四、做中学：铁马实业信息化实训

工作任务4.47　铁马实业的总账凭证管理

【任务工单】

（1）铁马实业2023年12月2日，用工行普通支票支付上年欠银行借款利息3 100元，归还短期借款36 000元。

（2）4日，用建行普通支票交纳上月增值税27 000元，城建税1 890元，教育费附加810元，所得税5 015元。

（3）5日，向银行借入8个月期限的流动贷款26 000元，收到普通支票存入工行。

（4）6日，本月发生以下费用全部用工行普通支票付款：水费3 550元，增值税税率9%；电费24 100元，增值税税率13%；办公费18 750元，增值税税率13%。这些费用管理部占20%，业务部门（批发部与零售部）占80%。

（5）7日，用工行普通支票付款：业务部门发生税运费26 900元，增值税税率9%；业务部门发生房屋租赁费30 800元，增值税税率9%。

（6）8日，出纳用现金支付：职工出差借款2 615元，业务部门报销差旅费4 018元，管理部报销差旅费1 298元。

工作任务4.48　铁马实业的职工薪酬信息化

【任务工单】

（1）2023年12月9日，本月部分职员薪资数据如表4.6所示，计算应付职工薪资（假设不扣个税），用工行普通支票转入公司职员的银行账户（总账系统填制凭证）。

表4.6　铁马实业2023年12月部分职员薪资表　　　　　　单位：元

部门	基本工资	岗位工资	绩效工资	应发合计	扣三险一金	实发合计
管理部	12 700	6 830	11 080		5 760	
批发部	21 500	10 980	1 620		9 630	
零售部	11 850	4 860	12 160		5 410	

（2）10日，按应发合计的100%提取并分配本月职工薪资费用（总账系统填制凭证）。

（3）11日，按应发薪酬合计的23%提取应由本公司承担的养老保险、医疗保险、失业保险、工伤保险、生育保险与住房公积金，即"五险一金"（总账系统填制凭证）。

学习情境五

客商往来与固定资产信息化

【技能目标】

在用友 U8V10.1 中，掌握应收款管理的信息化选项、基本科目与控制科目的设置技能；掌握收款单的信息化技能；掌握应收票据的信息化技能；掌握坏账发生与红票对冲的信息化技能；掌握应收款管理中通过机制凭证实现客户往来款的业财融合信息化技能。

在用友 U8V10.1 中，掌握应付款管理的信息化选项、基本科目与控制科目的设置技能；掌握付款单的信息化技能；掌握应付票据的信息化技能；掌握往来转账的信息化技能；掌握应付款管理中通过机制凭证实现供应商往来款的业财融合信息化技能。

在用友 U8V10.1 中，掌握固定资产系统设置技能；掌握固定资产增加、折旧与减少等业务信息化技能；掌握通过机制凭证实现固定资产的业财融合信息化技能。

【理论目标】

理解业财融合信息化的手段；理解销售与收款循环中，客户债权的形成与收款、应收票据管理、坏账管理等业财融合信息化的内容与手段；理解采购与付款循环中，供应商债务的形成与付款、应付票据管理等业财融合信息化的内容与手段；理解固定资产业财融合信息化的内容与手段。

【素质目标】

培养工作流程化、业务规范化的职业精神，提升工作风险意识、责任意识与资产安全意识，培养依法维护企业自身权益的遵纪守法意识。

【思维导图】

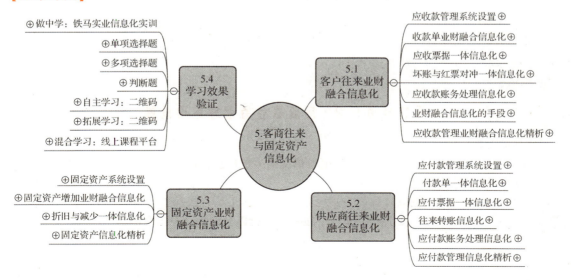

学习任务 1　客户往来业财融合信息化

一、应收款管理系统设置

工作任务 5.1　用友 U8 应收款管理科目设置

【任务工单】

设置应收款管理的基本科目，以便在业财融合信息化时自动生成会计分录，提高工作效率；设置控制科目，防止其他系统随意使用，保证数据同源、信息一致。

【信息化流程】

（1）基本科目设置。账套主管（王林）登录用友 U8 企业应用平台，双击菜单树 "业务工作\财务会计\应收款管理\设置\初始设置" 命令，如图 5.1 所示；选定列表的 "基本科目设置" 并单击工具栏 "增加" 按钮，双击 "基础科目种类" 框并从下拉列表框中选择相关种类，参照选择这些种类对应的入账科目、币种。

图 5.1　用友 U8 应收款基本科目设置

（2）控制科目设置。选定上述界面 "控制科目设置" 列表，右部将显示已建立的客户档案，将应收科目选择为 "应收账款" 的科目编码，预收科目选择为 "预收账款" 的科目编码。

（3）选定上述界面 "结算方式科目设置" "坏账准备设置"，将显示基础设置的相关科目与其他选项。

工作任务 5.2　应收款业务管理选项设置

【任务工单】

设置客户往来款项业务管理的原始电子单据的生成机制、审核与核销等业务规则。

【信息化流程】

（1）双击菜单树 "应收款管理\设置\选项" 命令进入 "账套参数设置" 界面，如图 5.2 所示，单击下部 "编辑" 按钮及 "确定" 按钮，进行以下设置，没提及的不得修改。

学习情境五 客商往来与固定资产信息化   135

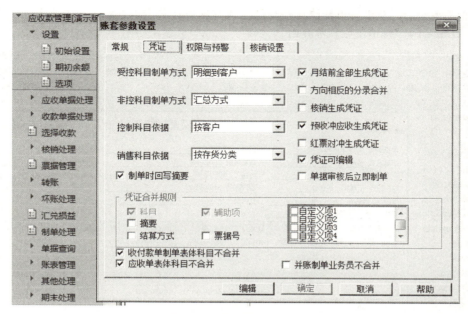

图 5.2　应收款管理选项设置

（2）常规卡片：单据按业务日期作为审核依据、汇兑损益月末处理、代垫费用使用其他应收单、应收账款采用详细核算类型、自动计算现金折扣、业务账表发货单需出库确认、应收票据不直接生成收款单。

（3）凭证卡片：制单时回写摘要、应收单表体科目不合并、收付款单制单表体科目不合并、月结前全部生成凭证、核销不生成凭证、预收冲应收生成凭证、红票对冲不生成凭证、凭证可编辑、单据审核后不立即制单。

（4）权限与预警卡片：录入发票时显示提示信息。

（5）核销设置卡片：应收款按单据核销、以客户为规则核销、收付款单审核后核销且手工核销。

（6）设置完成单击"确定"按钮，再"重注册"登录用友 U8 企业应用平台。

二、收款单业财融合信息化

工作任务5.3　收款单业财融合信息化

收款单业财融合信息化

【任务工单】

2023 年 1 月 5 日，销售部余绍志收到疆源实业公司普通支票 9902 号，收回上年赊销款 40 950 元，款项存入本公司工行人民币存款户（相关人员休假推迟了 2 天处理业务）。

借：银行存款/工行人民币存款　　　　　　　　40 950
　　贷：应收账款　　　　　　　　　　　　　　　　40 950

【信息化流程】

（1）修改计算机系统日期为 2023 年 1 月 5 日，账套主管以该日期登录企业应用平台。

（2）录入收款单。双击菜单树"应收款管理\收款单据处理\收款单据录入"命令，进入"收款单"界面，如图 5.3 所示；单击工具栏"增加"按钮，参照选择或录入表头项目（有的项目是自动生成）；单击表体第 1 行自动生成表体项目，表体的科目自动携带"控制科目设置"中的应收科目,双击后可修改这些自动生成的项目;单击工具栏"保存"按钮;按下键盘上的"Ctrl + F4"键退出收款单界面。

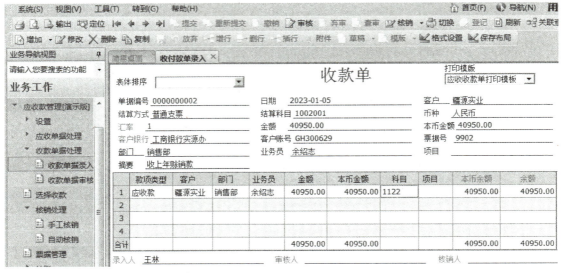

图 5.3　用友 U8 收款单界面

(3) 收款单查询与修改。再次双击菜单树"应收款管理\收款单据处理\收款单据录入"命令,显示的是空白收款单,单击工具栏"下张""末张"等按钮找到该收款单;若该收款单有错误,没有进行后续处理前,可在该收款单界面按录入的方法直接修改后保存,也可以通过工具栏"删除"按钮删除该收款单。

(4) 审核与核销。单击上述收款单界面工具栏"审核"按钮,下部的审核人将自动签名;同时,将弹出"核销条件"界面,单击"确定"按钮进入"单据核销"界面,如图 5.4 所示。

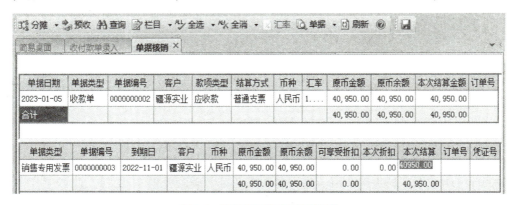

图 5.4　收款单与发票的单据核销

单击工具栏"分摊"按钮,自动填写"本次结算"金额(也可直接录入),单击"保存"按钮;因为上部的实收金额(收款单)等于下部的应收金额(发票),所以这是全额核销,单据核销界面的两条记录将自动消失。按下键盘上的"Ctrl + F4"键退出单据核销界面。

在收款单界面,单击工具栏"刷新"按钮,显示下部的核销人已自动签名。

注意:若前述选项设置中没有勾选"收付款单审核后核销",收款单审核后还应单击工具栏"核销"按钮,才能进入核销条件界面。

(5) 制单处理失败。双击菜单树"应收款管理\制单处理"命令，在"制单查询"中选择"收付款单"并取消记账起止日期后进入"制单"界面，如图5.5所示；单击工具栏"全选"和"制单"按钮，自动生成会计分录并弹出记账凭证界面。

图5.5 应收款管理的制单处理

选定"银行存款"科目所在行，下部辅助核算区将显示结算方式辅助核算信息；选定"应收账款"科目所在行，下部辅助核算区将显示客户信息；若有错误可双击凭证右下角的辅助项修改按钮进行修改。现金流量为"销售商品、提供劳务收到的现金"。

单击"保存"按钮，将提示日期不序时，因为在此之前的凭证已是2023年1月7日，单击"确定"按钮；按下键盘上的"Ctrl+F4"键，单击"确定"按钮并选择"是"，即不保存凭证并退出记账凭证界面，说明制单（自动生成记账凭证）失败。

(6) 不序时制单。双击菜单树"总账\设置\选项"命令，单击下部"编辑"按钮，取消"制单序时控制"，单击"确定"按钮。

再次选择收款单制单重新生成记账凭证，现金流量为"销售商品、提供劳务收到的现金"，单击工具栏"保存"按钮，凭证左上角显示"已生成"红色印章。

内部控制要求制单必须序时，所以，关闭记账凭证，再次双击菜单树"总账\设置\选项"命令，恢复"制单序时控制"。

(7) 应收款查询凭证。双击菜单树"应收款管理\单据查询\凭证查询"命令，取消起止日期，单击"确定"按钮进入凭证查询界面，如图5.6所示；在此可查看凭证、删除、修改或冲销凭证，也可以联查收款单。

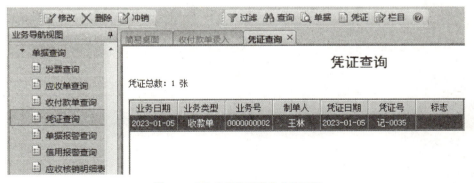

图5.6 查询应收款管理生成的凭证

(8) 总账查询凭证。双击菜单树"总账\凭证\查询凭证"命令，选择"未记账凭证"并单击"确定"按钮，凭证列表将显示有1张记账凭证；双击记录行可以查询该凭证，在表头"记账凭证"字样处单击，将有"来源于应收系统"的提示。

【技能提示】

总账系统不能修改、删除、作废与冲销应收款管理系统生成的记账凭证，这些操作只能在"应收款管理\单据查询\凭证查询"中实现；但在总账系统的审核凭证中，可以标错应收款管理系统生成的记账凭证。

工作任务5.4　收款单与现金折扣信息化

【任务工单】

2023年1月8日，收到迪码集团公司扣除现金折扣后的普通支票0092号存入工行，款项是销售部余绍志去年按2/30、1/60、n/90的付款条件向该公司赊销51 480元商品。

借：银行存款/工行人民币存款　　　　50 965.2
　　财务费用/销售现金折扣　　　　　　514.8
　　贷：应收账款　　　　　　　　　　　　　　51 480

假设：本公司没有收到迪码集团经其主管税务机关同意而出具的《开具红字增值税专用发票通知单》，不能开具现金折扣的红字增值税专用发票。

【信息化流程】

（1）修改计算机系统日期，重新以该日期登录企业应用平台。强调：业务发生日期、计算机系统日期与登录企业应用平台的日期，这3者在信息化时要保证一致，否则很可能出错（本书以后不再提示）。

（2）增加、录入收款单。其中，表头的金额录入50 965.2元，并选择录入表头其他项目。单击表体第1行，从款项类型下拉列表框中选择"其他费用"，录入金额-514.8元（30～60天内付款只能给1%现金折扣）；参照选择科目时应在科目参照界面单击"编辑"按钮，增加"6603004 销售现金折扣"科目后再选择；单击表体第2行，选择款项类型为"应收款"，其余内容自动生成，如图5.7所示；单击工具栏"保存"按钮。

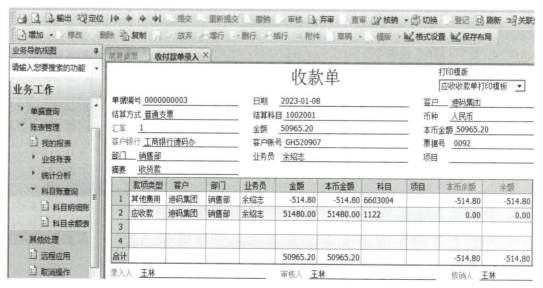

图5.7　有现金折扣的收款单

（3）审核与核销收款单。单击收款单工具栏"审核"按钮；在弹出的核销条件界面单击"确定"按钮，录入本次结算金额51 480元，进行收款单与发票的单据核销。

(4) 制单处理。在应收款管理"制单处理"中选择收付款单，生成记账凭证；但"财务费用"科目在贷方用红字反映，按下键盘的空格键和"-"键，调整为借方黑字或蓝字金额；现金流量为"销售商品、提供劳务收到的现金" 50 965.2 元。

(5) 客户应收款查询。双击菜单树"应收款管理\账表管理\科目账查询\科目明细账"命令，选择"客户明细账"，单击"确定"按钮进入查询界面；从左上角客户下拉框中选择"迪码集团"，将显示该公司的往来结算情况，其余额显示为"平"。

单击工具栏"查询"按钮，可重新选择科目明细账、客户分类明细账、业务员明细账等进行查询。

工作任务5.5 收款单的逆向信息化处理

【任务工单】

重新处理2023年1月8日迪码集团的原始单据：用收款单录入实收货款50 965.2元，结算方式为普通支票；用收款单录入现金折扣514.8元，结算方式为"其他"。

【信息化流程】

(1) 查询收款单。双击菜单树"应收款管理/单据查询/收付款单查询"命令，单击"确定"按钮进入"收付款单查询"界面，列表中只显示当年开具且有余额的收款单；所以，单击工具栏"查询"按钮，在条件界面取消单据起止日期，选择"包括余额=0"选项，单击"确定"按钮，将显示所有的收款单；其中，迪码集团还有余额-514.8元（现金折扣），说明前述原始单据处理有错，应逆向处理，重新信息化工作如下。

(2) 删除凭证。双击菜单树"应收款管理\单据查询\凭证查询"命令，再单击"确定"按钮，选择第36号（迪码集团）记账凭证，单击工具栏"删除"按钮。

(3) 取消核销。双击菜单树"应收款管理\其他处理\取消操作"命令，选择操作类型为"核销"，单击"确定"按钮；选择迪码集团的记录（选择标志栏显示为"Y"），如图5.8所示，单击工具栏"确认"按钮。

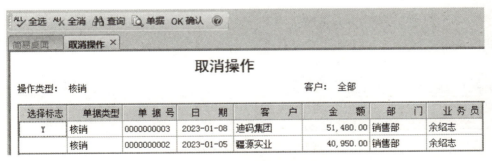

图5.8 应收款管理的取消核销操作

(4) 取消审核。双击菜单树"应收款管理\收款单据处理\收款单据审核"命令，取消条件界面的起止日期，勾选下部"未审核""已审核"项；单击"确定"按钮，选择迪码集团的记录（选择栏显示为"Y"）；单击工具栏"弃审"按钮，审核人栏的签名自动取消。

(5) 修改收款单。双击上述列表中的记录进入收款单界面，单击工具栏"修改"按钮；右击表体第1行（其他费用）选择"删行"命令；将表体的金额修改为50 965.2元；单击工具栏"保存"与"审核"按钮；关闭弹出的核销条件与单据核销界面（不进行核销处理）。

(6) 录入现金折扣的收款单。在应收款管理的收款单界面，单击工具栏"增加"按钮，选择客户、业务员；单击表头结算方式中的参照按钮，单击参照界面的"编辑"按钮，增加并保存“4 其他”结算方式；退出结算方式界面回到参照界面，再选择结算方式为“其他”；选择表头结算科目为“6603004”，录入表头金额 514.80。

单击表体第 1 行，自动生成表体的内容；单击工具栏“保存”与“审核”按钮；关闭弹出的所有核销界面（不进行核销处理）。

（7）手工核销。双击菜单树“应收款管理\核销处理\手工核销”命令，选择客户“迪码集团”并单击“确定”按钮进入单据核销界面；上部 2 张收款单的“本次结算金额”已自动填入，录入下部 1 张发票的本次结算金额 51 480 元，单击工具栏“保存”按钮。

（8）生成凭证。在应收款管理的“制单处理”中，选择 2 张收款单合并生成记账凭证（单击工具栏“全选”“合并”“制单”3 个按钮），现金流量为“销售商品、提供劳务收到的现金”。

工作任务 5.6　收款单信息化的标准流程

【任务工单】

2023 年 1 月 8 日，销售部陈东萍与景悦实业公司协商，收回上年部分购货款 120 100 元，将普通支票 0008 号存入工行。

借：银行存款/工行人民币存款　　　　120 100

　　贷：应收账款　　　　　　　　　　　　120 100

【信息化流程】

（1）增加收款单。双击菜单树“应收款管理\收款单据处理\收款单据录入”命令，增加并保存收款单；收款单没有审核前（若已审核单击工具栏“弃审”按钮），按下键盘上的“Ctrl + F4”快捷键，退出收款单窗口。

（2）审核收款单。双击菜单树“应收款管理\收款单据处理\收款单据审核”命令，单击“确定”按钮进入“收付款单列表”界面，将显示审核人栏没有签名的收款单记录，如图 5.9 所示，收款单没有审核前可以在此删除、修改与审核，审核后可在此“弃审”。

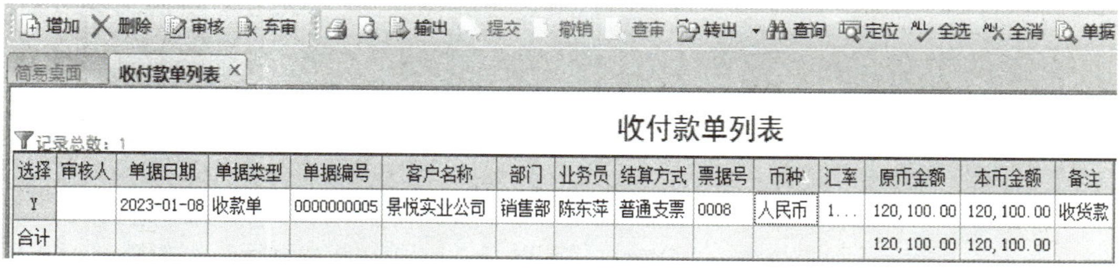

选择	审核人	单据日期	单据类型	单据编号	客户名称	部门	业务员	结算方式	票据号	币种	汇率	原币金额	本币金额	备注
Y		2023-01-08	收款单	0000000005	景悦实业公司	销售部	陈东萍	普通支票	0008	人民币	1...	120,100.00	120,100.00	收货款
合计												120,100.00	120,100.00	

图 5.9　用友 U8 待审核的收款单

选择列表中的收款单（选择栏显示为“Y”），单击工具栏“审核”按钮，列表中的审核人栏自动签名，单击“确定”按钮。

（3）制单处理。在应收款管理“制单处理”中，生成、修改记账凭证；现金流量为“销售商品、提供劳务收到的现金”。

（4）手工核销。双击应收款管理的“手工核销”命令，选择“景悦实业”，单击“确定”按钮；在单据核销界面下部录入发票的本次结算金额 120 100 元（可单击“分摊”按钮），单击“保存”按钮。由于该公司还有欠款没收回，所以进行的是单据的部分核销；单据核销后上部的收款单消失，下部的发票将显示赊销总欠款、没有收回的赊销欠款。

【技能提示】

以上第（3）、（4）步骤不分先后，这个工作过程才是收款单信息化的全流程，即：这是收款单业财融合信息化的标准流程。

工作任务5.7　选择收款的业财融合信息化

【任务工单】

2023年1月8日，销售部陈东萍收到博琛实业公司普通支票9087号，收回上年货款27 353.8元存入工行。

借：银行存款/工行人民币存款　　　　　　27 353.8

　　贷：应收账款　　　　　　　　　　　　　　　27 353.8

【信息化流程】

（1）选择收款。双击菜单树"应收款管理/选择收款"命令，单击"确定"按钮及同意选择全部客户，进入"选择收款列表"界面，如图5.10所示；在博琛实业记录行后部收款金额栏录入27 353.8元，单击"确认"按钮；在弹出界面选择结算方式，录入票据号，选择本单位开户银行（自动显示账号），单击"确定"按钮。

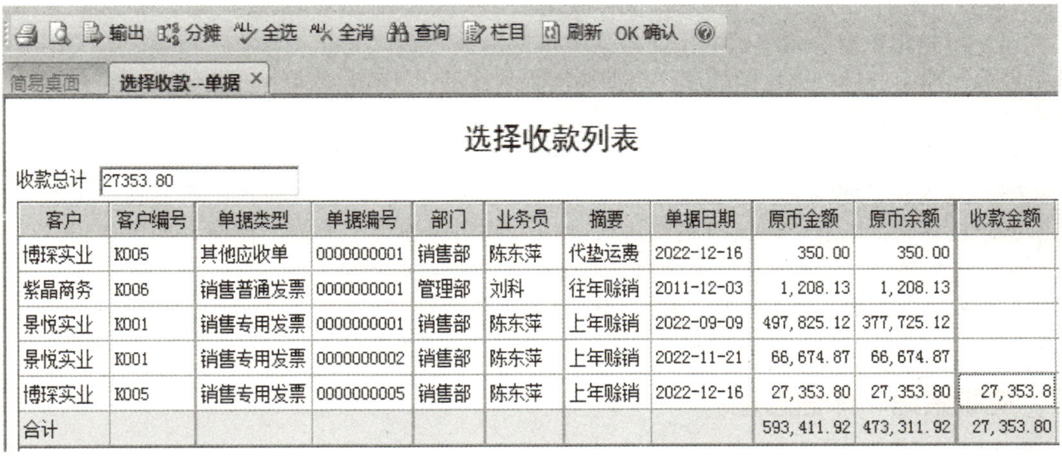

客户	客户编号	单据类型	单据编号	部门	业务员	摘要	单据日期	原币金额	原币余额	收款金额
博琛实业	K005	其他应收单	0000000001	销售部	陈东萍	代垫运费	2022-12-16	350.00	350.00	
紫晶商务	K006	销售普通发票	0000000001	管理部	刘科	往年赊销	2011-12-03	1,208.13	1,208.13	
景悦实业	K001	销售专用发票	0000000001	销售部	陈东萍	上年赊销	2022-09-09	497,825.12	377,725.12	
景悦实业	K001	销售专用发票	0000000002	销售部	陈东萍	上年赊销	2022-11-21	66,674.87	66,674.87	
博琛实业	K005	销售专用发票	0000000005	销售部	陈东萍	上年赊销	2022-12-16	27,353.80	27,353.80	27,353.8
合计								593,411.92	473,311.92	27,353.80

图5.10　用友U8选择收款列表界面

（2）查询收款单。双击菜单树"应收款管理\单据查询\收付款单查询"命令并单击"确定"按钮，将显示无记录的空白窗口，单击工具栏"查询"按钮，在条件界面取消单据起止日期，选择"已审核""包括余额=0"选项，单击"确定"按钮；双击列表中博琛实业的记录，弹出的收款单下部有3个签名，说明"选择收款"已经实现了：自动增加并保存收款单、自动审核收款单、自动核销收款单。

（3）制单处理。在应收款管理中，生成并修改记账凭证；现金流量为"销售商品、提供劳务收到的现金"。

【技能拓展】

逆向处理：若选择收款生成的收款单有错误需删除，应在"应收款管理\单据查询\凭证查询"中删除记账凭证；在"其他处理/取消操作"中对"选择收款"进行取消；取消后将会自动取消单据核销、取消审核，同时还将删除收款单。

工作任务5.8　预收销货款业财融合信息化

【任务工单】

2023年1月8日，销售部陈东萍收到昊典实业公司（工行海兴办账号GH454693，税号SW33756819，2023年1月3日发展）普通支票0981号，预收货款57 000元存入工行。

　　借：银行存款/工行人民币存款　　　　　　57 000
　　　　贷：预收账款　　　　　　　　　　　　　　57 000

【信息化流程】

（1）在应收款管理的选项设置中，单击下部的"编辑"按钮，在"凭证"卡片中勾选"单据审核后立即制单"，单击"确定"按钮；再重新登录（重注册）用友U8企业应用平台。

（2）录入收款单。其中，选择表头客户时，应单击参照界面的"编辑"按钮增加该客户的档案，然后才能选择；表体的款项类型应从下拉列表中选择"预收款"；选择预收款类型后，中部的科目将自动携带初始设置的预收款"2203"科目；单击工具栏"保存"按钮。

（3）审核收款单并生成凭证。单击收款单工具栏"审核"按钮，收款单下部审核签名；同时将弹出"是否立即制单"的对话框，选择立即制单并进入记账凭证界面，现金流量为"销售商品、提供劳务收到的现金"，保存该凭证。

（4）不核销单据。关闭记账凭证将弹出核销条件界面，单击"取消"按钮，再关闭单据核销界面，即不进行单据核销处理。单据核销的条件是：既有收款单，也有应收单；此处只有预收款，没有应收款，无法核销。

回到收款单界面，单击工具栏"刷新"按钮，下部审核人已经签名，但核销人没有签名。

（5）查询核销明细表。双击菜单树"应收款管理/单据查询/应收核销明细表"命令，取消单据起止日期，单击"确定"按钮进入"应收核销明细表"界面；核销日期栏有记录的表明原始单据已核销，余额栏有金额的表明还有应收款项没有核销。

双击列表前部的单据编号栏，将显示销售发票或应收单；双击列表后部的单据编号栏，将显示收款单。此处的预收款没显示，是因为没有应收单只有收款单。

三、应收票据一体信息化

工作任务5.9　增加银行承兑汇票信息化

【任务工单】

2023年1月8日，销售部陈东萍收到景悦实业公司开具的经中国工商银行承兑的银行承兑汇票7808号1张，金额为66 674.87元，到期日为2023年3月5日（到期时采用委托收款方式结算），抵付上年货款。

　　借：应收票据　　　　　　　　　　　　66 674.87
　　　　贷：应收账款　　　　　　　　　　　　　66 674.87

【信息化流程】

（1）票据列表的显示。双击菜单树"应收款管理\票据管理"命令并单击"确定"按钮进入"票据管理"界面，如图5.11所示。将鼠标指向列表第1行的竖线处，待光标变为左右双向箭头时按下鼠标左键向左拖动，以缩小列宽或隐藏列的显示。

选择	序号	方向	票据类型	收到日期	票据摘要	出票日期	金额	票面利率	票面余额	出票人	承兑银行
	1	收款	银行承兑汇票	2022-11-08	上年货款	2022-11-08	140,680.00	0	140,680.00	景悦实业公司	中国工商银行
	2	收款	商业承兑汇票	2022-10-30	上年货款	2022-10-30	105,308.00	0	105,308.00	盛玫商贸公司	
合计							245,988.00		245,988.00		

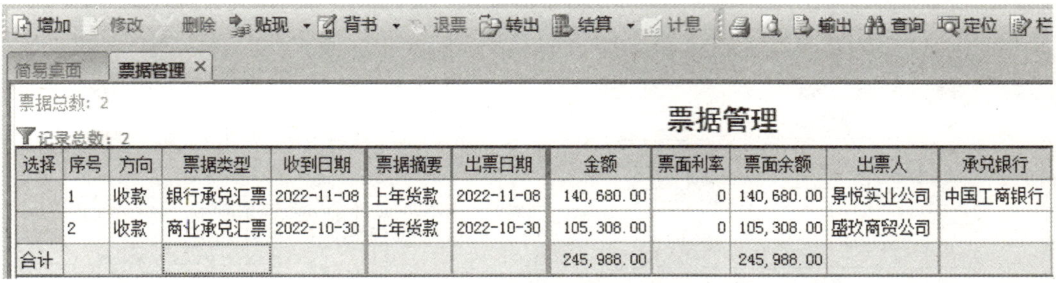

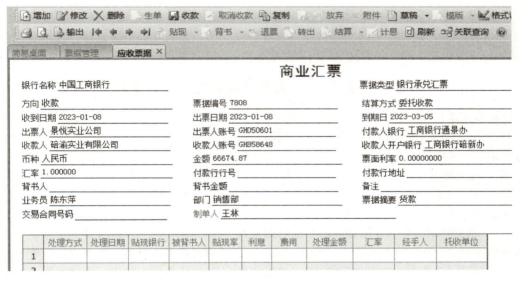

图 5.11　用友 U8 票据管理界面

（2）增加商业汇票。单击票据管理界面工具栏“增加”按钮进入“商业汇票”界面，如图 5.12 所示；录入或参照选择相关信息（有的项目自动携带档案资料），单击“保存”按钮。

图 5.12　商业汇票界面

（3）收款抵账。单击工具栏“收款”按钮，将自动生成 1 张收款单并提示生单成功。

若收款有错，单击工具栏“取消收款”按钮，将删除本次自动生成的收款单。

（4）在“应收款管理\收款单据处理\收款单据审核”中，审核自动生成的收款单。

（5）制单处理。在应收款管理中，选择收付款单生成凭证；没有现金流量。

（6）收款单核销。双击菜单树“应收款管理\核销处理\自动核销”命令进入“核销条件”界面，如图 5.13（a）所示；选定客户名称，单击“确定”按钮并同意自动核销，进入“自动核销报告”界面，如图 5.13（b）所示；单击中部“明细”按钮，下部显示本次已核销单据金额、未核销单据余额等；单击“确定”按钮。

（7）在票据列表（票据管理）界面，单击“刷新”或“（刷新）”按钮，将显示该银行承兑汇票（有 3 条列表记录）。

【技能拓展】

（1）以上单据核销，是针对原应收款现在抵账收回的核销（即应收账款科目），不是针对商业汇票。收到商业汇票（欠款），以及之后收回票据款，是不需要单据核销的；商业汇票的产生与结算不同于往来业务中的应收单与收款单。

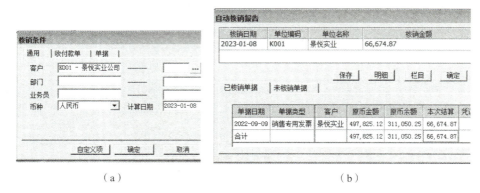

(a)   (b)

图 5.13 收款单核销

（2）逆向处理：若发现增加的商业汇票有错，需要修改或删除，应先在应收款管理中删除记账凭证；在"应收款管理/其他处理/取消操作"中，分别取消票据处理、核销处理，再取消收款单的审核、取消收款（将同时删除收款单），然后才能修改，或者删除商业汇票。

工作任务5.10 商业票据转出一体信息化

【任务工单】

2023年1月8日，接工行通知，本公司委托银行向盛玖商贸公司托收的商业承兑汇票款105 308元，被对方拒付。

借：应收账款　　　　　　　　　　　　　105 308
　　贷：应收票据　　　　　　　　　　　　　　　105 308

【信息化流程】

（1）票据转出。在应收款管理的票据管理界面，选择盛玖商贸公司的商业承兑汇票记录（选择栏显示"Y"）；单击工具栏"转出"按钮进入"票据转出"界面；参照选择应收单科目为"应收账款"，类型为"其他应收单"，单击"确定"按钮并确定转出；再选择不立即制单（若选择立即制单，以下制单处理步骤省略）；单击"刷新"按钮，票据管理界面中部的状态栏将显示为"转出"。

（2）制单处理。双击菜单树"应收款管理\制单处理"命令，选择"票据处理制单"生成记账凭证；没有现金流量。

【技能拓展】

逆向处理：若票据处理有错误需要取消票据贴现、结算、转出与计息等，在应收款管理中删除生成的记账凭证；在"应收款管理\其他处理\取消操作"中，取消票据处理。商业汇票不进行核销，所以不必取消核销处理。

工作任务5.11 商业票据结算一体信息化

【任务工单】

2023年1月8日，收到银行委托收款单0719号，本公司收回景悦实业公司银行承兑汇票款140 680元。

借：银行存款/工行人民币存款　　　　　　140 680
　　贷：应收票据　　　　　　　　　　　　　　　140 680

【信息化流程】

（1）在应收款管理的票据管理界面，选择景悦实业公司的银行承兑汇票（选择栏显示"Y"）；单击工具栏"结算"按钮进入票据结算界面；选择结算科目为"工行人民币存款"，托收单位为"工商银行碚新办"，单击"确定"按钮进行结算；选择弹出界面的立即制单进入记账凭证界面；选定借方科目所在行，将结算方式修改为"委托收款"并录入票号；现金流量为"销售商品、提供劳务收到的现金"。

（2）在票据管理界面，单击"刷新"按钮，票据管理中部状态栏将显示为"结算"。

工作任务5.12 商业票据贴现一体信息化

【任务工单】

2023年1月8日，将景悦实业公司的银行承兑汇票66 674.87元向工行申请贴现，贴现率为5.4%，贴现利息收到银行开具的6%增值税专用发票（增值税额＝560.07/1.06＊0.06＝31.7元）；汇票款扣除贴现利息后的余额，收到普通支票2110号，贴现款存入工行。

借：银行存款/工行人民币存款　　　　66 114.8
　　财务费用/票据贴现利息　　　　　560.07
　贷：应收票据　　　　　　　　　　　66 674.87

注：增值税一般纳税人票据贴现利息的进项税额不得从销项税额中抵扣。

【信息化流程】

（1）票据贴现。在应收款管理的票据管理界面，选择景悦实业公司的银行承兑汇票；单击工具栏"贴现"按钮进入票据贴现界面；录入贴现率，自动计算贴现净额及费用，选择结算科目为"工行人民币存款"；单击"确定"按钮，选择不立即制单。

（2）生成凭证。双击菜单树"应收款管理\制单处理"命令，选择"票据处理制单"生成记账凭证；选择"财务费用"科目时应单击科目参照界面"编辑"按钮，增加"6603005 票据贴现利息"后才能参照选择；修改结算方式与票号；现金流量为"销售商品、提供劳务收到的现金"。

四、坏账与红票对冲一体信息化

工作任务5.13 应收款坏账核销一体信息化

【任务工单】

2023年1月8日，管理部刘科接到法院通知，紫晶商务公司破产清算，2011年欠本公司款1 208.13元，由出纳收回258元；经本公司董事会批准，其余部分作坏账核销。

借：库存现金　　　　　　　　　　　258
　贷：应收账款　　　　　　　　　　　258
借：坏账准备　　　　　　　　　　　950.13
　贷：应收账款　　　　　　　　　　　950.13

【信息化流程】

（1）选择收款。进入应收款管理的"选择收款"列表界面，在紫晶商务后"收款金额"栏中录入258元；单击"确认"按钮，选择弹出界面的"现金结算"方式（自动生成"1001"科目）；单击"确定"按钮，将自动增加并保存收款单、自动审核收款单、自动核销收款单。

（2）制单处理。在应收款管理中，选择收付款单生成凭证；现金流量为"销售商品、提供劳务收到的现金"。

（3）坏账发生。双击菜单树"应收款管理\坏账处理\坏账发生"命令，选择"紫晶商务"客户，如图5.14所示；单击"确定"按钮进入"坏账发生单据明细"界面，录入本次发生的坏账金额；单击"确认"按钮，选择立即制单；修改、保存凭证，无现金流量。

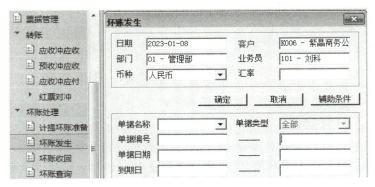

图 5.14　用友 U8 坏账发生界面

若没有立即制单，在应收款管理的"制单处理"中，选择"坏账处理"生成凭证。

【技能拓展】

（1）逆向处理。若坏账发生业务处理有错需要删除，先在应收款管理中删除记账凭证，再在应收款管理的"其他处理/取消操作"中，选择"坏账处理"进行取消。

（2）核销坏账收回。以前核销的坏账现在又收回时，在应收款管理中直接录入收款单并保存；但不能对该收款单进行审核，也不能进行单据核销，否则将无法进行后续处理；也不能使用应收款管理的"选择收款"功能。

然后，在应收款管理的"坏账收回"中，选择客户名称、结算单号（已审核的收款单在此处无法参照选择），单击"确定"按钮，将自动进行收款单的审核（不需要单据核销）；然后生成2笔会计分录，即"借：应收账款，贷：坏账准备"和"借：银行存款，贷：应收账款"。

工作任务5.14　红字应收单与红票对冲信息化

【任务工单】

2023年1月8日，经销售部陈东萍查实，上年为博琛实业公司代垫运杂费350元（无增值税），属于本公司销售商品的搬运费，不应向博琛实业公司收款，冲销应收账款。

借：销售费用　　　　　　　　　　　　　　350

借：应收账款　　　　　　　　　　　　　－350

注：为了使科目发生额与实际相符，本凭证全为借方科目。

【信息化流程】

（1）录入红字应收单。双击菜单树"应收款管理\应收单据处理\应收单据录入"命令进入"单据类别"界面，选择其他应收单的"负向"，单击"确定"按钮进入红字应收单界面，如图5.15所示；单击工具栏"增加"按钮，自动生成表头单据编号、日期、币种与汇率，表尾录入人自动签名，录入或参照选择表头项目；单击表体第1行自动生成部分信息，选择或修改表体借方科目"6601"，项目为"运杂费"，金额为350元；单击"保存"和"审核"按钮，选择不立即制单。

学习情境五
客商往来与固定资产信息化

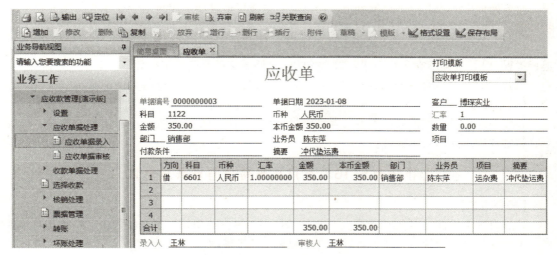

图 5.15 用友 U8 红字应收单界面

（2）生成凭证。在应收款管理中选择"应收单"制单生成凭证，销售费用的核算项目为"运杂费"，无现金流量。

（3）红票对冲。双击菜单树"应收款管理\转账\红票对冲\手工对冲"命令进入"红票对冲条件"界面；选择客户名称，单击"确定"按钮进入"红票对冲"界面；录入对冲金额（或单击"分摊"按钮），单击"保存"按钮。

（4）查看核销。双击菜单树"应收款管理\单据查询\应收核销明细表"命令，取消单据起止日期，单击"确定"按钮，列表"博琛实业"后部已有结算记录、核销记录，表明红票对冲已自动进行单据核销。

【技能拓展】

信息化逆向处理：若红字应收单有错，先在应收款管理中删除记账凭证，在"其他处理\取消操作"中取消红票对冲，再取消应收单的审核，才能进行修改。

五、应收款账务处理信息化

工作任务 5.15 应收款凭证后续处理信息化

【任务工单】

2023 年 1 月 8 日，进行应收款管理生成凭证的后续处理，即删除作废凭证、凭证修改、凭证稽核签字、凭证记账。

【信息化流程】

（1）凭证修改。账套主管（王林）双击菜单树"应收款管理\单据查询\凭证查询"命令，单击"确定"按钮进入凭证列表界面，显示有 12 张记账凭证在应收款管理中生成。

选定列表某凭证号，单击工具栏"修改"按钮进入记账凭证界面；选定应收账款科目所在行，下部辅助核算区域将显示辅助核算信息，双击右下部辅助项修改按钮，可修改票号、业务日期等，以便进行客户往来的财务管理；如果不修改，则以记账凭证的日期为准计算账龄。选定其他科目行，可查看部分科目的辅助核算是否正确，若有错应修改。

（2）凭证整理。账套主管双击菜单树"总账\凭证\填制凭证"命令，再单击工具栏"上张"按钮查看未记账的凭证，单击表头"记账凭证"字样处，将提示这些凭证来源于应收系统；业务处理中的相关电子单据难免出错，可能造成凭证日期不序时、凭证作废、凭证缺号与断号等，此时，应单击工具栏"整理凭证"按钮，进行作废凭证的删除，或凭证编号重排等。

（3）凭证稽核签字。需出纳签字的记账凭证必须有 3 个货币资金的科目（指定的现金类、银行类科目），否则不需出纳签字；需 SYSTEM 主管签字的是所有记账凭证。

（4）凭证审核与凭证记账。SYSTEM 进行凭证审核；账套主管进行凭证记账。

【技能拓展】

总账系统中已记账的凭证不参与凭证编号重排；同时，总账系统也不能修改、删除、作废应收款管理中生成的记账凭证。

工作任务 5.16　客户往来两清与催款信息化

【任务工单】

2023 年 1 月 8 日，凭证记账后，对"应收账款""应收票据""预收账款"3 个设置为客户往来辅助核算的会计科目，进行客户往来两清、往来催款。

【信息化流程】

（1）手动两清。与个人往来核算一样，设为客户往来的科目，在凭证过账后，也需要往来两清处理。双击菜单树"总账\账表\客户往来辅助账\客户往来两清"命令，单击"确定"按钮进入两清界面；选择左上角下拉框的"应收账款"科目，选择客户"博琛实业"，将显示 3 笔借方与 1 笔贷方记录的金额合计相等，表明这些债权已经结清（两清）；双击"两清"栏使之显示为"Y"，这是手动两清标记，如图 5.16 所示。

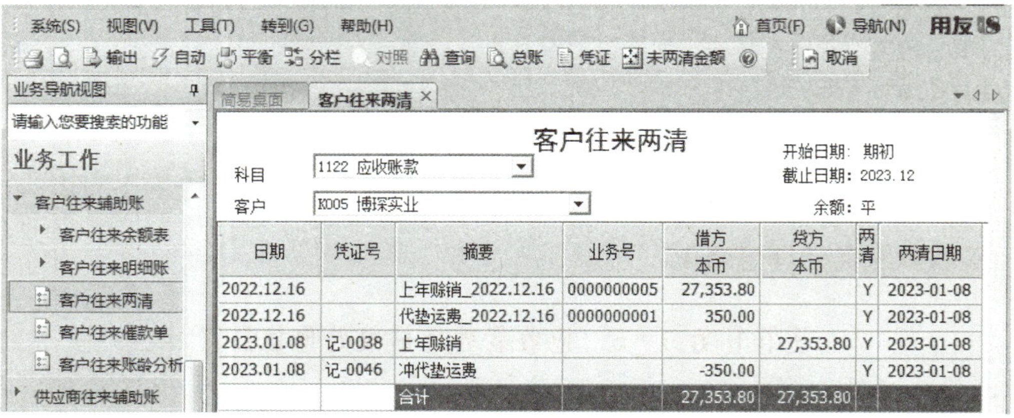

图 5.16　用友 U8 客户往来两清界面

（2）自动两清。单击工具栏"自动"按钮并选择"是"，将提示进行了专项勾对 6 条与逐笔勾对 4 条记录；单击"确定"按钮，列表将不再显示已两清的收付款记录行。

（3）查验两清。单击工具栏"查询"按钮，可设定自动两清的勾对方式（专认、逐笔与全额）、两清条件（部门、项目、票号与业务员相同与否）等；勾选下部"显示已全部两清"项，将显示"客户往来"辅助核算的 3 个科目的所有客户往来信息。选择左上角下拉框的"应收票据/盛玖商贸"，两清栏显示为"○"，这是自动两清的标识。

类似地，选择"应收账款""应收票据""预收账款"这 3 个科目所有的客户，逐一查看没有自动两清而需手动两清的客户。其中，"应收账款/迪码集团""应收账款/紫晶商务"可能没自动两清，应手动两清。

【技能拓展】

往来催款：双击菜单树"总账\账表\客户往来辅助账\客户往来催款单"命令，单击"确定"按钮进入催款单界面；通过左上角下拉框，可查询这3个科目所有客户的往来发生额、余额与账龄等情况；可将其打印或输出为Excel文件后传递给客户，达到与客户对账、催款的目的。

六、业财融合信息化的手段

1. 管理系统信息化的关键手段

（1）总账系统信息化的关键手段：记账凭证。总账系统核心的数据源是电子记账凭证，其他的账证表信息都应来自这个"源头"，所以它是该系统信息化的关键手段。在总账系统中，按照电子记账凭证的来源，可分为填制凭证与自动转凭证两类。

应收应付账款风险防范

填制凭证是指在总账系统中，手工输入信息系统中的记账凭证，以及通过常用凭证、复制凭证与冲销凭证等方式产生的记账凭证。

自动转账凭证是指在总账系统中，根据转账设置或凭证模板，自动生成的记账凭证。它一般是在总账系统的期末处理中，处理某些具有规律性、且每月都发生的结转业务时，由该系统根据转账设置或凭证模板等自动生成。

（2）其他子系统信息化的关键手段：电子单据。管理信息系统中，从最核心的数据源而言，每个子系统都有信息化的关键手段，信息化中利用这些关键手段产生相应子系统的核心数据源。例如，应收款管理信息化的关键手段是电子收款单与电子应收单，这也是该系统的数据源。再如，固定资产管理系统信息化的关键手段是电子资产卡片，银行出纳信息化的关键手段是支票与本票等电子结算凭证，库存管理系统信息化的关键手段是电子出库单与电子入库单。

（3）业财融合信息化手段：机制凭证。总账系统侧重于资金价值链的管理，其他子系统侧重于使用价值或业务工作链的管理，为了达到"数出一门、资源共享"的业财融合（财务业务一体）信息化目标，就必须有一种数据传递的桥梁或纽带，将每个子系统的数据源传递到总账系统中，就目前的科技水平而言，机制凭证是一种比较适当的传递手段。机制凭证是指总账系统以外的其他信息化子系统，根据系统设置与该子系统的数据源，自动取数生成的电子凭证，并将该凭证"推出"到总账系统中进行账务处理的记账凭证。

2. 机制凭证的生成

用友U8等软件的机制凭证，是根据各子系统设置时选择的缺省科目、指定科目或控制科目等"入账科目"，以及取数公式或取数函数等，由各自业务信息化子系统自动生成。

金蝶K/3等软件的往来管理、固定资产管理与薪资管理等子系统的机制凭证，按照设置的"入账科目"与取数公式或取数字段等，由各自业务信息化子系统自动生成。金蝶K/3等软件的供应链管理系统的机制凭证，是根据事先设置的凭证模板、取数参数与取数字段等，统一由存货核算子系统自动生成。

所以，若事前没有进行业务子系统入账科目或凭证模板的设置，不可能自动生成凭证。若生成的凭证中，科目、辅助核算或金额等数据有错，应修改该业务信息化子系统的数据源、入账科目、凭证模板、取数公式、取数参数、系统选项或参数设置，不能在总账系统中直接修改。

3. 机制凭证的推入

凡是由其他业务子系统生成的记账凭证，都会自动传递到总账系统中。总账系统根据"推入"的记账凭证，进行凭证稽核与记账等账务处理，实现信息系统的财务业务一体信息化。数据库管理系统根据转移数据记录，自动更新总账系统的凭证数据库文件，从而实现数据同源、信息共享。

总账系统可以查询其他子系统生成的记账凭证，并据此进行凭证稽核与记账。同时，由于这些电子凭证是被"推入"到总账系统的，为了保证数据的一致性，总账系统不能或最好不要对这些电子凭证进行修改、删除与作废等编辑处理。若自动生成的凭证有错，应在生成该凭证的相应各业务子系统中，进行修改、作废、删除与冲销等的编辑处理。

七、应收款管理业财融合信息化精析

1. 应收款管理信息化应用模式

信息系统中对客户往来的货款，使用"钱流电子单据"进行信息化管理，主要是应收单（或销售发票）、收款单、坏账处理单与应收票据等。可单独启用应收款管理系统实施业务信息化；也可以将业务系统集成，如"销售+应收款"系统，实施业务一体信息化；若将业务系统与总账系统集成，则是业财融合信息化，最典型的有以下两种应用模式。

（1）"应收款+总账"业财融合信息化。这种模式下不启用销售管理系统，凡是涉及客户往来款的原始单据，如销售发票、应收单、收款单等电子单据，都在应收款管理中进行业务信息化；再根据电子单据生成记账凭证（机制凭证），传递到总账系统进行财务信息化。

（2）"销售+应收款+总账"业财融合信息化，本书介绍这种应用模式。这是销售与收款循环业财融合信息化应用模式，销售发票、运费发票等电子单据在销售管理中使用，收款单以及根据发票生成的应收单等电子单据在应收款管理中使用，两者共同对销售与收款循环实施业务信息化。根据电子单据生成记账凭证（机制凭证），传递到总账系统进行财务信息化。

2. 客户债权的业务信息化

（1）应收款业务信息化。在销售与收款循环业财融合信息化下，蓝字与红字销售发票、运费发票或应收单等电子单据，在销售管理中形成、复核，产生原始数据源；电子单据自动传递到应收款管理系统，经单据审核后形成客户债权，作为增加应收客户货款的共享数据源。

（2）收款业务信息化。收款业务是对客户债权进行货款结算的业务，包括收款单或付款单，以及单据核销等电子单据。企业收回客户债权款项时，用收款单来记录，款项性质包括应收款、预收款、其他费用等，它应与该债权形成时的销售发票、应收单或付款单等进行原始单据的核销。企业发生销售退货等业务时，用付款单来记录退付给客户的款项，它应与收款单、红字应收单或红字销售发票等进行原始单据的核销。

（3）应收票据信息化。客户欠本单位的货款，可以采用银行承兑汇票或商业承兑汇票延期支付给本公司，这时应使用票据管理功能进行信息化处理，主要是记录应收票据详细信息和记录票据处理情况。收到商业汇票时，进行商业汇票的增加信息化，以增加应收票据并减少应收账款的电子记录；其后进行商业汇票处理，如收款结算、贴现、退票、换票、转出、背书或转让等，应进行应收票据的减少信息化。

（4）债权转账业务信息化。主要是在应收款管理系统中，处理客户债权的转账调整业务。将一家客户的应收款转到另一家客户，一个部门的应收款转到另一个部门，一个业务员的应收款转到另一个业务员时，进行应收冲应收信息化；将某客户的应收账款冲抵某供应商的应付款项时，进行应收冲应付信息化；某客户的同一债权既有红字发票又有蓝字发票时，进行红票对冲信息化；发生客户的预收款与应收款的转账核销业务时，进行预收冲应收信息化。

（5）坏账管理信息化。企业实际经营业务中，经常发生客户因经营不善而导致无法偿还其所欠的债务、客户恶意不偿还所欠债务或因产品质量原因而拒付货款的情况，企业需要在期末分析各项应收款项的可收回性，并预计可能产生的坏账损失，在应收款管理系统中计提坏账准备。

当企业无法收回应收款项或收回的可能性极小时，应在应收款管理系统中进行坏账核销处理；当被核销的坏账又收回时，也应在应收款管理系统中进行相应处理。

3. 客户债权的财务信息化

（1）设置控制科目与入账科目。一般而言，应在总账系统中将应收票据、应收账款、预收账款等科目，作为应收款管理系统的控制科目，防止其他信息系统随意使用这些科目，以保证各信息化子系统数据的一致性与协调运行。

为了提高工作效率、自动生成凭证、应进行"入账科目"的指定，例如，赊销应收款、预收货款、坏账准备、商业汇票、销项税额与票据贴现利息等的入账科目。

（2）业财融合信息化。用友U8、速达等软件，在应收款管理中，根据业务信息化中的各种电子单据，按照"入账科目"生成机制记账凭证；记账凭证中可进行客户、发生日期、职员与部门等辅助核算；这些机制凭证由应收款管理系统自动传递到总账系统进行账务处理，包括凭证审核、签字与记账，客户往来两清等处理。

金蝶K/3等软件，根据业务信息化中的收款单、商业汇票处理记录、转账记录与坏账处理等电子单据，在应收款管理中按照"入账科目"生成机制记账凭证；销售业务中形成的债权（应收业务），在存货核算系统中，根据预先设置的"凭证模板"生成机制凭证；这些机制凭证由存货核算系统自动传递到总账系统进行账务处理，包括凭证审核、签字与记账，客户往来核销等。

学习任务2　供应商往来业财融合信息化

一、应付款管理系统设置

工作任务5.17　用友U8应付款管理选项设置

【任务工单】
设置用友U8应付款往来业务管理的原始单据的生成机制、审核与核销等业务规则。

【信息化流程】

（1）账套主管（王林）展开"业务工作\财务会计\应付款管理\设置"菜单树，双击"选项"命令进入"账套参数设置"界面，如图5.17所示；单击"编辑"及弹出界面的"确定"按钮，进行以下设置（没有提及的不得修改）。

（2）常规卡片：按单据日期作为审核依据、汇兑损益月末处理、费用支出使用其他应付单、应付账款采用详细核算类型、自动计算现金折扣、应付票据直接生成付款单。

（3）凭证卡片：单据审核后立即制单、月结前全部生成凭证、核销不生成凭证、预付冲应付生成凭证、红票对冲不生成凭证、凭证可编辑、制单时回写摘要、收付款单制单表体科目不合并。

（4）核销设置卡片：应付款按单据方式核销、以供应商为核销规则、收付款单审核后核销且自动核销。

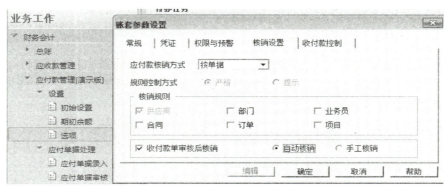

图 5.17　用友 U8 应付款管理账套参数设置

工作任务 5.18　用友 U8 应付款科目设置

【任务工单】

设置应付款管理基本科目、结算方式科目，以便在制作电子单据时自动生成应收科目、结算科目，提高工作效率；设置控制科目，防止其他系统使用这些科目，保证数据同源。

【信息化流程】

（1）设置基本科目。账套主管双击菜单树"应付款管理\设置\初始设置"命令，选择列表的"基本科目设置"，单击工具栏"增加"按钮，设置 2202001 为应付科目、1123 为预付科目、1402 为采购科目、222100104 为税金科目、6603002 为汇兑损益科目、2201 为商业承兑科目与银行承兑科目，如图 5.18 所示。

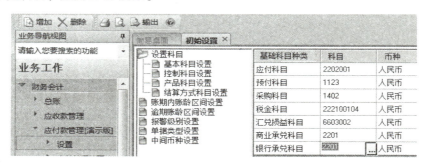

图 5.18　应付基本科目设置

（2）设置控制科目。所有供应商设置：2202001 为应付科目，预付科目为 1123。
（3）设置结算方式科目。设置：现金结算为 1001 科目，人民币（无账号）；普通支票、委托收款为 1002001 科目，人民币，选本公司的工行账号。

二、付款单一体信息化

工作任务 5.19　付款单与现金折扣一体信息化

【任务工单】

2023 年 1 月 9 日，用本公司工行普通支票 2062 号支付浩佳实业购料货款 18 532.8 元；采购部李明良经办；上年赊购总额 18 720 元，付款条件是 2/30、1/60、n/90。

借：应付账款/应付供应商　　　　　　18 720
　　财务费用/购货现金折扣　　　　　　－187.2
　　　贷：银行存款/工行人民币存款　　　　　18 532.8

假设：没有向浩佳实业公司提供经本公司所在地主管税务机关同意的《开具红字增值税专用发票通知单》，所以没有收到对方的现金折扣红字增值税专用发票。

【信息化流程】

（1）录入第1张付款单。双击菜单树"应付款管理\付款单据处理\付款单据录入"命令进入付款单界面，如图5.19所示。

图5.19　用友U8付款单界面

单击"增加"按钮，表头的单据编号、日期、币种与汇率自动生成；表尾录入人自动签名。选择供应商后自动携带银行信息。选择结算方式后自动生成结算科目，录入票据号、摘要。选择业务员后自动生成部门。录入表头金额18 532.8元，自动生成表头本币金额。

单击表体第1行，科目按"基本科目设置"的应付款科目生成，其余项目自动计算与生成，单击工具栏"保存"按钮。

（2）录入第2张付款单（现金折扣）。单击付款单工具栏"增加"按钮，选择结算方式为"其他"；选择结算科目时，应先单击参照界面"编辑"按钮增加"6603006 购货现金折扣"；录入金额187.2元；表头选择完成后，单击表体第1行，自动生成记录；单击"保存"按钮。

（3）审核与核销付款单。在付款单界面（重新进入则显示为空白的付款单），单击工具栏"上张""下张"等按钮，可查看这2张付款单；若有错可修改后保存，也可直接删除付款单后重新录入。

找到第1张付款单，单击付款单工具栏"审核"按钮，下部审核人将自动签名；同时，提示是否制单，选择"否"；再同意自动核销，进入自动核销报告界面，如图5.20所示；单击中部"明细"按钮，上部显示已付款（付款单）信息、下部显示应付款（发票）信息；单击"确定"按钮，将退出核销界面，回到付款单界面。

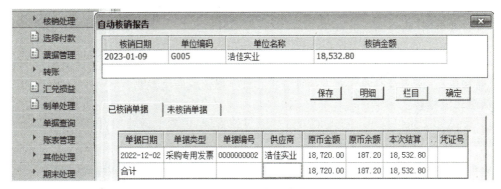

图 5.20 自动核销报告界面

找到第 2 张付款单，单击"审核"按钮，重复以上工作过程，并选择不立即制单。

（4）程序说明。从付款单下部签名可见，上述操作已完成了付款单的录入、审核与单据核销。因为应付款管理选项设置为"单据审核后立即制单"，所以，在付款单审核的同时提示是否立即制单；选项设置为"收付款单审核后自动核销"，所以，单击"审核"按钮在审核签名的同时弹出"自动核销报告"。

（5）生成凭证。双击菜单树"应付款管理\制单处理"命令，选择"收付款单制单"并单击"确定"按钮，列表显示 2 张付款单；全部选择后合并制单，生成 1 张凭证进入记账凭证界面。在记账凭证界面单击"应付账款"科目所在行，下部辅助核算区域将显示供应商名称，单击银行存款科目所在行，下部将显示辅助核算的结算方式，若有错误应双击凭证下部的辅助项修改按钮；将财务费用科目的金额调整为借方红字（按下键盘的空格键与"－"键）；现金流量为"购买商品、接受劳务支付的现金"；单击工具栏"保存"按钮，左上角将显示"已生成"红色印章。

（6）应收款系统凭证查询。双击菜单树"应付款管理\单据查询\凭证查询"命令，单击"确定"按钮进入凭证查询界面，在此可查看、修改、删除及冲销应付款系统生成的会计凭证。

（7）总账系统查询凭证。在"总账/凭证/查询凭证（或填制凭证）"中，也可以查询应付款管理中生成的凭证；单击凭证头将有"来自应付系统"的提示，总账系统不能修改、删除、作废及冲销应付系统生成的凭证，但可在凭证审核中标错凭证。

（8）核销查询。双击菜单树"应付款管理\单据查询\应付核销明细表"命令，单击"确定"按钮将显示空白的明细表；单击工具栏"查询"按钮，取消起止日期、选择"包含已结清"项，单击"确定"按钮，可查询本公司应付各供应商的货款、已结算款、结算方式、结算日期及余额等明细信息。

【技能拓展】

信息化逆向处理：生成凭证后若要修改或删除付款单，首先在应付款管理中删除记账凭证；其次是选择"应付款管理\其他处理\取消操作"命令，取消该付款单据的核销；再对该付款单进行"弃审"；最后才能修改或删除该付款单。

工作任务 5.20　付款单业财融合信息化标准流程

【任务工单】

2023 年 1 月 9 日，本公司开具工行普通支票 2063 号，支付界铁实业上年货款 108 680 元，李明良经办。

借：应付账款/应付供应商　　　　　　　　108 680
　　贷：银行存款/工行人民币存款　　　　　　108 680

【信息化流程】

（1）录入付款单。在应付款管理中增加、录入、保存付款单；没有审核前按下键盘上的"Ctrl + F4"快捷键，退出该付款单窗口。

（2）审核付款单。双击菜单树"应付款管理\付款单据处理\付款单据审核"命令，在条件界面取消单据起止日期，单击"确定"按钮，进入收付款单列表界面；选择列表的付款单（选择框显示为"Y"），单击工具栏"审核"按钮，审核人栏自动签名。

（3）生成凭证。双击菜单树"应付款管理\制单处理"命令，选择"收付款单制单"并取消起止日期，单击"确定"按钮进入收付款单列表界面；选择列表记录（选择框显示为"1"），单击工具栏"制单"按钮，生成记账凭证；现金流量为"购买商品、接受劳务支付的现金"。

（4）核销付款单。在"应付款管理\核销处理\手工核销"中，选择"界铁实业"后进入单据核销界面；上部列示的是已付款项（付款单），下部列示的是应付款项（发票与应付单）；此处是支付部分欠款只能部分核销，所以在下部录入本次结算金额108 680元（也可单击工具栏"分摊"按钮），单击工具栏"保存"按钮。

付款单标准信息化流程

【技能提示】

以上第（3）、（4）步骤不分先后，上述流程才是付款单信息化的全部流程，即付款单的业财融合信息化标准流程。

工作任务5.21　选择付款一体信息化

【任务工单】

2023年1月9日，本公司开具工行普通支票2064号，支付上年向吉拓制造公司赊购材料款81 520元，采购部张蓉经办。

借：应付账款/应付供应商　　　　　　　　81 520
　　贷：银行存款/工行人民币存款　　　　　　81 520

【信息化流程】

（1）选择付款。双击菜单树"应付款管理\选择付款"命令，在条件界面选择该供应商，单击"确定"按钮进入"选择付款列表"界面；在后部"付款金额"栏录入81 520元，单击工具栏"确认"按钮；参照选择本公司银行账户、结算方式，录入票号，单击"确定"按钮。

（2）查询结果。进入付款单界面，单击"末张"按钮，付款单下部签名显示：以上工作已自动完成了付款单的录入、保存、审核与核销等程序。

（3）生成凭证。在应付款管理中，选择收付款单制单生成凭证；现金流量为"购买商品、接受劳务支付的现金"。

【技能拓展】

逆向处理：若要取消选择付款，在应付款管理中删除记账凭证；在应付款管理的"其他处理\取消操作"中取消"选择付款"，将自动取消单据核销、取消付款单审核、删除付款单。

工作任务5.22　预付购货款一体信息化

【任务工单】

2023年1月9日，采购部李明良用本公司工行普通支票2065号预付岚伊实业公司（建行华新办账号 JH450694、税号 SW10754840）购材料款 18 570 元。

借：预付账款　　　　　　　　　　　　　　　18 570
　　贷：银行存款/工行人民币存款　　　　　　　　　18 570

【信息化流程】

（1）录入审核付款单。其中，参照选择表头的供应商时，应单击参照界面的"编辑"按钮，新增该公司的档案（税率13%）后再选择。单击表体第1行，款项类型应选择"预付款"，表体科目自动携带基本科目设置的预付款科目编码"1123"，表体其他项目自动生成。单击工具栏"保存"与"审核"按钮，选择不制单和不自动核销。

（2）在应付款管理中生成凭证；现金流量为"购买商品、接受劳务支付的现金"。

（3）查询付款单。双击菜单树"应付款管理\单据查询\收付款单查询"命令，单击"确定"按钮，显示的是本年且余额不为零的付款单；单击工具栏"查询"按钮，取消起止日期，选择"包含余额＝0"，单击"确定"按钮，将显示所有的付款单，如图5.21所示。

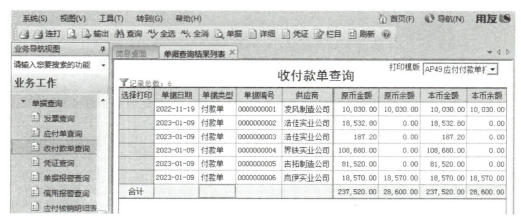

图 5.21　用友 U8 收付款单查询

【技能提示】

此项预付款只有付款单，而没有应付单，无法进行单据核销。因为应收款管理、应付款管理的往来单据核销，是在有应收应付的原始单据，又有已收已付的原始单据时进行的；只有单向单据时，是不用、也不能进行单据核销的。

三、应付票据一体信息化

工作任务 5.23　增加商业承兑汇票信息化

【任务工单】

2023年1月9日，本公司6日向隆恒商务公司开出并承兑的商业汇票0089号1张（假设工作人员休假造成单据传递不及时），金额210 700元，票面利率5.4%，到期日为2023年4月5日（到期将通过委托收款方式结算），用于抵付上年李明良经办的赊购材料货款。

借：应付账款/应付供应商　　　　　　　　　　210 700
　　贷：应付票据　　　　　　　　　　　　　　　210 700

【信息化流程】

（1）增加商业承兑汇票。双击菜单树"应付款管理\票据管理"命令并单击"确定"按钮，在票据管理界面单击"增加"按钮进入商业汇票界面；<u>录入或选择该商业承兑汇票相关信息，票面利率应录入5.4而不是0.054</u>，如图5.22所示；单击工具栏"保存"按钮，保存后自动生成1张付款单。注：此时若单击工具栏"取消付款"按钮，将同时删除自动生成的付款单。

图 5.22　用友 U8 商业汇票界面

（2）查看付款单。在应付款管理中进行收付款单查询，显示系统已自动生成1月6日的付款单。

（3）在应付款管理中，进行付款单审核、付款单核销处理（本次结算210 700元，原币余额为172 936.94元）。

（4）生成凭证。在应付款管理中，选择收付款单生成凭证，保存凭证日期为2023年1月9日（若要改为2023年1月6日的凭证，先取消总账选项的"制单序时控制"），无现金流量。

【技能提示】

<u>因为应付款的选项设置时，选择了"应付票据直接生成付款单"，所以不用在商业汇票界面单击工具栏"付款"按钮。应收款管理的选项设置为"应收票据不直接生成收款单"，所以保存应收款的商业汇票后，还要单击该界面工具栏"收款"按钮，才能生成收款单。</u>

工作任务5.24　应付票据结算一体信息化

【任务工单】

2023年1月9日，收到白鼎实业公司委托收款单0380号，同意从工行支付本公司上年开具的商业汇票款200 100元，采购部张蓉经办。

　　借：应付票据　　　　　　　　　　　　200 100
　　　　贷：银行存款/工行人民币存款　　　　　　200 100

【信息化流程】

（1）票据付款。双击菜单树"应付款管理\票据管理"命令，单击"确定"按钮进入票据管理界面，如图5.23所示；在列表中选择"白鼎实业公司"的商业汇票，单击工具栏"结算”按钮进入票据结算界面；选择结算科目为“工行人民币存款”，单击“确定”按钮并继续结算；结算完成后选择不立即制单；回到票据管理界面，单击工具栏“刷新”按钮，票据管理列表后部的状态栏将显示“结算”字样。

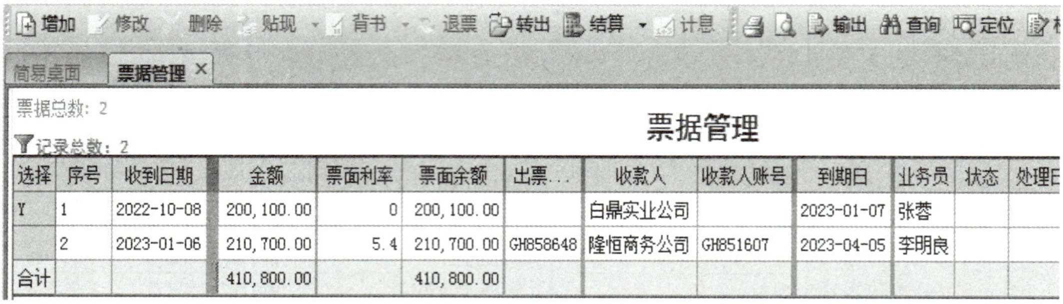

选择	序号	收到日期	金额	票面利率	票面余额	出票…	收款人	收款人账号	到期日	业务员	状态	处理日
Y	1	2022-10-08	200,100.00	0	200,100.00		白鼎实业公司		2023-01-07	张蓉		
	2	2023-01-06	210,700.00	5.4	210,700.00	GH858648	隆恒商务公司	GH851607	2023-04-05	李明良		
合计			410,800.00		410,800.00							

图 5.23 用友 U8 票据管理界面

（2）生成凭证。在应付款管理“制单处理”中选择“票据处理制单”生成记账凭证，修改贷方科目结算方式与票号，现金流量为“购买商品、接受劳务支付的现金”。

【技能提示】

商业汇票不需要核销：商业汇票属于有价证券，开具商业汇票（欠款）以及之后支付票据款，不需要单据核销。它不同于往来业务中的应付单与付款单这种原始单据，这种单据核销是针对原应付款（欠款）现在付出款的业务。

四、往来转账信息化

工作任务 5.25 应付冲应收一体信息化

【任务工单】

2023 年 1 月 9 日，经销售部陈东萍组织三个公司进行债权债务协商，客户景悦实业公司上年欠本公司货款转由供应商界铁实业收取 45 000 元，以此抵付本公司上年赊购界铁实业的货款。

借：应付账款/应付供应商 45 000

贷：应收账款 45 000

【信息化流程】

（1）应付冲应收。双击菜单树“应付款管理\转账\应付冲应收”命令进入“应付冲应收”界面，如图 5.24 所示；在上部录入转账总金额，单击“应付”卡片选择供应商，单击“应收”卡片选择客户，单击“确定”按钮进入应付冲应收界面；单击工具栏“分摊”按钮，自动填入表体的转账金额；单击工具栏“保存”按钮，选择不立即制单。

（2）制单处理。在应付款管理中，选择“应付冲应收”制单生成凭证，无现金流量。

（3）核销查询。双击菜单树“应付款管理\单据查询\应付核销明细表”命令，取消起止日期，单击“确定”按钮，界铁实业后部的结算栏已有此金额显示，表明该付款单已自动核销。

类似地，双击菜单树“应收款管理\单据查询\应收核销明细表”命令，取消起止日期，单击“确定”按钮将显示，景悦实业的收款单已自动核销。

【技能提示】

（1）往来转账对冲后将自动进行单据核销；但转账对冲不生成收款单、付款单（无法查询），所以不进行收款单、付款单的审核。

图5.24 用友U8应付冲应收界面

（2）逆向处理：若转账处理不当需要取消，在应付款管理中删除凭证；双击"应付款管理\其他处理\取消操作"，选择"应付冲应收"确认取消，取消后单据核销记录也将取消。

五、应付款账务处理信息化

工作任务5.26　供应商往来财务信息化

【任务工单】

2023年1月9日，对应付款中生成并自动传递到总账系统的记账凭证，进行凭证稽核签字、凭证记账、供应商往来两清与账龄分析。

【信息化流程】

（1）应付凭证的管理。在菜单树"应付款管理\单据查询\凭证查询"命令中，可查询、修改、冲销与删除本系统生成的凭证；总账系统可以查询，但无法删除、修改与作废这些凭证。

（2）总账系统的凭证稽核记账。若有作废、删除的凭证，由账套主管在总账系统的"填制凭证"中进行凭证整理；由周红林在总账系统进行凭证出纳签字，由SYSTEM在总账系统进行凭证主管签字，凭证审核，由账套主管在总账系统进行凭证记账（注：若凭证没有记账，将无法进行后续的往来两清）。

（3）往来两清。账套主管双击菜单树"总账\账表\供应商往来辅助账\供应商往来两清"命令，单击"确定"按钮；单击工具栏"自动"按钮，并确认两清，将提示进行了2笔专认勾对、2笔逐笔勾对；再对"应付供应商/浩佳实业"进行手动两清处理。

（4）供应商账龄分析。双击菜单树"总账\账表\供应商往来辅助账\供应商往来账龄分析"命令，单击右下角"账龄区间设置"按钮；删除前两行，修改总天数，单击"取消"按钮回到账龄分析界面，如图5.25所示；单击"确定"按钮，通过左上角下拉框，可切换查看"预付账款""应付票据""应付账款/应付供应商"这3个科目或供应商的账龄分析表。

六、应付款管理信息化精析

应付款管理是信息系统对应付供应商往来货款，使用"钱流电子单据"进行信息化管理，

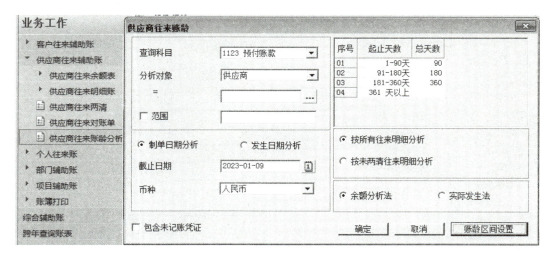

图 5.25 供应商往来账龄分析

主要是应付单（或采购发票）、付款单与应付票据等。本书介绍"采购+应付款+总账"应用模式下，供应商往来的业财融合信息化。

1. 供应商债务的业务信息化

（1）应付款业务。在采购与付款循环业财融合信息化下，黑字或蓝字采购发票与红字采购发票、运费发票或应付单等电子单据，在采购管理中形成、复核，产生供应商债务的数据源；这些电子单据自动传递到应付款管理系统后，经单据审核后形成对供应商的债务，作为增加应付供应商往来的共享数据。

（2）付款业务。付款业务是对供应商债务进行货款结算的业务，包括付款单、收款单的录入及原始单据的核销。付款单用来记录企业支付给供应商的款项，款项包括应付款、预付款和其他费用等，它应与债务形成时的采购发票、应付单和付款单等进行原始单据的核销。企业发生采购退货时，收到供应商退付给本单位的款项时应录入收款单，它应与付款单、红字应付单和红字采购发票等原始单据进行核销。

（3）应付票据处理。本单位欠供应商的货款，可以采用银行承兑汇票或商业承兑汇票延期支付，这时应使用票据管理功能进行这些票据的处理，它主要是记录应付票据详细信息和记录票据处理情况。本单位开具并承兑或经银行承兑的商业汇票时，进行应付票据的增加信息化，以增加应付票据并减少应付账款的电子记录；其后进行票据处理，如付款结算、转出与退票等，应进行应付票据的减少信息化。

（4）债务转账业务。主要是对供应商债务的转账调整业务进行信息化。企业将一家供应商的应付款转到另一家供应商名下时，进行应付冲应付信息化；用某供应商的应付账款冲抵某客户的应收款项时，进行应付冲应收信息化；用某供应商的红字发票与蓝字发票进行冲抵时，进行红票对冲信息化；发生供应商的预付款与应付款的转账核销业务时，进行预付冲应付信息化。

2. 供应商债务的财务信息化

（1）控制科目与入账科目的设置。主要是在信息系统基础设置时，将应付票据、应付账款、预付账款等科目，作为应付款管理系统的控制科目，以保证各子系统数据的一致性与协调运行。为了提高工作效率、自动生成凭证，应进行"入账科目"的指定，如赊购应付款、预付货款、商业汇票与进项税额等的入账科目。

（2）业财融合信息化。用友 U8、速达等软件，在应付款管理中，根据业务信息化中的各种电子单据（原始单据），按照"入账科目"自动生成记账凭证（即机制凭证）；机制凭证中还可进行供应商、发生日期、职员与部门等辅助核算；这些机制凭证自动传递到总账系统进行账务信息化，包括凭证审核、签字与记账，以及供应商往来两清等。

金蝶 K3 等软件，根据业务信息化的付款单、商业汇票处理记录与往来款转账冲销记录等电子单据，在应付款管理中按照"入账科目"生成凭证（机制凭证）；采购业务中形成的债务（应付款业务），在存货核算系统中，根据预先设置的"凭证模板"自动生成凭证；机制凭证传递到总账系统进行账务信息化，包括凭证审核、签字与记账，以及供应商往来核销等。

学习任务3　固定资产业财融合信息化

一、固定资产系统设置

工作任务5.27　固定资产信息化环境设置

【任务工单】

设置用友 U8 固定资产管理系统增减方式的对应入账科目，以便自动生成凭证时减少信息化工作量。

【信息化流程】

（1）资产增减方式。双击菜单树"业务工作\财务会计\固定资产\设置\增减方式"命令，显示增减方式的列表视图，如图 5.26 所示。

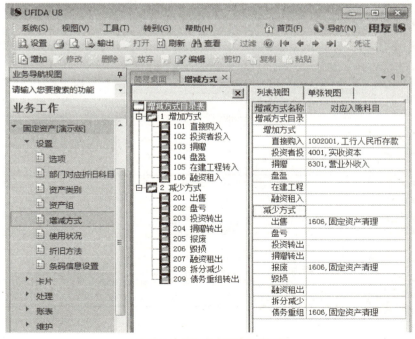

图 5.26　固定资产增减方式设置

选择列表中的"增加方式\直接购入"项,单击工具栏"修改"按钮转换为"单张视图",参照选择"银行存款/工行人民币存款"为对应的入账科目;单击"保存"按钮。再将增加方式的"投资者投入"与"捐赠"项,修改对应的入账科目为"实收资本"与"营业外收入"。

选定列表中的"减少方式"项,单击工具栏"增加"按钮,增加"债务重组转出"的减少方式,对应的入账科目为"固定资产清理";单击"保存"按钮。修改减少方式中的"出售""报废"项,对应入账科目均为"固定资产清理"。

(2)查看固定资产设置。在"固定资产\设置"菜单树中,双击"选项",显示已设置了固定资产、累计折旧等的入账与对账科目,进项税与销项税的入账科目等;双击"部门对应折旧科目",显示已设置了折旧费用的入账科目;双击其他命令项,显示已设置了3类固定资产、7种折旧方法等。在此不作修改,按下键盘上的"Alt+F4"快捷键退出系统。

二、固定资产增加业财融合信息化

工作任务5.28 固定资产购入业财融合信息化

【任务工单】

2023年1月10日,购专用电动设备38 500元,增值税税率13%,开具工行普通支票2059号付货款;设备交车间(生产办)使用,预计可用10年,残值4%,采用平均年限法(二)折旧。

借:固定资产　　　　　　　　　　　　　　38 500
　　应交税费/应交增值税/进项税额　　　　　5 005
　　贷:银行存款/工行人民币存款　　　　　　　　43 505

【信息化流程】

(1)录入含税卡片。账套主管(王林)登录企业应用平台,双击菜单树"固定资产\卡片\资产增加"命令,双击"加工设备"类别后进入"固定资产卡片"界面,如图5.27所示;这是一张含税卡片,录入或参照选择相关项目,单击"保存"按钮。

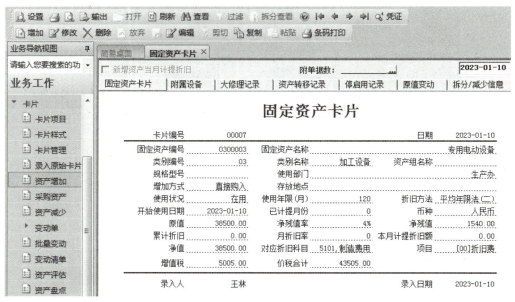

图5.27　用友U8固定资产卡片界面

（2）回到卡片界面。保存后系统将自动增加一张空白的资产卡片，这是因为启用固定资产系统时的"选项"设置为"自动连续增加卡片"；所以，单击工具栏"放弃"按钮回到该卡片界面。

（3）制单处理。单击卡片界面上部的"凭证"按钮，进入记账凭证界面，科目自动生成；选择左上角的"记"字，修改结算方式并录入票号与发生日期；现金流量为"购建固定资产、无形资产和其他长期资产所支付的现金"；单击工具栏"保存"按钮，凭证左上角显示"已生成"红色印章。

【技能提示】

会计分录是根据上述入账科目、直接购入增加方式科目自动生成的，若没有设置将不会自动生成借贷方的科目。

工作任务5.29　在建工程转固业财融合信息化

【任务工单】

2023年1月10日，在建的液注设备安装完毕转固定资产，该设备由生产办管理，可用15年，净残值3%，采用双倍余额递减法（二）折旧。

借：固定资产　　　　　　　　　　　（查明细账）
　　贷：在建工程/液注设备安装　　　（查明细账）

【信息化流程】

（1）查询在建工程余额。双击菜单树"总账\账表\科目账\明细账"命令，勾选"包含未记账凭证"并单击"确定"按钮进入明细账界面；通过左上角的科目下拉框，选择"1604001"科目，显示液注设备的余额为162 150元。

（2）双击菜单树"固定资产\资产增加"命令并选择"加工设备"；录入含税卡片，不录入增值税；单击工具栏"保存"按钮，再单击"放弃"按钮回到该卡片界面，按下键盘上的"Alt + F4"快捷键退出系统。

注意：不要单击卡片界面工具栏的"凭证"按钮；若已生成凭证，按下述第（4）步的方法找到该凭证，删除记账凭证，再按下述第（3）步处理。

（3）制单处理。重新登录企业应用平台，双击菜单树"固定资产\处理\批量制单"命令，单击"确定"按钮进入"制单选择"界面，双击列表后部的选择栏使之显示为"Y"，如图5.28所示；单击"制单设置"卡片，选择贷方科目为"1604001"，单击工具栏"凭证"按钮，再修改、保存记账凭证，无现金流量。

图5.28　固定资产批量制单

（4）固定资产的凭证管理。双击菜单树"固定资产\处理\凭证查询"命令，显示前述生成的2张凭证，如图5.29所示；在此可对这些凭证进行冲销、修改、删除，也可以查看凭证、联查资产卡片。生成凭证后将无法修改增加的卡片；若需修改卡片，应先在此处删除凭证。

(5) 总账查询凭证。双击菜单树"总账\凭证\查询凭证"命令并勾选"包括未记账凭证",可以查看这2张自动传递的凭证;双击进入记账凭证界面,单击表头"记账凭证"字样时有"来源于固定资产系统"的提示。注意:总账系统不能修改、删除、作废与冲销固定资产系统生成的记账凭证,但在凭证审核中可以标错。

图 5.29　固定资产凭证查询

三、折旧与减少一体信息化

工作任务 5.30　固定资产折旧一体信息化

【任务工单】

2023年1月10日,封装设备本月工作量为202小时;根据月初固定资产原值计提本月所有固定资产的折旧费。

借:制造费用　　　　　　　　　　7 665.5
　　销售费用　　　　　　　　　　1 744
　　管理费用　　　　　　　　　　2 136
　　　贷:累计折旧　　　　　　　　　　　11 545.5

【信息化流程】

(1) 录入工作量。双击菜单树"固定资产\处理\工作量输入"命令,录入封装设备的本月工作量,并保存。

(2) 提取折旧。双击菜单树"处理\计提本月折旧"命令并确认继续,选择查看折旧清单,系统将自动计算本月折旧费,并弹出折旧清单;退出折旧清单后将弹出折旧分配表,如图5.30所示,然后退出该界面。

图 5.30　固定资产折旧分配表

(3) 生成凭证。双击固定资产系统"处理\折旧分配表"命令,单击工具栏"凭证"按钮,自动生成记账凭证;单击凭证表体各行时,下部辅助核算区域将显示管理费用、销售费用与制造费用科目项目均为"折旧费"。

【技能拓展】

(1) 本月折旧金额是按照"固定资产当月增加的不提折旧、当月减少的照提折旧"会计准则规定,根据期初原始卡片自动计算,若自动计算的折旧额有错只能修改期初卡片,修改期初卡片后,再重新计提本月折旧。

修改方法是:双击菜单树"固定资产\卡片\卡片管理"命令,取消起止日期,单击"确定"按钮,进入卡片管理界面;选择有错的卡片,单击工具栏"修改"按钮。若已经生成凭证,还应先在固定资产系统中删除记账凭证,再修改固定资产卡片。

(2) 自动生成的凭证可以修改成本费用类科目及金额,但不能修改累计折旧科目及其金额,若修改将使固定资产与总账系统的对账不平衡。

工作任务5.31 固定资产减少一体信息化

【任务工单】

2023年1月10日,经财产清查,管理部使用的小轿车已到使用年限,报经批准报废。

借:固定资产清理　　　　　　　　　　　(差额)
　　累计折旧　　　　　　　　　　　　　(查卡片)
　　贷:固定资产　　　　　　　　　　　(查卡片)

【信息化流程】

(1) 查询卡片。双击菜单树"固定资产\卡片\卡片管理"命令,取消开始使用的起止日期,单击"确定"按钮进入卡片管理界面;显示的内容与年初的比较,有的固定资产累计折旧、净值已随计提本月折旧自动更新,但小轿车的原值、累计折旧没有变化,这是因为会计准则规定已提足折旧的固定资产不得再提折旧;记住该卡片编号,按下键盘上的"Ctrl + F4"快捷键退出当前窗口。

(2) 资产减少。双击菜单树"固定资产\卡片\资产减少"命令进入"资产减少"界面,如图5.31所示;参照选择或录入卡片编号,单击"增加"按钮,参照选择减少方式,录入清理原因,单击"确定"按钮。

图5.31 用友U8资产减少界面

(3) 批量制单。双击菜单树"固定资产\处理\批量制单"命令,单击"确定"按钮,双击列表后部的选择栏使之显示为"Y";单击"制单设置"卡片,列表已按前述设置自动生成借方贷方科目、金额;单击工具栏"凭证"按钮生成凭证。

(4) 查看减少卡片。双击菜单树"固定资产\卡片\资产减少"命令并取消起止日期,单击"确定"按钮进入卡片管理界面,显示的是在役资产,已无小轿车的卡片编号显示;单击上部下拉框选择"已减少资产"即可显示小轿车的卡片记录。选择该记录,单击工具栏"删除"按钮并选择"是",将提示卡片保存期限未到,无法删除,因为按初始设置,此卡片需保留 6 年时间。

【技能拓展】

若该资产处理失误需恢复为在役资产,应先在固定资产中删除该记账凭证,然后在卡片管理的已减少资产界面,单击工具栏"撤消减少"按钮。

工作任务 5.32　固定资产清理收支信息化

【任务工单】

2023 年 1 月 10 日,收到出售小轿车残值款 5 300 元,增值税税率 13%,收到普通支票 8802 号存入工行。出纳用现金支付清理杂费 308 元。

　　借:银行存款/工行人民币存款　　　　　　　5 989
　　　　贷:固定资产清理　　　　　　　　　　　5 300
　　　　　　应交税费/应交增值税(销项税额)　　　689
　　借:固定资产清理　　　　　　　　　　　　　308
　　　　贷:库存现金　　　　　　　　　　　　　308
　　借:固定资产清理　　　　　　　　　(查余额)
　　　　贷:营业外收入　　　　　　　　　　　(查余额)

注意:固定资产出售、转让等原因产生的固定资产处置得利或损失应结转到"资产处置损益"科目;固定资产报废、毁损等原因产生的固定资产处置得利或损失应结转到"营业外收入"或"营业外支出"科目。

【信息化流程】

(1) 填制前 2 张凭证。双击菜单树"总账\凭证\填制凭证"命令,增加前 2 张凭证;现金流量为"处置固定资产、无形资产和其他长期资产所收回的现金净额"。

(2) 填制第 3 张凭证。其中,选择"固定资产清理"科目后,单击工具栏"余额"(或"联查\联查明细账")按钮,显示该科目的最新余额为贷方 192 元,关闭查询界面,在凭证借方录入该金额。保存该凭证后,再选定第 1 行任意位置,单击工具栏"余额"(或"联查\联查明细账")按钮,将显示固定资产清理科目的最新余额方向为"平"。

工作任务 5.33　固定资产账务处理信息化

【任务工单】

2023 年 1 月 10 日,在总账系统中进行凭证稽核签字,凭证记账;在总账系统中查询业财融合信息化下各业务子系统生成的凭证。

【信息化流程】

(1) 总账系统的凭证稽核记账。若在业财融合信息化过程中有作废、删除的凭证,由账套主管在总账系统的"填制凭证"中进行凭证整理;由周红林在总账系统进行凭证的出纳签字,由 SYSTEM 在总账系统进行凭证主管签字、凭证审核,由账套主管在总账系统进行凭证记账。

(2) 账套主管双击菜单树"总账\凭证\查询凭证"命令并单击"确定"按钮,将显示本公司已填制 60 张凭证,发生额合计为 3 546 475.4 元,如图 5.32 所示。

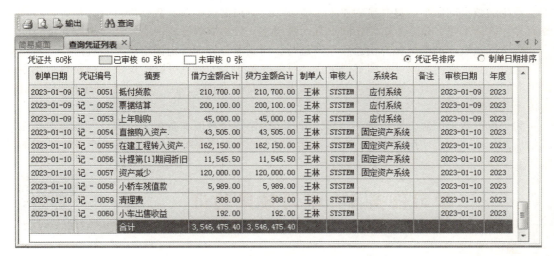

图 5.32　用友 U8 总账查询凭证

单击工具栏"查询"按钮，勾选下部"来源"项，再从下拉框中选择不同的系统，显示：应收系统有 12 张，金额合计为 677 429.67 元；应付系统有 7 张，金额合计为 683 102.8 元；固定资产系统有 4 张，金额合计为 337 200.5 元；总账系统有 37 张，金额合计为 1 848 742.43 元。

四、固定资产信息化精析

固定资产管理系统可以单独启用，实施业务管理信息化；也可以将固定资产与总账系统集成，实施固定资产的业财融合信息化应用模式，本书介绍这种应用模式。

1. 固定资产业务管理信息化

固定资产业务管理信息化的手段主要是电子卡片，这是固定资产子系统中，数据输入工作量最大的部分，也是该系统的核心数据源。

（1）固定资产购进、接受投资、在建工程转入等增加时，应及时增加资产卡片；如果新增加的固定资产是已使用的旧设备，该设备已计提的累计折旧、累计工作量、计提折旧的时间等必须准确填列。

（2）固定资产内部调动、变更使用情况、原值或累计折旧、使用年限变动、折旧方法、净残值（率）、工作总量调整时，应及时进行资产卡片的变动登记。

（3）固定资产出售、报废或盘亏等减少时，应将资产卡片注销另行保存；注销的卡片不能立即删除，保管期限届满可以删除该资产卡片。

（4）固定资产折旧。固定资产折旧方法有平均年限法、工作量法、双倍余额递减法和年数总和法。企业可根据国家规定和自身条件，经同级财政部门批准，选择采用其中一种；固定资产折旧方法一经确定一般不应随意改动。在人工控制下，信息系统按照固定资产的设置与卡片记录信息，自动计算本期折旧费用。

若计算的折旧费用有错，应修改期初固定资产卡片。因为，按照《企业会计准则》规定，当月增加的固定资产不提折旧，当月减少的固定资产照提折旧。所以，折旧费用的错误与本期增减的固定资产无关，源自期初卡片。

2. 固定资产的业财融合信息化

固定资产管理系统以电子卡片为核心手段，对企业的固定资产进行业务信息化管理；根据信息系统的数据同源、信息共享的要求，财务部门应根据这些业务数据进行会计核算，**实现财务业务一体信息化，核心方法是在固定资产管理中，自动取数生成记账凭证（机制凭证）**。

由于固定资产的财务核算由总账系统进行，而其业务管理等由固定资产系统进行，所以**总账系统中，固定资产、累计折旧与固定资产减值准备这 3 个科目可以不设置明细科目。凡涉及固定资产的原值、折旧与减值准备等的增减事项，都应在固定资产系统中自动生成记账凭证，再传递到总账系统中**。

为了保证数据同源，固定资产、累计折旧与固定资产减值准备这 3 个科目，不要在总账系统的填制凭证中直接使用。当然，**也不能或最好不要在总账系统中修改固定资产系统生成的记账凭证中涉及的这 3 个科目及其金额**。

学习任务 4　学习效果验证

一、单项选择题

1. 企业支付原赊购材料货款时，用友 U8 应付款管理系统中不能进行（　　）。
   A. 生成凭证　　　　B. 付款单据核销　　　　C. 往来两清　　　　D. 录入付款单
2. 如果用友 U8 应收款系统与销售系统集成使用，在应收款管理系统日常信息化活动中，不能对销售发票进行（　　）操作。
   A. 制单　　　　　　B. 查询　　　　　　　　C. 核销　　　　　　D. 录入
3. 在用友 U8 应收款管理的选择收款信息化方式下，没有对收款单进行（　　）处理。
   A. 自动核销　　　　B. 自动审核　　　　　　C. 生成凭证　　　　D. 增加并保存
4. 用友 U8 应收票据的业务信息化不包括的内容是（　　）。
   A. 收款结算　　　　B. 贴现转让　　　　　　C. 退票换票　　　　D. 单据核销
5. 用友 U8 应付款管理系统中生成的凭证应传递总账系统，应付款系统不能（　　）。
   A. 凭证修改　　　　B. 凭证删除　　　　　　C. 凭证标错与审核　　D. 凭证冲销
6. 固定资产管理系统不进行固定资产的（　　）信息化。
   A. 卡片明细核算　　B. 凭证生成　　　　　　C. 保存已减少卡片　　D. 总分类核算

二、多项选择题

1. 应收款管理系统实施业财融合信息化应用模式，是启用（　　）子系统。
   A. 应收款＋供应链　　　　　　　　　　　　B. 应收款＋销售＋总账
   C. 应收款＋供应链＋总账　　　　　　　　　D. 应收款＋总账
2. 用友 U8 启用采购管理系统时，应付款管理系统日常业务信息化可录入（　　）单据。
   A. 采购发票　　　　B. 应付单　　　　　　　C. 付款单　　　　　　D. 商业汇票
3. 在应收款系统中转账与对冲业务包括（　　）信息化。
   A. 预收冲应收　　　B. 应收冲应付　　　　　C. 应收冲应收　　　　D. 应付冲应付
4. 在应收款系统中坏账处理的主要功能包括（　　）信息化。
   A. 计提坏账准备　　B. 处理坏账损失　　　　C. 处理坏账收回　　　D. 查询坏账
5. 固定资产系统中计提折旧的业财融合信息化主要工作包括（　　）。
   A. 输入当月工作量　B. 计提折旧　　　　　　C. 分配折旧费用　　　D. 生成凭证
6. 在固定资产管理系统中，对计提折旧金额有影响的数据项有（　　）。

A. 资产名称　　　　B. 资产原值　　　　C. 折旧方法　　　　D. 对应折旧科目

三、判断题

1. 用友 U8 应收款管理系统具有销售发票的新增、修改、查询、打印与审核等功能。（　　）

2. 在用友 U8 应收款系统中，当一个客户为另一个客户代付款时，可用转账处理中的预收冲应收功能处理。（　　）

3. 固定资产系统的机制凭证在总账系统中可以标错，但不能在总账系统中进行修改、删除与作废。（　　）

4. 在应收款系统中设置入账科目或凭证模板的目的是实现凭证的自动生成，以提高信息化的工作效率。（　　）

5. 应收商业汇票的增加、减少必须生成凭证，但应收商业汇票的背书、转让、贴现等不需要生成记账凭证。（　　）

6. 在业财融合信息化应用模式下，所有供应商往来款的凭证都由应付款管理系统生成，其他系统不能生成这类凭证。（　　）

7. 用友 U8 应付款管理系统主要处理采购发票、付款单与应付票据等电子单据。（　　）

8. 固定资产管理系统仅提供以人民币作为卡片管理的唯一货币。（　　）

四、做中学：铁马实业信息化实训

工作任务5.34　铁马实业的固定资产信息化

【任务工单】

（1）2023年12月13日，用工行普通支票购进货运汽车11万元，发票列明的增值税税率为13%，交批发部使用，预计使用寿命为10年，净残值4%（固定资产系统）。

（2）13日，按月初固定资产档案信息，计提本月折旧费（固定资产系统）。

（3）14日，本公司批发部使用的货运小车已达到使用年限报废清理（固定资产系统）。

（4）15日，货运小车残值收入含税价款7 292.4元，开具3%的专用发票；收到普通支票存入建行（总账系统填制凭证）。

（5）16日，将货运小车清理账户的余额转营业外收入或支出（总账系统填制凭证）。

工作任务5.35　铁马实业的收付款单信息化

【任务工单】

（1）2023年12月17日，收回上年赊销给艾施实业公司的商品款350 100元、蜀江实业公司的商品款32 000元，收到工行普通支票存入银行（应收款管理系统）。

（2）18日，用工行普通支票支付上年欠万泰实业公司赊购商品款286 160元，欠华星实业公司赊购商品款19 700元（应付款管理系统）。

学习情境六

供应链循环一体信息化

【技能目标】

在用友 U8V10.1 中，掌握销售与收款循环中默认科目设置技能；掌握销售发货单、销售发票的业务信息化技能；掌握客户钱流单据生成机制凭证的财务信息化技能。掌握采购与付款循环中默认科目设置技能；掌握采购发票、到货单的业务信息化技能；掌握供应商钱流单据生成机制凭证的财务信息化技能。掌握库存与存货核算循环中的功能授权与数据权限分配，存货科目与对方科目的设置技能；掌握销售出库单、产品入库单、材料出库单、采购入库单、销售发货单与到货单的业务信息化技能；掌握采购成本、销售成本与物流单据生成机制凭证的财务信息化技能。掌握上述业务活动的逆向信息化技能；掌握供应链相关信息的输出技能。

【理论目标】

理解销售管理信息化应用模式，销售与收款循环的财务业务一体信息化手段；理解采购管理信息化应用模式，采购与付款循环的财务业务一体信息化手段；理解库存管理、存货核算信息化应用模式，库存与核算循环一体信息化手段；理解电子单据之间必须通过拉入生成、推出生成或自动生成等方式，进行原始单据的相互生单或关联生单，才能保证数据同源、信息共享，消除"信息孤岛"；理解为了防止重复生单，部分业务单据应当有"关闭"标记。

【素质目标】

培养信息化工作的整体规划与编码规则意识；增强信息化"电子单据"业务流程素质；树立底线思维，强化风险意识。

【思维导图】

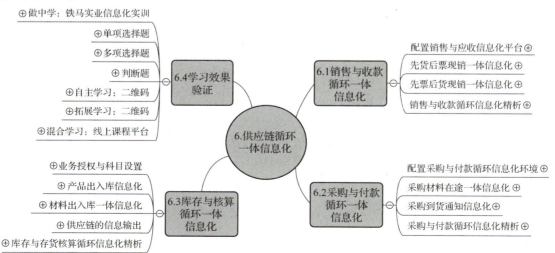

学习任务1 销售与收款循环一体信息化

一、配置销售与应收信息化平台

工作任务6.1 配置销售与收款信息化环境

【任务工单】

为了业财融合(财务业务一体化)信息化自动生成凭证,在应收款管理中设置对方科目(产品科目);为了提高工作效率,在销售发票审核时自动生成销售出库单。

【信息化流程】

(1)设置默认科目。账套主管(王林)登录企业应用平台;双击菜单树"应收款管理\设置\初始设置"命令,单击"产品科目设置",选择材料类的销售收入与销售退回科目"6051",增值税科目"222100101",税率13.00;单击工具栏"增行"按钮,选择商品类的销售收入与销售退回科目"6001001",增值税科目"222100101",税率13.00;单击工具栏"保存"按钮。

(2)修改授权。账套主管(王林)登录系统管理界面,选择"权限\权限"命令,选定左部"陈东萍"并单击工具栏"修改"按钮,将其权限修改为"销售管理",单击"保存"按钮。

(3)操作员"陈东萍"或"CDP"(密码为"123")登录企业应用平台;展开"供应链\销售管理\设置"菜单树,双击"销售选项"命令,在"业务控制"卡片中,勾选"销售生成出库单",单击"确定"按钮。

二、先货后票现销一体信息化

工作任务6.2 发货单生成发票业财融合信息化

发货单业财融合信息化

【任务工单】

2023年1月10日,碚渝实业销售部陈东萍通知材料仓库,向盛玖商贸公司发出红纤素300个。当日开具普通发票,含税单价25.8元,增值税税率13%,出纳收取现金。

借:库存现金　　　　　　　　　　　　7 740
　　贷:其他业务收入　　　　　　　　　　6 849.56
　　　　应交税费/应交增值税/销项税额　　　890.44

【信息化流程】

(1)录入发货单。修改计算机操作系统日期,操作员"陈东萍"登录企业应用平台;双击菜单树"销售管理\销售发货\发货单"命令进入"发货单"界面,如图6.1所示。单击工具栏"增加"按钮,关闭弹出的"参照订单"界面;自动生成发货单号、发货日期、业务类型、销售类型、币种与汇率等,表尾制单人自动签名;删除原销售类型,选择为"现销";选择业务员后自动生成部门;选择客户,录入备注。

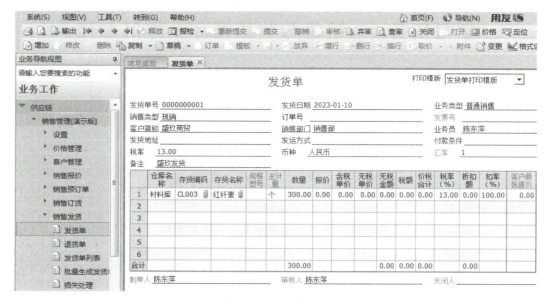

图 6.1　发货单界面

双击表体第 1 行存货编码栏，单击参照按钮后双击"红纤素"，自动生成表体的仓库名称、主计量单位、税率（13.00）等，表头税率自动生成；录入数量，不录入单价（此时不知单价或需保密）；单击工具栏"保存"按钮。

（2）审核发货单。陈东萍单击发货单界面（若重新登录应单击工具栏"首张"或"上张"按钮找到该发货单）工具栏"审核"按钮，下部审核人处自动签名；同时自动生成出库单传递到库存管理系统（销售选项设置为"销售生成出库单"）；按下键盘上的"Ctrl + F4"快捷键，退出当前窗口。

（3）生成普通发票。为了数据同源，不能手工录入而应参照生单。参照生单的方法是：陈东萍双击菜单树"销售管理\销售开票\销售普通发票"命令进入销售普通发票界面，如图 6.2 所示，单击"增加"按钮，关闭弹出的参照订单界面；自动生成发票号、开票日期、业务类型，表尾制单人自动签名，并显示本公司的银行与税务信息。

单击工具栏"生单\参照发货单"命令，单击"确定"按钮进入"参照生单"界面，如图 6.3 所示；选择上部的发货单（显示为"Y"），下部自动显示 1 条参照记录，单击工具栏"确定"按钮，回到销售普通发票界面；录入表体第 1 行的含税单价，发票表体与表头的其他内容自动生成；单击工具栏"保存"按钮。

（4）现结。陈东萍单击销售普通发票界面工具栏"现结"按钮，在弹出界面参照选择"现金结算"方式（不录入或删除银行账号信息），录入原币金额；单击"确定"按钮，发票左上角将显示"现结"红色印章。

（5）复核发票。陈东萍单击销售普通发票界面工具栏"复核"按钮，下部复核人将自动签名；按下键盘上的"Alt + F4"快捷键退出系统。

（6）此时，若需修改上述发货单（不需修改则忽略），可由陈东萍重新登录企业应用平台，在销售普通发票界面单击工具栏"首张""上张"按钮找到该发票，单击工具栏"弃复""弃结"按钮，再单击"刷新""删除"按钮，以删除生成的发票。

然后，在发货单界面单击"上张"按钮找到该发货单，单击工具栏"刷新"和"弃审"按钮，弃审后将删除库存管理系统中自动生成的出库单；再对有错的发货单进行修改或删除。

学习情境六 供应链循环一体信息化

图 6.2　用友 U8 销售普通发票界面

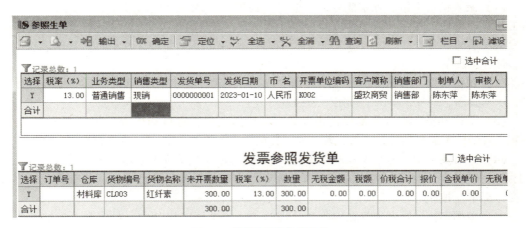

图 6.3　发票参照发货单生成

（7）现结单据审核。账套主管登录企业应用平台，双击菜单树"财务会计\应收款管理\应收单据处理\应收单据审核"命令，勾选下部"包含已现结发票"，单击"确定"按钮进入"应收单据列表"界面；单击工具栏"全选"按钮或双击选择栏使之显示为"Y"，单击工具栏"审核"按钮，列表的审核人自动签名；按下键盘上的"Ctrl + F4"快捷键退出当前窗口。

（8）生成凭证。账套主管双击菜单树"应收款管理\制单处理"命令，选择现结制单，单击"确定"按钮；单击弹出界面工具栏"全选"与"制单"按钮进入记账凭证界面，自动根据应收款管理设置的结算科目、基本科目与产品科目等生成会计分录与金额；现金流量为"销售商品、提供劳务所收到的现金"；单击工具栏"保存"按钮时，凭证左上角将显示"已生成"红色印章。

（9）凭证查询。账套主管在应收款管理的"单据查询\凭证查询"中，可对该系统生成的凭证进行查看、修改、删除和冲销等。

在"总账\凭证\查询凭证"或"填制凭证"中，也能查看该凭证；但总账系统不能修改、删除与作废应收款管理中生成的凭证。

【技能拓展】

生成记账凭证后若发现发货单有错需要修改，应由账套主管在应收款管理中删除凭证，弃审应收单；再由陈东萍进行发票弃复、弃结、删除；发货单弃审后才能修改。

三、先票后货现销一体信息化

工作任务6.3 发票生成发货单业财融合信息化

【任务工单】

2023年1月10日，销售部陈东萍开出增值税专用发票，销售沐涤Ⅱ型给疆源实业公司750套，无税单价205元，露涤Ⅲ型90套，无税单价255元，增值税税率13%；收到疆源实业公司普通支票7308号存入工行。当日通知仓库发货。

借：银行存款/工行人民币存款　　　　　　199 671
　贷：主营业务收入/国内销售　　　　　　　　176 700
　　　应交税费/应交增值税/销项税额　　　　　22 971

【信息化流程】

（1）录入销售发票。陈东萍双击菜单树"销售管理\销售开票\销售专用发票"命令；单击工具栏"增加"按钮，取消弹出的参照订单界面，修改销售类型为"现销"，参照选择或录入专用发票的表头项目。分两行选择表体的存货编码；录入数量与无税单价，其他信息自动生成。保存该发票。

（2）现结发票。陈东萍单击发票界面"现结"按钮，选择结算方式后自动生成银行与账号；录入金额、票号，单击"确定"按钮。

（3）复核发票。陈东萍复核销售发票；复核的同时，将自动生成销售发货单及出库单。注意：现结前不能复核发票；若先复核发票，应单击"弃复"按钮，再进行现结处理。

（4）查看发货单。陈东萍双击菜单树"销售管理\销售发货\发货单"命令，单击工具栏"上张"按钮，可查看自动生成的发货单；下部签名显示该发货单已审核，若有错可以单击工具栏"弃审"按钮。

（5）单据审核。账套主管在应收款管理的"应收单据审核"中，对包含已现结发票进行审核。

（6）生成凭证。账套主管在应收款管理中，选择现结制单生成记账凭证；现金流量为"销售商品、提供劳务所收到的现金"。

（7）销售查询。账套主管或陈东萍双击菜单树"销售管理\报表\统计表\销售统计表"命令并单击"确定"按钮，可查询上述销售信息；由于没有结转销售成本，还无法查询成本信息，毛利计算不准确。

双击菜单树"销售管理\报表\明细表\销售收入明细账"命令并单击"确定"按钮，可查询销售情况；双击列表的记录行，可联查销售发票。

【技能拓展】

若生成凭证后发现销售发票有错需要修改或删除，应由账套主管在应收款管理中删除记账凭证，取消应收单据（包含现结发票）审核；陈东萍在销售管理中取消发票复核（将同时删除销售发货单与出库单），取消现结（弃结）；此时才能修改或删除发票。

四、销售与收款循环信息化精析

1. 供应链循环业财融合信息化

供应链简称 SCM，该系统主要包括采购管理、销售管理、库存管理与存货核算等子系统，前三者是供应链的业务信息化子系统，将它们集成可实现企业"物流"的业务信息化，信息化的手段是以信息系统中的"电子单据流"作为纽带，模拟并指导、规范与监控现实业务经营中瞬时的或无形的存货流转轨迹，实时管理、再现与保存物流信息（数据），实现物流业务一体信息化；在存货核算系统中根据电子单据生成机制凭证进行物流的财务信息化，然后"推入"总账系统，实现"供应链物流"的业财融合（财务业务一体）信息化。

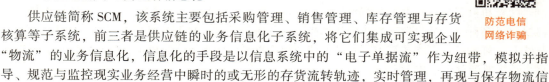

防范电信
网络诈骗

供应链系统与应收款管理、应付款管理系统集成，实现企业购货与付款循环、销货与收款循环中的"钱流（资金流）"业财融合信息化；业务信息化中的客户债权、供应商债务等"钱流"数据，用友 U8 等软件在往来管理中生成机制凭证，金蝶 K/3 等软件在存货核算系统中生成机制凭证，然后"推入"总账系统，实现"供应链钱流"的业财融合信息化。

2. 销售管理信息化应用模式

管理信息系统中，销售管理可以单独启用，实施销售业务管理信息化；同时启用销售管理、采购管理与库存管理，实施供应链业务一体信息化；同时启用销售与应收款管理、采购与应付款管理、库存管理与存货核算，以及总账系统，实施供应链循环的业财融合信息化，本书介绍这种信息化应用模式。

3. 销售与收款循环的业务信息化

（1）电子单据参照生单。信息系统中一般使用"电子单据"作为手段进行业财融合信息化管理，为了数据同源、数据一致，电子单据应相互生成，即将上游电子单据"拉入""推出"或"自动生成"下游单子单据，以消除数据冗余，达到信息共享，如，根据销售发货单生成销售出库单、根据销售发票生成销售发货单等。

（2）用友 U8 等软件，销售管理中的核心信息化手段是电子销售发货单、电子销售发票，这两种电子单据必须同时使用。为了减少信息化工作量并保证数据同源，这两种电子单据应相互生成：手工录入销售发票并审核后，将自动生成销售发货单与出库单；若手工录入销售发货单并审核后，将自动生成出库单，同时在销售发票中可通过"拉入"的方式参照生单。发货单是业务流程类单据，执行完毕后应有"关闭"标记，以防重复生单。用友 U8 等软件的销售发票是货款结算的重要凭证，处理现销业务时，应先进行现结处理，然后再复核发票，发票复核后自动传递到应收款管理系统。

（3）金蝶 K/3 等软件，销售管理中的核心信息化手段是电子销售发票，也可以使用电子销售发货单。为了保证数据同源，这两种电子单据，可以采取"拉入"或"推出"的方式相互生成，既可以根据发货单"拉入"生成发票，也可以将发票信息"推出"生成发货单。为防止重复生单，发货单执行完毕后，应进行业务单据"关闭"标记。

4. 销售与收款循环的业财融合信息化

（1）设置入账科目或凭证模板。用友 U8 等软件在应收款管理中，设置销售收入、销售退回、销项税额、结算方式等的"入账科目"，以便提高工作效率，将业务信息化中的电子单据直接生成机制凭证。

金蝶 K/3 等软件在存货核算中，根据销售发票设置凭证模板，主要包括定义凭证模板的名称、确定会计科目与借贷方向、设置各科目借贷方金额的来源（单据头或单据体字段值的取数设置）等，如，主营业务收入科目贷方金额应取自销售发票单据体的"金额"或"数量×无税单价"栏目，银行存款科目借方金额应取自销售发票单据体的"价税合计"栏目等。

（2）机制凭证。用友U8等软件在应收款管理中，先将自动传递的销售发票进行审核；再根据"入账科目"的设置，生成确认销售收入的机制凭证；机制凭证将自动传递到总账系统。金蝶K/3等软件在存货核算中，将已审核的销售发票，使用凭证模板生成机制凭证；机制凭证将自动传递到总账系统。

学习任务2　采购与付款循环一体信息化

一、配置采购与付款循环信息化环境

工作任务6.4　配置采购与付款循环信息化环境

【任务工单】

为了自动生成采购与付款循环的凭证，设置用友U8应付款管理的产品科目（即对方科目）；理解采购管理的系统选项设置。

【信息化流程】

（1）账套主管登录企业应用平台，双击菜单树"应付款管理\设置\初始设置"命令，选择"产品科目设置"，选择材料类的采购科目"1402"，增值税科目"222100104"，税率13.00。

（2）双击菜单树"供应链\采购管理\设置\采购选项"命令，单击"公共及参照控制"卡片，将显示单据进入方式为空白单据。不作任何修改，单击"确定"按钮。

二、采购材料在途一体信息化

工作任务6.5　现购发票业财融合信息化

现购发票信息化

【任务工单】

2023年1月10日，采购部张蓉收到吉拓制造公司专用发票，本公司购进豆源籽80千克，无税单价995元，椰麻屑30件，无税单价498元，税率13%，材料在途（暂未运到本公司）。由本公司开出工行普通支票2068号付货款。

　　借：在途物资　　　　　　　　　　　　　　94 540
　　　　应交税费/应交增值税/进项税额　　　　12 290.2
　　　　贷：银行存款/工行人民币存款　　　　　　　　106 830.2

【信息化流程】

（1）录入采购发票。"张蓉"或"ZR"（密码"123"）登录企业应用平台，双击菜单树"供应链\采购管理\采购发票\专用采购发票"命令进入"专用发票"界面，如图6.4所示。单击"增加"按钮，自动生成业务类型、发票类型、发票号、开票日期、采购类型、币种与汇率等表头信息，表尾的制单人自动签名；删除采购类型框中的原有内容并选择为"现购"；选择供应商后自动携带代垫单位，选择业务员后自动携带部门，修改税率为13.00；分两行选择表体的存货编码，录入数量与原币单价，其他信息自动生成；单击工具栏"保存"按钮。

学习情境六　供应链循环一体信息化

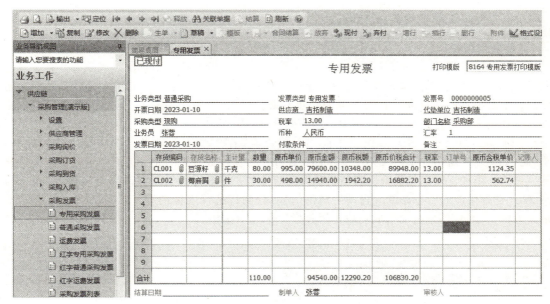

图 6.4　用友 U8 专用发票界面

（2）现付发票。张蓉单击发票工具栏"现付"按钮；选择结算方式与本单位开户银行，录入票据号与金额；单击"确定"按钮，发票左上角将显示"已现付"印章；按下键盘上的"Alt＋F4"快捷键，退出系统。

（3）审核现付发票。账套主管登录企业应用平台，双击菜单树"应付款管理\应付单据处理\应付单据审核"命令，单击"确定"按钮将显示空白的列表；单击工具栏"查询"按钮，在条件界面勾选下部的"包含已现结发票""未完全报销"项，单击"确定"按钮；双击选择栏使之显示为"Y"，单击工具栏"审核"按钮，审核人自动签名。

（4）生成凭证。账套主管在应付款管理的"制单处理"中，选择"现结制单"生成记账凭证，会计分录按应付款管理的产品科目、结算科目等的设置自动生成，现金流量为"购买商品、接受劳务所支付的现金"。

（5）查询在途货物。账套主管或张蓉双击菜单树"采购管理\报表\采购账簿\在途货物余额表"命令并单击"确定"按钮，可查询上年结转、本月发生的在途存货信息。

【技能拓展】

（1）凡是没有进行采购结算的采购发票（如图 6.4 发票左下角的结算日期为空），都属于在途物资，即票到货未到。

（2）信息化逆向处理：若生成凭证后发现采购发票有错，先由账套主管在应付款管理中删除凭证（总账系统不能删除该凭证），取消应付单据审核；再由张蓉在采购发票界面单击"上张"按钮找到该发票，单击"刷新""弃付"按钮；此时，可以修改或删除该发票。

三、采购到货通知信息化

工作任务6.6　在途材料到货的业务信息化

【任务工单】

2023 年 1 月 11 日，接白鼎实业公司通知，上年现购的豆源籽 11 千克、椰麻屑 100 件，已运到车站,张蓉通知材料仓库收货。

注:该业务活动无钱流与物流,只有业务工作流,不需要编制会计凭证。

【信息化流程】

(1) 查看上年在途物资。张蓉2023年1月11日重注册企业应用平台,双击菜单树"采购管理\报表\统计表\采购明细表"命令,单击"确定"按钮,将显示只有本年采购材料的在途信息;单击工具栏"查询"按钮,取消起止日期,单击"确定"按钮,采购明细表将显示上年、本年的采购在途信息;双击明细表中的记录行可联查采购专用发票。

(2) 录入到货单。张蓉双击菜单树"采购管理\采购到货\到货单"命令进入"到货单"界面,如图6.5所示;单击工具栏"增加"按钮,自动生成表头的业务类型、采购类型、单据号、日期、币种、汇率与税率,表尾制单人自动签名;删除采购类型并改为"现购",税率为13.00;选择供应商、业务员(自动生成部门);分两行选择表体的存货名称,录入数量(不录入单价),其他信息自动生成;单击工具栏"保存"按钮。

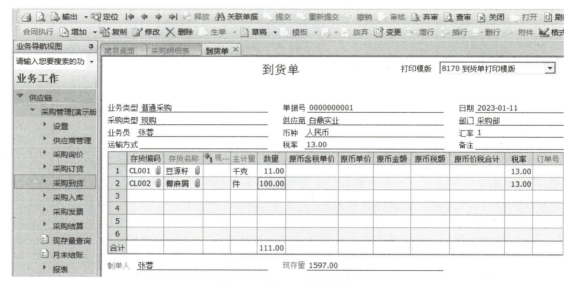

图 6.5　用友 U8 到货单界面

(3) 审核到货单。张蓉单击到货单界面工具栏"审核"按钮(若重新登录企业应用平台应单击工具栏"上张"按钮找到该到货单);选定表体某存货,下部将显示现存量,由于此货物仓库还没验收,所以显示的是年初数量,不包括本次到货的数量。

四、采购与付款循环信息化精析

1. 采购管理信息化应用模式

管理信息系统中,采购管理可以单独启用,实施采购业务管理信息化;同时启用采购管理、销售管理与库存管理,实施供应链的业务一体信息化;同时启用销售与应收款管理、采购与应付款管理、库存管理与存货核算,以及总账系统,实施供应链循环的业财融合信息化,本书介绍这种信息化应用模式。

2. 采购与付款循环的业务信息化

用友U8等软件,采购管理中的核心信息化手段是电子采购发票,可以使用电子到货单。由于采购到货单不是核心单据,所以采购发票一般是直接录入。若先录入了到货单,则采购发票可通过"拉入"到货单的方式参照生成。到货单是业务流程类单据,执行完毕后应有"关闭"标记,以防重复生单。处理现购业务时,采购发票应先进行现付处理,现付后自动传递到应付款管理系统。

金蝶 K/3 等软件,采购管理中的核心信息化手段是电子采购发票,可以使用电子采购发货单。这两种电子单据可相互生成,既可以根据到货单"拉入"生成发票,也可以根据发票"拉入"生成到货单。为防止重复生单,发货单执行完毕后,应进行业务单据"关闭"标记。

3. 采购与付款循环的业财融合信息化

(1) 设置入账科目或凭证模板。用友 U8 等软件在应付款管理中,设置采购在途、采购退出、进项税额、结算方式等的"入账科目"。金蝶 K/3 等软件在存货核算中,根据采购发票设置凭证模板,各科目的金额从单据头或单据体的字段值进行取数,如"应交税费/应交增值税/进项税额"科目借方金额应从采购发票单据体的"税额"栏取数等。

(2) 机制凭证。用友 U8 等软件在应付款管理中,对自动传递的采购发票进行审核;根据"入账科目"的设置,自动生成材料在途的记账凭证,机制凭证将自动传递到总账系统。金蝶 K/3 等软件在存货核算中,对已审核的采购发票,使用凭证模板自动生成记账凭证。

学习任务 3 库存与核算循环一体信息化

一、业务授权与科目设置

工作任务 6.7 用友 U8 功能授权与数据权限

【任务工单】

进行电子单据处理授权与仓库主管数据权限的分配,以便仓库管理人员进行库存管理日常业务信息化。

【信息化流程】

(1) 操作员"杜先兵"或"DXB"(密码"123"),登录用友 U8 企业应用平台,双击菜单树"供应链\库存管理\批量处理\入库业务\采购到货单入库"命令,显示该操作员没有此功能权限,所以按下键盘上的"Alt + F4"快捷键退出系统。

(2) 查看数据权限控制设置。账套主管登录企业应用平台,双击菜单树"系统服务\权限\数据权限控制设置"命令,显示有"记录级""字段级"两项控制,其中记录级有"仓库""工资权限""科目""用户"4 项控制;不作修改,按下键盘上的"Alt + F4"快捷键退出该独立窗口。

(3) 数据权限分配。账套主管双击菜单树"系统服务\权限\数据权限分配"命令,选定"杜先兵"并单击工具栏"授权"按钮进入"记录权限设置"界面,如图 6.6 所示;选择"仓库"对象并勾选"主管",将全部仓库由"禁用"栏转移到"可用"栏,单击"保存""确定"按钮。

(4) 功能授权。系统管理员 admin 或账套主管登录系统管理界面,单击"权限\权限"菜单命令进入操作员权限界面;选择上部的碚渝实业账套(账套主管不选择账套),单击左部列表中的"杜先兵",单击工具栏"修改"按钮;勾选右部"基本信息\公共单据",单击工具栏"保存"按钮。

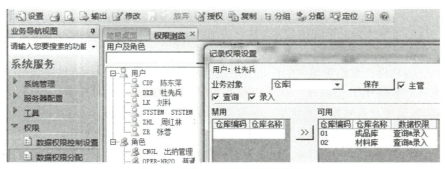

图 6.6　用友 U8 记录权限设置界面

工作任务 6.8　存货核算业财融合信息化设置

【任务工单】

在供应链物流信息化中，为了使存货收发业务生成存货核算系统的机制凭证，进行用友 U8 存货科目与对方科目的设置。

【信息化流程】

（1）账套主管登录企业应用平台，双击菜单树"供应链\存货核算\初始设置\科目设置\存货科目"命令，单击工具栏"增加"按钮，选择材料类的存货科目为"1403 原材料"；单击工具栏"增加"按钮，选择商品类存货科目为"1405 库存商品"；单击工具栏"保存"按钮。

（2）双击存货核算中的"对方科目"命令，单击工具栏"增加"按钮，选择材料入库的对方科目为"1402 在途物资"；单击工具栏"增加"按钮，选择生产办经管领料的对方科目为制造费用的要素费用核算的"物料消耗"项目；单击工具栏"增加"按钮，选择材料类销售出库的对方科目为"其他业务成本"，如图 6.7 所示；单击工具栏"保存"按钮。

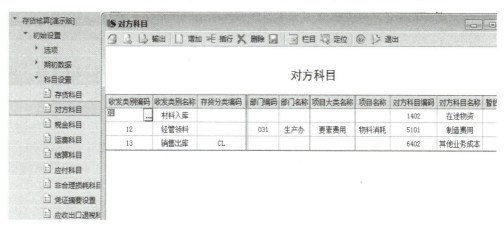

图 6.7　用友 U8 存货核算对方科目

二、产品出入库信息化

工作任务 6.9　销售出库的业务信息化

【任务工单】

2023 年 1 月 11 日，根据销售部陈东萍 10 日的通知，成品库向疆源实业公司发出沐涤Ⅱ型

750 套，露涤Ⅲ型 90 套。

注意：成品库的存货计价方法是全月加权平均法，所以平时无法填制结转销售成本的凭证（月末才能集中生成这类记账凭证）。

【信息化流程】

（1）查询并审核销售出库单。杜先兵双击菜单树"库存管理\出库业务\销售出库单"命令，单击"销售出库单"界面工具栏"末张"按钮，找到自动生成的销售出库单（这是审核销售发票时自动生成的），如图 6.8 所示；单击工具栏"审核"按钮，表尾审核人自动签名，表明商品已发出，选定表体某产品，表尾将显示现存量；按下键盘上的"Alt + F4"快捷键退出系统。

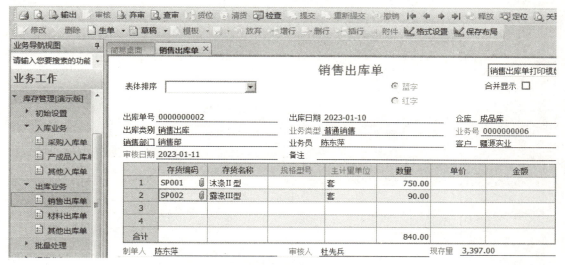

图 6.8　用友 U8 销售出库单界面

注意：由于销售选项设置为"销售系统生成出库单"，所以库存管理系统不用直接增加销售出库单。

（2）关闭发货单。陈东萍登录企业应用平台，在销售管理的发货单界面单击工具栏"末张"按钮，找到发货单（疆源实业）；单击工具栏"关联查询"按钮，选择库存管理中的销售出库单，单击"确定"按钮，列表显示审核人（杜先兵）已签名，表明出库单的货物已经发出；按下键盘上的"Ctrl + F4"快捷键退出当前嵌套窗口。

所以，单击发货单界面工具栏 关闭 按钮，表尾关闭人处自动签名；按下键盘上的"Ctrl + F4"快捷键退出当前嵌套窗口，再按下键盘上的"Alt + F4"快捷键退出系统。

【技能拓展】

关闭发货单（不是退出当前窗口）表明该销售业务执行完毕，发货单关闭后将不能再根据此发货单进行参照生成销售发票。若发货单关闭不当需取消，可单击工具栏 打开 按钮，取消表尾"关闭人"的签名。

工作任务 6.10　产品入库的业务信息化

【任务工单】

2023 年 1 月 11 日，沐涤Ⅱ型完工 400 套，露涤Ⅲ型完工 300 套，由生产办交仓库验收入库。

注意：因为本公司采用品种法核算产品成本，在生产费用的纵向归集分配与横向归集分配后，才能计算完工产品的总成本与单位成本，所以，平时无法填制产品入库的记账凭证（月末才能生成这类记账凭证）。

【信息化流程】

（1）增加产成品入库单。杜先兵双击菜单树"库存管理\入库业务\产成品入库单"命令；单击工具栏"增加"按钮，自动生成表头的入库单号、入库日期，表尾制单人自动签名；选择或录入表头的仓库、部门与入库类别；选择表体产品编码，录入数量（单价是该产品的单位生产成本，不能录入）；选定表体某产品，表尾将显示现存量，单击工具栏"保存"按钮，表尾现存量将重新计算，如图6.9所示。

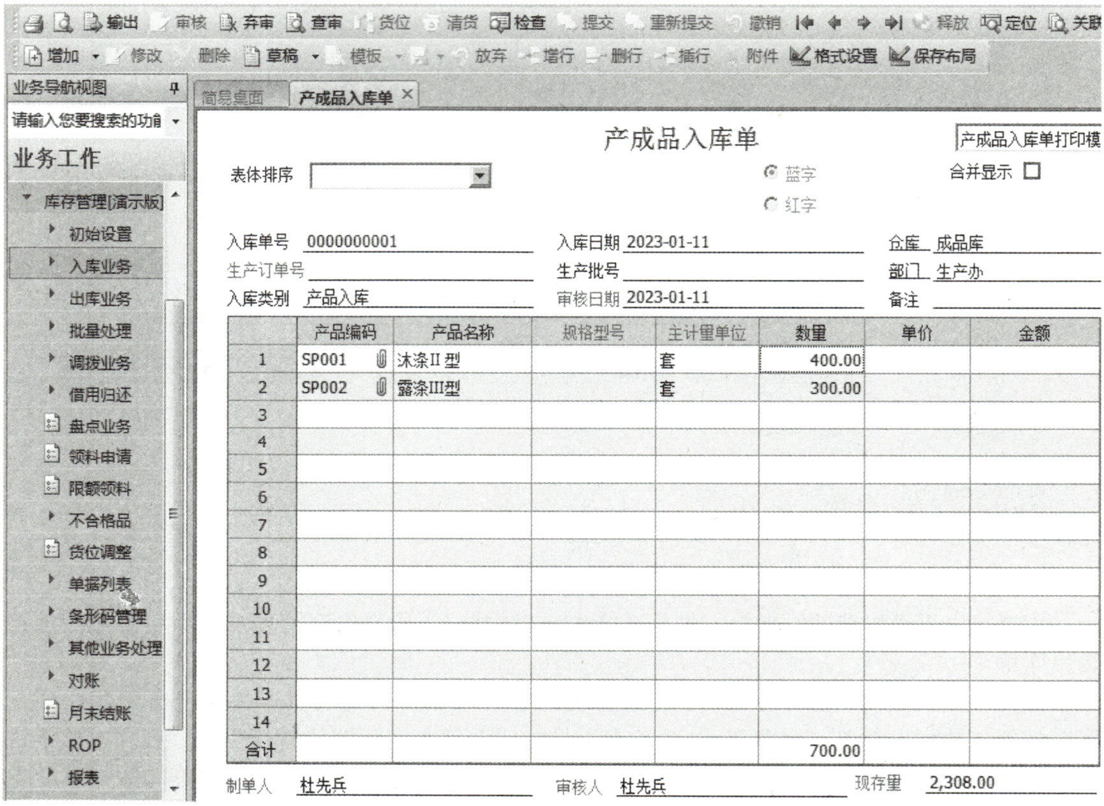

图6.9 用友U8增加产成品入库单

（2）审核产成品入库单。杜先兵单击产成品入库单界面工具栏"审核"按钮，表尾审核人自动签名，表明这些产品已收货入库，表尾的现存量也将自动更新。

三、材料出入库一体信息化

工作任务6.11 车间领料业财融合信息化

【任务工单】

2023年1月11日，生产办领用豆源籽1.5千克（经管领料）、椰麻屑2件，由杜先兵办理；金额按先进先出法计算。

借：制造费用 　　　　　　　　　　　　（计算）

贷：原材料　　　　　　　　　　　　　　　　　　（计算）
　　注：材料库采用先进先出法结转发出存货的成本，发出材料有成本额，可以填制凭证。
　【信息化流程】
　　（1）录入材料出库单。杜先兵双击菜单树"库存管理\出库业务\材料出库单"命令进入"材料出库单"界面，如图6.10所示；单击工具栏"增加"按钮，自动生成出库单号、出库日期、业务类型等，表尾制单人自动签名；参照选择或录入表头的仓库、出库类别、部门；分2行参照选择或录入表体的材料编码，录入数量，不录入单价与金额；单击工具栏"保存"按钮。

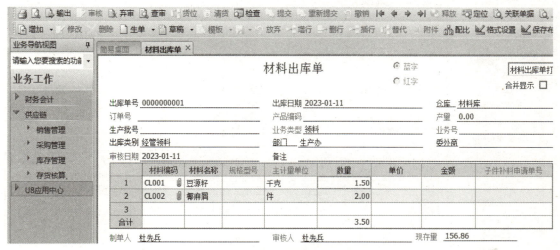

图6.10　用友U8材料出库单界面

　　（2）审核材料出库单。杜先兵单击材料出库单界面工具栏"审核"按钮，表尾审核人自动签名，表明材料已经发出；选定表体某材料，下部显示现存量。
　　（3）单据记账。账套主管登录企业应用平台，双击菜单树"供应链\存货核算\业务核算\正常单据记账"命令，单击"确定"按钮进入"正常单据记账列表"界面，如图6.11所示；该界面显示材料及产成品出库、入库的相关物流单据记录，单击"单据"按钮可查看相应的电子单据。

图6.11　用友U8正常单据记账列表界面

选定列表中的材料出库单（选择栏显示为"Y"），单击工具栏"记账"按钮；记账后的电子单据将自动消失，只显示未记账的物流电子单据。

（4）查看材料出库成本。账套主管双击菜单树"存货核算\日常业务\材料出库单"命令，显示2种材料的单价与金额已自动填入，如图6.12所示。这是因为材料库采用先进先出法核算，由系统自动计算发出材料成本，然后回填"材料出库单"。

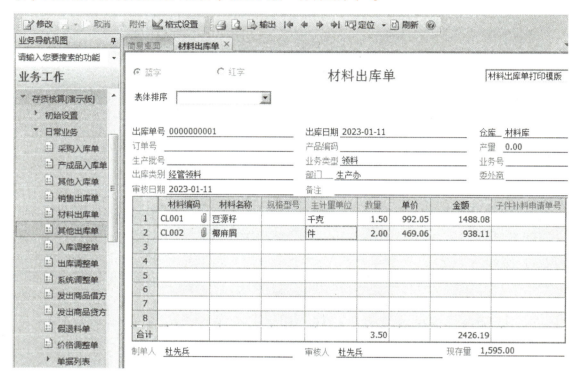

图6.12　先进先出法计算材料出库成本

杜先兵或者账套主管双击菜单树"库存管理\出库业务\材料出库单"命令，也显示2种材料的单价与金额已由系统按先进先出法自动计算并填入。

（5）生成凭证。账套主管双击菜单树"存货核算\财务核算\生成凭证"命令，单击工具栏"选择"按钮进入查询条件界面；单击"全消"按钮后再选择"材料出库单"，单击"确定"按钮，进入"选择单据"界面；选择弹出界面的材料出库单，单击工具栏"确定"按钮回到生成凭证界面，自动生成存货科目、项目及数量金额等，如图6.13所示；选择对方科目，修改列表后部的要素费用及其核算项目。

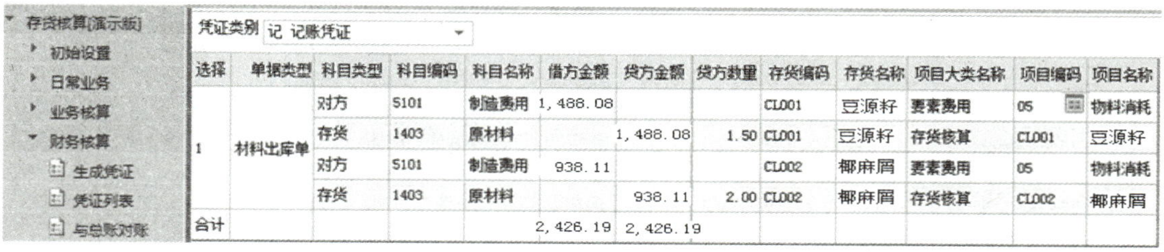

图6.13　用友U8存货核算生成凭证

单击工具栏"合成"按钮进入记账凭证界面，选定借方科目下部辅助核算区域将显示要素费用项目（可修改），选定贷方科目下部辅助核算区域将显示材料名称项目（不能修改，修改将造成总账与存货核算系统对账不平衡），单击"保存"按钮，凭证左上角显示"已生成"印章。

（6）查询凭证。账套主管双击菜单树"存货核算\财务核算\凭证列表"命令，单击"确定"按钮，可查看存货核算系统生成的凭证，通过工具栏可对这些凭证进行修改、删除与冲销等，也可联查原始单据。

在"总账\凭证\查询凭证"中也可查看这些凭证，单击表头的"记账凭证"字样时将提示"来源于存货核算系统"；但总账系统不能修改、删除、冲销与作废这些凭证。

【技能拓展】

此时若需要修改材料出库单，应由账套主管在"存货核算\财务核算\凭证列表"中删除该凭证；双击菜单树"存货核算\业务核算\恢复记账"命令，选择材料出库单恢复。杜先兵在库存管理的材料出库单中，单击工具栏"末张"按钮找到该出库单，单击"弃审"按钮，此时，该出库单即可修改或删除。

工作任务6.12　销售材料发货业财融合信息化

【任务工单】

2023年1月11日，杜先兵接销售部通知，向盛玖商贸发出销售的红纤素300个，结转材料销售成本，金额按先进先出法计算。

借：其他业务成本　　　　　　　　　　　（计算）
　　贷：原材料　　　　　　　　　　　　　（计算）

【信息化流程】

（1）查看销售出库单。杜先兵登录企业应用平台，进入"库存管理"的销售出库单界面，单击"末张""上张"按钮，找到自动生成的红纤素销售出库单（没有单价信息），它是在销售管理中进行销售发货单审核时自动生成的。

（2）审核销售出库单。杜先兵单击销售出库单界面工具栏"审核"按钮，表头审核日期自动填入，表尾审核人自动签名（表示已发货），表尾显示已扣除此数量后的现存量。

（3）关闭发货单。陈东萍登录企业应用平台，在销售管理的发货单界面单击工具栏"首张"按钮，找到该发货单；单击工具栏"关闭"按钮（ 关闭 ），表尾"关闭人"自动签名；按下键盘上的"Alt + F4"快捷键退出系统。

（4）存货核算方式。账套主管双击菜单树"存货核算\初始设置\选项\选项录入"命令，单击"核算方式"卡片，修改为：存货按仓库核算、暂估为单到回冲方式、销售成本核算方式按销售出库单、委托代销按发出商品核算；单击"确定"按钮。

（5）存货单据记账。账套主管双击菜单树"存货核算\业务核算\正常单据记账"命令并单击"确定"按钮，再选择出售红纤素的销售出库单，进行单据记账。

（6）查看出库成本。账套主管双击菜单树"存货核算\日常业务\销售出库单"命令，单击"上张"按钮找到该出库单，显示销售成本为5 985.13元，这是上述正常单据记账时按先进先出法自动计算并回填该出库单的成本额。

（7）账套主管在"存货核算\财务核算\生成凭证"中，单击工具栏"选择"按钮再选择销售红纤素的出库单，按初始设置中的存货科目、产品科目自动生成分录，单击"合成"按钮生成记账凭证。

【技能拓展】

若存货核算选项的"核算方式"修改为"销售成本核算方式按销售发票"，则正常单据记账、生成凭证时,应查询并选择销售发票而不是出库单。

工作任务6.13 材料入库业财融合信息化

材料入库业财融合信息化

【任务工单】

2023年1月11日,根据采购部李明良的收货通知,材料仓库收到上年向白鼎实业公司现购的豆源籽11千克、椰麻屑100件。

借:原材料　　　　　　　　　　　　　　　　(结算取数)
　　贷:在途物资　　　　　　　　　　　　　　(结算取数)

【信息化流程】

(1) 生成采购入库单。杜先兵双击菜单树"供应链\库存管理\入库业务\采购入库单"命令,进入采购入库单空白界面,如图6.14所示;选择"生单\采购蓝字到货单"命令并单击"确定"按钮进入"到货单生单列表"界面,双击上部选择栏使之显示为"Y",下部将显示两材料记录,如图6.15所示。单击生单列表工具栏"确定"按钮,上述已审核的到货单信息将自动携带到上述采购入库单中(没有单价、金额);选定表体某材料,表尾将显示该材料的现存量;单击工具栏"保存"按钮,再查看表尾现存量时已包括此次入库数量。

图6.14 采购入库单界面

图6.15 用友U8到货单生单列表界面

（2）审核入库单（收货）。杜先兵单击采购入库单工具栏"审核"按钮，下部审核人自动签名，表示材料已收。

（3）关闭到货单。张蓉双击菜单树"采购管理/采购到货/到货单"命令，单击"上张"按钮找该到货单；单击工具栏"关联单据"按钮进入"关联单据"界面；选择库存管理中的"采购入库单"并单击"确定"按钮，可看到列表中该入库单的审核人已签名，说明材料已入库。也可在到货单表体上右击选"单据联查\向下联查"，再双击列表中的记录并进入采购入库单界面，可看到该入库单下部的审核人已签名（收货）。

所以，在采购到货单界面单击工具栏"关闭"按钮（ 关闭 ），按下键盘上的"Ctrl + F4"快捷键，退出当前窗口。

（4）查看到货单。张蓉双击菜单树"采购管理/采购到货/到货单列表"命令，单击"确定"按钮进入"到货单列表"界面，如图6.16所示；列表中的"关闭人"已签名，表明不能再根据已关闭的到货单参照生单。

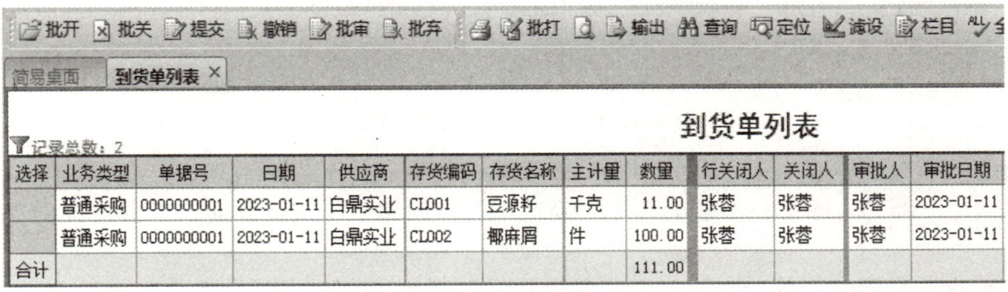

图6.16 到货单列表界面

若关闭不当，可选择该到货单（选择栏显示为"Y"），单击"批开"按钮，也可在"到货单"界面工具栏单击"打开"按钮。

（5）采购结算。张蓉双击菜单树"采购管理\采购结算\手工结算"命令进入"手工结算"界面（没有发票与入库单记录的空白电子单据），如图6.17所示；单击手工结算界面工具栏"选单"按钮进入"结算选单"界面，单击"查询"按钮并按默认条件确定，系统自动将待结算的发票与入库单携带到结算选单界面，如图6.18所示。

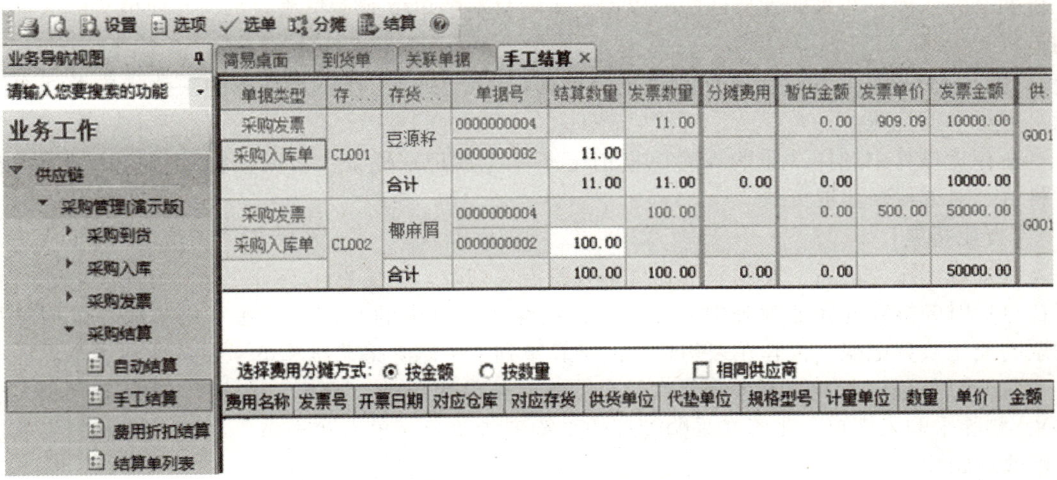

图6.17 用友U8手工结算界面

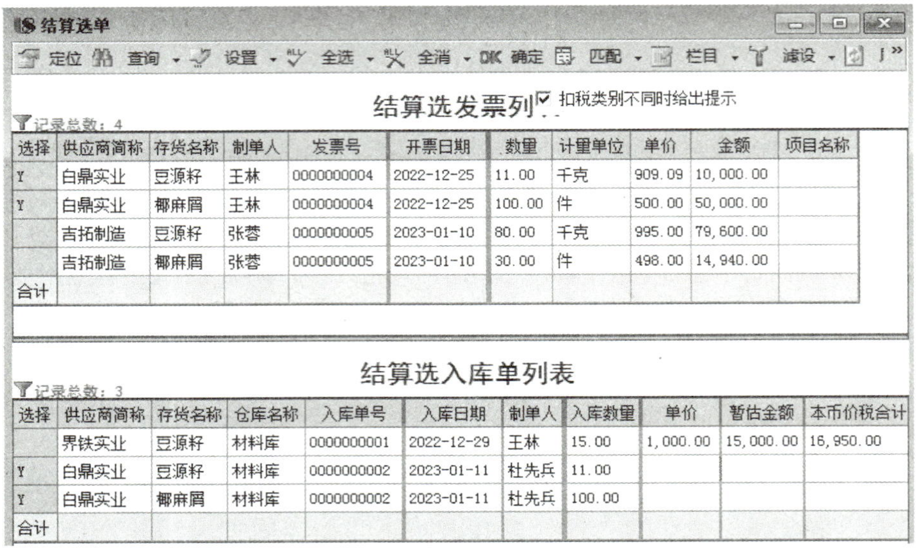

结算选发票列表									
选择	供应商简称	存货名称	制单人	发票号	开票日期	数量	计量单位	单价	金额	项目名称
Y	白鼎实业	豆源籽	王林	0000000004	2022-12-25	11.00	千克	909.09	10,000.00	
Y	白鼎实业	椰麻屑	王林	0000000004	2022-12-25	100.00	件	500.00	50,000.00	
	吉拓制造	豆源籽	张蓉	0000000005	2023-01-10	80.00	千克	995.00	79,600.00	
	吉拓制造	椰麻屑	张蓉	0000000005	2023-01-10	30.00	件	498.00	14,940.00	
合计										

结算选入库单列表									
选择	供应商简称	存货名称	仓库名称	入库单号	入库日期	制单人	入库数量	单价	暂估金额	本币价税合计
	界铁实业	豆源籽	材料库	0000000001	2022-12-29	王林	15.00	1,000.00	15,000.00	16,950.00
Y	白鼎实业	豆源籽	材料库	0000000002	2023-01-11	杜先兵	11.00			
Y	白鼎实业	椰麻屑	材料库	0000000002	2023-01-11	杜先兵	100.00			
合计										

图 6.18　用友 U8 结算选单界面

选定结算选单界面上部"白鼎实业"的发票（选择栏显示为"Y"），单击工具栏"匹配"按钮以选定下部的入库单；单击工具栏"确定"按钮回到手工结算界面，单击工具栏"结算"按钮。

（6）查看采购结算单。张蓉双击菜单树"采购管理\采购结算\结算单列表"命令并单击"确定"按钮进入"结算单列表"界面；该界面列示了每种材料结算后的单位成本、总成本；若结算有错，可在此删除该结算单。

（7）查看在途货物。张蓉双击菜单树"采购管理\报表\采购账簿\在途货物余额表"命令，白鼎实业的记录后部的"本期结余"栏没有在途物资的数量与金额显示；按下键盘上的"Alt + F4"快捷键退出系统。

（8）查看采购入库单。账套主管双击菜单树"存货核算\日常业务\采购入库单"命令，表体的材料已有单价与金额（生成采购入库单时没有录入单价与金额），所以，采购结算是将无价的采购入库单与采购发票匹配，以确定采购材料的单位成本与总成本，并回填采购入库单的单价与金额。

（9）存货核算。在存货核算的"正常单据记账"中，选择已经结算的采购入库单 2 条记录，进行单据记账。

在存货核算中选择"采购入库单报销记账"生成记账凭证，自动根据存货核算设置的存货科目、对方科目生成分录。

【技能拓展】

若生成记账凭证后，发现采购到货单有错需要修改，应信息化逆向处理，方法是：账套主管在存货财务核算的凭证列表中删除凭证，在存货核算中的"恢复记账"中，取消入库单与发票的配比核算记账。张蓉在采购管理的结算单列表中删除采购结算单，在采购到货单界面单击"打开"按钮。杜先兵在库存管理的采购入库单界面单击"弃审"按钮（此时可修改入库单），删除采购入库单。张蓉在采购管理的采购到货单界面单击"弃审"按钮，再对到货单进行修改或删除。

四、供应链的信息输出

工作任务6.14　消除业财系统信息孤岛的体验

【任务工单】

通过供应链的单据流查询强大的信息流，体验管理信息系统如何消除信息孤岛。

【信息化流程】

（1）存货核算联查。账套主管双击菜单树"存货核算\账表\账簿\流水账"命令，选择"已记账单据""未记账单据"，单击"确定"按钮，显示材料库的出入库单均有数量、金额，成品库的出入库单只有数量、无金额，如图6.19所示；选定表体凭证号的记录，单击工具栏"联查凭证"按钮，可查看记账凭证；单击工具栏"联查单据"按钮，可查看原始单据。

单据日期	单据号	记账日期	凭证号	业务类型	仓库	存货名称	收入数量	收入单价	收入金额	发出数量	发出单价	发出金额
2023-01-11	0000000001	2023-01-11	64	领料	材料库	豆源籽				1.50	992.05	1,488.08
2023-01-11	0000000001	2023-01-11	64	领料	材料库	椰麻屑				2.00	469.06	938.11
2023-01-10	0000000001	2023-01-11	65	普通销售	材料库	红纤素				300.00	19.95	5,985.13
2023-01-11	0000000002	2023-01-11	66	普通采购	材料库	豆源籽	11.00	909.09	10,000.00			
2023-01-11	0000000002	2023-01-11	66	普通采购	材料库	椰麻屑	100.00	500.00	50,000.00			
2023-01-11	0000000001			成品入库	成品库	露涤III型	300.00					
2023-01-11	0000000001			成品入库	成品库	沐涤II型	400.00					
2023-01-10	0000000002			普通销售	成品库	露涤III型				90.00		
2023-01-10	0000000002			普通销售	成品库	沐涤II型				750.00		
合计							811.00		60,000.00	1,143.50		8,411.32

图6.19　用友U8存货核算流水账

（2）总账联查。账套主管进入总账系统的"查询凭证"，显示本公司已填制记账凭证66张，发生额合计为3 929 127.92元。

双击列表中确认材料销售收入7 740元的记账凭证，选定"其他业务收入"科目，选择凭证界面工具栏"联查\联查原始单据"，可查询销售发票，并可在发票界面进一步关联查询销售管理中的发货单等。

双击列表中结转材料销售成本5 985.13元的记账凭证，选定"其他业务成本"科目，选择凭证界面工具栏"联查\联查原始单据"，双击可查询按先进先出法计算的销售出库单。

单击凭证查询列表界面工具栏"查询"按钮，勾选下部"来源"项并从其下拉框中选择不同的系统，显示记账凭证的来源为：固定资产系统4张，存货核算系统3张，应收系统14张，应付系统8张，总账系统37张。

（3）采购管理的信息共享。在"采购管理\报表\统计表\入库明细表"中，在"存货核算\日常核算\采购入库单"中，在"库存管理\报表\库存账\出入库流水账"中，均可联查经采购结算后的采购入库单，已回填了入库单价。

（4）销售管理的信息共享。在"销售管理\报表\统计表\进销存统计表"中，在"存货核算\日常业务\销售出库单"中，在"库存管理\报表\统计表\业务类型汇总表"中，可查询出库数量、成本信息等，有的还可查询收入、毛利等信息。

（5）库存管理的信息共享。在"库存管理\报表\库存账\库存台账"中，在"存货核算\

账表\账簿\明细账"中，可查询每种存货的收发存情况，联查相关原始单据等。

五、库存与存货核算循环信息化精析

1. 库存与核算循环信息化应用模式

库存管理、存货核算系统都可以单独启用，实施企业物流业务信息化，这两个系统核心的信息化手段都是"电子入库单""电子出库单"；它们可与供应链的其他子系统集成，实施供应链业务一体信息化；若再与总账系统集成，则是业财融合信息化。

2. 库存出入库的业务信息化

（1）采购入库单。库存管理中有蓝字采购入库单、红字采购入库单。采购入库单可以手工增加，也可以根据采购到货单、采购发票等电子单据自动生成；采购入库单的金额应为采购成本，可由软件采购结算自动计算，所以，采购入库单可以没有单价与金额。

（2）产品入库单。库存管理中有红字产品入库单、蓝字产品入库单；没有启用生产制造系统时，一般到手工增加产品入库单。产品入库单的金额应是生产成本，一般到月末才能确定完工产品成本，所以，平时无法录入单价与金额。

（3）销售出库单。用友 U8 等软件，若销售管理的选项设置为"销售出库单可由销售系统自动生成"，则销售发票复核时将自动生成销售出库单传递到库存管理系统，也可由库存管理系统参照生单或直接录入。金蝶 K/3 等软件，可以直接录入，也可以根据销售发货单自动生成。销售出库单的金额应是销售成本，需由软件按存货计价方法自动计算，所以销售出库单不录入单价、金额。

（4）材料出库单。材料出库单可以手工增加，也可以根据限额领料、申请领料等业务活动生成。材料出库单的金额应是出库成本，需由软件按存货计价方法自动计算，所以一般不录入单价、金额。

3. 存货核算信息化（物流业财融合信息化）

（1）入账科目或凭证模板的设置。用友 U8 等软件在存货核算的存货科目中，设置库存商品、原材料等存货"入账科目"；在对方（产品）科目中，根据存货收发类型与用途等设置"对方入账科目"，如车间领料为"制造费用"，销售出库为"主营业务成本"等。

金蝶 K/3 等软件在存货核算中，进行凭证模板设置，如产品领料的借方科目是"生产成本"，贷方科目为"原材料"，金额均来自材料出库单中"单据体的金额"字段，或来自"单据体的数量、单价"字段相乘等。

（2）采购入库成本核算。用友 U8 等软件，将收货后的入库单与采购发票、运费发票等，在采购管理中进行采购结算，核算采购入库材料的总成本与单位成本。采购结算后，入库单上的单价被自动修改为采购结算后的存货成本单价。

金蝶 K/3 等软件，将收货后的入库单与采购发票、运费发票等，在存货核算"结转成本"功能中确定采购入库材料的总成本与单位成本。

（3）先进先出法、移动加权平均法的出库成本。存货核算使用先进先出法、移动加权平均法计价法时，可直接根据出库单随时核算出库成本。用友 U8 等软件在存货核算的"单据记账"功能中进行出库成本的核算，金蝶 K/3 等软件在存货核算"结转成本"功能中确定发出存货的成本。

（4）全月加权平均法的出库成本。存货核算使用全月加权平均方计价法时，平时无法计算出库成本，所以是无价出库单，应于月末进行成本核算。

(5) 无价入库单。**无价入库单只有数量没有成本金额**，一般在月末进行信息化处理。如，产品入库单应在生产成本核算的基础上，于月末确定单位生产成本。

(6) 机制凭证。对已进行成本核算的出库单、入库单，已有该存货的成本（单价与金额），应生成机制凭证。用友 U8 等软件，在存货核算的"生成凭证"中自动生成转账凭证；金蝶 K/3 等软件，在存货核算的"凭证模板"中自动生成转账凭证；机制凭证自动传递到总账系统。

学习任务 4 学习效果验证

自主学习 06

一、单项选择题

1. 采购与应付款系统的供应商往来款的机制凭证直接将数据传递给（　　）信息子系统。
   A. 销售管理　　　　　B. 库存管理　　　　　C. 固定资产　　　　　D. 总账
2. 销售业务信息化可以不启用（　　）系统，但销售业财融合信息化必须启用。
   A. 采购管理　　　　　B. 库存管理　　　　　C. 存货核算　　　　　D. 总账
3. 采购发票没有与采购入库单配比，系统将该发票视为（　　），而不论是否与实情相符。
   A. 已发货未开票　　　　　　　　　　　B. 已开票未发货
   C. 暂估业务　　　　　　　　　　　　　D. 在途物资
4. 用友 U8 销售与收款循环的（　　）电子单据不能生成记账凭证。
   A. 收款单　　　　　B. 销售出库单　　　　　C. 销售发货单　　　　　D. 销售发票
5. 销售与应收款、采购与应付款循环中使用的库存商品代码（　　）。
   A. 库存管理系统设置　　　　　　　　　B. 代码含义不同
   C. 必须保持一致　　　　　　　　　　　D. 互不相关
6. 消除供应链物流与总账系统之间的"信息孤岛"的关键是进行该系统的（　　）。
   A. 库存管理　　　　　B. 存货核算　　　　　C. 发票传递　　　　　D. 物流管理

二、多项选择题

1. 存货核算系统传递到总账中的凭证，可以在总账系统中（　　）。
   A. 查询打印　　　　　B. 修改标错　　　　　C. 审核记账　　　　　D. 删除作废
2. 增值税一般纳税人现购原材料时，根据采购结算并记账后的采购入库单生成增加（　　）科目、减少（　　）科目的记账凭证。
   A. 应付账款　　　　　B. 应交税费　　　　　C. 原材料　　　　　D. 在途物资
3. 用友 U8 中对（　　）业务对象进行了数据权限控制，需要进行数据权配分配。
   A. 仓库　　　　　B. 科目　　　　　C. 工资　　　　　D. 用户
4. 如果采购管理与应付款系统集成使用，则应付系统中可以录入（　　）单据。
   A. 采购发票　　　　　B. 采购入库单　　　　　C. 应付单　　　　　D. 付款单
5. 供应链循环应用模式时，应收应付往来管理系统应录入（　　）。
   A. 收款单　　　　　　　　　　　　　　B. 采购与销售发票
   C. 出入库单　　　　　　　　　　　　　D. 付款单
6. 用友 U8 采购与付款循环的（　　）电子单据需要生成记账凭证传递到总账系统。

A. 付款单　　　　　B. 采购到货单　　　　　C. 采购发票　　　　　D. 采购入库单

三、判断题

1. 对于钱货两清的销售业务必须输入销售发票与收款单，否则将会出现错误。（　）
2. 库存管理中的入库单、出库单，只能在库存管理子系统中输入。（　）
3. 如果没有使用采购系统，则采购发票、付款单在应付款系统中输入。（　）
4. 用友U8销售管理与应收款管理同时使用时，销售发票应在销售系统中输入。（　）
5. 库存管理中出库单的发货成本大多由存货核算系统确定，可不录入电子单据的单价与金额。（　）
6. 供应链系统的钱流电子单据与物流电子单据生成的记账凭证有错时，可在总账系统中修改、标错与删除。（　）
7. 采购发票与入库单配比（采购结算）的目的是确定采购入库单上的成本。（　）
8. 对于销售管理中的销售发票，用友U8在应收款管理中按入账科目生成凭证，金蝶K/3在存货核算中根据凭证模板生成凭证。（　）

四、做中学：铁马实业信息化实训

工作任务6.15　铁马实业的商品现销信息化

【任务工单】

（1）2023年12月19日，批发部现销A商品75台，含税单价669.5元，B商品65件，含税单价525.3元，开出普通销售发票，收到工行普通支票存入银行（应收款管理系统发票信息化，或总账系统填制凭证）。

（2）20日，零售部降价促销，调低商品售价共计1 080元（总账系统填制凭证）。

（3）21日，零售部出售商品款28 500元（平时按售价确认收入不进行价税分离核算），现金结算并存入工行（应收款管理系统发票信息化，或总账系统填制凭证）。

工作任务6.16　铁马实业的商品现购信息化

【任务工单】

（1）2023年12月22日，零售部购进商品一批，采购发票列明的货款为107 200元，增值税税率为13%，用工行普通支票付货款。按含税售价验收入库207 300元（应付款管理系统发票信息化，或总账系统填制凭证）。

（2）23日，批发部购进A商品38台，无税单价490元，B商品53件，无税单价390元，收到3%的增值税专用发票，用工行普通支票支付货款，商品验收入库（应付款管理系统发票信息化，或总账系统填制凭证）。

学习情境七

供应链业财融合信息化

【技能目标】

在用友U8V10.1中，掌握库存与存货核算循环的产品BOM结构定义，购销出入库，产品出入库，常规领料、配比领料与申请领料的业财融合信息化技能；掌握销售与收款循环的现销赊销与预销，外币销售，销售折扣折让，订单与报价销售，销售退货的业财融合信息化技能；掌握采购与付款循环的采购在途，采购入库，预付购货，外币采购，采购折扣折让，订单与报价采购，请购订货与采购退货的业财融合信息化技能；掌握供应链中委托代销与直运购销业务，无发票购销业务，假退料与存货盘点业务的业财融合信息化技能；掌握上述业务处理完毕后发现错误时，逆向信息化处理技能。

【理论目标】

理解库存与核算循环的主要电子单据，业务信息化的内容与手段；理解销货与收款循环的主要电子单据，业务信息化的内容与手段；理解购货与付款循环的主要电子单据，业务信息化的内容与手段；理解采购与销售的成本、债权债务及机制凭证的财务信息化内容与手段；理解单据核销与往来两清的关系，业务单据关闭的原因；理解申请领料、配比领料、委托代销、直运购销、无发票购销、假退料与盘点业务的信息化内容及手段。

【素质目标】

提升多角度、多方位分析问题的能力，培养严谨细致的工作作风，树立系统观与整体观。

【思维导图】

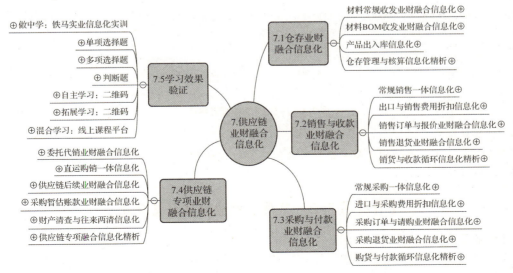

学习任务1 仓存业财融合信息化

一、材料常规收发的业财融合信息化

采购入库业财融合信息化

工作任务7.1 采购入库业财融合信息化

【任务工单】

2023年1月12日，材料仓库收到吉拓制造公司直接发来的豆源籽80千克、椰麻屑30件。经查该货物的采购发票（现购）已于本月10日收到，采购部张蓉经办。

借：原材料　　　　　　　　　　　　　　（采购结算）

　　贷：在途物资　　　　　　　　　　　　　　94 540

【信息化流程】

（1）处理采购入库单。为了简化本书的行文表述，以后假设全部信息化活动都由账套主管以业务发生日期登录用友U8企业应用平台进行处理。双击菜单树“库存管理\入库业务\采购入库单”命令，单击工具栏“增加”按钮；录入材料库的上述两种材料（不录入单价与金额），单击工具栏“保存”按钮；单击工具栏“审核”按钮（即收货），表尾审核人自动签名。

（2）手工结算。双击菜单树“采购管理\采购结算\手工结算”命令，选单并查询本年的采购发票与本年的入库单进行匹配与结算，以便计算采购成本，并回填上述采购入库单的单价、金额。

（3）存货核算。双击菜单树“存货核算\业务核算\正常单据记账”命令并单击“确定”按钮，选择采购入库单进行单据记账；按下键盘上的“Ctrl + F4”快捷键退出当前嵌套窗口。

双击菜单树“存货核算\财务核算\生成凭证”命令，选择“采购入库单报销记账”进入生成凭证界面，如图7.1所示；注意检查借方科目的辅助核算项目是否正确，再生成记账凭证。

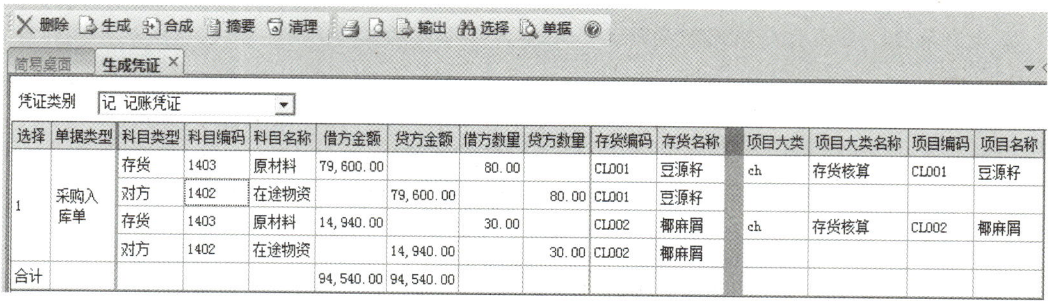

选择	单据类型	科目类型	科目编码	科目名称	借方金额	贷方金额	借方数量	贷方数量	存货编码	存货名称	项目大类	项目大类名称	项目编码	项目名称
1	采购入库单	存货	1403	原材料	79,600.00		80.00		CL001	豆源籽	ch	存货核算	CL001	豆源籽
		对方	1402	在途物资		79,600.00		80.00	CL001	豆源籽				
		存货	1403	原材料	14,940.00		30.00		CL002	椰麻屑	ch	存货核算	CL002	椰麻屑
		对方	1402	在途物资		14,940.00		30.00	CL002	椰麻屑				
合计					94,540.00	94,540.00								

图7.1 用友U8生成凭证界面

【技能拓展】

用友U8采购管理的到货单不是核心单据，可以不使用。此处是由仓库直接收货，所以没有参照到货单生成入库单。

工作任务7.2 常规领料业财融合信息化

【任务工单】

2023年1月12日，生产办领用红纤素85个，由材料库发出，发出的成本金额按先进先出法计算。

  借：制造费用   （计算）
    贷：原材料   （计算）

【信息化流程】

（1）材料出库单信息化。双击菜单树"库存管理\出库业务\材料出库单"命令，增加并保存生产办"经管领料"的材料出库单，不录入单价与金额；再审核该出库单，即发出货物。

（2）存货核算。在存货核算的"正常单据记账"中，选择已审核材料出库单进行单据记账。

（3）查看成本。双击菜单树"存货核算\日常业务\单据列表\材料出库单列表"命令并单击"确定"按钮，可查询本次出库成本额为1 695.79元，如图7.2所示，这是按先进先出法计算的发出材料的成本，其单价为年初的单位成本（四舍五入显示）；双击列表记录或工具栏"联查"按钮，可查询出库单（已回填金额）；单击"凭证"按钮可查询生成的机制凭证。

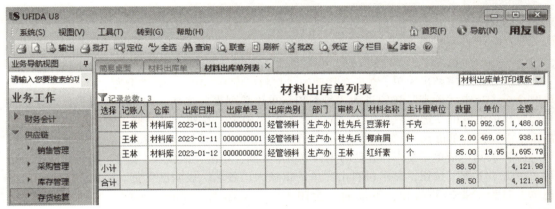

图7.2 查询材料出库单列表

（4）在存货核算的"生成凭证"中选择材料出库单制单，在生成凭证前注意选择对方科目为"制造费用"，并在该科目后部选择"要素费用"大类中的"物料消耗"辅助核算项目；单击工具栏"生成"按钮进入记账凭证界面，单击"保存"按钮；按下键盘上的"Alt + F4"快捷键退出企业应用平台。

工作任务7.3 露涤Ⅲ型申请领料信息化

【任务工单】

2023年1月12日，装制车间赵光海申请生产露涤Ⅲ型领用红纤素890个，当日审批同意。由材料库发出，发出的成本金额按先进先出法计算。

  借：生产成本/直接材料   17 755.89
    贷：原材料   （计算）

【信息化流程】

（1）录入领料申请单。双击菜单树"库存管理\领料申请"命令进入"领料申请单"界面，如图7.3所示；单击工具栏"增加"按钮，参照选择或录入表头项目（出库类别为"产品领料"），参照选择或录入表体项目；单击工具栏"保存"按钮。

（2）审核申请单。在上述领料申请单界面，单击工具栏"审核"按钮，下部审核人自动签名，表头审核日期自动填入。

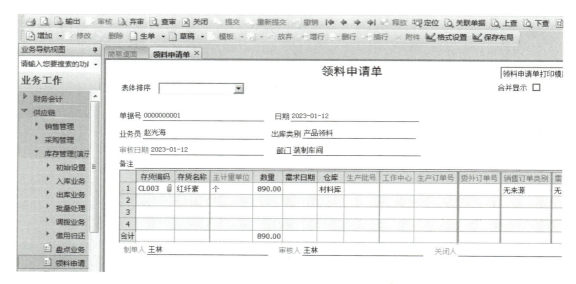

图 7.3　领料申请单界面

（3）生成并审核出库单。在库存管理的"材料出库单"中，选择工具栏"生单\领料申请单"命令，单击"确定"按钮进入"领料申请单生单列表"界面，如图 7.4 所示；选择上部已经审核的申请单（选择栏显示为"Y"），单击"确定"按钮，自动携带申请单信息到材料出库单中（没有单价），保存出库单；单击工具栏"审核"按钮（发货）。

（4）关闭申请单。在库存管理的领料申请单界面，单击"刷新""末张"按钮找到该申请单；单击"下查"按钮，显示材料出库单的审核人已签名，表明已发货。所以，单击领料申请单工具栏 ⊠ 关闭 按钮，下部的"关闭人"自动签名，同时"关闭"按钮变"打开"按钮。

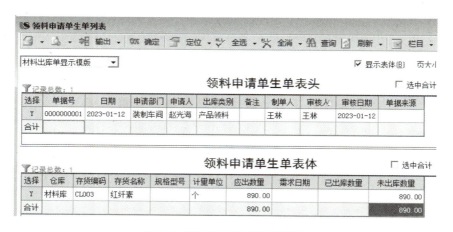

图 7.4　领料申请单生单列表界面

（5）设置对方科目。双击菜单树"存货核算\初始设置\科目设置\对方科目"命令，单击工具栏"增加"按钮，选择产品领料的对方科目为"5001001"，单击工具栏"保存"按钮。

（6）存货核算。在存货核算的"正常单据记账"中，选择已经审核的材料出库单进行单据记账；系统将按先进先出法计算出库成本为 17 755.89 元，回填出库单。

在存货核算的"生成凭证"中选择材料出库单制单，生成凭证前应将借方科目后部的存货核算大类中的项目修改为"露涤Ⅲ型"，再按存货科目与对方科目的设置生成记账凭证。

【技能拓展】

采购申请单关闭后将不能再根据申请单生成出库单。若关闭不当，可单击领料申请单界面工具栏"打开"按钮，将取消表尾的"关闭人"签名。

工作任务7.4　沐涤Ⅱ型申请领料信息化

【任务工单】

2023 年 1 月 12 日，加工车间吴文秀申请，生产沐涤Ⅱ型领用红纤素 1 050 个；当日审批同意，材料库发出红纤素，发出的成本金额按先进先出法计算。

借：生产成本/直接材料　　　　　　　　　（计算）
　　贷：原材料　　　　　　　　　　　　　（计算）

【信息化流程】

（1）物流电子单据信息化。在库存管理中，增加、保存与审核领料申请单；根据领料申请单参照生成、保存为材料出库单；审核出库单（发货）。在库存管理中，单击领料申请单界面工具栏"刷新""关闭"按钮，下部"关闭人"自动签名。

（2）物流业财融合信息化。在存货核算的"正常单据记账"中，选择材料出库单进行"正常单据记账"，先进先出法计算的成本为 20 947.96 元。在存货核算的"生成凭证"中，选择材料出库单制单，生成凭证前应修改借方科目记录行后部的辅助项为"沐涤Ⅱ型"。

二、材料 BOM 收发的业财融合信息化

工作任务7.5　设置产品结构（BOM 结构）

【任务工单】

（1）沐涤Ⅱ型由加工车间生产，每套消耗豆源籽 0.04 千克、椰麻屑 0.07 件。
（2）露涤Ⅲ型由装制车间生产，每套消耗豆源籽 0.06 千克、椰麻屑 0.08 件。

【信息化流程】

（1）定义沐涤Ⅱ型耗料的 BOM 结构。登录企业应用平台，双击菜单树"基础设置\基础档案\业务\产品结构"命令进入"产品结构资料维护"界面，如图 7.5 所示；单击工具栏"增加"按钮，选择表头的母件编码，自动生成表头的母件名称、计量单位、版本代号、版本日期与状态，表尾自动签名；录入版本说明"沐涤Ⅱ型耗料"。

单击表体第 1 行，自动生成子件行号、基本用量、基础数量、供应类型等，这些自动生成的内容可以修改；参照选择表体的子件编码，自动生成子件名称、计量单位、生效日期、仓库名称等；录入基本用量为上述的定额材料，基础数量 1.00 不用修改；单击工具栏"保存"按钮，表头状态栏有"审核"标记。

（2）类似地，定义露涤Ⅲ型耗料的 BOM 结构。

（3）查看产品结构。保存产品结构资料后再次进入该界面，内容显示为空；单击工具栏"查询"按钮，再单击"确定"按钮才能查询这些产品结构资料。

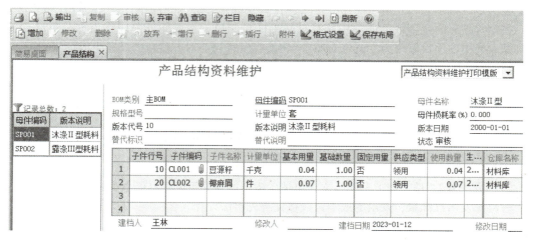

图 7.5 产品结构资料维护界面

工作任务 7.6 沐涤Ⅱ型配比领料信息化

【任务工单】

2023 年 1 月 13 日,按生产 2200 套沐涤Ⅱ型产品的材料定额(每套产品消耗豆源籽 0.04 千克、椰麻屑 0.07 件)配比准备材料,计算其材料总耗用量,由仓库发往本公司加工车间。

借:生产成本/直接材料　　　　　　　　(计算)
　　贷:原材料　　　　　　　　　　　　(先进先出法)

【信息化流程】

(1) 材料配比出库。双击菜单树"库存管理\出库业务\材料出库单"命令,单击工具栏"配比"按钮进入"配比出库单"界面,如图 7.6 所示;选择表头产品名称及版本号,确认按末级展开;选择生产部门名称、出库类别、项目大类名称与项目;录入表头的生产数量,表体的数量自动计算填入;单击工具栏"确定"按钮,回到材料出库单界面,自动生成材料出库单的相关内容,材料出库单表体有数量无金额;单击工具栏"审核"按钮,即材料出库(发货)。

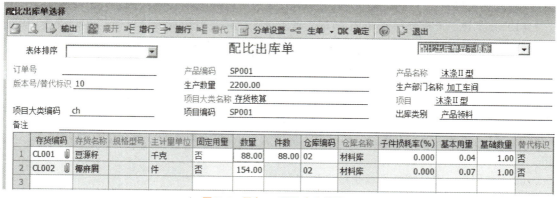

图 7.6 用友 U8 配比出库单界面

(2) 存货业务核算。在存货核算的"正常单据记账"中,选择材料出库单(2 行记录)进行单据记账,以计算先进先出法的发出材料成本,并回填材料出库单的单价、金额。

（3）存货财务核算。在存货核算的"生成凭证"中，选择材料出库单制单，生成会计分录后应修改借方科目后部的存货核算项目为"沐涤Ⅱ型"，贷方科目后部的存货核算项目分别为"豆源籽"和"椰麻屑"，如图7.7所示；单击工具栏"合成"或"生成"按钮生成记账凭证。

选择	单...	科目类型	科目编码	科目名称	借方金额	贷方金额	借方数量	贷方数量	存货编码	存货名称	项目大类	项目大类名称	项目编码	项目名称
1	材...	对方	5001001	直接材料	87,300.67		88.00		CL001	豆源籽	ch	存货核算	SP001	沐涤Ⅱ型
		存货	1403	原材料		87,300.67		88.00	CL001	豆源籽	ch	存货核算	CL001	豆源籽
		对方	5001001	直接材料	72,234.58		154.00		CL002	椰麻屑	ch	存货核算	SP001	沐涤Ⅱ型
		存货	1403	原材料		72,234.58		154.00	CL002	椰麻屑	ch	存货核算	CL002	椰麻屑
合计					159,535.25	159,535.25								

图7.7 沐涤Ⅱ型领料生成凭证

工作任务7.7 露涤Ⅲ型配比领料信息化

【任务工单】

2023年1月13日，按生产2 300套露涤Ⅲ型产品的材料定额（每套产品消耗豆源籽0.06千克、椰麻屑0.08件）配比准备材料，计算其材料耗用总量，由仓库发往本公司装制车间。

借：生产成本/直接材料　　　　　　　（计算）
　　贷：原材料　　　　　　　　　　　（先进先出）

【信息化流程】

（1）材料配比出库。在库存管理"材料出库单"中，单击工具栏"配比"按钮，选择表头产品名称及版本号，确认按末级展开；按前述方法，参照配比出库单生成材料出库单（材料出库单表体有数量无金额）；单击工具栏"审核"按钮，即材料出库（发货）。

（2）存货业务核算。在存货核算的"正常单据记账"中，选择材料出库单（2行记录）进行单据记账，以计算先进先出法的发出材料成本，并回填材料出库单的单价、金额。

（3）存货财务核算。在存货核算的"生成凭证"中选择材料出库单制单，生成凭证前应修改借方科目后部的存货核算项目为"露涤Ⅲ型"，贷方科目后部的存货核算项目分别为"豆源籽""椰麻屑"，如图7.8所示；单击"合成"或"生成"按钮。

选择	单...	科目类型	科目编码	科目名称	借方金额	贷方金额	借方数量	贷方数量	存货编码	存货名称	项目大类	项目大类名称	项目编码	项目名称
1	材...	对方	5001001	直接材料	68,312.78		68.86		CL001	豆源籽	ch	存货核算	SP002	露涤Ⅲ型
		存货	1403	原材料		68,312.78		68.86	CL001	豆源籽	ch	存货核算	CL001	豆源籽
		对方	5001001	直接材料	10,000.00		11.00		CL001	豆源籽	ch	存货核算	SP002	露涤Ⅲ型
		存货	1403	原材料		10,000.00		11.00	CL001	豆源籽	ch	存货核算	CL001	豆源籽
		对方	5001001	直接材料	57,849.30		58.14		CL001	豆源籽	ch	存货核算	SP002	露涤Ⅲ型
		存货	1403	原材料		57,849.30		58.14	CL001	豆源籽	ch	存货核算	CL001	豆源籽
		对方	5001001	直接材料	86,306.25		184.00		CL002	椰麻屑	ch	存货核算	SP002	露涤Ⅲ型
		存货	1403	原材料		86,305.25		184.00	CL002	椰麻屑	ch	存货核算	XL002	椰麻屑
合计					222,468.33	222,468.33								

图7.8 露涤Ⅲ型领料生成凭证

【技能拓展】

先进先出法的理解：双击菜单树"存货核算\账表\账簿\明细账"命令，选择"材料库"并单击"确定"按钮，将显示"原材料/豆源籽"先进先出法的计算过程，如图7.9所示。

记账日期		凭证号	摘要		收入			发出			结存		
2023 月	日		凭证摘要	收发类别	数量	单价	金额	数量	单价	金额	数量	单价	金额
期初结存											158.36	992.05	157,101.53
2023-01-11	1	11 记 64	材料出库单	经管领料				1.50	992.05	1,488.08	156.86	992.05	155,613.45
2023-01-11	1	11 记 66	采购入库单	材料入库	11.00	909.09	10,000.00				167.86	986.62	165,613.45
2023-01-12	1	12 记 67	采购入库单	材料入库	80.00	995.00	79,600.00				247.86	989.32	245,213.45
2023-01-13	1	13 记 71	材料出库单	产品领料				88.00	992.05	87,300.67	159.86	987.82	157,912.78
2023-01-13	1	13 记 72	材料出库单	产品领料				68.86	992.05	68,312.78	91.00	984.62	89,600.00
2023-01-13	1	13 记 72	材料出库单	产品领料				11.00	909.09	10,000.00	80.00	995.00	79,600.00
2023-01-13	1	13 记 72	材料出库单	产品领料				58.14	995.00	57,849.30	21.86	995.00	21,750.70
1月合计					91.00		89,600.00	227.50		224,950.83	21.86	995.00	21,750.70
本年累计					91.00		89,600.00	227.50		224,950.83			

图7.9 豆源籽先进先出法的计算过程

三、产品出入库的业财融合信息化

工作任务7.8　产品入库的业务信息化

【任务工单】

2023年1月13日，生产办通知完工产品沐涤Ⅱ型1 000套、露涤Ⅲ型900套，成品库收货。

注：没有产品完工入库的成本，无法填制记账凭证（即无法进行业财融合信息化）。

【信息化流程】

在库存管理的"产成品入库单"中，增加、保存完工的2种产品的入库单，只有数量，无单价与金额，并审核该入库单。

工作任务7.9　销售收款与出库的融合信息化

【任务工单】

2023年1月13日，销售部余绍志通知仓库，将238套沐涤Ⅱ型发往瑞丰实业公司（建行吉合办账号JH840688、税号SW65554022）。当日发出货物，开出增值税专用发票，无税单价252元，税率13%；收到普通支票4903号货款存入工行。

借：银行存款/工行人民币存款　　　　　67 772.88
　　贷：主营业务收入/国内销售　　　　59 976
　　　　应交税费/应交增值税/销项税额　　7 796.88

注：成品库的存货采用全月加权平均法计算发出成本，销售时可确认收入但无法配比结转销售成本；所以，成品库于月末结转销售成本，月底生成记账凭证，以后不再提示。

【信息化流程】

（1）通知发货。在销售管理的"发货单"中，单击工具栏"增加"按钮，取消参照订单界面；选择客户时，应在参照界面单击工具栏"编辑"按钮，增加该客户的档案资料，然后

案例：虚开发票、涉案人员被判刑

再选择；选择表体的存货编码后自动生成仓库、计量单位与税率（13.00）等；修改销售类型为现销，不要录入单价（通知时没单价）；录入完毕后保存、审核该发货单。

（2）仓库发货。在库存管理的"销售出库单"中，单击工具栏"末张"按钮，找到因审核发货单而自动生成的出库单；单击工具栏"审核"按钮（表明已发货）。

（3）发票与收款。在销售管理的"销售专用发票"中，单击工具栏"增加"按钮，取消参照订单界面；选择"生单\参照发货单"命令，单击"确定"按钮，选择并确定将发货单生成发票，录入无税单价（自动生成含税单价、税额、金额与价税合计等），保存该发票；单击工具栏"现结"按钮进行收款；单击工具栏"复核"按钮确认该发票。

注意：现销收款时销售发票必须先现结再复核，复核后的发票才能传递到应收款系统中。

（4）关闭发货单。在销售管理的"发货单"中，单击工具栏"刷新""关闭"按钮，表尾的"关闭人"自动签名。

（5）钱流单据审核。双击菜单树"应收款管理\应收单据处理\应收单据审核"命令，选择包含已现结发票，单击"确定"按钮，进行销售专用发票的审核。

（6）生成现销凭证。在应收款管理的"制单处理"中，选择现结制单生成记账凭证；现金流量为"销售商品、提供劳务收到的现金"。

（7）物流单据记账。在存货核算的"正常单据记账"中，选择所有产品销售出库单（包括以前没有记账的出库单），进行单据记账。

【技能拓展】

本次记账完成后，正常单据记账将只剩余2张产成品入库单的4行记录还没有记账，它们是无价单据，需月末进行生产成本核算并录入产品单位成本，然后才能进行单据记账。

四、仓存管理与核算信息化精析

企业实施"供应链+往来管理+总账"信息化应用模式时，采购管理、销售管理、库存管理、应收款管理、应付款管理等系统以"电子单据流"为手段对"工作流、物流、钱流"实现业财融合信息化；电子单据在存货核算、应收款管理、应付款管理等系统进行采购成本、销售成本、债权债务核算，再生成记账凭证，实现"价值流"的财务信息化；机制凭证"推入"总账系统实现供应链循环的业财融合信息化。

1. 库存管理信息化的主要业务

库存管理也称仓存管理，它是采购、生产与销售的一个中间环节。采购使库存增加，销售使库存减少，生产使库存形态转化，它们均与库存管理紧密相连，并受仓存管理好坏的影响。仓存管理信息系统的主要业务是入库业务、出库业务、调拨业务、组装拆卸业务与盘点业务等。

2. 库存管理的电子单据

由于物流管理的重要性、复杂性，加之各单位的经营情况相差极大，货物管理要求高、规格品种复杂，所以电子单据较多。为了便于电子单据流的管理，管理信息系统一般将其分为入库单、出库单两类管理。

（1）电子入库单。入库单是各种货物进入仓库的书面载体，主要包括采购入库单、产成品入库单、其他入库单。采购入库单是采购货物、受托代销货物等业务发生时，验货、收货进入仓存管理的书面依据，所以也有称为验收单的。产成品入库单是生产制造企业完工产品入库的依据，仅适用于工业企业。其他入库单是除以上单据外的入库时所使用的单据，主要包括盘盈入库单、调拨入库单、组装入库单、质检入库单、商品借入单等。

（2）电子出库单。出库单是各种货物从仓库发出的书面依据，主要有销售出库单、发料单、其他出库单。销售出库单是销售货物、委托代销货物等业务活动发生时发出商品的依据。发料单又称领料单，有一次性发料单、限额发料单，也有生产发料单、配比发料单、委托加工发料单等，这些单据主要适用于工业企业。其他出库单主要包括盘亏出库单、调拨出库单、拆卸出库单、商品借出单等。

（3）其他出入库单。上述电子单据中，其他出库单与其他入库单比较复杂，有的只能直接录入，有的在相关业务的活动中自动或手动生单。

如，企业经营业务过程中常将一些商品进行组装、拆卸出售，此时可进入系统的拆装模块，按产品结构进行处理，形成拆装出入库单；有的软件还可将拆装费用进行分配计入货物成本中。但要注意，拆装业务在仓库环节进行，不是产品的生产制造业务。

再如，仓库与门店之间经常进行存货的内部转移，这时可利用系统提供的内部调拨模块，形成调拨出入库单；有的软件还提供了同价及异价调拨、组装后立即调拨的功能。

又如，企业应定期，至少在年末进行存货的盘点，可进入系统提供的存货盘点模块，录入盘点数量，系统自动生成盘点表、账实核对表、盘盈单、盘亏单等。

3. 存货业务核算

库存管理系统中的出库单、入库单反映成本信息，一般不录入金额，有时也无法录入金额。例如，工业企业采购发票、运费发票、途中合理损耗等金额应计入采购成本，但填制采购入库单时可能无法或暂时不能确定其成本。再如，发出货物可使用先进先出、加权平均等方法计算出库成本，但填制出库单时这些成本可能无法或暂时不能录入。

所以，必须通过业务核算确定存货入库成本、存货出库成本，以便将这些信息在供应链内部传递，并向总账、成本管理等系统输送信息。有的电子单据是在业务发生时进行业务核算的，如先进先出法、移动平均法的出库单，采购入库单等；有的电子单据是在月末进行业务核算的，如全月加权平均法的出库单、产成品入库单。

4. 存货财务核算

总账系统实现会计核算、进行会计监督的关键手段是记账凭证；供应链中的业务信息，必须转换为总账系统能识别的会计分录，才能保证系统的高效运行与无缝链接，这种链接的实现由系统的"凭证模板、入账科目"设置来完成。金蝶 K3 等软件预设了大量的凭证模板，只需进行简单的修改，即可形成具有本单位特点的模板凭证；用友 U8 等软件通过设置"入账科目"或缺省科目来自动生成凭证。业务发生后可在人工的控制下，自动生成相应的记账凭证（机制凭证）。

自动生成凭证除了实现信息传递，还可大大减少核算工作量，如信息系统可在瞬时编制完成某超市一天的 5 000 张销售发票确认收入的凭证，但可能需要会计人员几个小时的工作才能完成手工凭证的编制。

学习任务2　销售与收款业财融合信息化

一、常规销售一体信息化

工作任务7.10　先票后货赊销一体信息化

【任务工单】

2023 年 1 月 14 日，销售部余绍志开出普通发票给铺城实业公司（建设银行南华办账号

JH450607、小规模纳税人税号 SW97654303），销售露涤Ⅲ型 400 套，含税单价 300 元，货款暂欠，当日发出商品。

借：应收账款　　　　　　　　　　　　　　　　120 000
　　贷：主营业务收入/国内销售　　　　　　　　　106 194.69
　　　　应交税费/应交增值税/销项税额　　　　　　13 805.31

【信息化流程】

（1）录入普通赊销发票。在销售管理的"销售普通发票"中，单击工具栏"增加"按钮，取消参照订单界面；选择客户时，应单击参照界面工具栏的"编辑"按钮增加该客户的档案再选择；录入或选择完毕后单击工具栏"保存"按钮（注：赊销业务不能现结）。

（2）复核发票。单击赊销发票工具栏"复核"按钮，表尾复核人处自动签名。注：赊销发票复核后，自动将该发票传递到应收款管理中；同时，复核销售发票还将在销售管理中自动生成发货单（且已自动审核），在库存管理中自动生成销售出库单。

（3）应收单据审核。在应收款管理的"应收单据处理"中，选择销售发票（应收单据）进行审核。

（4）查询客户欠款。赊销发票在应收款管理中审核，将生成并确认应收信息，反映该客户的往来账（提示：现销业务不生成应收信息，也不在客户往来账中反映）。

双击菜单树"应收款管理\账表管理\业务账表\业务余额表"命令，单击"确定"按钮，将显示本公司所有客户往来款项的信息，单击工具栏"小计"按钮，以取消表体的小计显示，如图 7.10 所示；右击客户记录行可联查明细账，进入应收明细账后还可联查原始凭证、记账凭证等。

图 7.10　用友 U8 应收余额表查询

（5）生成凭证。在应收款管理的"制单处理"中，选择发票制单生成确认销售收入的记账凭证，没有现金流量；选定应收账款科目所在行，下部辅助核算区将显示客户、业务员。

（6）仓库发货。在库存管理的"销售出库单"中，单击工具栏"末张"按钮找到自动生成的销售出库单（无单价与金额），单击工具栏"审核"按钮（货物发出）。

（7）关闭发货单。在销售管理的"发货单"中，单击工具栏"末张"按钮，找到自动生成、并已自动审核的发货单；单击工具栏"关闭"按钮，表尾"关闭人"自动签名。

（8）物流单据核算。在存货核算的"正常单据记账"中，选择销售出库单进行单据记账，但不能生成凭证（结转销售成本）。

【技能提示】

先票后货
赊销信息化

（1）发货单列示售价，所以显示了含税与无税单价、金额等信息。销售出库单列示成本价，而成品库发货成本需全月加权计算，所以没显示单价、金额信息。

（2）在"应收款管理/账表管理"中，还可以查看业务明细账、科目余额表、科目明细账与欠款分析等。

（3）此处只有应收款没有已收款，所以不需要在应收款管理中进行单据核销处理。单据核销在同时有应收单、收款单时才进行。

工作任务7.11 先货后票赊销一体信息化

【任务工单】

2023年1月14日，销售部陈东萍通知仓库，向环展实业公司（建设银行都沙办账号JH850642，税号SW9765436）发出沐涤Ⅱ型950套，无税单价206元。当日，开具增值税专用票，无税单价206元，税率13%，商业折扣（不是现金折扣）为2 211.41元即99折扣。收到环展实业公司的9889号、年利率6%带息的3个月商业承兑汇票（到期将采购用委托收款方式收回票款）。次日仓库发出商品。

借：应收账款　　　　　　　　　　　　　218 929.59
　　贷：主营业务收入/国内销售　　　　　　　　　193 743
　　　　应交税费/应交增值税/销项税额　　　　　25 186.59
借：应收票据　　　　　　　　　　　　　218 929.59
　　贷：应收账款　　　　　　　　　　　　　　　218 929.59

【信息化流程】

（1）发货单处理。在销售管理的"发货单"中，单击工具栏"增加"按钮并取消参照订单界面；选择客户时应在参照界面单击工具栏"编辑"按钮增加客户档案后才能选择，录入或选择表头、表体其他项目信息；单击工具栏"保存"与"审核"按钮（自动生成库存管理的销售出库单）。

在上述发货单界面选择发货单表头的单号，右击选择"复制"命令。

（2）专用发票的处理。在销售管理的"销售专用发票"中，单击工具栏"增加"按钮并取消参照订单界面；在该界面表头的发货单号框中右击选择"粘贴"命令，将自动携带审核后的发货单信息到发票界面，从而实现参照生单；录入表体折扣额2 211.41元后，扣率及其他相关栏目将自动重新计算，如图7.11所示；单击工具栏"保存"和"复核"按钮（不能现结）。

说明：这种参照生单方式，与在发票界面选择"生单\参照发货单"命令的功能一样；若发货单已关闭，是无法进行参照生单的。

（3）应收单据审核。在应收款管理的"应收单据处理"中，选择销售发票进行审核，审核后将自动生成、记录该客户的应收款信息。

（4）生成凭证。在应收款管理的"制单处理"中，选择发票制单，生成确认销售收入与应收账款的记账凭证。

（5）增加应收票据。在应收款管理"票据管理"中，增加录入该商业承兑汇票（票面利率应填入6），单击工具栏"保存"按钮，将增加1张商业汇票；单击工具栏"收款"按钮，将自动生成、记录该客户抵账收款的收款单1张。

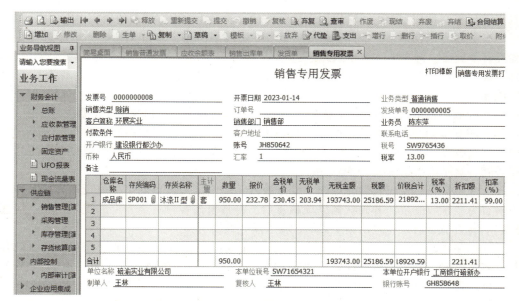

图 7.11 用友 U8 销售专用发票（商业折扣）

（6）收款单审核。在应收款管理的"收款单据审核"中，选择商业票据收款时自动生成的抵账收款单，进行审核。

（7）单据核销。赊销时有应收单，票据抵账时有收款单，所以应进行单据核销。在应收款管理的"手工核销"中，选择该客户并单击"确定"按钮；单击工具栏"全选"与"分摊"按钮，从而填入本次结算金额；单击工具栏"保存"按钮，进行应收单、收款单的核销。

（8）收款单生成凭证。在应收款管理的"制单处理"中，选择收付款单制单生成记账凭证，无现金流量；两科目下部辅助核算区域都将显示客户、业务员信息。

（9）发货。修改操作系统日期并重新登录企业应用平台，在库存管理的"销售出库单"中，单击工具栏"末张"按钮，找到因审核发货单而自动生成的出库单（无单价金额），单击工具栏"审核"按钮（表明货物已经发出）。

（10）关闭发货单。在销售管理的"发货单"中，单击工具栏"末张"按钮找到该发货单，单击工具栏"关闭"按钮（表尾"关闭人"自动签名）。

（11）存货核算。在存货核算的"正常单据记账"中，选择销售出库单进行单据记账。

工作任务 7.12 预收销货一体信息化

【任务工单】

2023 年 1 月 15 日，销售部余绍志通知仓库，向荣华实业公司发出露涤Ⅲ型 150 套。当日开具增值税专用发票，无税单价 259 元，税率 13%；以上年预收款 35 600 元抵付，余款暂欠。当日仓库发出货物。

借：预收账款　　　　　　　　　　　　　　43 900.5
　　贷：主营业务收入/国内销售　　　　　　　　38 850
　　　　应交税费/应交增值税/销项税额　　　　 5 050.5

【信息化流程】

（1）处理发货单。在销售管理的"发货单"中，单击工具栏"增加"按钮并取消参照订单界面；修改销售类型为"预销"；录入或选择表头与表体项目（不录入单价与金额），单击工具栏"保存"按钮；单击工具栏"审核"按钮（自动生成库存管理的销售出库单）。

（2）处理专用发票。在销售管理的"销售专用发票"中，单击工具栏"增加"按钮并取消参照订单界面，再选择"生单\参照发货单"命令，单击"确定"按钮进入参照生单界面；选择并确定发货单生成预销的专用发票，填入表体无税单价；单击工具栏的"保存"与"复核"按钮。

（3）应收单据审核。在应收款管理的"应收单据处理"中，选择销售发票进行审核。

（4）单据核销。在应收款管理的"自动核销"中，选择该客户的应收单与收款单（去年预收货款时有收款单，此处销售时有应收单），进行单据核销；单击自动核销报告中部的"明细"按钮，显示本次结算额 35 600 元。

（5）生成凭证。在应收款管理的"制单处理"中，选择发票制单生成记账凭证；修改其借方科目为"预收账款"并确认辅助项核算后，将弹出该客户资金赤字的提示信息，应选择"继续"；保存凭证时还将弹出赤字提示，应选择"继续"。

凭证保存后，选定预收账款科目所在行，单击工具栏"查辅助明细"按钮，显示该客户年初贷方余额 35 600 元，确认此处的借方金额后将变为借方余额 8 300.5 元（赤字）。因为总账选项设置为"资金及往来科目赤字控制"，所以有上述提示。

（6）仓库发货。在库存管理的"销售出库单"中，找到因审核发货单而自动生成的出库单，进行审核（发货）。

（7）关闭发货单。在销售管理的"发货单"中，找到该发货单，单击工具栏"刷新"和"关闭"按钮（下部"关闭人"自动签名）。

（8）存货核算。在存货核算"正常单据记账"中，选择销售出库进行单据记账，但不能生成结转销售成本的凭证。

【技能提示】

生成记账凭证的借方科目是"应收账款"，若没有修改为"预收账款"科目，可以在应收款管理的"凭证查询"中进行修改（总账系统不能修改）；若凭证已记账无法修改时，可以在应收款管理的"转账\预收冲应收"中进行转账处理；然后审核收款单，再生成预收冲应收的记账凭证。

二、出口与销售费用折扣信息化

工作任务 7.13　设置销售费用项目

【任务工单】

本公司在销售活动中有相关的费用，主要有销售运费、销售杂费。

【信息化流程】

（1）账套主管（王林）登录企业应用平台，双击菜单树"基础设置\基础档案\业务\费用项目分类"命令，增加"1 销售活动费"类别。

（2）双击菜单树"基础档案\业务\费用项目"命令，增加"01 销售运费"项目，"02 销售杂费"，它们的项目类别均为"销售活动费"。

工作任务 7.14　销售代垫费与收款一体信息化

【任务工单】

2023 年 1 月 15 日，销售部陈东萍通知成品库，向麦思实业公司（建行华洪办账号

JH540643、税号 SW64454077）销售产品：发出沐涤Ⅱ型 160 套，无税单价 203 元；露涤Ⅲ型 92 套，无税单价 257 元。当日发出商品，然后开出税率 13% 的销售专用发票。出纳用现金代垫运费 700 元、搬运费 176 元。收到麦思实业公司普通支票 0091 号将所有货款存入工行。

借：应收账款　　　　　　　　　　　　63 420.12
　　贷：主营业务收入/国内销售　　　　　　56 124
　　　　应交税费/应交增值税/销项税额　　　7 296.12
借：应收账款　　　　　　　　　　　　876
　　贷：库存现金　　　　　　　　　　　　　876
借：银行存款/工行人民币存款　　　　　64 296.12
　　贷：应收账款　　　　　　　　　　　　　64 296.12

【信息化流程】

（1）增加发货单。在销售管理的"发货单"中，单击工具栏"增加"按钮并取消订单参照界面；参照选择客户时，应先增加该客户的档案，录入或选择表头表体其他项目；然后保存发货单，审核发货单。

（2）发货。在库存管理的"销售出库单"中，找到审核发货单时自动生成的销售出库单，单击"审核"按钮。

（3）处理专用发票。在销售管理的"销售专用发票"中，单击工具栏"增加"按钮并取消订单参照界面，再单击"生单\参照发货单"命令，单击"确定"按钮；选择并确定发货单生成发票，保存并复核销售专用发票。

（4）在销售管理的"发货单"中，单击工具栏"刷新"及"关闭"按钮。

（5）应收单据审核。在应收款管理的"应收单据处理"中，选择自动传递的销售专用发票进行审核。

（6）赊销凭证。在应收款管理的"制单处理"中，选择发票制单生成赊销凭证。

（7）录入代垫费用单。双击菜单树"销售管理\代垫费用\代垫费用单"命令，或单击销售专用发票界面工具栏"代垫"按钮，进入"代垫费用单"界面，如图 7.12 所示。

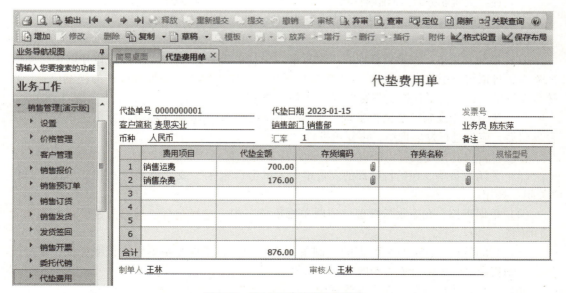

图 7.12　用友 U8 代垫费用单界面

单击工具栏"增加"按钮,自动生成代垫日期、代垫单号与币种等,表尾制单人自动签名;选择业务员自动生成部门,选择客户;参照选择表体的费用项目,录入金额;单击工具栏"保存"和"审核"按钮,审核后将自动增加该客户的往来欠款信息。

(8) 其他应收单审核。在应收款管理"应收单据处理"中,选择自动传递的其他应收单(代垫费用)进行审核。

(9) 代垫费凭证。在应收款管理的"制单处理"中,选择应收单制单生成凭证;修改贷方科目为库存现金;现金流量为"销售商品、提供劳务所收到的现金"(冲减)。

(10) 录入收款单。在应收款管理的"收款单据处理"中,增加、保存收款单;单击工具栏"审核"按钮,选择不立即制单。

(11) 单据核销。审核收款单时自动弹出核销条件界面,单击"确定"按钮;单击工具栏"全选"与"分摊"按钮以自动填入本次结算金额,单击"保存"按钮。

注意:若没有弹出核销条件界面,可双击菜单树"应收款管理\核销处理"中的手工核销或自动核销命令。

(12) 收款凭证。在应收款管理的"制单处理"中,选择收付款单制单;现金流量为"销售商品、提供劳务所收到的现金"。

(13) 存货核算。在存货核算的"正常单据记账"中,选择销售出库单进行单据记账。

工作任务7.15 现销的业财融合信息化

【任务工单】

2023年1月15日,管理部刘科通知仓库,向泰铭实业公司(建行华电办账号JH040061、税号SW00054024)发出商品:沐涤Ⅱ型980套,无税单价205元;露涤Ⅲ型830套,无税单价258元。当日开出税率13%的专用发票,收到对方普通支票0088号支付货款。当日仓库发出货物。

借:银行存款/工行人民币存款　　　　　　468 995.2
　　贷:主营业务收入/国内销售　　　　　　　　　415 040
　　　　应交税费/应交增值税/销项税额　　　　　 53 955.2

【信息化流程】

(1) 增加发货单。在销售管理的"发货单"中,单击工具栏"增加"按钮并取消订单参照界面;将销售类型改为"现销";参照选择客户时,应先编辑并增加该客户的档案信息,表体分2行录入;单击工具栏"保存"与"审核"按钮。

(2) 生成专用发票。在销售管理"销售专用发票"中,增加并参照发货单生成发票;保存发票后,应先进行发票现结,再复核发票。

注意:若先复核发票就不能现结了,此时应单击工具栏"弃复"按钮后再现结。

(3) 关闭发货单。在销售管理的发货单中,单击"末张"或"刷新"按钮,单击工具栏"关闭"按钮。

(4) 单据审核。在应收款管理"应收单据审核"中,选择包含已现结的发票进行销售发票的审核。

(5) 现结凭证。在应收款管理的"制单处理"中,选择现结制单生成记账凭证;现金流量为"销售商品、提供劳务所收到的现金"。

(6) 处理销售出库单。在库存管理中,找到自动生成的销售出库单进行审核。

(7) 存货核算。在存货核算的"正常单据记账"中,选择销售出库单进行单据记账。

工作任务7.16 销售费用一体信息化

【任务工单】

2023年1月15日,管理部刘科向泰铭实业公司支付销售佣金,其中由出纳用现金支付7 300元,用工行普通支票2016号支付7 800元。

借:销售费用　　　　　　　　　　　　　15 100
　　贷:库存现金　　　　　　　　　　　　　7 300
　　　　银行存款/工行人民币存款　　　　　7 800

【信息化流程】

(1) 处理费用支出单。双击菜单树"销售管理\费用支出\销售费用支出单"命令,或者单击销售发票界面工具栏"支出"按钮,进入"销售费用支出单"界面,如图7.13所示;单击"增加"按钮,自动生成支出单号、支出日期、币种,表尾制单人自动签名;选择表体的费用项目时,应先在参照界面单击"编辑"按钮增加"03销售佣金"项目,并在盈亏项目中选择"佣金"、在科目中选择"销售费用";由于用现金、存款分别支付,所以,应分2行选择"销售佣金"项目并录入金额;保存并审核支出单。

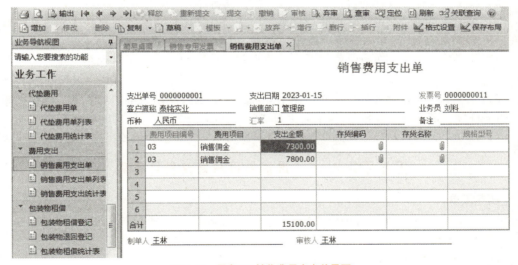

图7.13 用友U8销售费用支出单界面

说明:销售费用支出单在销售管理中,仅作为销售费用的统计单据,与其他系统没有数据传递或关联关系,也不会生成该客户的应收信息(不增加客户应收明细账)。

(2) 总账系统填制凭证。由于销售费用支出单没有单据传递关系,不能根据它生成记账凭证,所以应在总账系统中填制凭证。因为"销售费用"科目进行项目核算,所以在参照选择辅助项时,应先单击"编辑"按钮进入项目档案界面,选择"要素费用"项目大类并在项目目录卡片中单击"维护"按钮,增加"03销售佣金"。现金流量为"支付的与其他经营活动有关的现金"。

工作任务7.17 销售与现金折扣、收款信息化

【任务工单】

2023年1月15日,销售部陈东萍开具普通发票,向迎乐实业公司(工行大林洪办账号

JH220622、税号 SW63345478）销售露涤Ⅲ型 15 套，含税单价 310 元，付款条件为 2/30、1/60、n/90（现金折扣）。当日收到扣除现金折扣后的普通支票 3779 号存入工行，仓库发出货物。

  借：银行存款/工行人民币存款   4 557
    财务费用/销售现金折扣   93
   贷：主营业务收入/国内销售   4 115.04
     应交税费/应交增值税/销项税额   534.96

【信息化流程】

（1）增加普通发票。在销售管理的"销售普通发票"中，单击工具栏"增加"按钮，取消参照订单界面；参照选择客户时，应先增加该客户的档案资料；现金折扣应在表头的付款条件中参照选择，而不是表体的折扣额（表体是商业折扣而非现金折扣）；表体按含税单价录入；保存发票。

（2）现结复核发票。单击销售普通发票界面工具栏"现结"按钮，普通支票收款为 4 557 元，并选择本单位账号与开户行；其他结算方式为 93 元（删除开户行信息），此为 2% 的现金折扣；单击"确定"按钮；单击销售普通发票界面工具栏"复核"按钮。

（3）发货。在库存管理的"销售出库单"中，找到自动生成的出库单进行审核。

（4）关闭发货单。在销售管理的"发货单"中，找到因发票复核而自动生成、且已自动审核的发货单，单击工具栏"关闭"按钮（表尾"关闭人"自动签名）。

（5）应收单据审核。在应收款管理"应收单据审核"中，选择包含现结发票，对自动传递的销售普通发票进行审核。

（6）生成凭证。在应收款管理的"制单处理"中，选择现结制单生成凭证；选择财务费用的明细科目"销售现金折扣"；现金流量为"销售商品、提供劳务收到的现金"。

（7）流物单据记账。在存货核算的"正常单据记账"中，选择销售出库单进行单据记账。

工作任务7.18 增加外币与修改科目名称

【任务工单】

2023 年 1 月 16 日，港元（币符"HK"）的汇率为 0.82 元，修改主营业务收入与成本的明细科目的名称或属性。

【信息化流程】

（1）增加港元。账套主管（王林）双击菜单树"基础设置\基础档案\财务\外币设置"命令，增加"HK 港元"，小数 3 位，浮动汇率，单击"确认"按钮；再选定中部列表的"港元"，录入当日的记账汇率 0.82，并在其他位置单击，确认退出。

（2）修改科目。双击菜单树"基础档案\财务\会计科目"命令，将"主营业务收入"原 2 个明细科目，修改为"境内销售""出口港澳台"，并增加"6001003 出口国外"的明细科目。

将"主营业务成本"原 2 个明细科目，修改为"境内销售""出口港澳台"，科目性质（余额方向）均修改为"支出"；并增加"6401003 出口国外"的明细科目。

（3）查看科目改名。双击菜单树"总账\凭证\查询凭证"命令并单击"确定"按钮，双击列表记录进入记账凭证界面，显示凭证中的"主营业务收入/国内销售"科目已自动更改为"主营业务收入/境内销售"，但科目编码没变。

【技能提示】

"主营业务收入"科目已使用，不能修改已使用科目编码与方向（性质），但可以修改科目名称。"主营业务成本"没有使用，科目编码、名称与借贷方向等都可以修改。

工作任务7.19 外币赊销业财融合信息化

【任务工单】

2023年1月16日，刘科通知成品库，向香港锐思公司（中国银行华思洪办账号ZH270633）销售沐涤Ⅱ型30套，露涤Ⅲ型45套。由于是跨境应税行为，适用增值税零税率，所以开出普通发票，沐涤Ⅱ型含税单价352港元，露涤Ⅲ型含税单价433港元，当日汇率0.82元，货款暂欠，付款条件为1/30、n/60。当日已按我国海关的要求报关离境发往香港。

借：应收账款　　　　　　　　　　　24 636.9
　　贷：主营业务收入/出口港澳台　　　　　24 636.9

【信息化流程】

(1) 处理销售发货单。在销售管理的"发货单"中，单击工具栏"增加"按钮并取消参照订单界面；参照选择客户时，应先增加客户档案，其中的币种为"港元"；发货单表头的币种应为"港元"，其汇率自动携带（不能修改）；选择或录入表头与表体项目，其税率为0，不录入单价与金额；单击工具栏"保存"与"审核"按钮。

(2) 处理外币发票。在销售管理的"销售普通发票"中，参照发货单生成普通销售发票，如图7.14所示；选择表头的"付款条件"，表体的无税单价应录入港元，税率为0；单击工具栏"保存"与"复核"按钮。

(3) 发货。在库存管理的"销售出库单"中，找到审核发货单时自动生的出库单（无单价与金额）进行审核。

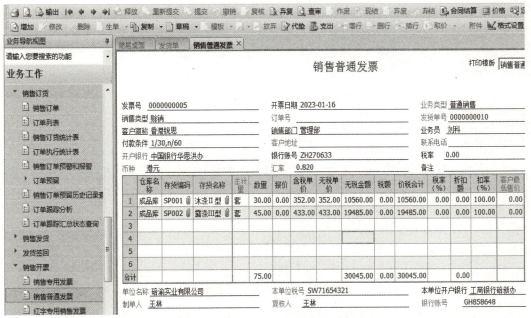

图7.14　用友U8生成销售普通发票

(4) 关闭该发货单。在销售管理"发货单"中，单击工具栏"刷新""关闭"按钮。

(5) 应收单据审核。双击菜单树"应收款管理\应收单据处理\应收单据审核"命令，单击"确定"按钮，应收单据列表将显示原币（港元）金额与汇率、本位（人民币）金额等信息；选择该发票，单击工具栏“审核”按钮。

（6）赊销制单。在应收款管理的“制单处理”中，选择发票制单自动生成的记账凭证，其借贷方的金额已折算为记账本位币（人民币）且不能修改；修改借方贷方科目，以及相应的辅助核算项目。

（7）流物单据记账。在存货核算的“正常单据记账”中，选择销售出库单进行单据记账。

三、销售订单与报价的业财融合信息化

工作任务7.20　常规订单赊销业财融合信息化

【任务工单】

2023年1月16日，销售部余绍志收到迪码集团公司的购货订单，本公司同意销售露涤Ⅲ型780套，无税单价250元，税率13%。当日通知仓库发货，开具增值税专用发票，货款暂欠。当日仓库发出商品。

借：应收账款　　　　　　　　　　220 350

　　贷：主营业务收入/境内销售　　　　　　195 000

　　　　应交税费/应交增值税/销项税额　　　　25 350

【信息化流程】

（1）增加销售订单。双击菜单树“销售管理/销售订货/销售订单”命令并单击“确定”按钮进入销售订单界面，如图7.15所示；单击工具栏“增加”按钮，自动生成表头订单号、订单日期、业务类型、销售类型、币种与汇率等，表尾制单人自动签名；选择业务员自动生成部门，选择客户简称。

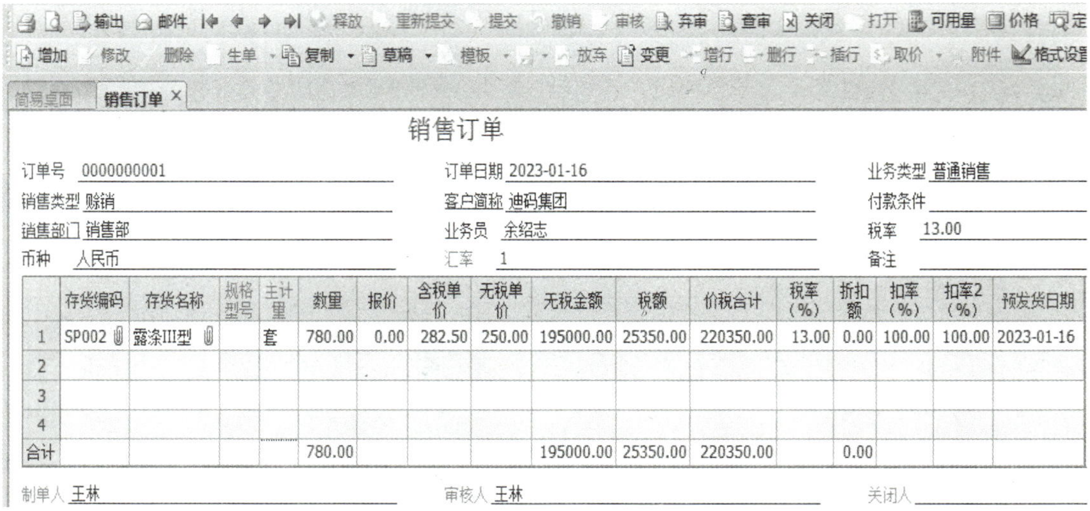

销售订单

订单号 0000000001　　订单日期 2023-01-16　　业务类型 普通销售

销售类型 赊销　　客户简称 迪码集团　　付款条件

销售部门 销售部　　业务员 余绍志　　税率 13.00

币种 人民币　　汇率 1　　备注

	存货编码	存货名称	规格型号	主计量	数量	报价	含税单价	无税单价	无税金额	税额	价税合计	税率（%）	折扣额	扣率（%）	扣率2（%）	预发货日期
1	SP002	露涤III型		套	780.00	0.00	282.50	250.00	195000.00	25350.00	220350.00	13.00	0.00	100.00	100.00	2023-01-16
2																
3																
4																
合计					780.00				195000.00	25350.00	220350.00		0.00			

制单人 王林　　审核人 王林　　关闭人

图7.15　用友U8销售订单界面

选择表体存货编码，自动生成存货名称、主计量单位、税率（13.00）、预发货日期等；录入数量、无税单价，自动生成税额、价税合计、折扣额与扣率等；单击工具栏“保存”按钮，自动生成表头税率等。

（2）审核查询订单。单击销售订单界面工具栏（若再次进入销售订单界面应单击“末张”“刷新”按钮）的“审核”按钮，表尾审核人自动签名。

双击菜单树"销售管理/销售订货/销售订单列表"命令,单击"确定"按钮进入销售订单列表界面,如图7.16所示;通过工具按钮可进行订单的批审、批弃、批关或批开等;双击列表记录可查询订单,在此可修改、删除与复制销售订单。

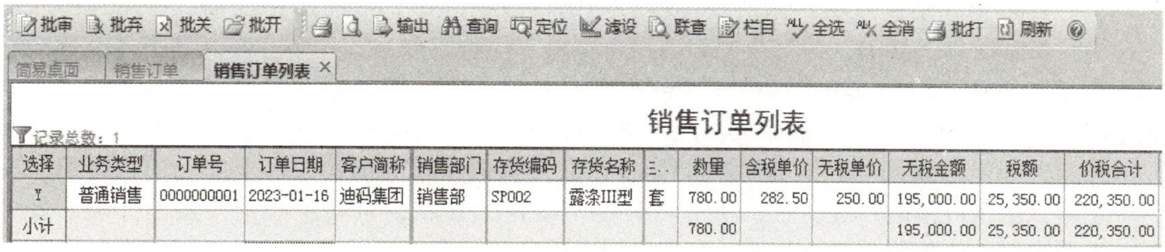

选择	业务类型	订单号	订单日期	客户简称	销售部门	存货编码	存货名称		数量	含税单价	无税单价	无税金额	税额	价税合计
Y	普通销售	0000000001	2023-01-16	迪码集团	销售部	SP002	露涤Ⅲ型	套	780.00	282.50	250.00	195,000.00	25,350.00	220,350.00
小计									780.00			195,000.00	25,350.00	220,350.00

图 7.16 销售订单列表界面

(3)生成审核发货单。在销售管理的"发货单"中,单击工具栏"增加"按钮弹出参照订单界面,单击"确定"按钮进入参照生单界面;选择上部的销售订单,下部显示订单中的货物信息,单击"确定"按钮,将自动携带订单信息到发货单界面;单击工具栏"保存"与"审核"按钮,表尾审核人自动签名(同时生成库存管理中的销售出库单)。

(4)关闭订单。在销售订单(或销售订单列表)界面,单击工具栏的"刷新""关闭"(⊠ 关闭)按钮,订单下部的"关闭人"自动签名。

注意:关闭后将无法参照生单;关闭后可以打开,打开后在特定情况下还可再次参照生单。若此时要修改订单,应逆向处理如下:单击销售订单界面工具栏的"打开"按钮;取消发货单的审核(将同时删除销售出库单),删除发货单;弃审订单,再修改销售订单。

(5)生成复核专用发票。在销售管理"销售专用发票"中,单击工具栏"增加"按钮取消参照订单界面;单击工具栏"生单\参照发货单"命令,再单击"确定"按钮进入参照生单界面;选择上部的发货单,下部显示该发货单的存货信息,单击工具栏"确定"按钮,自动携带发货单信息到发票界面;单击工具栏"保存"与"复核"按钮,表尾复核人自动签名。

(6)关闭发货单。在销售管理的"发货单"中,单击"刷新""关闭"按钮(⊠ 关闭),表尾"关闭人"自动签名。

(7)应收单据审核。在应收款管理的"应收单据处理"中,选择自动传递的销售发票进行审核。

(8)赊销凭证。在应收款管理的"制单处理"中,选择发票制单生成赊销凭证。

(9)发货。在库存管理的"销售出库单"中,找到自动生成的出库单进行审核。

(10)物流单据记账。在存货核算的"正常单据记账"中,选择销售出库单进行单据记账。

工作任务7.21 常规订单部分现销信息化

【任务工单】

2023年1月16日,销售部陈东萍收到盛玖商贸公司发来的订单,购露涤Ⅲ型710套。当日开具增值税专用发票,实际销售700套,无税价249元,税率13%。同时,收到对方开具的普通支票4701号39 100元,其余货款暂欠。通知仓库发货,订单中剩余的10套不再执行,当日发出商品。

  借:应收账款   157 859
    银行存款/工行人民币存款   39 100

贷：主营业务收入/境内销售　　　　　　　　　174 300
　　　　应交税费/应交增值税/销项税额　　　　　　22 659

【信息化流程】

（1）增加审核销售订单。在销售管理的"销售订单"中，增加销售订单，参照选择或录入表头、表体项目，其中，销售类型为现销，不录入单价，删除税率等；单击工具栏"保存"与"审核"按钮，销售订单下部审核人自动签名。

（2）生成、现结与复核专用发票。在销售管理的"销售专用发票"中，单击工具栏"增加"按钮并单击参照订单界面的"确定"按钮进入参照生单界面；选择上部的销售订单，下部将显示该销售订单的存货信息，单击工具栏"确定"按钮，自动生成销售发票；录入表头税率及表体的无税单价，修改数量，自动生成含税单价、金额等，单击工具栏"保存"按钮。

单击销售专用发票界面工具栏"现结"按钮，选择结算方式，录入实收金额等，单击"确定"按钮；单击工具栏"复核"按钮，表尾复核人自动签名。发票复核后自动传递到应收款管理中；复核发票的同时，还将自动生成销售发货单，自动生成库存管理中的销售出库单。

注意：录入的现结款不是全部的销售款项。发票需要先现结再复核；若先复核将无法现结，需单击工具栏"弃复"按钮后才可现结。

（3）钱流单据生成凭证。在应收款管理的"应收单据审核"中，选择自动传递的发票（包括现结发票），进行销售发票审核。在应收款管理的"制单处理"中，选择现结制单生成记账凭证，现金流量为"销售商品、提供劳务收到的现金"。

（4）查看往来欠款。此处虽然是部分收款，但在发票审核与生成凭证时，仍然视为现结单据。双击菜单树"应收款管理/账表管理/业务账表/业务余额表"命令，右击表体盛玖商贸公司的记录选择"联查明细账"，显示只有赊销款才列入该客户的往来明细账，因为往来款不反映现结金额。

（5）发货。在库存管理中，找到自动生成的销售出库单进行审核。

（6）关闭物流单据。虽然该销售订单还有10套没有销售，但不再执行，说明该业务已执行完毕；所以，在销售管理中找到该销售订单，单击工具栏"刷新""关闭"按钮。

在销售管理中找到发票复核时自动生成的发货单显示，该发货单已自动审核（审核人已自动签名）；所以，单击工具栏"关闭"按钮。

（7）物流单据记账。在存货核算"正常单据记账"中，选择销售出库单进行单据记账。

工作任务7.22　报价订单赊销业财融合信息化

【任务工单】

2023年1月16日，疆源实业公司拟购沐涤Ⅱ型450套，向本公司询价，销售部余绍志向该公司报价该产品的含税报价241元，税率13%。经协商，按每套无税价209元赊销460套，付款条件是2/30、1/60、n/90，填制销售订单。当日通知仓库发货，开具专用发票，仓库发出商品。

借：应收账款　　　　　　　　　　　　　　　108 638.2
　　贷：主营业务收入/境内销售　　　　　　　　　96 140
　　　　应交税费/应交增值税/销项税额　　　　　12 498.2

【信息化流程】

（1）增加审核销售报价单。双击菜单树"销售管理/销售报价/销售报价单"命令进入"销售报价单"界面，如图7.17所示；单击工具栏"增加"按钮，自动生成单据号、日期、业务类型、销售类型、币种与汇率等，表尾自动签名；选择业务员自动生成部门，选择或录入表头客户简称。

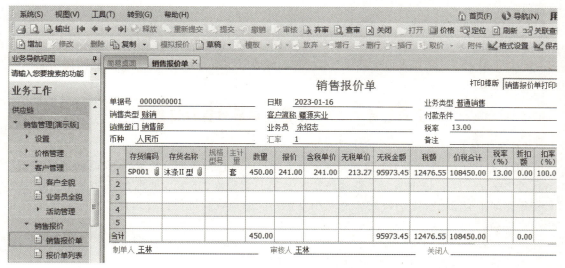

图7.17 销售报价单界面

选择表体存货编码自动生成存货名称、主计量单位、税率与扣率等；录入数量、报价，自动生成含税单价、无税单价与无税金额等项目；单击工具栏"保存""审核"按钮，自动填入表头税率，表尾审核人自动签名。

（2）生成审核销售订单。在销售管理的"销售订单"中，单击工具栏"增加"按钮；选择"生单\报价"命令，单击"确定"按钮进入参照生单界面；选择上部的报价，下部列表显示该报价单的存货信息，单并单击"确定"按钮，将报价单的信息自动携带到订单界面；按双方的议价选择表头的付款条件，修改表体的无税单价与数量等项目，不修改报价，表体的含税单价与无税金额等自动生成；单击工具栏"保存"与"审核"按钮，表尾审核人自动签名。

（3）生成审核销售发货单。在销售管理的"发货单"中，单击工具栏"增加"按钮，在自动弹出的参照订单界面单击"确定"按钮；选择上部订单，下部将显示该订单的存货信息，单击"确定"按钮，将已审核的销售订单信息携带到发货单界面；单击工具栏"保存"与"审核"按钮，表尾审核人自动签名，同时自动生成库存管理中的销售出库单。

（4）生成审核销售专用发票。在销售管理的"销售专用发票"中，单击工具栏"增加"按钮，取消参照订单界面；复制发货单表头的发货单号，粘贴于销售专用发票界面的发货单号录入框中，自动参照生成销售专用发票；单击工具栏"保存"与"复核"按钮，表尾复核人自动签名，该销售专用发票将自动传递到应收款管理系统。

说明：此项经济业务的订单已被发货单参照生单，所以不能复制订单号粘贴于销售专用发票界面的订单号录入框中，也不能选择"生单\参照订单"生成销售专用发票。

（5）关闭物流单据。在销售管理中，分别找到上述销售报价单、销售订单、发货单，单击"末张"或"刷新"按钮，单击工具栏的"关闭"按钮，这些物流单据表尾的"关闭人"处均自动签名。

（6）钱流单据生成凭证。在应收款管理的"应收单据审核"中，选择自动传递的销售发票，进行销售发票审核；在应收款管理的"制单处理"中，选择发票制单生成记账凭证。

（7）发货。在库存管理中，找到自动生成的销售出库单进行审核。

（8）物流单据记账。在存货核算"正常单据记账"中，查询并选择销售出库单进行单据记账。

（9）查询销售报价单。双击菜单树"销售管理\销售报价\销售报价单列表"命令并单击"确定"按钮，显示有批审、批弃、批关与批开等工具按钮功能，可逆向信息化处理；双击列表中的单据号可进入销售报价单界面，有增加、修改、删除、弃审、打开等工具按钮功能，可逆向信息化处理。

工作任务7.23　预销订单部分执行信息化

【任务工单】

2023年1月16日，余绍志收到昊典实业公司订单（已预收部分货款）：购露涤Ⅲ型80套，含税价293元，要求17日发货；购沐涤Ⅱ型95套，含税价235元，要求29日发货。次日，开具销售露涤Ⅲ型增值税税率为13%的专用发票，以原预收款抵付；通知仓库发货，仓库发出第一批货物。

借：预收账款　　　　　　　　　　　　　　23 440
　　贷：主营业务收入/境内销售　　　　　　　20 743.36
　　　　应交税费/应交增值税/销项税额　　　　2 696.64

【信息化流程】

（1）增加审核销售订单。在销售管理的"销售订单"中，单击工具栏"增加"按钮；修改表头的销售类型为"预销"；表体分2行参照选择商品、录入数量、含税单价、修改表体后部的"预发货时间"；单击工具栏"保存"和"审核"按钮。

（2）生成审核销售专用发票。账套主管（王林）修改系统日期并重注册企业应用平台，在销售管理的"销售专用发票"中，单击工具栏"增加"按钮弹出参照订单界面，单击"确定"按钮；选择上部的订单，下部将显示该订单的2条存货记录，取消下部"沐涤Ⅱ型"前的选择标志，单击工具栏"确定"按钮自动生成销售专用发票；单击工具栏"保存"与"复核"按钮，销售专用发票复核后将自动生成销售管理中的发货单（已审核）、库存管理中的销售出库单。

注意：此项经济业务的销售订单没被参照生单，应根据销售订单生成销售专用发票。同时，若生成了2条存货记录的销售专用发票，可右击表体"沐涤Ⅱ型"记录行，选择"删除当前行"命令。

（3）生成销售凭证。在应收款管理的"应收单据审核"中，选择自动传递的销售专用发票进行审核；在应收款管理的"制单处理"中，选择发票制单生成预销凭证，借方科目修改为"预收账款"。

（4）核销单据。在"应收款管理/核销处理"中选择该客户，进行应收单与收款单的手工（或自动）核销，本次结算金额为23 440元。

（5）发货。在库存管理中，找到自动生成的销售出库单进行审核。

（6）关闭发货单。在销售管理的"发货单"中，找到自动生成且已自动审核的发货单，单击工具栏"关闭"按钮。

注意：此处的销售订单只执行了17日的销售，还有货物应于29日执行销售，不能关闭。

（7）物流单据记账。在存货核算的"正常单据记账"中，查询并选择销售出库单进行单据记账。

四、销售退货业财融合信息化

工作任务7.24　往年现销退货业财融合信息化

【任务工单】

2023年1月17日，因产品质量问题，峰达商贸公司（建设银行新大办账号JH320909、税号SW77654303）退回半年以前用现款购进的露涤Ⅲ型2套，陈东萍通知仓库收货。当日成品库收到货物。经查，半年前销售时的含税单价为282元，开具红字普通销售发票。出纳用现金支付退货款。

　　贷：库存现金　　　　　　　　　　　　　　　564
　　　　主营业务收入/境内销售　　　　　　　　－499.12
　　　　应交税费/应交增值税/销项税额　　　　　－64.88

注：为了准确计算各科目的发生额，此分录只有贷方记录。

【信息化流程】

（1）录入退货单。双击菜单树"销售管理/销售发货/退货单"命令，如图7.18所示；单击工具栏"增加"按钮并取消参照订单界面，自动生成退货单号、退货日期、业务类型、销售类型、币种与汇率等，表尾制单人自动签名；参照选择表头的客户时，应先单击"编辑"按钮增加客户档案；修改销售类型为"现销"，选择业务员自动生成部门；选择表体的存货编码，<u>数量应录入负数，不录入单价、金额（当时未知）；单击工具栏"保存"和"审核"按钮，审核后自动生成库存管理中的红字销售出库单</u>。

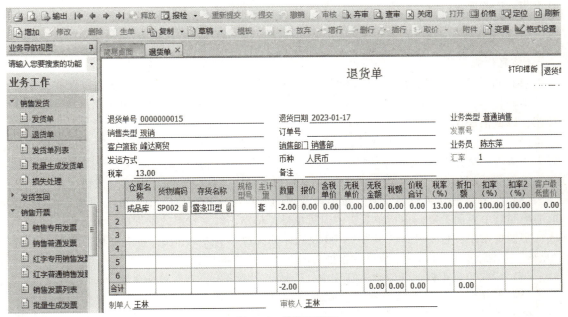

图7.18　退货单界面

（2）收货。在库存管理的"销售出库单"中，找到自动生成的红字销售出库单进行审核（即收到退回的2套产品）。

（3）生成审核红字销售发票。在销售管理的"红字普通销售发票"中，单击工具栏"增加"按钮取消参照订单界面；复制退货单表头的退货单号，粘贴于红字销售发票界面的发货单号录入框，生成红字销售普通发票；录入表体的含税单价，自动生成无税单价与金额等；单击工具栏"保存"按钮。

单击发票工具栏"现结"按钮，选择现金结算方式，录入收款金额-564元，删除账号信息，单击"确定"按钮；单击发票工具栏"复核"按钮。

注：生成红字销售发票也可以选择工具栏"生单\参照发货单"命令，选择弹出界面的"红字记录"的发货单类型。

(4) 关闭退货单。单击退货单工具栏的"刷新"和"关闭"按钮。

(5) 审核单据生成凭证。在应收款管理的"应收单据审核"中，选择包括现结发票进行单据审核。

在应收款管理的"制单处理"中，选择现结制单生成记账凭证；选定库存现金科目所在行，按下键盘上的空格键调整分录的借贷方向，按"-"键修改红字为黑字或蓝字；现金流量为"销售商品、提供劳务收到的现金"（冲减）。

(6) 物流单据记账。在存货核算的"正常单据记账"中，选择销售出库单进行单据记账。

工作任务7.25　当年赊销退货业财融合信息化

【任务工单】

2023年1月17日，因产品质量问题，盛玖商贸公司退回露涤Ⅲ型3套（本月16日订单赊销的商品），销售部陈东萍开具红字销售专用发票，无税价249元，税率13%，抵减原欠款。当日仓库收货。

借：应收账款　　　　　　　　　　　　　　-747
　　贷：主营业务收入/境内销售　　　　　-661.06
　　　　应交税费/应交增值税/销项税额　　-85.94

【信息化流程】

(1) 打开销售订单。在销售管理的"销售订单"中，单击工具栏"上张"按钮找到该公司的销售订单，该订单表尾的"关闭人"已签名（说明已关闭）；所以，单击工具栏 打开 按钮，以取消表尾"关闭人"的签名。

(2) 生成退货单。在销售管理的"退货单"中，单击工具栏"增加"按钮弹出参照订单界面，单击"确定"按钮进入参照生单界面；选择上部该公司的销售订单，单击工具栏"确定"按钮生成退货单；修改表体数量为-3，单击工具栏"保存"和"审核"按钮。

(3) 生成复核红字销售发票。在销售管理的"红字专用发票"中，单击"增加"按钮，取消参照订单界面；复制退货单表头的退货单号，粘贴于红字发票的发货单号录入框，自动生成红字销售发票；修改表头税率为13.00及表体的无税单价为249元；单击工具栏"保存"和"复核"按钮，复核后自动生成库存管理中的红字销售出库单。

(4) 应收单据审核。在应收款管理中，选择红字销售发票进行单据审核。

(5) 红票对冲。双击菜单树"应收款管理/转账/红票对冲/手工对冲"命令，选择该客户，单击"确定"按钮进入红票对冲界面，如图7.19所示；单击工具栏的"分摊"按钮（也可录入对冲金额）和"保存"按钮。

注意：此处是红蓝字发票对冲，没有应收单与收款单，所以不是单据核销。

(6) 赊销红字凭证。在应收款管理的"制单处理"中，选择发票制单生成凭证。

(7) 收货。在库存管理的"销售出库单"中，找到复核红字发票时自动生成的销售出库

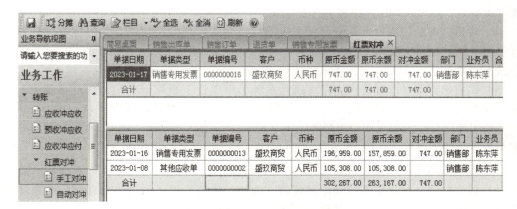

图 7.19 用友 U8 红票对冲界面

单（红字），单击工具栏"审核"按钮。

（8）关闭物流单据。在销售管理中，找到上述退货单后单击工具栏"刷新""关闭"按钮；找到上述销售订单后单击工具栏"刷新""关闭"按钮。

（9）物流单据记账。在存货核算的"正常单据记账"中，选择红字销售出库单进行单据记账。

五、销货与收款循环信息化精析

1. 销货与收款循环的电子单据

企业销货与收款循环的主要经济业务是接受销售订货、销售出库与退销、销售开票、售货款结算等，所以，该循环单据流中的主要单据是销售订单、销售发货单、销售出库单、销售发票、收款单。有的软件还增加了销货合同、报价单、发货通知单、代销出库单、应收款单、预收款单、坏账核销单、零售（POS 日结）单等。

销货与收款循环的销售订单、销售出库单、销售发票、收款单，是其四大核心单据；其中，前三者为销售管理系统的核心单据，收款单是应收款管理系统的核心单据。

另外，用友 U8 等软件还将销售发货单作为核心单据（其他软件没有这个规定）。

2. 销货与收款循环的业务信息化

销售与收款提供销售报价、订货、发货、开票、委托代销、包装出租等的完整销售流程，并对客户债权、销售价格等进行信息化管理。

（1）销售订单类似于某人或某单位从淘宝网、京东商城的"购物车"中提交给本公司的订单，它可直接录入，也可参照报价单等生成。通过销售订单与销售出库单的对比，可随时掌握销售订货业务的执行情况。业务执行完毕后，为了防止重复生单，用友 U8 等软件应"关闭"销售订单，金蝶 K/3 等软件应"勾销"销售订单。若企业没有订单销售业务，销售信息化时可以不使用。

（2）销售发货单应按照数据同源（不能重复录入数据）的信息化要求，进行手工录入或参照订单生成，用友 U8 等软件还可以通过发票复核自动生成。业务执行完毕后应"关闭"或"勾销"销售发货单。

（3）销售发票、运费发票等应按照数据同源的信息化要求，可以手工录入，也可参照销售订单、发货单生成；销售退回业务应录入或生成红字销售发票。审核后的销售发票应进行现结或应收处理；应收处理的发票自动传到应收款管理系统。

（4）现结处理的销售发票，不形成客户债权。应收处理的销售发票，由应收款管理系统进行单据审核，自动生成应收单，形成本公司对该客户的债权。以后收回货款时，在应收款管理中录入收款单。

（5）销售出库单是库存管理、存货核算系统的单据，按照数据同源的信息化要求，可以在复核发票与发货单时自动生成，也可以根据销售发货单与销售发票参照生成，还可以手工录入；若销售与库存系统集成使用时必须生单（包括手动生成与自动生成）。销售出库单在库存管理系统进行审核发货。

3. 销售与收款循环的财务信息化

（1）钱流凭证。对于销售活动中的现销、赊销、预销或代销的销售发票或应收单等"钱流"电子单据，用友U8等软件在应收款管理系统根据"入账科目"、金蝶K/3等软件在存货核算系统根据"凭证模板"，生成增加货币资金或客户债权、确认销售收入的记账凭证，机制凭证将自动传递到总账系统。

（2）销售成本核算。销售活动中的销售出库单、销售退回单等"物流"电子单据，在库存管理系统发货后自动传递到存货核算系统；由存货核算系统按照基础设置中确定的先进先出、移动平均等计价方法自动计算销售成本。

（3）物流凭证。销售成本核算后，在存货核算系统生成增加销售成本、减少存货科目的记账凭证，机制凭证将自动传递到总账系统。

学习任务3　采购与付款业财融合信息化

一、常规采购一体信息化

工作任务7.26　赊购在途与应付票据信息化

【任务工单】

2023年1月18日，采购部李明良收到白鼎实业公司专用发票，购椰麻屑300件，无税单价460元，税率13%。开出商业承兑汇票0301号抵付货款，2023年5月19日到期，到期后将进行委托收款。材料暂未运到（在途）。

借：在途物资　　　　　　　　　　　　　138 000
　　应交税费/应交增值税/进项税额　　　17 940
　　贷：应付账款/应付供应商　　　　　　　　　155 940
借：应付账款/应付供应商　　　　　　　155 940
　　贷：应付票据　　　　　　　　　　　　　　　155 940

【信息化流程】

（1）处理采购发票。双击菜单树"供应链\采购管理\采购发票\专用采购发票"命令进入专用发票界面，如图7.20所示；单击工具栏"增加"按钮，参照选择或录入表头、表体项目，修改税率为13.00；单击工具栏"保存"按钮，该发票自动传递到应付款管理系统。

注意：采购发票增加时不自动弹出参照订单界面；发票在应付款管理系统被审核后，不会生成采购到货单、采购入库单等物流单据，这是与销售管理不同的地方。

（2）查看在途货物。双击菜单树"采购管理/报表/采购账簿/在途货物余额表"命令，单击"确定"按钮进入在途货物余额表，显示上期结余及本期采购的在途货物。

注意：发票保存复核后，只要没有被采购结算参照选择（即采购发票左下角的结算日期没填入数据，如图7.20所示），该发票上的存货将自动视为在途材料。

图7.20 采购管理专用发票界面

（3）应付单据审核。双击菜单树"财务会计\应付款管理\应付单据处理\应付单据审核"命令，单击"确定"按钮，列表显示为空；单击工具栏"查询"按钮，选择结算状态"未完全报销"，单击"确定"按钮；选择列表中的采购发票（选择栏显示"Y"），单击工具栏"审核"按钮，列表的审核人将自动签名。

（4）赊购凭证。双击菜单树"应付款管理\制单处理"命令进入制单查询界面；选择发票制单，单击"确定"按钮进入发票列表界面；选择列表中的采购发票，单击工具栏"制单"按钮生成记账凭证；选定贷方科目所在行，下部辅助核算区域将显示供应商信息，若有错可双击辅助项修改按钮（ ▓ ）可修改；单击工具栏"保存"按钮，凭证左上角显示"已生成"印章。

（5）查询供应商往来。采购发票没有进行现付即意味着是赊购，系统自动生成应付供应商的欠款，并在该供应商往来明细中反映（注：现付业务不在供应商往来明细中反映）。

双击菜单树"应付款管理\账表管理\科目账查询\科目余额表"命令并单击"确定"按钮，显示本公司与所有供应商的往来情况，如图7.21所示；从左上角科目下拉框中，可分别查看设为供应商往来辅助核算的3个科目的明细记录；单击工具栏"明细"按钮，可查看科目明细账，在明细账中，可查看相应的凭证，或反查总账等。

单击工具栏"查询"按钮，可重新选择供应商明细账、业务员明细账等；并可进行凭证查询，在记账凭证中可进行原始单据的联查，即"穿透查询"。

（6）增加商业汇票。双击菜单树"应付款管理\票据管理"命令并单击"确定"按钮，单击工具栏"增加"按钮；在商业汇票界面，选择或录入商业承兑汇票的表头项目，单击工具栏"保存"按钮。

提示：由于应付款管理选项设置为"票据保存后自动生成付款单"，所以保存后不用单击"付款"按钮即已自动付款，且已自动生成抵账付款单。

图7.21　用友U8应付款管理的科目余额表

（7）付款单据审核。双击菜单树"应付款管理\付款单据处理\付款单据审核"命令，单击"确定"按钮，选择自动生成的抵账付款单（选择栏显示"Y"），单击工具栏"审核"按钮。

（8）单据核销。双击菜单树"应付款管理\核销处理\手工核销"命令，选择供应商名称，单击"确定"按钮进入"手工核销"界面；单击工具栏的"分摊"按钮，以填入付款单与赊销发票中的本次结算金额，单击"保存"按钮实现单据的手工核销。

（9）抵账凭证。在应付款管理的"制单处理"中，选择收付款单制单生成抵账的记账凭证，借贷方科目都自动进行了供应商辅助核算。

工作任务7.27　赊购入库业财融合信息化

【任务工单】

2023年1月18日，采购部张蓉通知仓库，隆恒商务公司发来的豆源籽20千克运到。当日材料库收料。收到普通发票，金额为18 610元，货款暂欠。

　　借：在途物资　　　　　　　　　　　　　　18 610
　　　　贷：应付账款/应付供应商　　　　　　　　　　18 610
　　借：原材料　　　　　　　　　　　　　　　18 610
　　　　贷：在途物资　　　　　　　　　　　　　　　　18 610

【信息化流程】

（1）增加审核到货单。双击菜单树"采购管理\采购到货\到货单"命令，单击工具栏"增加"按钮；选择或录入表头、表体项目，不录入单价与金额，修改税率为0；单击工具栏"保存"和"审核"按钮。注意：与销售管理不同，到货单审核后，不会自动生成采购入库单等物流单据。

（2）生成审核采购入库单。双击菜单树"库存管理/入库业务/采购入库单"命令，选择"生单\采购到货单蓝字"命令，单击"确定"按钮进入"到货单生单列表"界面；选择上部记录（选择栏显示"Y"），下部显示该到货单的存货信息，单击工具栏"确定"按钮，到货单的信息将自动携带到入库单中（无单价与金额），单击工具栏"保存"按钮；单击工具栏"审核"按钮，表尾审核人自动签名，表明已收货。

（3）关闭到货单。在采购管理中找到该到货单，单击工具栏"刷新"、 关闭 按钮。

（4）生成复核普通发票。在采购管理的"普通采购发票"中，单击"增加"按钮，选择"生单\入库单"命令，单击"确定"按钮进入"拷贝并执行"界面；选择上部该供应商的入库单（选择栏显示"Y"），下部显示相应存货信息，单击工具栏"确定"按钮，将入库单信息携带到发票界面；录入总金额，单击工具栏"保存"按钮，该发票自动传递到应付款管理系统中。

（5）应付单据审核。在应付款管理的"应付单据处理"中，选择"未完全报销"的采购发票，单击工具栏"审核"按钮。

（6）赊购凭证。在应付款管理的"制单处理"中，选择发票制单生成记账凭证。

（7）采购结算。双击菜单树"采购管理\采购结算\手工结算"命令，单击工具栏"选单"按钮进入结算选单界面，单击"查询"及"确定"按钮；分别选择该供应商上部的发票、下部的入库单（也可选择上部的发票后单击工具栏"匹配\按发票列表匹配"，或选择下部的入库单后单击工具栏"匹配\按入库单列表匹配"）；单击"确定"按钮，发票与入库单的信息将自动携带到手工结算界面，单击工具栏"结算"按钮。

（8）查看成本。单击采购入库单的"刷新"按钮，显示已自动填入该入库单的单价、金额等信息；所以采购结算的目的是计算采购货物的总成本、单位成本，并回填入库单（若入库单已有单价、金额等信息，将覆盖填入此处结算的金额）。

在"采购管理\采购结算\结算单列表"中也能查询成本，并可删除结算单。

（9）物流单据记账。在存货核算的"正常单据记账"中，选择采购入库单记账。

（10）生成入库凭证。在存货核算的"生成凭证"中，单击工具栏"选择"按钮，单击"全消"按钮后再选择"采购入库单报销记账"，单击"确定"按钮进入选择单据界面；选择采购入库单，单击"确定"按钮回到生成凭证界面；该界面将自动生成材料入库的借贷分录列表，若列表后部的存货核算项有错可以修改，单击工具栏"生成"按钮，进入记账凭证界面；保存该记账凭证。

工作任务7.28 预购入库业财融合信息化

【任务工单】

2023年1月19日，采购部李明良收到凌风制造公司专用发票，购进椰麻屑90件，单价489元，税率13%，用上年预付款抵付，其余暂欠。当日收到材料。

借：在途物资　　　　　　　　　　　　　　44 010
　　应交税费/应交增值税/进项税额　　　　 5 721.3
　　贷：预付账款　　　　　　　　　　　　　　　49 731.3
借：原材料　　　　　　　　　　　　　　　44 010
　　贷：在途物资　　　　　　　　　　　　　　　44 010

【信息化流程】

（1）增加审核采购专用发票。在采购管理的"专用采购发票"中，单击工具栏"增加"按钮；将采购类型改为预购，选择或录入其他项目，单击工具栏"保存"按钮。

（2）应付单据审核。在应付款管理的"应付单据处理"中，选择自动传递的"未完全报销"采购发票,单击工具栏"审核"按钮。

(3) 往来制单。在应付款管理的"制单处理"中,选择发票制单生成记账凭证;将贷方科目修改为"预付账款"并确认客户辅助核算信息;保存记账凭证时,将自动弹出资金赤字提示,选择"继续"。

保存凭证后选定预付账款科目所在行,单击工具栏"查辅助明细"按钮,显示该供应商已由年初的借方余额 10 030 元变为现在的贷方余额 39 701.3 元;与该科目的缺省方向(借方)相反,即资金赤字。

(4) 单据核销。双击菜单树"应付款管理/核销处理/手工核销"命令,选择该供应商,单击"确定"按钮;单击工具栏的"全选"与"分摊"按钮,以填入本次结算金额 10 030 元,单击工具栏"保存"按钮。

(5) 增加审核入库单。在库存管理的"采购入库单"中,单击工具栏"增加"按钮,自动生成入库单号、入库日期、业务类型与采购类型,表体制单人自动签名;修改采购类型为预购,选择或录入表头、表体项目,不录入单价与金额,单击工具栏"保存"按钮;选定表体材料名称,下部将显示该材料的现存量,单击工具栏"审核"按钮。

注意:与销售管理不同,采购入库单不能根据采购发票生单,也不会自动生成,所以必须手动录入;采购发票审核后也不会自动生成采购到货单。

(6) 采购结算。双击菜单栏"采购管理/采购结算/自动结算"命令,选择结算模式为"入库单和发票",选择该供应商编码,单击"确定"按钮,提示成功处理 1 条记录。

(7) 查询采购结算。双击菜单栏"采购管理/采购结算/结算单列表"命令,单击"确定"按钮,显示结算单列表;若结算不当,可在此删除该结算单。

双击该供应商的结算记录可查询结算单;单击结算单界面工具栏"关联单据"按钮再选择"库存管理/采购入库单",单击"确定"按钮后再双击弹出界面的记录行,将显示采购入库单已自动填入其单价与金额(增加采购入库单时没录入单价与金额)。

(8) 存货核算。在存货核算的"正常单据记账"中,选择已结算的采购入库单进行记账。

在存货核算的"生成凭证"中,单击工具栏"选择"按钮,选择已记账的采购入库单(报销记账),生成记账凭证。

二、进口与采购费用折扣信息化

工作任务 7.29 现购入库与运费业财融合信息化

【任务工单】

2023 年 1 月 19 日,材料仓库收到吉拓制造公司发来的豆源籽 70 千克,椰麻屑 90 件,采购部李明良经办。当日收到的购货专用发票列示,豆源籽无税单价 950 元,椰麻屑无税单价 442 元,税率 13%。收到运费普通发票 263 元(无增值税进项税额),运费用按各材料的无税金额分配,用工行普通支票 2019 号支付货款及运费。

借:在途物资　　　　　　　　　　　　　　106 543
　　应交税费/应交增值税/进项税额　　　　 13 816.4
　　　贷:银行存款/工行人民币存款　　　　　　　　120 359.4
借:原材料　　　　　　　　　　　　　　　106 543
　　　贷:在途物资　　　　　　　　　　　　　　　　106 543

【信息化流程】

(1) 增加审核采购入库单。在库存管理的"采购入库单"中，单击工具栏"增加"按钮；修改采购类型为现购，选择或录入表头、表体项目，不录入单价与金额，单击"保存"按钮，单击工具栏"审核"按钮（收货）。

(2) 生成现付专用发票。在采购管理的"专用采购发票"中，单击工具栏"增加"按钮；选择"生单\入库单"命令，单击"确定"按钮进入拷贝并执行界面；选择上部的入库单，下部显示已入库的 2 条存货记录，单击工具栏"确定"按钮，将已审核的入库单信息携带到发票界面；录入表体的原币单价（无税），单击工具栏"保存"与"复核"按钮；单击工具栏"现付"按钮，选择结算方式，录入实付货款 120 096.4 元及票号。

(3) 增加采购费用存货档案。双击菜单树"基础设置/基础档案/存货/计量单位"命令，选定左部"自然组"，单击工具栏"单位"按钮；单击工具栏"增加"按钮，录入自然单位组的"0104 元"计量单位，单击工具栏"保存"按钮。

双击菜单树"基础设置/基础档案/存货/存货档案"命令，单击工具栏"增加"按钮进入"增加存货档案"界面；录入材料类的"CL004 采购费用"存货编码与名称，选择并修改自然单位组的主计量单位为"元"，勾选下部存货属性为"外购""应税劳务"项，修改销项税率与进项税率均为 9%，单击工具栏"保存"按钮。

(4) 增加现付运费发票。双击菜单树"采购管理/采购发票/运费发票"命令进入"运费发票"界面，如图 7.22 所示；单击工具栏"增加"按钮，自动生成业务类型、发票号、开票日期、币种与汇率，表尾制单人自动签名；选择供应商自动生成代垫单位、业务员自动生成部门，修改采购类型与税率（税率0）；选择表体存货名称为采购费用，录入原币金额（无税）；单击工具栏"保存"按钮；单击工具栏"现付"按钮，选择结算方式，录入实付的运费金额。

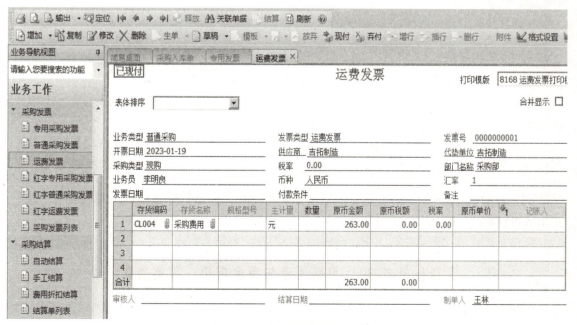

图 7.22 用友 U8 运费发票界面

(5) 应付单据审核。在应付款管理的"应付单据处理"中，选择"包括现结""未完全报销"的自动传递的 2 张采购发票，单击工具栏"审核"按钮，审核人栏自动签名。

（6）现购凭证。在应付款管理的"制单处理"中，选择现结制单，将已审核的 2 张采购发票合并生成记账凭证（单击工具栏"全选""合并"与"制单"按钮）；贷方科目要进行结算方式的辅助核算，现金流量为"购买商品、接受劳务支付的现金"。

（7）采购结算。在采购管理的"手工结算"中，单击工具栏"选单"按钮进入结算选单界面，单击工具栏"查询"按钮并单击"确定"按钮；选定上部的 3 条发票记录（吉拓制造的 2 张发票），再选定下部的 2 条入库单记录（不要单击"匹配"按钮）；单击"确定"按钮，将自动携带发票与入库单到结算选单界面；此时，上部将显示采购发票与入库单信息，下部显示待分摊的采购运费信息，如图 7.23 所示。

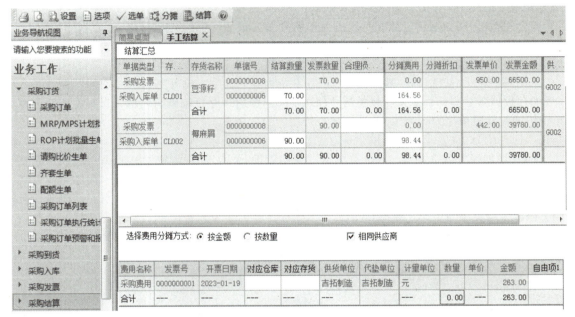

图 7.23 用友 U8 采购运费分配

选择费用分摊方式为按金额、相同供应商，单击工具栏"分摊"按钮，下部运费 263 元将自动计算并填入上部的"分摊费用"栏；单击工具栏"结算"按钮。

（8）查看采购成本。双击菜单树"采购管理\采购入库\采购入库单"命令，或双击菜单树"存货核算\日常业务\采购入库单"命令，单击"末张"按钮，显示这 2 种材料的单价与金额已自动填入（包括采购发票单价与分摊采购费用两部分）。

（9）物流单据核算。在存货核算的"正常单据记账"中，选择已采购结算的采购入库单 2 条记录进行单据记账。

在存货核算的"生成凭证"中，选择已进行单据记账的采购入库单，生成记账凭证。

工作任务 7.30 现购入库与现金折扣一体信息化

【任务工单】

2023 年 1 月 20 日，仓库收到鹏轩实业公司（建设银行新科办账号 JH920901、税号 SW33654382）发来椰麻屑 20 件，李明良经办。当日收到专用发票，无税单价 470 元，税率 13%；付款条件为 2/30、1/60、n/90；按货款额扣除现金折扣 212.44 元后的金额开出普通支票 2670 号从工行支付。

借：在途物资　　　　　　　　　　　　　　9 400
　　应交税费/应交增值税/进项税额　　　　1 222
　　贷：银行存款/工行人民币存款　　　　　　　10 409.56
　　　　财务费用/购货现金折扣　　　　　　　　212.44
借：原材料　　　　　　　　　　　　　　　9 400
　　贷：在途物资　　　　　　　　　　　　　　　9 400

【信息化流程】

（1）增加审核入库单。在库存管理的"采购入库单"中，单击工具栏"增加"按钮；选择表头的供应商时应在参照界面单击"编辑"按钮先增加该供应商的档案信息；选择或录入表头、表体其他项目，不录入单价与金额（若录入了单价与金额也可以，进行采购结算时将自动覆盖删除）；单击工具栏"保存"按钮、"审核"按钮。

（2）生成复核发票。在采购管理的"专用采购发票"中，单击工具栏"增加"按钮，选择生单\入库单"命令，单击"确定"按钮；选择并确定将入库单信息携带到发票界面；选择表头的付款条件，采购类型改为现购，修改税率为13.00，录入表体的无税单价；单击工具栏"保存"按钮。

（3）现付发票。单击发票界面工具栏"现付"按钮进入采购现付界面；第1行参照选择"普通支票"的结算方式，并录入实付款10 409.56元，并选择列表后部的本单位银行与账号；第2行参照选择"其他"结算方式（删除相关账号）；单击"确定"按钮。

（4）现付单据审核。在应付款管理的"应付单据处理"中，选择"包括现结""未完全报销"的自动传递的采购发票，单击工具栏"审核"按钮。

（5）钱流凭证。在应付款管理的"制单处理"中，选择现结制单生成凭证；修改选择财务费用的明细科目；现金流量为"购买商品、接受劳务支付的现金"。

（6）采购结算。在采购管理中，选择采购发票与入库单进行手工或自动结算。

（7）物流单据核算。在存货核算的"正常单据记账"中，选择已采购结算的采购入库单进行单据记账；再选择已记账（即报销记账）的采购入库单，生成材料入库的凭证。

工作任务7.31　外币赊购入库业财融合信息化

【任务工单】

2023年1月20日，材料库收到香港赫睿公司（中国银行双睿办账号ZH070637、税号SW05454093）发来经由海关进口的豆源籽10千克，采购部张蓉经办。收到对方普通发票，单价为950港元，当日港元汇率为0.819，货款暂欠，付款条件为1.5/45、n/90。当日收到进口货物海关完税凭证，列明按组成计税价格计算的增值税额为1 350.69元，用本公司普通支票2647号支付进口环节的增值税。

借：在途物资　　　　　　　　　　　　　　7 780.5
　　应交税费/应交增值税/进项税额　　　　1 350.69
　　贷：银行存款/工行人民币存款　　　　　　　1 350.69
　　　　应付账款/应付供应商　　　　　　　　　7 780.5
借：原材料　　　　　　　　　　　　　　　7 780.5
　　贷：在途物资　　　　　　　　　　　　　　　7 780.5

【信息化流程】

（1）增加审核入库单。在库存管理的"采购入库单"中，单击工具栏"增加"按钮；选择供应商时应先增加该供应商的档案（币种为港元）信息；不录入表体的单价与金额（因为收货时不知单价），录入或选择表头、表体其他项目；单击工具栏"保存"按钮、"审核"按钮。

（2）增加复核发票。在采购管理的"专用采购发票"中（假设进口环节增值税一并录入），单击工具栏"增加"按钮，选择"生单\入库单"命令；选择并确定将上述入库单信息携带到发票界面，表头的币种选修改为港元，录入当日汇率；选择表头的付款条件时，应单击档案界面的"编辑"按钮，增加"1.5/45、n/90"的付款条件，退出编辑界面回到档案界面，才能参照选择；录入表体的原币单价 950 港元，税率修改为 17.36，将自动生成的税额修改为 1 649.20 港元（1 350.69 元人民币/0.819）；单击工具栏"保存"按钮。

（3）现付进口环节增值税。单击发票界面工具栏"现付"按钮，选择结算方式，录入支票号，选择列表后部的本单位开户银行（自动生成账号）；在原币金额栏录入进口环节增值税 1 649.20 港元，自动生成实际支付的本币（即人民币）金额 1 350.69 元；单击"确定"按钮，发票左上角显示"已现付"印章。

注意：此处只向海关交纳进口环节增值税款，没有支付香港赫睿公司的货款。

（4）采购发票审核。在应付款管理的"应付单据处理"中，查询并选择"包括现结""未完全报销"的自动传递的采购专用发票，将显示原币（港元）、汇率与本位币（人民币）的金额；单击工具栏"审核"按钮。

（5）生成采购凭证。在应付款管理的"制单处理"中，选择现结制单生成凭证；凭证的借贷金额已自动按汇率折算为记账本位币（人民币）；选择贷方科目"应付账款/应付供应商"后需确认供应商辅助项，选择"银行存款/工行人民币存款"后需确认结算方式辅助项；现金流量为"购买商品、接受劳务所支付的现金"。

（6）采购结算。双击菜单树"采购管理\采购结算\自动结算"命令，选择该供应商，结算模式为"入库单和发票"，单击"确定"按钮，将提示成功处理 1 条记录。

（7）查询采购成本。双击菜单树"采购管理\采购结算\结算单列表"命令，单击"确定"按钮将列表显示该公司的记录；双击该公司记录中的入库单号进入采购入库单界面，显示已填入单位采购成本 778.05 元，即金额已折算为人民币。

注意：增加入库单时没有录入单价与金额，这些金额是采购结算后自动填入的。

（8）存货核算。在存货核算的"正常单据记账"中，选择已采购结算的采购入库单进行单据记账。

在存货核算的"生成凭证"中，选择已采购结算的采购入库单生成的记账凭证，金额已自动折算为人民币。

三、采购订单与请购业财融合信息化

工作任务7.32 订单赊购入库业财融合信息化

【任务工单】

2023 年 1 月 21 日，采购部张蓉向浩佳实业公司发出采购订单，购豆源籽 20 千克，无税单价 985 元，需要 2 天内到货，当日向仓库发出收货通知。22 日材料库收到材料，收到 13% 的采购专用发票，货款暂欠。

借：在途物资　　　　　　　　　　　　　　　　19 700
　　应交税费/应交增值税/进项税额　　　　　　 2 561

贷：应付账款/应付供应商　　　　　　　　　22 261
　借：原材料　　　　　　　　　　　　　　　　　19 700
　　　贷：在途物资　　　　　　　　　　　　　　19 700

【信息化流程】

（1）增加审核采购订单。双击菜单树"采购管理\采购订货\采购订单"命令进入采购订单界面，如图7.24所示；单击工具栏"增加"按钮，自动生成业务类型与采购类型、订单日期与订单编号、币种与汇率等，表尾制单人自动签名；选择或录入表头的供应商、业务员（自动生成部门）与税率（13.00）；选择表体存货编码，自动生成存货名称、税率等；录入数量、原币单价，自动生成原币含税单价、原币价税合计等；修改计划到货日期，单击工具栏"保存"按钮；单击工具栏"审核"按钮，表尾审核人自动签名。

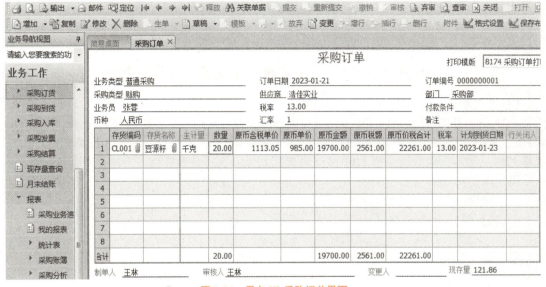

图7.24　用友U8采购订单界面

（2）生成审核到货单。在采购管理的"到货单"中，单击"增加"按钮；选择"生单\采购订单"并单击"确定"按钮进入拷贝并执行界面；选择上部的订单（选择栏显示为"Y"），下部显示该订单的存货信息，单击工具栏"确定"按钮，将订单信息携带入到货单界面；单击工具栏"保存"与"审核"按钮。

（3）生成审核入库单。修改操作系统日期并重新登录企业应用平台，在库存管理的"采购入库单"中，选择"生单\采购到货单蓝字"命令，单击"确定"按钮进入到货单生单列表界面；选择上部的到货单（选择栏显示为"Y"），下部显示该到货单的存货信息，单击工具栏"确定"按钮，将到货单信息携带到入库单界面；单击工具栏"保存"按钮、"审核"按钮（收货）。

（4）关闭单据。在采购管理的"采购订单"中，单击工具栏"末张"（　　）按钮找到订单，单击工具栏"关闭"按钮（　关闭），表体右边尾部"行关闭人"自动签名。

在采购管理的"到货单"中，单击工具栏"末张"按钮找到该到货单，单击工具栏"关闭"按钮（此时，"关闭"按钮呈灰色不可用状态，同时"打开"按钮呈激活状态）。

逆向处理：若此时发现采购订单有错，应在采购订单、到货单界面，分别单击"打开"按钮（　打开）；在采购入库单界面取消审核（此时可修改入库单），删除入库单；在采购到货单界面取消审核（此时可修改到货单），删除到货单；在采购订单界面弃审，这时才能修改或删除采购订单。

（5）生成审核发票。在采购管理的"专用采购发票"中，单击工具栏"增加"按钮，选择"生单\入库单"命令，单击"确定"按钮，选择并确定入库单生成发票，单击工具栏"保存"按钮。

（6）生成赊购凭证。在应付款管理的"应付单据处理"中，选择"未完全报销"的自动传递的采购发票进行审核。在应付款管理的"制单处理"中，选择发票制单生成记账凭证。

（7）采购结算。在采购管理的"专用发票"中，单击"末张""刷新"按钮找到该发票，左上角显示"已审核"红印章，这是应付款管理中审核发票时自动标记的；单击工具栏"结算"按钮，进行采购成本的结算，发票左上角将显示"已结算"红色印章。

注意：也可按前述方法在采购管理的"采购结算"中，进行手工或自动结算。

（8）生成物流凭证。在存货核算的"正常单据记账"中，选择采购入库单进行单据记账。在存货核算的"生成凭证"中，选择采购入库单生成材料入库的记账凭证。

工作任务7.33　订单采购入库与部分付现信息化

【任务工单】

2023年1月22日，采购部张蓉向隆恒商务公司发出采购订单，购椰麻屑50件，无税单价490元。收到采购专用发票列明，对方实际发来货物45件，未执行完的5件订单量不再执行，税率13%，用本公司普通支票2761号支付货款17 650元，其余暂欠。当日仓库收到材料。

借：在途物资　　　　　　　　　　　　　22 050
　　应交税费/应交增值税/进项税额　　　2 866.5
　　　贷：应付账款/应付供应商　　　　　　　　　7 266.5
　　　　　银行存款/工行人民币存款　　　　　　　17 650
借：原材料　　　　　　　　　　　　　　22 050
　　　贷：在途物资　　　　　　　　　　　　　　　22 050

【信息化流程】

（1）在采购管理的"采购订单"中，增加、保存采购订单，审核采购订单。

（2）生成现付采购发票。在采购管理的"专用采购发票"中，单击工具栏"增加"按钮，参照选择采购订单生成发票；修改表体的数量，单击工具栏"保存"按钮；单击工具栏"现付"按钮，支付货款17 650元，发票左上角将显示"已现付"红色印章。

（3）生成现购凭证。在应付款管理的"应付单据处理"中，选择"包括现结""未完全报销"的采购发票进行审核。在应付款管理的"制单处理"中，选择现结制单生成凭证；现金流量为"购买商品、接受劳务所支付的现金"。

（4）收货。在库存管理的"采购入库单"中，单击工具栏"增加"按钮；复制采购订单表头的订单编号，粘贴到入库单表头的订单号录入框中，自动生成采购入库单；选择表头的仓库，修改表体数量，删除单价，单击工具栏"保存""审核"按钮。

（5）物流单据核算。在采购管理的"采购结算"中，自动进行入库单和发票的采购结算，以自动填写入库单的金额。

在存货核算的"正常单据记账"中，选择采购入库单进行单据记账。

在存货核算的"生成凭证"中，选择采购入库单生成材料入库凭证。

（6）关闭物流单据。按下键盘上的"Alt + F4"退出系统，重新登录企业应用平台；进入采购管理的"订单列表",如图 7.25 所示;选择该公司的订单,单击工具栏的"批关"按钮,列表后部的"行关闭人"自动签名。注意:订单为 50 件,实际购料 45 件,但剩下的 5 件不再执行,所以要关闭原始单据,以免重复生成收货通知单、入库单或发票。

选择	业务类型	订单编号	日期	供应商	部门	业务员	币种	存货编号	存货名称	主计量	数量	原币单价	原币税额	原币价税合计	计划到货日期	行关闭人
	普通采购	0000000001	2023-01-21	洁佳实业	采购部	张蓉	人民币	CL001	豆源籽	千克	20.00	985.00	2,561.00	22,261.00	2023-01-23	王林
Y	普通采购	0000000002	2023-01-22	隆恒商务	采购部	张蓉	人民币	CL002	椰麻屑	件	50.00	490.00	3,185.00	27,685.00	2023-01-22	王林
合计											70.00		5,746.00	49,946.00		

图 7.25 用友 U8 订单列表

【技能拓展】

在订单列表中,还可批开订单;信息化逆向处理相关业务事项后,还可在此批弃;双击列表记录可进入采购订单界面查询,信息化逆向处理后,还可在订单界面进行修改或删除。

工作任务 7.34 请购订单赊购入库信息化

【任务工单】

2023 年 1 月 22 日,生产办林洪提出请购单,23 日前约需豆源籽 30 千克,估计无税单价为 985 元。当日采购部李明良向迈特商业公司(工行清龙办账号 GH250691、税号 SW17654308)发出采购订单,购豆源籽 25 千克,经协商无税单价为 982 元。当日向仓库发出收货通知单,23 日材料仓库收货验收入库。收到增值税专用发票,税率 13%,货款暂欠。

　　借:在途物资　　　　　　　　　　　　　　24 550
　　　　应交税费/应交增值税/进项税额　　　　 3 191.5
　　　　贷:应付账款/应付供应商　　　　　　　　　　27 741.5
　　借:原材料　　　　　　　　　　　　　　　24 550
　　　　贷:在途物资　　　　　　　　　　　　　　　24 550

【信息化流程】

(1)增加审核请购单。双击菜单树"采购管理\请购\请购单"命令进入"采购请购单"界面,如图 7.26 所示,单击"增加"按钮,自动生成业务类型、采购类型、单据号与日期,表尾制单人自动签名;选择请购人自动生成部门;选择表体存货编码,自动生成存货名称、主计量单位、税率等;录入表体数量、本币单价,自动生成本币价税合计等;修改需求日期,不选择供应商;单击工具栏"保存"和"审核"钮,表尾审核人自动签名。

(2)生成审核采购订单。在采购管理的"采购订单"中,单击"增加"按钮;选择"生单\请购单"命令,单击"确定"按钮进入拷贝并执行界面;选择上部的请购单,下部显示该请购单中的存货,单据工具栏"确定"按钮自动生成采购订单;参照选择供应商时应单击"编辑"按钮增加该供应商的档案信息;选择表头业务员(自动生成部门);修改表体的单价、数量,自动生成原币价税合计、税额等;单击工具栏"保存"和"审核"按钮。

(3)生成审核到货单。在采购管理的"到货单"中,单击工具栏"增加"按钮,参照采购订单生成到货单;单击工具栏"保存"与"审核"按钮。

(4)收货。修改操作系统日期并重新登录企业应用平台,在库存管理的"采购入库单"中,单击工具栏"增加"按钮;找到采购管理中的到货单,复制其表头的单据号,粘贴于入

图7.26 用友U8采购请购单界面

库单界面的到货单号录入框，自动生成入库单；单击工具栏"保存""审核"按钮（收货）。

（5）发票处理。在采购管理的"专用采购发票"中，单击工具栏"增加"按钮，参照入库单（也可以参照采购订单）生成发票，单击工具栏"保存"按钮；单击发票工具栏"结算"按钮，进行采购结算。

（6）关闭物流单据。分别在采购管理的采购请购单、采购订单、到货单中，找到相应的原始单据，单击工具栏"刷新""关闭"按钮；其中，请购单下部"关闭人"将自动签名，采购订单表体右部行尾的"行关闭人"自动签名，到货单列表后部"关闭人"自动签名。

（7）生成赊购凭证。在应付款管理中，选择自动传递的采购发票，进行单据审核；选择发票制单生成赊购在途的记账凭证。

（8）生成物流凭证。在存货核算的"正常单据记账"中，选择已采购结算的采购入库单进行单据记账。在存货核算的"生成凭证"中，选择已单据记账的采购入库单，生成材料入库的记账凭证。

（9）原始单据联查（穿透查询）。双击菜单树"采购管理\请购\请购单列表"命令，单击"确定"按钮进入"请购单列表"界面；在此可以进行采购请购单的审核、弃审、关闭与打开等。双击列表记录将显示采购请购单；单击采购请购单界面工具栏"关联单据"按钮，可查询采购、库存与应付款管理中的相关原始单据。

工作任务7.35 订单赊购入库与应付票据信息化

【任务工单】

2023年1月23日，李明良向帝欧实业公司（建行欧霍办账号JH450691、税号SW37654341）发出采购订单，购入豆源籽280千克，无税单价960元；要求本月24日发来材料115千克，本月底再发来剩余材料。当日仓库收到豆源籽115千克。24日收到豆源籽115千克的专用发票，增值税税率13%。开出经本公司开户的工商银行碚新办承兑的商业汇票0109号抵付货款，票面利率4.5%，2023年6月23日到期，到期时用普通支票付款。

借：在途物资　　　　　　　　　　　　110 400
　　应交税费/应交增值税/进项税额　　 14 352

　　　　贷：应付账款/应付供应商　　　　　　　124 752
　　借：应付账款/应付供应商　　　　　　　　124 752
　　　　贷：应付票据　　　　　　　　　　　　124 752
　　借：原材料　　　　　　　　　　　　　　　110 400
　　　　贷：在途物资　　　　　　　　　　　　110 400

【信息化流程】

（1）增加审核采购订单。在采购管理的"采购订单"中，单击工具栏"增加"按钮；参照选择供应商时，应先增加该供应商档案信息；表体应按预计到货日期分2条记录录入，并修改表体后部的计划到货日期；单击工具栏"保存"和"审核"按钮。

（2）收货。双击菜单树"库存管理/批量处理/入库业务/采购订单入库"命令，单击"确定"按钮；选择上部订单表头记录（选择栏显示"Y"），下部显示2条记录，取消月底到货的下部第2条记录，选择上部的材料库；单击工具栏"确定"按钮，参照生单为只有1条记录的入库单。

　　双击菜单树"库存管理/入库业务/采购入库单"命令，找到自动生成的入库单，单击工具栏"审核"按钮。

（3）生成结算发票。修改操作系统日期并重新登录企业应用平台，在采购管理的"专用采购发票"中，参照入库单生成专用发票；单击发票工具栏"保存"按钮；单击工具栏"结算"按钮计算采购成本。

（4）生成赊购在途凭证。在应付款管理的"应付单据处理"中，选择"已整单报销"的采购发票，单击工具栏"审核"按钮。

　　在应付款管理的"制单处理"中，选择发票制单生成赊购在途的记账凭证。

（5）增加商业票据。在应付款管理的"票据管理"中，增加录入本公司开出的银行承兑汇票；单击工具栏"保存"按钮，将自动生成付款单（选项设置所致）。

（6）生成付款抵账凭证。在应付款管理的"付款单据处理/付款单据审核"中，选择自动生成的付款单，单击工具栏"审核"按钮。

　　在应付款管理的"制单处理"中，选择收付款单制单生成记账凭证（票据抵账）。

（7）往来单据核销。在应付款管理的"核销处理/自动核销"中，选择该供应商，确认进行自动核销；单击核销报告界面的"明细"按钮，显示本次核销了124 752元。

（8）存货核算。选择已采购结算的采购入库单，进行单据记账；选择已单据记账的采购入库单，生成记账凭证。

（9）采购订单的行关闭。在采购管理的"采购订单"中，单击工具栏"末张"按钮找到该订单；在表体已发货的第1条记录（115千克）上右击，选择"行关闭"命令，表体第1行后部的"行关闭人"自动签名。

　　注意：表体第2行的"行关闭人"栏中没有签名，因为该采购订单没有执行完毕，月底还将发来剩余的165千克材料。

四、采购退货业财融合信息化

工作任务7.36　往年现购退货业财融合信息化

【任务工单】

2023年1月24日，因质量问题，采购部张蓉通知材料库，向宜通商务公司（建行浙人办账号 JH050652、税号 SW67654664）退回半年以前购进的椰麻屑 2 件。当日收到对方开具的红字专用发票，原购货无税单价 488 元，税率 13%，出纳收到现金。

  借：库存现金   －1 102.88
  借：在途物资   －976
    应交税费/应交增值税/进项税额   －126.88

  注：本分录只有借方，因为在途物资若用红字记入贷方，对账时将出错；进项税额也不能用蓝字记入贷方；库存现金若用蓝字列作贷方则与实际情况不符。

  借：原材料   －976
    贷：在途物资   －976

【信息化流程】

（1）增加审核退货单。双击菜单树"采购管理\采购到货\采购退货单"命令进入"采购退货单"界面，如图 7.27 所示；单击工具栏"增加"按钮，<u>自动生成业务类型、采购类型、单据号、日期、币种与汇率，表尾制单人自动签名</u>；参照选择供应商时，先增加该供应商的档案信息；修改采购类型为现购、税率为 13.00，选择业务员（自动生成部门）；选择表体存货编码，录入数量，应录入负数，不录入单价与金额；单击工具栏"保存"和"审核"按钮。

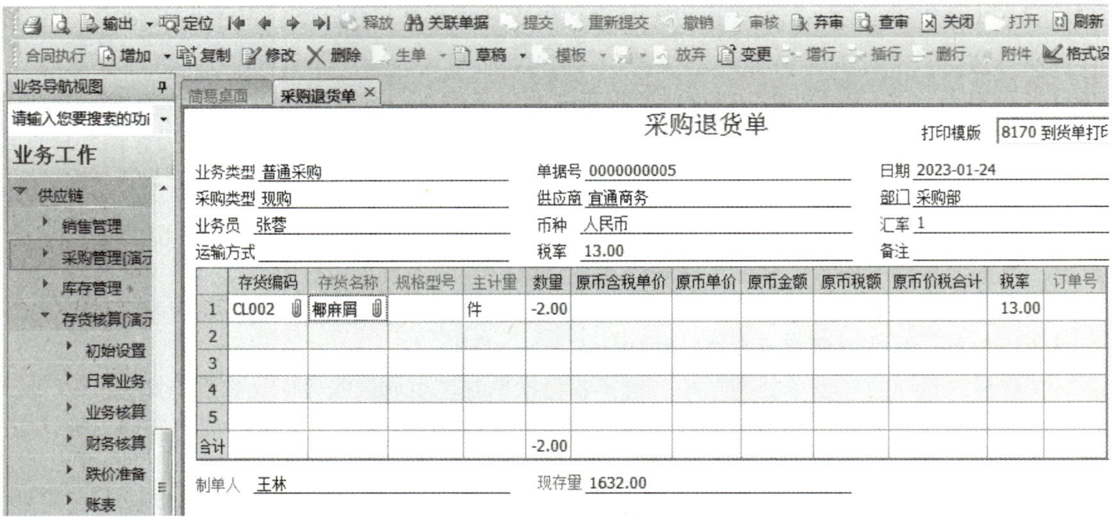

图 7.27 用友 U8 采购退货单界面

  （2）退货。在库存管理的"采购入库单"中，单击工具栏"增加"按钮；选择"生单\采购到货单红字"，单击"确定"按钮；选择上部的到货单记录，下部显示存货信息，单击工具栏"确定"按钮，<u>自动生成红字采购入库单</u>；单击工具栏"保存""审核"按钮（退货发出）。

  （3）生成结算红字发票。在采购管理的"红字专用采购发票"中，单击工具栏"增加"按钮；选择"生单\入库单"命令，单击"确定"按钮，进入拷贝并执行界面；选择上部的采购入库单，下部显示存货信息，单击工具栏"确定"按钮，<u>自动生成红字发票</u>；录入表体原币单价，单击工具栏"保存"按钮；单击工具栏"现付"按钮，录入现金结算付款额－1 102.88 元（实为收款），单击"确定"按钮；单击发票工具栏"结算"按钮，进行采购成本计算。

  （4）生成收款记账凭证。在应付款管理的"应付单据处理"中，<u>选择"包括现结""已整</u>

单报销"的采购专用发票进行单据审核。

在应付款管理的"制单处理"中,选择现结制单生成记账凭证;选定"库存现金"金额栏,按下键盘上的空格键与"-"键,以将其调整为借方黑字或蓝字金额;现金流量为"购买商品、接受劳务支付的现金"(实际是冲减该项目)。

(5)生成退货凭证。在存货核算的"正常单据记账"中,选择采购入库单进行单据记账。在存货核算的"生成凭证"中,选择采购入库单生成退货凭证。

(6)在采购管理的"采购退货单"中,单击"刷新""末张"按钮找到该红字退货单,单击工具栏"关闭"按钮。

【技能拓展】

采购到货单、采购退货单不是采购业务的核心单据,可以不使用。即:本业务中可以直接增加录入红字采购入库单,根据入库单生成红字发票。

工作任务7.37 当年赊购退货业财融合信息化

【任务工单】

2023年1月24日,因质量问题,采购部张蓉通知材料库,向浩佳实业公司退回豆源籽3千克(本月21日采购订单发来的材料)。当日发出货物,同时收到浩佳实业公司的红字采购专用发票,税率13%,抵原欠货款。

借:在途物资   -2 955
   应交税费/应交增值税/进项税额   -384.15
   贷:应付账款/应付供应商   -3 339.15
借:原材料   -2 955
   贷:在途物资   -2 955

【信息化流程】

(1)打开订单。在采购管理的"采购订单"中,单击工具栏"上张"按钮找到浩佳实业公司本月21日的订单;上部的"关闭"按钮呈灰色非激活状态,表体后部的"行关闭人"已签名,说明该订单已关闭;单击工具栏"打开"按钮,将取消后部"行关闭人"签名。

(2)退货通知。在采购管理的"采购退货单"中,单击工具栏"增加"按钮;参照采购订单生成退货单;修改表体数量为-3千克,单击工具栏"保存"和"审核"按钮。

(3)退货。在库存管理的"采购入库单"中,参照选择采购到货单(红字)生成入库单;采购入库单自动变为红单,数量为负数,单击工具栏"保存""审核"按钮(退货)。

(4)生成结算红字发票。在采购管理的"红字专用采购发票"中,单击工具栏"增加"按钮;参照采购入库单生成红字发票;单击工具栏"保存"按钮,单击发票工具栏"结算"按钮。

(5)生成红字抵账凭证。在应付款管理的"应付单据审核"中,选择"已整单报销"的采购专用发票,单击工具栏"审核"按钮;在应付款管理的"制单处理"中,选择发票制单生成凭证。

(6)红票对冲。双击菜单树"应付款管理\转账\红票对冲\手工对冲"命令,选择该供应商,单击"确定"按钮进入手工对冲界面,如图7.28所示;单击工具栏"分摊"按钮,自动填入对冲金额,单击工具栏"保存"按钮。

注意:红蓝字发票抵账应进行红字对冲,因为只有应收单没有收款单,不能进行单据核销。

(7)生成退货凭证。在存货核算的"正常单据记账"中,选择已采购结算的红字采购入

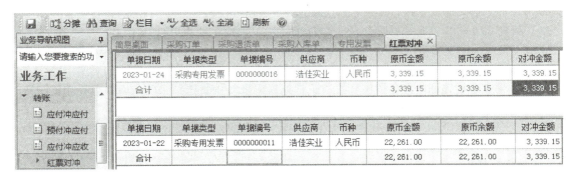

图 7.28 用友 U8 红票对冲界面

库单，进行单据记账。在存货核算的"生成凭证"中，选择采购入库单生成红字退货凭证。

（8）关闭物流单据。单击采购订单界面工具栏"刷新"和"关闭"按钮，表体后部"行关闭人"将自动签名；单击采购退货单界面工具栏"刷新"与"关闭"按钮。

（9）查询采购退货单。双击菜单树"采购管理\采购到货\到货单列表"命令，单击"确定"按钮，将显示全部采购到货单、采购退货单的记录。

双击列表记录，可进入相应的到货单或采购退货单界面，单击该界面工具栏"关联单据"按钮，可查询该订单所涉及的销售管理、采购管理、库存管理与应付款管理中相应的电子单据。

五、购货与付款循环信息化精析

1. 购货与付款循环的电子单据

企业购货与付款循环处理的经济业务，主要是采购订货业务、采购入库与退购业务、采购开票业务、采购货款结算业务。所以，该循环单据流中的电子单据主要是采购订单、采购入库单、采购发票、付款单；其中，前三者为采购管理系统的核心单据，付款单是应付款管理系统的核心单据。除了这四大核心单据，有的软件还增加了购货合同、物料需求计划单、请购单、收货通知单、代销入库单、应付款单、预付款单等，以便更全面、更详细地对该循环进行分类信息化业务控制。

2. 购货与付款循环的电子单据流

采购与付款循环对采购业务的全部流程进行管理，提供请购、订货、到货、开票、采购结算等完整的采购信息化流程，并对供应商债务等进行信息化管理。

（1）采购订单可手工录入，也可根据物料需求计划单、采购请购单等参照生单；若与销售、库存、生产等系统集成，还可根据销售（直运业务）、生产、库存等情况参照生单。业务执行完毕后为了防止重复生单，用友 U8 等软件应"关闭"采购订单，金蝶 K/3 等软件应"勾销"采购订单。

（2）采购入库单应按照数据同源的信息化要求，进行手工录入，也可根据采购订单、收货通知单、采购发票等参照生单；采购退货中，一般是手工录入或参照生成红字采购入库单，也可以使用单独的采购退货单。采购入库单的采购成本一般不用录入。采购入库单应在库存管理系统中进行审核、验收货物等。

（3）采购发票应按照数据同源的信息化要求，进行手工录入，也可根据采购订单、采购入库单、到货单等参照生单；采购退货业务应录入或生成红字发票；采购运费一般使用采购费用单或采购发票录入。审核后的发票进行现付、应付处理；应付处理的采购发票传递到应付款管理系统。

（4）现付处理的采购发票不生成供应商往来明细账。应付处理的采购发票，由应付款管理系统进行审核，自动生成应付单，形成本公司对该供应商的债务。以后支付货款时，在应付款管理系统中录入付款单。

3. 采购与付款循环的业财融合信息化

（1）钱流凭证。对于采购活动中的现购、赊购或预购的采购发票或应付单等"钱流"电子单据，用友 U8 等软件在应付款管理系统根据"入账科目"、金蝶 K/3 等软件在存货核算系统根据"凭证模板"，生成增加采购在途、增加供应商债务或减少货币资金的记账凭证，机制凭证将自动传递到总账系统。

（2）采购成本核算。审核后的采购发票和运费发票应与采购入库单进行配比核算，确定存货的单位采购成本、采购总成本，以便回填或更新采购入库单的成本金额。用友 U8 等软件在采购管理中进行采购结算，在存货核算系统进行单据记账；金蝶 K/3 等软件在采购系统进行单据钩稽，在存货核算系统进行采购成本核算。

没有采购配比核算的采购发票、采购入库单，系统将其视为采购未了业务，分别作为单到货未到、货到单未到处理，而不管实际情况是否如此，所以应及时配比核算。对于单到货未到的物料，由于进行发票处理时系统已作在途货物处理，不必另行核算。对于货到单未到的物料，应于月末进行暂估入账处理；暂估入账的后续处理（下月），可以选择月初冲回、货到冲回、单到补差等方式进行核算。

（3）物流凭证。配比核算后的采购入库单，由存货核算系统按"入账科目"或"凭证模板"等生成材料入库的记账凭证，自动传递到总账系统。

提示：有的软件没有存货核算系统，如速达、江苏久久、神州数码等，而是直接将原始单据传递到总账系统生成凭证，不进行配比核算；这种情况下，可能无法将采购运费、途中合理损耗等计入采购成本。

学习任务 4　供应链专项业财融合信息化

一、委托代销业财融合信息化

工作任务 7.38　委托代销发货的业务信息化

【任务工单】

2023 年 1 月 25 日，根据代销协议，销售部余绍志通知仓库，向博琛实业公司发出沐涤Ⅱ型 30 套，销售后将按无税单价 240 元结算，发出露涤Ⅲ型 40 套，销售后将按无税单价 290 元结算，税率均为 13%。成品库当日发出商品。

【信息化流程】

（1）增加审核代销发货单。双击菜单树"销售管理/委托代销/委托代销发货单"命令进入委托代销发货单界面，如图 7.29 所示；单击工具栏"增加"按钮，取消参照订单界面，自动生成发货单号、发货日期、业务类型、销售类型、币种与汇率，表尾制单人自动签名；修改销售类型为代销，选择客户，选择业务员（自动生成部门）。

图 7.29 委托代销发货单界面

选择表体存货编码，自动生成仓库名称、存货名称、主计量单位与税率（13.00），自动生成表头税率等；录入数量、无税单价，自动生成含税单价、价税合计等；单击工具栏"保存""审核"按钮，表尾审核人自动签名，同时，将自动生成库存管理的销售出库单。

注意：委托代销发货单、代销退货单，不用进行单据关闭（这与销售发货单不同）。

（2）发货。在库存管理的"销售出库单"中，单击工具栏"末张"按钮找到自动生成的出库单（无单价与金额），单击工具栏"审核"按钮。

（3）物流单据记账。双击菜单树"存货核算/业务核算/发出商品记账"命令，单击"确定"按钮进入"发出商品记账"界面；选择列表中的销售出库单记录（选择栏显示为"Y"），单击工具栏"记账"按钮。

注：成品库采用全月加权平均法核算发出商品成本，所以月末才能生成记账凭证（由库存商品转发出商品科目的分录）。

（4）查看代销发货单。双击菜单树"销售管理/委托代销/委托代销发货单列表"命令，单击"确定"按钮，将显示本年代销发货单；单击工具栏"查询"按钮，取消发货的起止日期，单击"确定"按钮，将显示所有的代销发货单；其中，上年代销数量为 160 套，无税结算单价为 220 元。

工作任务 7.39　代销退货的业财融合信息化

【任务工单】

2023 年 1 月 25 日，销售部陈东萍东通知成品库，博琛实业公司退回上年发出的代销商品沐涤 II 型 5 套，当日收到货物。

借：发出商品　　　　　　　　　　　　　　-750
　　贷：库存商品　　　　　　　　　　　　-750

【信息化流程】

（1）查看上年代销成本。双击菜单树"存货核算/初始设置/期初数据/期初委托代销发出商品"命令，单击"查询"及"确定"按钮，显示上年代销该商品 160 套的单位成本为 150 元。

（2）增加审核代销退货单。在销售管理的"委托代销退货单"中，单击工具栏"增加"按钮，取消参照订单界面；选择"生单\参照发货单"命令，单击"确定"按钮进入参照生单界面；选择上部的上年代销单，下部显示可退货数量，单击工具栏"确定"按钮自动生成退货单；修改表体的数量为 –5 套，单击"保存"与"审核"按钮，审核后自动生成库存管理中的红字销售出库单。

（3）收货。在库存管理的"销售出库单"中，找到自动生成的红字出库单，数量为 – 5套，无单价与金额，单击工具栏"审核"按钮。

（4）修改存货科目。双击菜单树"存货核算\初始设置\科目设置\存货科目"命令，将列表中商品类科目的委托代销发出商品科目选择为"发出商品"，单击工具栏"保存"按钮。

（5）生成入库凭证。双击菜单树"存货核算/业务核算/发出商品记账"命令，选择委托代销发货单，单击工具栏"记账"按钮。

在存货核算的"生成凭证"中，选择退货的"委托代销发出商品发货单"，生成记账凭证；选定"发出商品"科目所在行，下部辅助核算区域将显示商品名称、数量与单价，这是因为该科目设为数量与存货项目辅助核算；选定"库存商品"科目所在行，下部辅助核算区域只显示商品名称，因为该科目只进行存货项目而没有进行数量辅助核算。

【技能拓展】

若退回的是当月发出的商品，全月加权平均法下无法确定入库商品的单位成本，应于月末生成记账凭证。

工作任务7.40 代销收款与结转成本信息化

【任务工单】

2023年1月25日，经陈东萍与博琛实业公司结算，上年委托代销的沐涤Ⅱ型已销售142套；次日，按无税单价220元开具专用发票，税率13%，收到对方开具的普通支票6901号存入工行。

借：银行存款/工行人民币存款　　　　35 301.2
　　贷：主营业务收入/境内销售　　　　　　　31 240
　　　　应交税费/应交增值税/销项税额　　　 4 061.2
借：主营业务成本/境内销售　　　　21 300
　　贷：发出商品　　　　　　　　　　　　　 21 300

【信息化流程】

（1）增加审核代销结算单。在销售管理的"委托代销结算单"中，如图7.30所示，单击工具栏"增加"按钮弹出参照发货单界面，单击"确定"后进入参照生单界面；选择上年的代销发货单（选择栏显示"Y"），下部显示未结算数量为155套（已抵减5套退货），单击工具栏"确定"按钮，自动生成结算单；修改表体的数量，单击工具栏"保存"按钮；单击工具栏"审核"按钮，将弹出发票类型选择界面，选择"专用发票"，单击"确定"按钮，将自动生成销售专用发票。

（2）查询结算单。双击菜单树"销售管理\委托代销\委托代销结算单列表"命令，单击"确定"按钮，可对已审核的结算单进行批弃与批审；双击列表记录可查询上述代销结算单，弃审后可以修改、删除。

图 7.30 委托代销结算单

（3）现结复核发票。修改系统日期重新登录企业应用平台，在销售管理的"销售专用发票"中，找到自动生成的销售发票，单击工具栏"现结"按钮，录入或选择相关信息；单击工具栏"复核"按钮。

（4）生成现结凭证。在应收款管理的"应收单据处理"中，选择包括现结发票，进行销售专用发票的审核。

在应收款管理的"制单处理"中，选择现结制单生成凭证；现金流量为"销售商品、提供劳务所收到的现金"。

（5）增加销售出库对方科目。双击菜单树"存货核算\初始设置\科目设置\对方科目"命令，单击工具栏"增加"按钮，选择收发类别"销售出库"中的商品类存货的对方科目为"6401001 境内销售"，如图 7.31 所示。

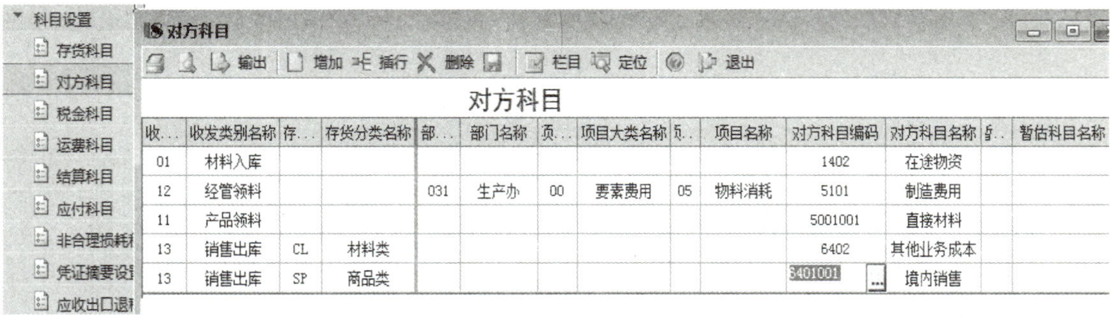

图 7.31 设置存货核算对方科目

（6）结转成本。在存货核算"业务核算"的"发出商品记账"中，选择销售出库单进行单据记账。在存货核算的"生成凭证"中，选择"委托代销发出商品专用发票"生成凭证；其中贷方科目进行了存货项目、数量单价的辅助核算。

【拓展技能】

成品库为全月加权平均法结转发出商品的成本，但这是上年代销发货的结算，在确认收入的同时，还可以结转销售成本；若为当月发货并结算的代销商品，应于月末进行销售成本的结转。

若为移动加权或先进先出等计价方法，不论是上月发货还是当月发货，一般可以立即结转销售成本。

二、直运购销一体信息化

工作任务7.41　购销选项与存货科目设置

【任务工单】

本公司除了正常销售业务、委托代销业务，还有直运销售业务。

【信息化流程】

（1）增加业务范围。双击菜单树"供应链\销售管理\设置\选项"命令，在"业务控制"卡片中，勾选"有直运销售业务"；在"其他控制"卡片中，将单据进入方式由"空白单据"改为"最后一张单据"；单击"确定"按钮（若提示任务互斥，应由admin在系统管理中"清除所有任务"）。

（2）双击菜单树"供应链\采购管理\设置\选项"命令，在"公共及参照控制"卡片中，将单据进入方式由"空白单据"改为"最后一张单据"；单击"确定"按钮。

（3）修改存货科目。双击菜单树"存货核算\初始设置\科目设置\存货科目"命令，将材料类的直运科目修改为"1402 在途物资"。

工作任务7.42　直运购销的业财融合信息化

【任务工单】

2023年1月26日，采购部张蓉向吉拓制造公司购进豆源籽50千克，无税单价980元，收到专用发票，税率13%；当日由本公司工行普通支票2571号支付货款。26日，直接将所购材料发往瑞丰实业公司，按无税单价1 080元开具专用发票，税率13%；同日收到瑞丰实业公司的普通支票9005号支付货款59 000元，存入工行，其余货款暂欠。

借：在途物资　　　　　　　　　　　　　49 000
　　应交税费/应交增值税/进项税额　　　　6 370
　　贷：银行存款/工行人民币存款　　　　　　55 370
借：银行存款/工行人民币存款　　　　　59 000
　　应收账款　　　　　　　　　　　　　　2 020
　　贷：应交税费/应交增值税/销项税额　　　　7 020
　　　　其他业务收入　　　　　　　　　　　54 000
借：其他业务成本　　　　　　　　　　　49 000
　　贷：在途物资　　　　　　　　　　　　　　49 000

【信息化流程】

（1）增加现付采购发票。双击菜单树"采购管理\采购发票\专用采购发票"命令将显示最后一张专用采购发票。注：修改采购选项之前显示的是空白采购发票，单击工具栏"末张"按钮才能显示这张发票。单击发票工具栏"增加"按钮，表头的业务类型应从下拉框中选择"直运采购"，采购类型为"现购"，如图7.32所示；选择或录入表头、表体项目后，单击工具栏"保存"按钮；单击"现付"按钮，支付购料款。

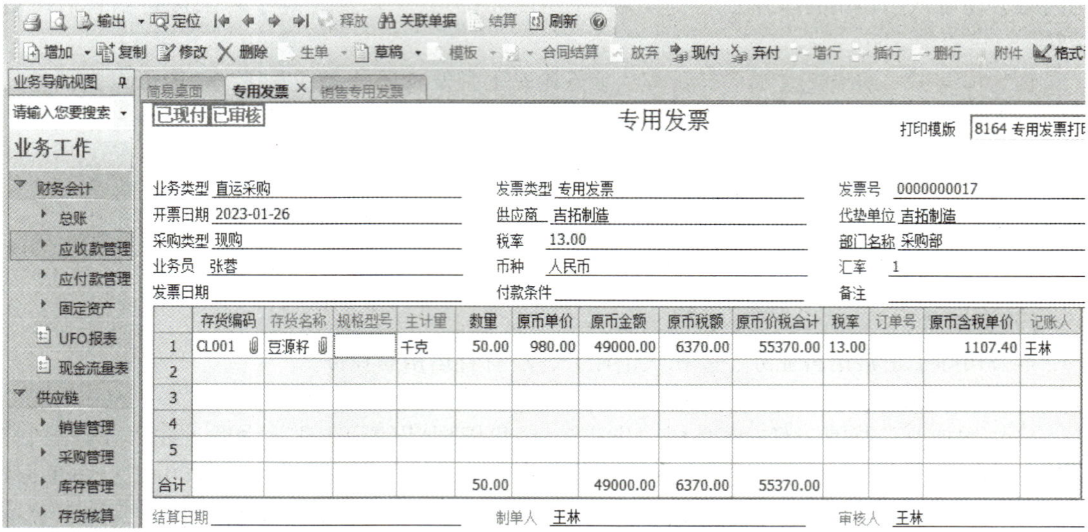

图 7.32 直运购销专用发票

（2）现付发票审核。在应付款管理的"应付单据处理"中，选择包含已现结的采购发票，单击工具栏"审核"按钮。

（3）直运购货核算。双击菜单树"存货核算\业务核算\直运销售记账"命令，选择"采购发票"，单击"确定"按钮；选择列表中已审核的采购发票，单击工具栏"记账"按钮。

在存货核算的"生成凭证"中，选择直运采购发票，生成记账凭证；科目是按存货核算选项设置中的直运科目、税金额科目与结算科目自动生成的；修改贷方科目的结算方式与票号（双击辅助项修改按钮）；现金流量为"购买商品、接受劳务支付的现金"。

说明：以上直运购货不要在应付款管理中生成凭证，否则无法进行直运业务销售成本核算。

（4）增加审核销售发票。双击菜单树"销售管理\销售开票\销售专用发票"命令，将显示最后一张销售专用发票。注：修改销售选项之前显示的是空白销售发票，单击工具栏"末张"按钮才能显示这张发票。

单击工具栏"增加"按钮，取消参照订单界面；在业务类型下拉框中选择"直运销售"，销售类型为"现销"；选择"生单\采购"并单击"确定"按钮，将已审核的采购发票信息携带到销售发票界面；选择表头的客户，录入表体的无税单价，单击工具栏"保存"按钮；单击发票工具栏"现结"按钮，收取部分销货款；单击工具栏"复核"按钮。

注意：直运购销中复核发票不会生成销售发货单，也不会生成销售出库单。

（5）现结发票生成凭证。在应收款管理"应收单据审核"中，选择包括现结的销售发票，单击工具栏"审核"按钮。

在应收款管理的"制单处理"中，选择现结制单，生成确认材料销售收入的记账凭证；现金流量为"销售商品、提供劳务收到的现金"。

（6）直运销售成本核算。双击菜单树"存货核算\业务核算\直运销售记账"命令，选择"销售发票"并单击"确定"按钮；将列表中的销售发票进行单据记账，将自动按个别计价法计算销售材料的成本。

在存货财务核算的"生成凭证"中，选择直运销售发票，生成结转销售材料成本的记账凭证。

三、供应链后续业财融合信息化

工作任务7.43　加工车间配比领料信息化

【任务工单】

2023年1月26日，加工车间吴文秀办理配比领料手续，领用沐涤Ⅱ型793套的产品定额材料。

借：生产成本/直接材料　　　　　　　　（计算）

贷：原材料　　　　　　　　　　　　　　　　（计算）

【信息化流程】

（1）材料配比出库。双击菜单树"库存管理\出库业务\材料出库单"命令，单击工具栏"配比"按钮进入"配比出库单"界面；选择表头产品名称及版本号，在其他位置单击，确认按末级展开，自动生成表体的2行材料记录，这是生产1套沐涤Ⅱ型的材料耗用定额；录入表头的产量，表体的材料耗用数量自动计算填入；选择部门、出库类别、项目大类与项目；单击工具栏"确定"按钮，回到出库单界面，自动生成材料出库单的相关内容，出库单表体有数量无金额；单击工具栏"审核"按钮，即材料出库（发货）。

（2）发出成本计算。在存货核算的"正常单据记账"中，选择材料出库单进行单据（2行记录）记账，将自动按先进先出法计算发出材料的成本。

（3）在存货核算的"生成凭证"中，选择材料出库单生成凭证，如图7.33所示，注意修改贷方科目后部的项目名称。

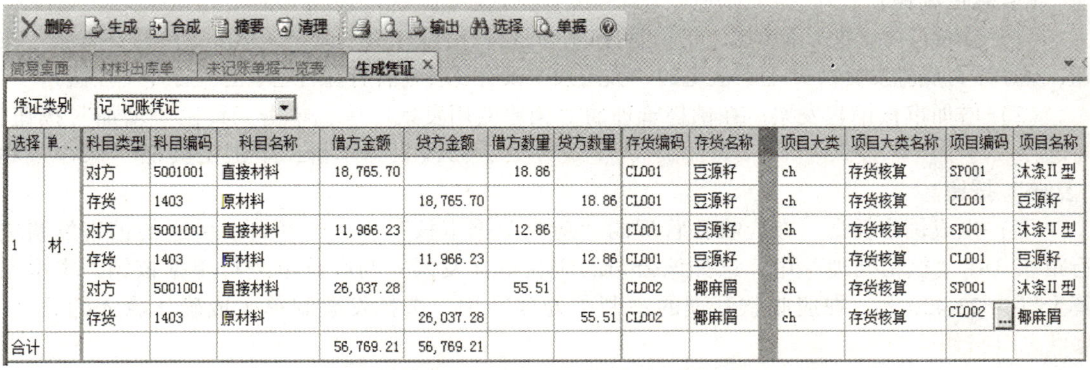

图7.33　存货先进先出法计算沐涤Ⅱ型材料出库成本

工作任务7.44　装制车间配比领料信息化

【任务工单】

2023年1月26日，装制车间赵光海办理配比领料手续，领用露涤Ⅲ型467套的产品定额材料。

借：生产成本/直接材料　　　　　　　　（计算）

贷：原材料　　　　　　　　　　　　　　　　（计算）

【信息化流程】

露涤Ⅲ型467套产品的材料配比出库；在存货核算的"正常单据记账"中计算发出成本；在存货核算中生成记账凭证，如图7.34所示。

凭证类别	记 记账凭证											
选择	单...	科目类型	科目编码	科目名称	借方金额	贷方金额	借方数量	贷方数量	存货编码	存货名称	项目大类	项目大类名称	项目编码	项目名称
1	材...	对方	5001001	直接材料	6,643.77		7.14		CL001	豆源籽	ch	存货核算	SP002	露涤Ⅲ型
		存货	1403	原材料		6,643.77		7.14	CL001	豆源籽	ch	存货核算	CL001	豆源籽
		对方	5001001	直接材料	19,885.07		20.88		CL001	豆源籽	ch	存货核算	SP002	露涤Ⅲ型
		存货	1403	原材料		19,885.07		20.88	CL001	豆源籽	ch	存货核算	CL001	豆源籽
		对方	5001001	直接材料	17,523.92		37.36		CL002	椰麻屑	ch	存货核算	SP002	露涤Ⅲ型
		存货	1403	原材料		17,523.92		37.36	CL002	椰麻屑	ch	存货核算	CL002	椰麻屑
合计					44,052.76	44,052.76								

图 7.34　存货先进先出法计算露涤Ⅲ型材料出库成本

工作任务 7.45　预销订单后续业财融合信息化

【任务工单】

2023 年 1 月 27 日，余绍志根据 1 月 16 日的销售订单向昊典实业公司开具增值税税率为 13% 的专用发票，销售沐涤Ⅱ型 95 套，含税价 236 元，以原预收款抵付。当日仓库发出货物。

借：预收账款　　　　　　　　　　　　　　　　22 420

　　贷：主营业务收入/境内销售　　　　　　　　　19 840.71

　　　　应交税费/应交增值税/销项税额　　　　　　2 579.29

【信息化流程】

（1）查看订单。双击菜单树"销售管理\销售订货\销售订单"命令，单击工具栏"末张"按钮，显示本月底应发货物 95 套，表尾的"关闭人"没有签名（若有签名应单击"打开"按钮）。

（2）增加审核销售发票。在销售管理的"销售专用发票"中，单击工具栏"增加"按钮，确定参照订单生单后，选择订单信息自动生成发票；修改表体单价，单击工具栏"保存"和"复核"按钮。

（3）生成销售凭证。在应收款管理的"应收单据审核"中，选择自动传递的销售发票进行审核。在"核销处理"中，选择该公司的应收单（发票）与收款单进行单据核销，本次结算金额为 22 420 元。在应收款管理的"制单处理"中，选择发票制单生成确认收入的凭证，将借方科目修改为预收账款。

（4）发货。在库存管理中，找到自动生成的销售出库单进行审核。

（5）关闭物流单据。在销售管理中，找到昊典实业的发货单、销售订单，分别单击"关闭"按钮，表尾的"关闭人"将自动签名。

（6）物流单据记账。在存货核算"正常单据记账"中，选择销售出库单进行单据记账。

工作任务 7.46　赊购订单后续业财融合信息化

【任务工单】

2023 年 1 月 28 日，帝欧实业公司根据本月 23 日的采购订单，发来豆源籽 165 千克，材料库收到该材料。同时收到专用发票，无税单价 960 元，增值税税率 13%，货款暂欠。由于本公司税务会计人员休假，该采购专用发票的进项税额尚未经税务机关认证（估计下月初才能到主管税务机关办理进项税额认证）。

借：在途物资　　　　　　　　　　　　　158 400
　　应交税费/待认证进项税额　　　　　　20 592
　　　贷：应付账款/应付供应商　　　　　　　　　178 992
借：原材料　　　　　　　　　　　　　　158 400
　　　贷：在途物资　　　　　　　　　　　　　　158 400

注：待认证进项税额不能从当期销项税额中抵扣，所以不能列作"应交税费/应交增值税/进项税额"；认证后才能转入该明细科目，从认证当月的销项税额中抵扣。

【信息化流程】

（1）增加审核入库单。在库存管理的"采购入库单"中，选择采购订单生成入库单；选择表头的材料仓库，单击工具栏"保存""审核"按钮。

（2）关闭订单。在采购管理中，找到已执行完毕的采购订单，单击工具栏"关闭"按钮，表体后部的"行关闭人"自动签名。

（3）生成结算发票。双击菜单树"采购管理\采购入库\入库单批量生成发票"命令，单击"确定"按钮进入生成发票界面，如图7.35所示。

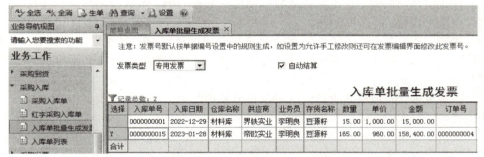

图7.35　用友U8入库单批量生成发票界面

从发票类型下拉框中选择"专用发票"，勾选上部"自动结算"项，选择下部的入库单记录；单击"生单"按钮，将提示生成1张采购发票，再同意进行采购结算。

（4）生成赊购凭证。在应付款管理中，选择"已整单报销"的采购发票进行单据审核。选择发票制单，生成赊购在途的凭证；修改应交税费的明细科目时，应先在科目参照界面单击"编辑"按钮，增加"2221007 待认证进项税额"明细科目。

（5）查看发票。在采购管理的"采购专用发票"界面中，找到自动生成的发票，其左上角有"已结算""已审核"2个红色印章。

（6）存货核算。在存货核算中选择采购入库单进行单据记账；选择采购入库单，生成材料入库的记账凭证。

【技能拓展】

"入库单批量生成发票"的前提条件是：采购入库单已审核、有单价；无单价的入库单不能用此法生成采购发票。

工作任务7.47　销售默认不参照订单信息化

【任务工单】

2023年1月29日，销售部陈东萍通知仓库，向曼航实业公司（建行华林办账号JH70065、税号SW23550028）发出沐涤Ⅱ型35套、露涤Ⅲ型31套。当日，商品已发出，开具税率为13%的增值税专用发票，沐涤Ⅱ型无税单价215元，露涤Ⅲ型无税单价259元，货款暂欠。

借：应收账款　　　　　　　　　　　　　　　　17 576.02
　　贷：主营业务收入/境内销售　　　　　　　　　15 554
　　　　应交税费/应交增值税/销项税额　　　　　 2 022.02

【信息化流程】

（1）取消销售订单参照。由于本公司的订单销售业务较少，在销售发货单、销售专用发票界面的工具栏单击"增加"按钮时，每次均弹出参照订单界面，影响工作效率；所以，取消默认的参照订单设置。

方法是：双击菜单树"销售管理\设置\销售选项"命令，单击"其他控制"卡片，修改为：新增发货单默认不参照单据、新增发票默认不参照单据、单据进入方式为最后一张单据，单击"确定"按钮。

（2）增加审核发货单。进入销售管理的"发货单"时，将直接显示最后一张发货单，单击工具栏"增加"按钮将不会再弹出参照订单界面而显示空白发货单；参照选择客户时，应先增加该客户的档案信息；参照选择或录入表头、表体的其他项目，不录入单价与金额；单击工具栏"保存"和"审核"按钮。

（3）增加审核出库单。在库存管理的"销售出库单"中，找到自动生成的出库单，单击工具栏"审核"按钮。

（4）处理专用发票。进入销售管理的"销售专用发票"时，将直接显示最后一张发票，单击工具栏"增加"按钮将不弹出参照订单界面而显示空白发票；单击"生单\参照发货单"以生成专用发票，录入表体的无税单价；单击工具栏"保存"与"复核"按钮。

（5）生成凭证。在应收款管理的"应收单据处理"中，进行销售发票审核；在"制单处理"中生成确认收入的凭证。

（6）关闭发货单。在销售管理的"发货单"中，单击工具栏"刷新"和"关闭"按钮。

（7）物流单据记账。在存货核算的"正常单据记账"中，选择销售出库单进行单据记账。

工作任务7.48　产品入库的业务信息化

【任务工单】

2023年1月29日，沐涤Ⅱ型完工1 598套、露涤Ⅲ型完工1 557套，由生产办组织交付成品库验收。

【信息化流程】

（1）在库存管理的"产成品入库单"中，增加、保存成品库的2个产品的入库单，无单价与金额；单击工具栏"审核"按钮。

（2）查看产品入库单。双击菜单树"存货核算\业务核算\单据列表\产成品入库单列表"命令，单击"确定"按钮，显示有6行记录的3张入库单均有数量，但没有单价与金额。这是因为完工产品的单位生产成本及总成本月末才能计算确定，所以，这3张入库单不进行单据记账与生成凭证。

四、采购暂估账款业财融合信息化

工作任务7.49　单到回冲的采购暂估账信息化

【任务工单】

2023年1月30日，李明良收到界铁实业增值税税率为13%的采购专用发票，豆源籽15千克，无税单价981元。经查，上月已收料并已暂估入账，所以于本日开具普通支票2973号支付货款。

  借：在途物资   14 715
    应交税费/应交增值税/进项税额   1 912.95
    贷：银行存款/工行人民币存款   16 627.95
  借：原材料   −15 000
    贷：应付账款/暂估账款   −15 000
  借：原材料   14 715
    贷：在途物资   14 715

【信息化流程】
  （1）生成现结发票与采购结算。在采购管理的"专用采购发票"中，单击工具栏"增加"按钮；选择"生单\入库单"命令，单击"确定"按钮；选择上年的入库单，下部显示上年入库的材料，单击工具栏"确定"按钮，自动生成采购发票；修改原币单价及税率（13.00），单击工具栏"保存"按钮；单击工具栏"现付"按钮，进行货款支付；单击工具栏"结算"按钮。
  （2）生成现付在途凭证。在应付款管理的"应付单据处理"中，选择包含已现结采购发票，进行采购发票审核。
  在应付款管理的"制单处理"中，选择现结发票制单，生成材料在途的凭证；现金流量为"购买商品、接受劳务支付的现金"。
  （3）结算成本处理。双击菜单树"存货核算\业务核算\结算成本处理"命令，选择"材料库"；单击"确定"按钮进入"结算成本处理"界面；选择上年的入库单，单击工具栏"暂估"按钮。
  （4）查看暂估结果。双击菜单树"存货核算\初始设置\选项\选项查询"命令，单击"核算方式"卡片，显示暂估业务默认的是单到回冲方式。所以，上述工作完毕后，自动生成红字回冲单、蓝字回冲单。
  双击菜单树"存货核算\日常业务\单据列表\红字回冲单列表"命令，单击"确定"按钮，双击列表记录将显示上年暂估单价1 000元的红字回冲单。双击菜单树"存货核算\日常业务\单据列表\蓝字回冲单列表"命令，单击"确定"按钮，双击列表记录将显示今年实际结算单价为981元的蓝字回冲单。
  （5）双击菜单树"存货核算\初始设置\对方科目"命令，将材料入库的暂估科目选择为"2202002暂估账款"科目。
  （6）生成2套凭证。在存货核算的"生成凭证"中，选择"红字回冲单"，生成冲销上月暂估账款的红字记账凭证；选择"蓝字回冲单（报销）"，生成材料入库的记账凭证。

工作任务7.50 货到单未到的采购暂估账信息化

【任务工单】
  2023年1月30日，材料库收到隆恒商务公司发来的椰麻屑10件，采购部张蓉经办。月末仍未收到采购发票，按每件无税单价490元暂估入账。

  借：原材料   4 900
    贷：应付账款/暂估账款   4 900

【信息化流程】
  （1）增加审核入库单。在库存管理的"采购入库单"中，单击工具栏"增加"按钮；选择或录入表头、表体项目，不录入单价与金额，单击工具栏"保存""审核"按钮（收货）。

（2）暂估成本。双击菜单树"存货核算\业务核算\暂估成本录入"命令，单击"确定"按钮，将显示上述无价入库单列表；在列表中录入该材料的暂估无税单价，单击工具栏"保存"按钮。

（3）生成入库凭证。在存货核算的"正常单据记账"中，选择该采购入库单进行单据记账。在存货核算的"生成凭证"中，选择采购入库单（暂估记账）生成凭证。

五、财产清查与往来两清信息化

工作任务7.51 仓库盘亏的业财融合信息化

【任务工单】

2023年1月31日，生产办林洪盘点本公司材料库的存货，填制盘点表。根据存货盘点表与账面结存数核对，椰麻屑盘亏0.13件，原因待查，其他材料账实相符。

借：待处理财产损溢/存货盘亏　　　　　　（计算）
　　贷：原材料　　　　　　　　　　　　　（计算）

【信息化流程】

（1）材料库盘点。双击菜单树"库存管理\盘点业务\盘点单"命令进入"盘点单"界面，如图7.36所示；单击工具栏"增加"按钮，自动生成盘点单号、盘点日期；选择盘点仓库、出库类别、入库类别、经手人（自动生成部门）；单击工具栏"选择"按钮，展开左部的"存货"列表，选择"材料类"，右部显示所有的材料名称；单击工具栏"确定"按钮，表体将自动携带该类存货的的账面数量、盘点数量等；修改盘点数量，自动计算盈亏数量；单击工具栏"保存"和"审核"按钮。

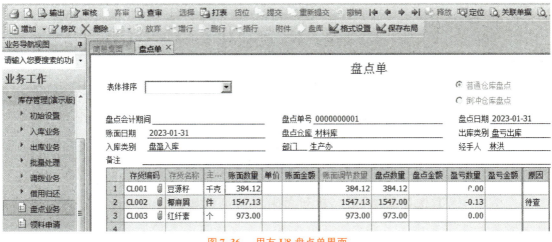

图7.36　用友U8盘点单界面

（2）审核出库单。在库存管理的"其他出库单"中，单击工具栏"末张"按钮找到自动生成的盘亏出库单，没有单价与金额，单击工具栏"审核"按钮。

（3）生成盘亏凭证。在存货核算的"正常单据记账"中，选择其他出库单进行单据记账；系统将按先进先出法计算盘亏材料成本60.98元。

在存货核算的"生成凭证"中，选择其他出库单生成凭证；选择对方科目时，应单击科目参照界面的"编辑"按钮，增加"1901002 存货盘亏"明细科目。

工作任务7.52　仓库盘盈的业财融合信息化

【任务工单】

2023年1月31日，生产办林洪盘点本公司成品仓库的存货，填制盘点表。根据存货盘点表与账面结存数核对，露涤Ⅲ型盘盈1套，原因待查，其他产品账实相符，盘盈产品按月初结存的单位成本计价。

借：库存商品　　　　　　　　　　　　　　　　（查账）
　　贷：待处理财产损溢/存货盘盈　　　　　　　（查账）

【信息化流程】

（1）成品库盘点。在库存管理的"盘点单"中，增加、选择成品库的商品类盘点单，修改盘点数量，自动计算出露涤Ⅲ型盘盈1套；单击工具栏"保存"与"审核"按钮。

（2）审核入库单。在库存管理的"其他入库单"中，找到自动生成的盘盈入库单（没有单价与金额）；单击工具栏"审核"按钮。

（3）查看月初单位成本。双击菜单树"存货核算/账表/账簿/明细账"命令，选择成品库的露涤Ⅲ型，单击"确定"按钮；列表将显示该商品月初的单位成本189.46元。

（4）处理无价单据。双击菜单树"存货核算\日常业务\其他入库单"命令；找到该入库单，单击工具栏"修改"按钮，录入月初单价189.46元，单击工具栏"保存"按钮。

（5）生成盘盈凭证。在存货核算的"正常单据记账"中，选择其他入库单，进行单据记账。

在存货核算的"生成凭证"中，选择其他入库单生成凭证；选择对方科目时，应单击科目参照界面的"编辑"按钮，增加"1901003 存货盘盈"明细科目。

工作任务7.53　供应链记账凭证的稽核过账

【任务工单】

对供应链系统自动生成的凭证，在总账系统进行稽核签字、记账。

【信息化流程】

（1）修改凭证。供应链系统产生的经济业务，应在存货核算、应付款管理和应收款管理中，根据原始凭证生成记账凭证。若有错，只能在该凭证的来源系统中，查询到该凭证，进行修改、删除等操作。

双击菜单树"总账\凭证\填制凭证"命令进入填制凭证界面，单击工具栏"上张"按钮，可查看没记账的凭证；单击表头"记账凭证"时将显示该凭证的来源系统。

（2）凭证整理。填制或生成的凭证可能因为删除、作废与标错等原因，还继续占用了原有的记账凭证编号等，所以还应进行凭证整理。在填制凭证界面单击工具栏"整理凭证"命令，选择需要整理凭证的会计期间；若有作废凭证，可将其全选后删除；删除作废凭证后，可按凭证编号或凭证日期、审核日期等进行凭证断号重排。

（3）查询凭证。双击菜单树"总账/凭证/查询凭证"命令，选择全部凭证，单击"确定"按钮，将显示发生额合计为8 227 693.06元，凭证共计133张。其中，来自总账系统的填制凭证37张，来自固定资产系统4张，来自存货核算系统32张1 333 474.45元，来自应收系统35张2 866 204.99元，来自应付系统24张1 826 970.69元。

（4）凭证稽核。出纳周红林注册登录企业应用平台，进行凭证的出纳签字。由SYSTEM注册登录企业应用平台，进行主管签字、凭证审核。

说明：没有货币资金科目的记账凭证不需要出纳签字。本人填制的记账凭证，不能进行主管签字，也不能进行凭证审核。

（5）凭证过账。账套主管登录企业应用平台，进行凭证记账。

工作任务7.54　客户与供应商往来两清信息化

【任务工单】

对供应链系统中产生的，已全部结算的，有应收与已收的债权或有应付与已付的债务，进行往来两清。

【信息化流程】

（1）客户往来两清。在"财务会计\总账\账表\客户往来辅助账\客户往来两清"中，进行手动或自动两清处理。

（2）供应商往来两清。在"总账\账表\供应商往来辅助账\供应商往来两清"中，进行手动或自动两清处理。

【技能提示】

（1）往来两清的前提是，同一客户（供应商）在同一会计科目中，既有借方发生额，又有贷方发生额，且金额相等。例如，"预收账款/昊典实业"虽有借贷记录，但它们不符合"两清"的概念，不能进行往来两清处理。往来两清是在总账系统中，针对会计科目进行处理，是往来财务管理手段。

（2）单据核销是在往来管理系统中针对原始单据进行处理，是往来业务管理信息化手段，也需要有应收与已收单据、应付与已付单据，但其金额可以不相等，可以进行金额的部分核销处理，如"昊典实业"的单据是进行了核销的。

六、供应链专项融合信息化精析

1. 委托代销业务信息化

委托代销是指受货物所有人委托进行销售的一种行为，在商议好销售代理费的情况下，当产品销售回款后自行将商议货款付至委托人的经营活动。委托代销的特点是受托方只是一个代理商，委托方将商品发出后，所有权并未转移给受托方，因此商品所有权上的主要风险和报酬仍在委托方。只有在受托方将商品售出后，商品所有权上的主要风险和报酬才转移出委托方。所以，企业采用委托代销方式销售商品，应在受托方售出商品，并取得受托方提供的代销清单时确认销售收入实现。

对于不满足收入确认条件的代销发出商品，应按发出商品的实际成本（或进价）或计划成本（或售价），借记"发出商品"科目，贷记"库存商品"科目。采用支付手续费方式委托其他单位代销的商品，也可以通过"委托代销商品"科目核算。发出商品满足收入确认条件时，应结转销售成本，借记"主营业务成本"科目，贷记"发出商品"科目。发出商品如发生退回，应按退回商品的实际成本（或进价）或计划成本（或售价），借记"库存商品"科目，贷记"发出商品"科目。

2. 直运业务信息化

直运业务是指物品无须进入本企业的仓库即可完成购销业务，由供应商直接将商品发给本企业的客户。结算时，由购销双方分别与本公司结算。直运业务包括直运销售业务和直运采购业务，没有实物的出入库，货物流向是直接从供应商到客户，财务结算通过直运销售发票、直运采购发票解决。

采购管理系统可参照销售管理系统的销售订单生成采购订单；在直运业务必有订单模式下，直运采购订单必须参照直运销售订单生成；如果直运业务非必有订单，那么直运采购发票和直运销售发票可相互参照。

3. 采购暂估入库信息化

采购的货物到达企业后，如果没有收到供货单位的发票，可以对入库货物按暂估成本入账；待采购发票到达后，根据入库单与发票进行采购结算处理。暂估成本是指采购系统所购存货已入库，但发票未到或未采购结算时入库单上的估算成本；当收到采购发票后，需进行采购结算回填入库单的采购成本。

信息系统提供暂估账款核算方式有3种：月初回冲、单到回冲、单到补差。

4. 假退料与盘点信息化

假退料亦称假退库，指月末将生产部门已领用但并未实际耗用的原材料等填制红字领料单，材料仍由原领用部门保管而不退回仓库，会计部门据此冲减材料成本，下月初填制相同内容的蓝字领料单等作领料成本核算。

供应链系统对存货盘点，可按仓库盘点和按批次盘点，还可对各仓库或批次中的全部或部分存货进行盘点。盘盈可自动生成其他入库单，盘亏可自动生成其他出库单。

学习任务5　学习效果验证

自主学习07

一、单项选择题

1. 采购业务中为了防止重复生单，经济业务执行完毕后，除（　　）以外的电子单据应当关闭或勾销。
   A. 采购请购单　　　　　　　　B. 采购发票与入库单
   C. 采购到货单　　　　　　　　D. 采购订单
2. 在存货核算子系统中不能根据（　　）生成会计凭证。
   A. 盘亏出库单　　B. 采购入库单　　C. 存货调拨单　　D. 采购订单
3. 存货采用实际成本计价核算时，以下电子单据若有单价与金额，除（　　）是成本额外，其他单据为销售单价与销售金额。
   A. 销售订单　　　　　　　　　B. 销售发票
   C. 销售收款单　　　　　　　　D. 出库单与入库单
4. 销售管理系统中的（　　）电子单据，需要编制记账凭证传递到总账系统。
   A. 销售报价单　　　　　　　　B. 销售发票与出库单
   C. 销售发货单　　　　　　　　D. 销售订单
5. 存货核算生成记账凭证时，（　　）电子单据应当有金额。
   A. 采购订单　　　　　　　　　B. 采购到货单
   C. 请购单　　　　　　　　　　D. 采购入库单
6. 销售发票中的商业折扣抵减销售收入，销售收款过程中的现金折扣计入（　　）科目。
   A. 销售费用　　　　　　　　　B. 管理费用
   C. 销售成本　　　　　　　　　D. 财务费用

二、多项选择题

1. 既可以根据上游单据生成下游单据，也可以根据下游单据生成上游单据，称为双向生单。有的软件只能单向生单，若某软件可以双向生单，一般是指（　　　　）相互生单。
   A. 购销订单与出入库单　　　　　　　　B. 销售出库单与销售发票
   C. 购销订单与购销发票　　　　　　　　D. 采购入库单与采购发票

2. 用友 U8 销售与收款循环中的（　　　　）电子单据，不能在存货核算系统中生成会计凭证。
   A. 销售发货单　　　　　　　　　　　　B. 销售出库单
   C. 销售报价单与订单　　　　　　　　　D. 收款单

3. 用友 U8 采购与应付系统输入的核心电子单据有（　　　　）。
   A. 采购订单　　　　　　　　　　　　　B. 采购发票与付款单
   C. 请购单与到货单　　　　　　　　　　D. 采购入库单

4. 销售业务中为了防止重复生单，经济业务执行完毕后的（　　　　）电子单据应当关闭或勾销。
   A. 销售报价单　　B. 销售发票与出库单　　C. 销售发货单　　D. 销售订单

5. 用友 U8 中的采购入库单可以在（　　　　）系统直接查询，生成记账凭证后还可在（　　　　）系统进行单据联查（穿透查询）。
   A. 采购管理　　　B. 库存管理　　　　　　C. 存货核算　　　D. 总账

6. 供应链信息化的销售与收款循环的核心单据是（　　　　）。
   A. 销售订单　　　B. 销售出库单　　　　　C. 销售发票与收款单　　D. 销售报价单

三、判断题

1. 采购管理中的采购发票，用友 U8 在应付款管理系统中根据入账科目生成凭证，金蝶 K/3 在存货核算系统中根据凭证模板生成凭证。（　　　）
2. 供应链（SCM）中的购销订单不能根据出入库单、购销发票进行生单。（　　　）
3. 盘盈入库单、盘亏出库单都是无价单据，应在月末进行无价单据处理。（　　　）
4. 将采购发票与采购入库单配比核算，以便采购结算进行入库成本的计算；将采购发票与付款单进行核销处理，以便形成供应商往来账。（　　　）
5. 供应链系统中，销售发票的单价是售价，采购发票的单价是进价或成本。（　　　）
6. 实际成本核算的出库单与入库单有若有单价，必须是成本或进价。（　　　）
7. 库存管理中入库单的收货成本、出库单中的发货成本，大多由核算系统确定，除非特别原因一般不用录入。（　　　）
8. 用友 U8 的销售出库单可以在销售管理系统自动生单，采购入库单可以在采购管理系统自动生单。（　　　）

四、做中学：铁马实业信息化实训

工作任务 7.55　铁马实业的商品赊购信息化

【任务工单】

（1）2023 年 12 月 24 日，零售部向海京实业公司赊购商品一批，收到普通采购发票货款

6 100元，商品按售价 8 780 元验收（应付款管理系统发票信息化）。

（2）25 日，向万泰实业公司购进并验收 A 商品 1 200 台，无税单价 430 元；B 商品 1 650 件，无税单价 341 元；采购发票列明的增值税税率为 13%；用工行普通支票支付 892 600 元，其余暂欠（应付款管理系统发票信息化）。

工作任务 7.56　铁马实业的商品赊销信息化

【任务工单】

（1）25 日，向艾施实业公司销售 A 商品 950 台，无税单价 641 元；B 商品 1 960 件，无税单价 508 元；开出增值税税率为 3% 的销售专用发票；收到工行普通支票存入银行 1 190 880 元，其余暂欠（应收款管理系统，平时按无税价款确认收入）。

（2）26 日，零售部向陵嘉实业公司赊销商品一批，售价款 9 300 元（平时按售价确认收入不进行价税分离核算），开具普通销售发票（应收款管理系统）。

（3）28 日，蜀江实业公司退回上月赊销的 B 商品 3 件，含税单价 526 元，开具红字普通销售发票（应收款管理系统）。

（4）29 日，零售部出售商品款 180 300 元，现金结算存入建行（应收款管理系统发票信息化或总账系统填制凭证）。

渝北音桥商业信息化实验

学习情境八

系统期末处理一体信息化

【技能目标】

在用友U8V10.1中，掌握带息商业汇票计息、往来外币调汇与出口退税的业财融合信息化技能；掌握外币科目调汇、对应结转、费用摊提、自定义转账等自动转账凭证的定义设置与生成的财务信息化技能；掌握生产费用的纵向、横向归集与分配的信息化技能；掌握完工产品成本、代销商品成本与销售成本的业财融合信息化技能；掌握税费计提、结转损益、查询账表、信息系统对账与月末结账的信息化技能。

【理论目标】

理解带息应付商业汇票应计提利息，但应收票据不计息；理解外币调汇的原因、范围与方法；理解出口退税的规定及账务处理；理解总账系统自动转账凭证的设置内容与取数函数；理解生产成本总账信息化的内容；理解存货计价方法与发出成本信息化的关系；理解提取税费、结转期间损益、信息系统对账与结账等的内容、方法与顺序。

【素质目标】

培养守法意识和大局意识；培养开源节流、勤俭节约的思想态度；培养"一盘棋"的系统思维能力。

【思维导图】

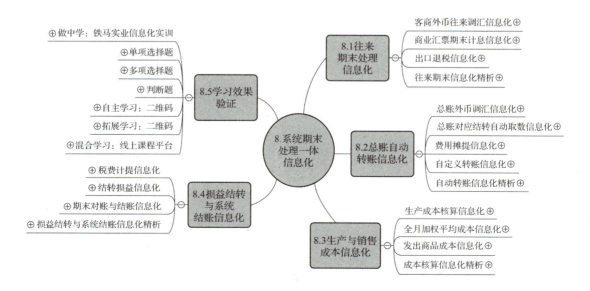

学习任务 1　往来期末处理信息化

一、客商外币往来调汇信息化

工作任务 8.1　客商外币往来调汇信息化

客商外币往来调汇信息化

【任务工单】

2023 年 1 月 31 日，碚渝实业对应收款管理系统、应付款管理系统外币结算的往来款项进行汇兑损益调整；经查，人民银行（央行）当日在媒体上公布的美元汇率为 6.335，港币汇率为 0.836。

　　借：应收账款　　　　　　　　　　　　　　480.72
　　　　贷：财务费用/汇兑损益　　　　　　　　　　　480.72
　　借：财务费用/汇兑损益　　　　　　　　　　161.5
　　　　贷：应付账款/应付供应商　　　　　　　　　　161.5

注：应收账款的客户为香港锐思公司，应付账款的供应商为香港赫睿公司。

【信息化流程】

（1）应收款汇兑损益。在用友 U8 企业应用平台应收款管理的"汇兑损益"中，录入汇率并单击"全选"按钮；单击"下一步"按钮，将自动计算出有关客户的外币余额、本币余额、调整后余额，以及应处理的汇兑损益额，如图 8.1 所示；单击"全选""完成"按钮，立即制单并保存凭证。

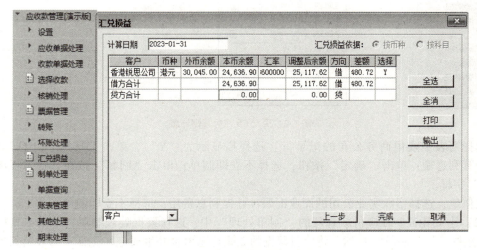

图 8.1　用友 U8 应收款汇兑损益

　　提示：若没有选择立即制单，在应收款管理的"制单处理"中，选择汇兑损益制单，生成记账凭证。

（2）应付汇兑损益。在应付款管理的"汇兑损益"中，选择有外币结算的供应商往来款项，进行汇兑损益的调整，生成凭证。

【技能拓展】

逆向处理：若汇兑损益调整有错，先在应收款管理中删除记账凭证；再选择"应收款管理\其他处理\取消操作"中的汇兑损益,单击"确定"按钮后取消汇兑损益的处理。

二、商业汇票期末计息信息化

工作任务8.2 应付票据期末计息信息化

【任务工单】

2023年1月31日,对往来款项中需要收付利息的应收应付款项提取利息。

借：财务费用/票据利息费用　　　　　　　　899.29
　　贷：应付票据　　　　　　　　　　　　　　　　899.29

注：应付票据辅助项,隆恒商务公司790.13元,帝欧实业109.16元。

【信息化流程】

(1) 票据计息。双击菜单树"应付款管理\票据管理"命令,单击"确定"按钮进入"票据管理"界面,如图8.2所示；列表中<u>有票面余额及票面利率的记录,需计提应付商业汇票利息</u>。

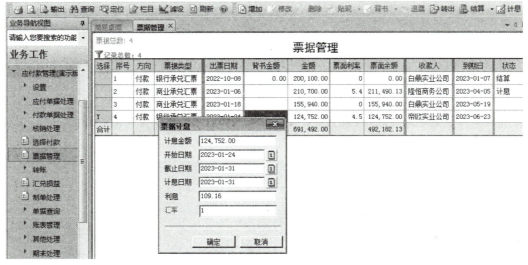

图 8.2　用友 U8 应付票据计息

选择列表中隆恒商务公司的记录行（选择栏显示为"Y"）,单击工具栏"计息"按钮,自动计算利息额；单击"确定"按钮,选择不立即制单；单击"刷新"按钮,状态栏将显示"计息"字样。

类似地,选择帝欧实业公司的商业汇票,计提利息费用；选择不立即制单。

(2) 生成凭证。在应付款管理的"制单处理"中,选择票据处理制单,单击工具栏"全选""合并"与"制单"按钮,将应付票据的2张计息单合并生成记账凭证；修改科目时应增加财务费用的"6603007 票据利息费用"明细科目。

【技能拓展】

(1) 逆向处理：若计息有错,可先在应付款管理的"单据查询"中删除生成的记账凭证；再双击菜单树"应付款管理\其他处理<u>\取消操作"命令,选择票据处理</u>并单击"确定"按钮,取消计息。

(2) 在应收款管理的"票据管理"中,也有带息的商业汇票（环展实业公司）,但不能计息,因为《企业会计准则》规定,<u>应收票据的利息不得预提利息收入</u>。

三、出口退税信息化

工作任务8.3　出口退税与进项税额转出信息化

【任务工单】

2023年1月31日,经主管税务机关审查,本公司经海关向香港锐思公司出口商品的进项税额为1 312元,不能从境内销售货物的销项税额中抵扣;其中,768元税款将于下月初退税,不予退回的税金为544元(本公司未实行增值税出口"免、抵、退"办法)。

借:应收出口退税款　　　　　　　　　　　768
　　贷:应交税费/应交增值税/出口退税　　　　768
借:主营业务成本/出口港澳台　　　　　　544
　　贷:应交税费/应交增值税/进项税额转出　544

【信息化流程】

账套主管登录企业应用平台,双击菜单树"财务会计\总账\凭证\填制凭证"命令,增加2张记账凭证,无现金流量。

四、往来期末信息化精析

1. 带息票据的应计利息

带息应付商业汇票在票面上往往标明一定的利率,该利率用来计算票据所含的利息。票据到期时,企业除了需要偿还票面金额,还需要支付按规定计算的利息。带息票据的利息一般是在到期时一次性支付;如果利息金额较大,则应于中期期末或年度终了时计算应付利息费用,借记"财务费用"科目,贷记"应付票据"科目。如果利息金额不大,是否预提对会计报表不会产生重大影响,则可在票据到期归还本金和支付利息时,一次性计入财务费用。

2. 外币调汇

根据货币计量的会计核算前提,有外币业务的企业,业务发生时可以采用固定汇率(月初汇率)或浮动汇率(当日汇率)作为外币的入账汇率,折合为记账本位币进行会计核算与业务管理。由于外币汇率随时都在变化,为了使月末外币的记账本位币账面价值与外币的实际价值保持一致,需要按月末外币汇率与外币额计算外币的实际价值,将两者之差进行期末调汇,包括总账系统外币科目的调汇,也包括购销业务中的外币客户债权、外币供应商债务的调汇。

总账系统的外币科目调汇,是将外币科目的外币余额按照期末汇率折合为记账本位币金额,该金额与原账面记账本位币金额之间的差额,作为汇兑损益调账。其公式为:

汇兑损益 = 期末外币余额 × 期末汇率 − 调汇前该科目记账本位币余额

总账系统的"汇兑损益"或"期末调汇"功能,用于期末自动计算外币账户的汇兑损益,并在"转账生成"功能中自动生成汇兑损益的转账凭证。为了保证汇兑损益计算正确,填制某月的汇兑损益凭证时,应先将本月的所有记账凭证进行稽核签字并记账。

购销业务中的客户外币债权,在应收款管理系统中进行调汇;供应商外币债务,在应付款管理系统中进行调汇;调汇后的汇兑损益在相应的信息系统中生成凭证,机制凭证将自动传递到总账系统。

3. 出口退税

《中华人民共和国增值税暂行条例》规定:纳税人出口货物的增值税税率为零;但在国内

销售不报关离境的货物不得视为出口货物，不适用零税率；免征增值税项目的进项税额不得从销项税额中抵扣；纳税人出口货物适用退（免）税规定的，应当向海关办理出口手续，凭出口报关单等有关凭证，在规定的出口退（免）税申报期内按月向主管税务机关申报办理该项出口货物的退（免）税。

财政部《增值税会计处理规定》规定：未实行"免、抵、退"办法的一般纳税人出口货物按规定退税的，按规定计算的应收出口退税额，借记"应收出口退税款"科目，贷记"应交税费/应交增值税（出口退税）"科目；收到出口退税时，借记"银行存款"科目，贷记"应收出口退税款"科目；退税额低于购进时取得的增值税专用发票上的增值税额的差额，借记"主营业务成本"科目，贷记"应交税费/应交增值税（进项税额转出）"科目。

学习任务2　总账自动转账信息化

总账外币调汇信息化

一、总账外币调汇信息化

工作任务8.4　总账外币调汇自动取数信息化

【任务工单】

2023年1月31日，对进行外币核算的账户进行汇兑损益调整，经查，人民银行（央行）在媒体上公布的美元汇率为6.335，港币汇率为0.836。

借：银行存款/中行美元存款　　　　　　　　233.7
　　贷：其他应付款/美国KDS公司　　　　　　22.2
　　　　财务费用/汇兑损益　　　　　　　　　211.5

【信息化流程】

（1）录入汇率。在"基础设置\基础档案\财务\外币设置"中，录入美元、港元本月末的调整汇率，如图8.3所示。

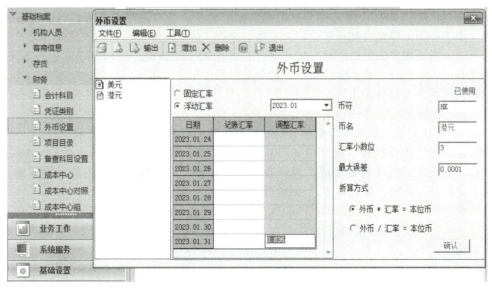

图8.3　录入外币月末调整汇率

（2）转账定义。双击菜单树"财务会计\总账\期末\转账定义\汇兑损益"命令，列表显示外币核算的会计科目；参照选择汇兑损益入账科目"6603002 汇兑损益"，双击表体是否计算汇兑损益栏，使之显示为"Y"，单击"确定"按钮。

（3）转账生成。双击菜单树"总账\期末\转账生成"命令，进入转账生成界面，选定左部的"汇兑损益结转"，右部将显示所有外币核算的明细科目，单击上部的"全选"按钮，如图8.4所示；单击下部的"确定"按钮，系统将提示有未记账的凭证，选择"是"后自动生成汇兑损益试算表，单击"确定"按钮即可自动生成记账凭证；选择银行存款的结算方式为"其他"，现金流量为"汇率变动对现金的影响"。

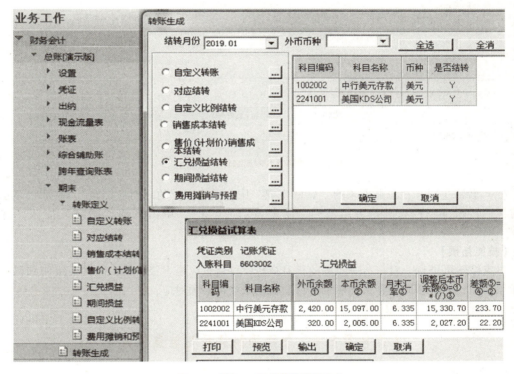

图8.4 用友U8汇兑损益转账生成

【技能拓展】

单击转账生成界面各功能列表项后的参照按钮（　　），可进入转账定义的相关设置界面，进行期末转账定义的增加或修改。

二、总账对应结转自动取数信息化

工作任务8.5　对应结转自动取数信息化

【任务工单】

2023年1月31日，经检查，本月现金盘盈无法查明原因，转入营业外收入科目。

借：待处理财产损溢/现金盘盈　　　　　　10.13
　　贷：营业外收入　　　　　　　　　　　10.13

【信息化流程】

（1）转账定义。双击菜单树"总账\期末\转账定义\对应结转"命令进入"对应结转设置"界面，如图8.5所示；单击工具栏"增加"按钮，录入编号、摘要，参照选择转出科目为"1901001现金盘盈"；单击工具栏"增行"按钮，参照选择表体转入科目；单击工具栏"保存"按钮。

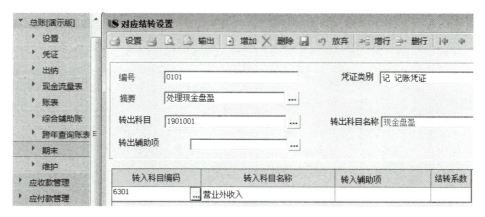

图8.5 用友U8对应结转设置界面

（2）转账生成。在总账期末的"转账生成"中，选定左部的"对应结转"，右部将显示上述定义的转账事项；双击是否结转栏，使之显示为"Y"，单击下部"确定"按钮并选择"是"，即可自动生成凭证；按键盘上的"－"与空格键，修改借贷方向与金额。

【技能拓展】

对应结转可进行一对一、一对多的科目结转；科目可以是上级科目，但其下级明细科目结构必须相同，如有辅助核算，则两个科目的辅助账类也必须对应；本功能只结转期末余额。本例还可以在"自定义比例结转"中设置。

工作任务8.6 总账填制凭证与信息联查

【任务工单】

2023年1月31日，经批准本月盘盈的1套露涤Ⅲ型，冲销管理部的管理费用。
借：待处理财产损溢/存货盘盈　　　　　　（查余额）
　　贷：管理费用　　　　　　　　　　　　（查余额）

【信息化流程】

（1）在总账系统的"填制凭证"中，增加、保存记账凭证。其中，选择借方科目后单击工具栏"余额"按钮将显示贷方余额为189.46元，所以，应在借方录入此金额；选择借方科目后单击弹出辅助项界面的参照按钮，在参照界面单击"编辑"按钮，选择"要素费用"大类，在项目目录卡片中单击"维护"按钮，增加"14存货盘盈"项目。

（2）凭证保存后，再选定借方科目所有行，单击工具栏"余额"按钮，显示期末余额方向为"平"，期末余额金额为空，借方与贷方发生额均为189.46元。

【技能提示】

管理费用科目进行要素费用辅助项核算，待处理财产损溢的明细科目没有辅助核算；所以，不能使用对应结转或自定义比例结转的方法生成记账凭证。

三、费用摊提信息化

工作任务8.7　摊销租赁费用自动取数信息化

【任务工单】

2023年1月31日，经检查租赁合同，本公司上年租入大型设备的租赁费36 000元，还应摊销1.5年。

借：制造费用　　　　　　　　　　　　　　　　2 000
　　贷：长期待摊费用/设备租赁费　　　　　　　　　2 000

【信息化流程】

（1）转账定义。双击菜单树"总账\期末\转账定义\费用摊销和预提"命令进入"费用摊销和预提"界面，如图8.6所示；选择"费用摊销"，单击工具栏"增加"按钮；录入编号、摘要、结转期数与待摊销总额，自动生成结转金额，参照选择凭证类别、待摊科目等；<u>单击工具栏"增行"按钮，参照选择下部表体的转入费用科目；参照选择表体转入辅助项时应先单击"编辑"按钮，增加要素费用大类中的"15 租赁费"项目档案；录入表体比例后，自动计算摊销金额。</u>

图8.6　用友U8费用摊销和预提设置界面

（2）转账生成。在总账期末转账生成界面，选择"费用摊销与预提"生成记账凭证。

工作任务8.8　摊销专利权自动取数信息化

【任务工单】

2023年1月31日，本公司原购进的专利权45 000元，已摊销15 000元，还应摊销20个月；其中，销售费用占30%，制造费用占70%。

借：销售费用　　　　　　　　　　　　　　　　450
　　制造费用　　　　　　　　　　　　　　　　1 050
　　贷：累计摊销　　　　　　　　　　　　　　　　1 500

【信息化流程】

（1）在总账期末转账定义的"费用摊销和预提"中，选择"费用摊销"，单击工具栏"增加"按钮，设置表头项目；<u>单击工具栏"增行"按钮，分2行参照选择表体2个转入科目；参照选择表体辅助项时，应先增加要素费用大类中的"16 专利权摊销"项目档案。</u>

（2）在总账期末的"转账生成"中，生成记账凭证。

工作任务8.9　预提财产保险费自动取数信息化

【任务工单】

2023年1月31日，按本公司与中财保险公司签订的保险合同，每季度末支付财产保险费1 500元，提取本月的财产保险费计入管理费用（管理部）。

　　借：管理费用　　　　　　　　　　　　　　　500
　　　　贷：其他应付款/中财保险公司　　　　　　　　500

【信息化流程】

（1）在总账期末的转账定义的费用摊销与预提界面，选择"费用预提"，单击工具栏"增加"按钮；选择生成计划按季，参照选择表头预提科目时应单击"编辑"按钮，先增加"2241003中财保险公司"明细科目，参照选择表体转入辅助项时应单击"编辑"按钮，先增加要素费用大类中的"17财产保险费"辅助项目。

（2）在总账期末的"转账生成"中，生成记账凭证。

四、自定义转账信息化

工作任务8.10　函数取数未交增值税信息化

【任务工单】

2023年1月31日，计算并结转本月应交未交增值税。

　　借：应交税费/应交增值税/转出未交增值税　　75 236.72
　　　　贷：应交税费/未交增值税　　　　　　　　（取数）

案例：不纳税申报的追征期为三年

【信息化流程】

（1）凭证稽核记账。分别由出纳、SYSTEM与账套主管（王林）登录企业应用平台，进行记账凭证的出纳签字、主管签字、凭证审核、凭证记账。需注意的是：会计凭证中使用了货币资金3科目时，才需要出纳签名。

（2）增加转账目录。双击菜单树"总账\期末\转账定义\自定义转账"命令进入"自定义转账设置"界面，如图8.7所示；单击工具栏"增加"按钮进入"转账目录"界面；录入转账序号、转账说明（转未交增值税），选择凭证类别后，单击"确定"按钮回到自定义转账设置界面，转账序号中自动显示该转账目录的编号。

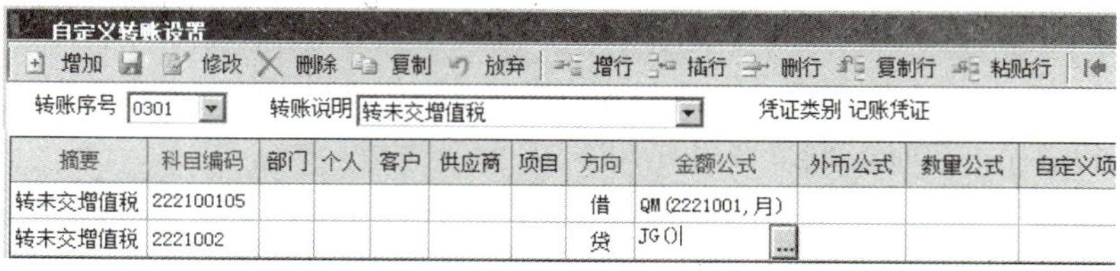

图8.7　自定义转账设置（转未交增值税）

（3）设置借方分录。单击上述工具栏"增行"按钮，在下部第1行参照选择借方科目；在借方金额公式栏，单击参照按钮进入"公式向导-函数"界面，如图8.8（a）所示；选定"期末余额QM"函数，单击"下一步"按钮进入"公式向导-QM"界面，如图8.8（b）所示；在此参照选择或录入需要取数的二级科目编码"2221001"（应交税费/应交增值税），勾选下部的"按科目（辅助项）总数取数"；单击"完成"按钮，金额公式栏将显示"QM（2221001,月）"。

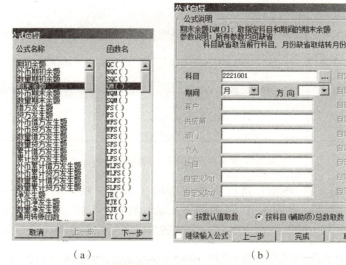

(a)　　　　　　　　　　　　(b)

图 8.8　用友 U8 公式向导

上述公式含义是：取"应交税费/应交增值税"2 级科目本月期末余额。

（4）设置贷方分录。单击工具栏"增行"按钮，选择贷方科目，方向为贷；单击金额公式栏参照按钮进入"公式向导－函数"界面；选择取对方计算结果（JG）函数，单击"下一步"按钮；单击"完成"按钮，金额公式栏将显"JG（）"。

（5）转账生成。在期末转账生成界面，选择左部的"自定义转账"，在右部"转未交增值税"的是否转账栏上双击使之显示为"Y"；单击下部"确定"按钮，生成的记账凭证已自动取数。

【技能拓展】

公式向导界面显示：QC 表示期初余额，QM 表示期末余额，JE 表示净发生额，JG 表示取对方计算结果，CE 表示借贷平衡差额等（汉字拼音第一个字母）。

工作任务 8.11　函数自动取数盘亏处理信息化

【任务工单】

2023 年 1 月 31 日，经查豆源籽盘亏是一般责任原因造成的，由杜先兵按损失额的 10% 赔偿，其余报经批准转入管理费用（管理部）。

借：其他应收款/职工借欠款　　　　　　6.1
　　管理费用　　　　　　　　　　　　54.88
　　贷：待处理财产损溢/存货盘亏　　　　　60.98

【信息化流程】

（1）自定义转账。设置"存货盘亏处理"的自定义转账目录，如图 8.9 所示；其中，参照选择个人时，应在参照界面单击"编辑"按钮，在人员档案中将杜先兵修改为"业务员"后才能选择。

第 1 行金额公式的向导定义方法是：单击金额公式栏的参照按钮，进入"公式向导－函数"界面；选择 QM 函数，单击"下一步"进入"公式向导－QM"界面；参照选择或录入科目"1901002"待处理财产损溢的二级明细科目，勾选下部的"继续输入公式"选项，将自动显示运算符；选择运算符中的"*"（乘），单击"下一步"按钮，再次进入"公式向导－函

图 8.9 自定义转账设置（处理存货盘亏）

数"界面，如图 8.10（a）所示；选择列表尾部的"常数"项，单击"下一步"按钮进入"公式向导－常数"界面，如图 8.10（b）所示；输入数据"0.1"，单击"完成"按钮，金额公式栏将显示"QM（1901002，月）*0.1"。公式的含义是：取 1901002 科目月末余额的 10%。

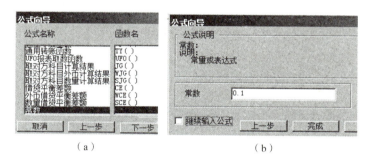

图 8.10 用友 U8 公式向导中的常数

单击第 2 行金额公式栏中的参照按钮，进入"公式向导－函数"界面；选择"借贷平衡差额 CE"，单击"下一步"和"完成"按钮，金额公式栏将显示"CE（）"。

单击第 3 行金额公式栏中的参照按钮，进入"公式向导－函数"界面；选择"期末余额 QM"，单击"下一步"和"完成"按钮，金额公式栏将显示"QM（1901002，月）"。

（2）在总账期末的"转账生成"中，生成记账凭证。

工作任务 8.12　函数取数应付利息提取信息化

【任务工单】

2023 年 1 月 31 日，本公司在工行的长期与短期借款均按季度支付利息，所以，按短期借款平均余额的 0.5%、长期借款平均余额的 0.54%，提取本月工行借款利息。

借：财务费用/借款利息费用　　　　　（函数取数）
　　贷：应付利息/工行借款利息　　　　　5 774.3

【信息化流程】

在自定义转账设置中，增加"提取借款利息"的转账目录；再增行，进行借贷分录的定义，如图 8.11 所示。然后转账生成记账凭证。

其中，借方科目金额公式为"取对方计算结果 JG（）"；也可为"取借贷平衡差额 CE（）"。

贷方科目（2231001）的金额公式为"（QC（2001001，月，贷）+ QM（2001001，月，贷））/2 * 0.005 +（QC（2501001，月，贷）+ QM（2501001，月，贷））/2 * 0.005 4"，表示将

图 8.11　自定义转账设置（提取借款利息）

2001001 科目期初、期末余额的平均数乘以 0.005，再将 2501001 科目期初、期末余额的平均数乘以 0.005 4，然后再将上述两个乘积相加。

【技能拓展】

金额公式可以直接在键盘上录入，也可用上述的向导法输入。键盘录入时，公式的标点符号、括号、运算符等，应在英文输入法或半角状态下，不能有空格。

五、自动转账信息化精析

自动转账凭证是指在总账系统中，根据转账设置或凭证模板，自动生成的记账凭证。它一般是在总账系统期末处理中，处理某些具有规律性且每月都发生的结转业务时，由该系统根据转账设置或凭证模板等自动生成。自动转账凭证设置的工作量较大，但它可一次设置，长期使用，从而大大提高以后会计期间的实际工作效率。

用友 U8 等软件的自动转账凭证分为自定义转账、对应结转、销售成本结转、售价（计划价）销售成本结转、汇兑损益计算、期间损益结转等。金蝶 K/3 等软件的自动转账凭证分为自动转账、期末调汇、结转损益、费用摊销与预提等，它们都是在总账系统的"转账设置"功能中，先定义凭证的会计科目、借贷方向、金额的取数公式或字段等，再通过"转账生成"功能，自动取数生成记账凭证。

转账设置中的会计科目的借贷方金额，一般可用函数公式或字段取数。用友 U8 软件的账务取数函数中，QC 表示期初余额，QM 表示期末余额，JE 表示净发生额，CE 表示借贷平衡差额等。如，公式"QM（1001，月）"表示取 1001（库存现金）科目本月末余额。

金蝶 K/3 软件的 ACCT 表示账务取数函数，Y 表示期末余额，DY 表示期末贷方余额，JY 表示期末借方余额等。如，公式"ACCT("1001"，"Y")"表示取 1001 科目期末余额。

学习任务 3　生产与销售成本信息化

函数取数制造费用分配

一、生产成本核算信息化

工作任务 8.13　函数取数制造费用分配信息化

【任务工单】

2023 年 1 月 31 日，按本月各产品的直接人工费用比例，分配并结转本月制造费用。

借：生产成本/制造费用　　　　　　　　71 717.18

　贷：制造费用　　　　　　　　　　　（函数取数）

注：生产成本/制造费用的明细，沐涤Ⅱ型 33 022.31 元、露涤Ⅲ型 38 694.87 元。

【信息化流程】

（1）凭证稽核过账。对记账凭证进行主管签字、凭证审核、凭证过账；否则，用下述函数取数的结果可能出错。

（2）自定义转账设置分配制造费用目录，如图8.12所示。

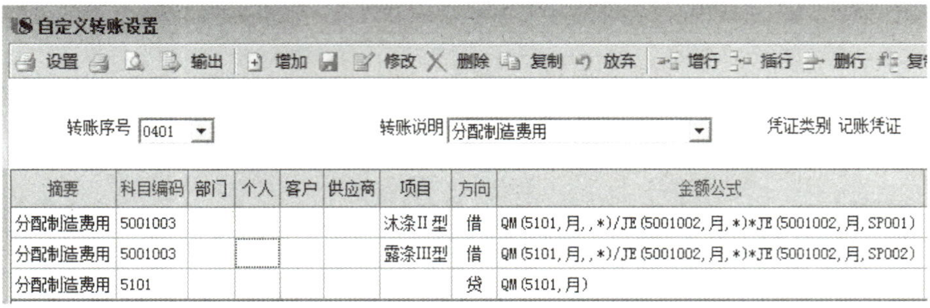

图8.12　自定义转账（分配制造费用）

其中，第1条分录公式为"QM（5101，月，，*）/JE（5001002，月，*）*JE（5001002，月，SP001）"，该公式可用向导设置，步骤为：单击公式栏中的参照按钮进入"公式向导-函数"界面；选择"QM"，单击"下一步"按钮进入"公式向导-QM"界面；参照选择或录入科目"5101"（制造费用）、按科目总数取数，删除自动携带的项目，勾选"继续输入公式"中的"/（除）"，单击"下一步"按钮第二次进入"公式向导-函数"界面；选择"JE"，单击"下一步"按钮进入"公式向导-JE"界面；参照选择或录入科目"5001002"（生产成本的直接人工明细科目）、按科目总数取数，删除自动携带的项目，勾选"继续输入公式"中的"*（乘）"，单击"下一步"按钮第三次进入"公式向导-函数"界面；选择"JE"，单击"下一步"按钮第二次进入"公式向导-JE"界面；参照选择或录入科目"5001002"（生产成本的直接人工明细科目）、按科目总数取数、选择项目"沐涤Ⅱ型"（SP001），单击"完成"按钮。

（3）转账生成凭证（按本科目有发生的辅助项结转），制造费用按辅助项分行显示。

工作任务8.14　结转完工产品成本信息化

【任务工单】

2023年1月31日，结转本月产品入库的完工成本。经生产办的产量统计及在产品盘点，本月初沐涤Ⅱ型在产品5套，本月完工2 998套，月末没有在产品。露涤Ⅲ型月初没有在产品，本月完工2 757套，月末在产品为10套；该产品的材料是一次投入并耗用，月末在产品的完工程度为40%。

　　借：库存商品　　　　　　　　　　　　　　884 837.56
　　　　贷：生产成本　　　　　　　　　　　　　　　　（函数取数）
　　注：库存商品的明细科目，沐涤Ⅱ型405 535.53元、露涤Ⅲ型479 302.03元。

【信息化流程】

（1）查询生产费用。双击菜单树"财务会计\总账\账表\科目账\余额表"命令，勾选"未级科目"与"包括未记账凭证"，单击"确定"按钮进入发生额及余额表界面；双击生产成本科目下的各明细账，可查询各产品的料、工、费记录情况，如表8.1所示。

表 8.1　各成本计算对象（产品）生产费用情况表　　单位：元

产品	直接材料	直接人工	制造费用	生产费用合计
沐涤Ⅱ型	237 845.42	134 621.7	33 068.41	405 535.53
露涤Ⅲ型	284 276.98	157 642	38 694.87	480 613.85

也可以双击菜单树“财务会计\总账\账表\项目辅助账\项目明细账”命令，选择大类为“存货核算”，再从科目下拉框中选择直接材料、直接人工和制造费用，勾选“包含未记账凭证”进行查询。

（2）沐涤Ⅱ型全部完工，所以，完工 2 998 套总成本为 405 535.53 元，单位成本为 135.27 元（405 535.53/2 998）。

（3）露涤Ⅲ型部分完工，月末还有在产品，所以，按约当产量法计算本月完工 2 757 套的总成本为 479 302.03 元，单位成本为 173.85 元；月末 10 套的在产品成本为 1 311.82 元。完工总成本的主要计算过程（请按成本会计课程的理论与技能理解）如下：

直接材料：284 276.98/(2 757 + 10) * 2 757 = 283 249.6 （元）

直接人工：157 642/(2 757 + 4) * 2 757 = 157 413.62 （元）

制造费用：38 694.87/(2 757 + 4) * 2 757 = 38 638.81 （元）

（4）成本分配。在存货核算的“产成品成本分配”中，单击工具栏“查询”按钮；选择成品库和重新分配成本，单击“确定”按钮，将自动显示本月产品入库单的完工产量；录入 2 种产品各自的总成本，自动计算单位成本即单价，如图 8.13 所示，单击工具栏“分配”按钮。

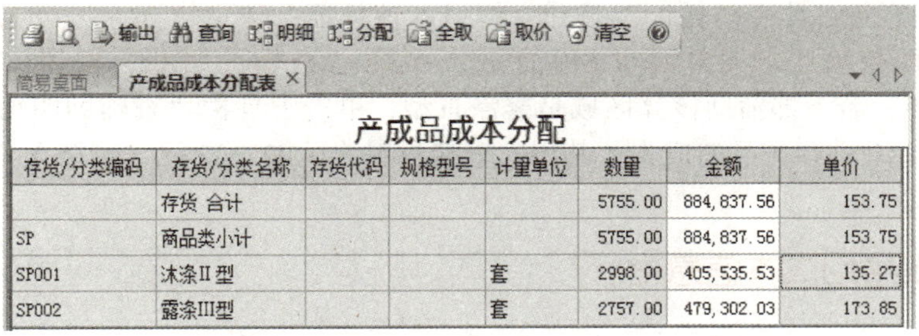

存货/分类编码	存货/分类名称	存货代码	规格型号	计量单位	数量	金额	单价
	存货 合计				5755.00	884,837.56	153.75
SP	商品类小计				5755.00	884,837.56	153.75
SP001	沐涤II型			套	2998.00	405,535.53	135.27
SP002	露涤III型			套	2757.00	479,302.03	173.85

图 8.13　用友 U8 产成品成本分配

（5）单据记账。在存货核算的“正常单据记账”中，查询并选择所有的产成品入库单，进行单据记账。

（6）查看入库单成本。双击菜单树“存货核算\日常业务\单据列表\产成品入库单列表”命令，进入产成品入库单列表界面，所有的完工产品均显示单价与金额；双击列表记录，将显示每张入库单的相关信息。

（7）生成凭证。在存货核算的“生成凭证”中，选择产成品入库单，合并生成记账凭证。因为在设置存货核算的对方科目时，没有对“产品入库”的收发类别指定对方科目，所以生成记账凭证前，需要修改生产成本的明细科目及核算项目。修改方法是：在生成凭证界面，先修改对方科目为生产成本的 3 明细账（2 个产品共 6 行），在后部修改项目大类为“存货核算”，项目名称修改为两产品名称，如图 8.14 所示，不修改自动计算的数量、金额。

单击“合成”按钮进入记账凭证界面，再修改生产成本各明细科目（共 6 行）的贷方金额（不能修改借方金额）。

图8.14　生成凭证修改科目项目

（8）查询余额。双击菜单树"存货核算\财务核算\凭证列表"命令，选定最后一张凭证（入库单凭证）单击工具栏"凭证"按钮，将显示该凭证；选定贷方（生产成本）科目所在行，若下部辅助核算区域是沐涤Ⅱ型，单击工具栏"查辅助明细"按钮，其余额方向为"平"，金额为空；若下部辅助核算区域是露涤Ⅲ型，单击工具栏"查辅助明细"按钮，其余额将显示为月末10件在产品的成本，其中，直接材料为1 027.38元，直接人工为228.38元，制造费用为56.06元。

二、全月加权平均成本信息化

工作任务8.15　全月加权平均法计算发出成本

【任务工单】

成品库发出的商品主要有代销发出商品、出口港澳台商品、境内销售商品等。这些发出商品均需按全月加权平均法计算成本，以便根据计算的成本额填制转账凭证。

【信息化流程】

（1）检查物流单据是否记账。分别在存货核算的"正常单据记账""发出商品记账""直运销售记账""特殊单据记账"中，检查所有物流单据是否均已记账，若没有记账，应选择相应的单据记账。

（2）存货核算期末处理。双击存货核算的"期末处理"进入"期末处理-1月"界面，如图8.15所示。

选择两个仓库，单击"处理"按钮将弹出"仓库平均单价计算表"界面，如图8.16所示；单击"确定"按钮，将对库存商品中的销售出库单、发出商品出库单，采用全月加权平均法计算发出成本。

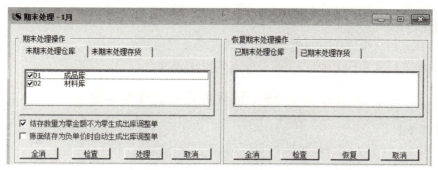

图 8.15　存货核算的期末处理

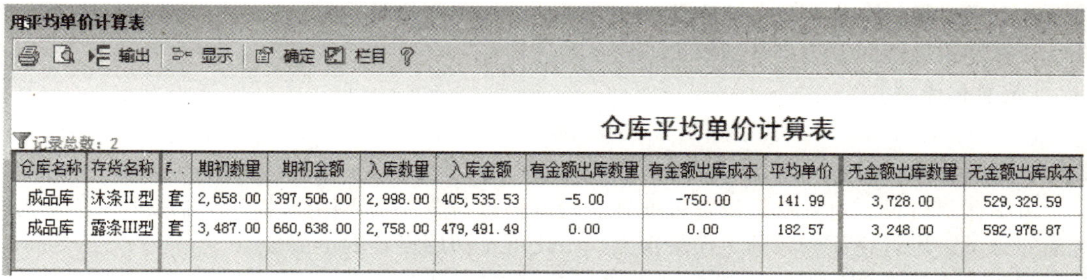

仓库平均单价计算表

仓库名称	存货名称	F.	期初数量	期初金额	入库数量	入库金额	有金额出库数量	有金额出库成本	平均单价	无金额出库数量	无金额出库成本
成品库	沐涤Ⅱ型	套	2,658.00	397,506.00	2,998.00	405,535.53	-5.00	-750.00	141.99	3,728.00	529,329.59
成品库	露涤Ⅲ型	套	3,487.00	660,638.00	2,758.00	479,491.49	0.00	0.00	182.57	3,248.00	592,976.87

图 8.16　仓库平均单价计算表界面

上述计算表中，有金额出库成本部分，已经在存货核算中生成凭证；无金额出库成本为按全月加权平均法计算的发出商品成本，应区分不同业务进行凭证处理。

三、发出商品成本信息化

工作任务 8.16　结转代销发货成本信息化

【任务工单】

2023 年 1 月 31 日，用全月加权平均法结转本月委托代销业务发出商品的成本。

借：发出商品　　　　　　　　　　　　11 562.5
　　贷：库存商品　　　　　　　　　　　（自动取数）

注：借贷方科目明细科目，沐涤Ⅱ型 4 259.7 元、露涤Ⅲ型 7 302.8 元。

【信息化流程】

在存货核算的"生成凭证"中，查询选择"委托代销发出商品发货单"，生成记账凭证；科目是按存货科目设置生成，金额是按全月加权平均法计算生成的；选定借方科目所在行，辅助核算区域将显示商品名称、数量与单价，因为发出商品科目要进行数量核算；选定贷方科目所在行，辅助核算区域将显示商品名称。

工作任务 8.17　出口港澳台销售成本信息化

【任务工单】

2023 年 1 月 31 日，用全月加权平均法结转本月出口香港锐思公司商品的销售成本。

借：主营业务成本/出口港澳台　　　　12 475.35
　　贷：库存商品　　　　　　　　　　　（自动取数）

注：贷方科目存货项目，沐涤Ⅱ型 4 259.7 元，露涤Ⅲ型 8 215.65 元。

【信息化流程】

在存货核算的"生成凭证"中，选择香港锐思公司的销售出库单，生成结转销售成本的凭证；修改借方科目为 6401002（主营业务成本/出口港澳台）。

工作任务8.18　结转境内销售成本信息化

【任务工单】

2023 年 1 月 31 日，用全月加权平均法结转本月境内已销产品成本。

借：主营业务成本/境内销售　　　　　　1 098 288.23

　　贷：库存商品　　　　　　　　　　　　　（自动取数）

注：贷方科目存货项目，沐涤Ⅱ型 520 819.32 元，露涤Ⅲ型 577 468.91 元。其金额在前述存货核算期末处理时，按全月加权平均法自动计算。

【信息化流程】

（1）生成凭证。在存货核算的"生成凭证"中，选择本月所有的销售出库单，生成境内销售成本结转的凭证。

由于存货科目、对方科目设置较准确，所以科目与金额均不用修改。但上述完工产品入库生成的分录，进行凭证修改的工作量很大，由此可见初始设置的重要性。

（2）查看库存明细账。双击菜单树"存货核算\账表\账簿\明细账"命令，选择成品库；单击"确定"按钮，列表显示沐涤Ⅱ型商品本期收发存的数量、单价与成本金额；单击工具栏"末页"按钮，将显示露涤Ⅲ型商品的收发情况；还可通过工具栏联查凭证、原始单据。

四、生产与销售成本信息化精析

（一）生产成本的总账信息化

企业对产品生产成本可以启用成本管理系统实施业财融合信息化，也可以在总账核算的基础上信息化，本书介绍后者。

在生产成本总账信息化模式下，没有启用"成本管理"系统，产品的生产成本应根据总账系统的数据，进行手工分配计算；然后将完工产品成本通过存货核算系统录入，进行存货业务核算与财务核算。本书介绍品种法下总账系统对生产成本信息化的方法。

总账系统核算品种法下的产品生产成本，比较简便的方法是在总账系统设置"生产成本"和"制造费用"科目。生产成本科目按成本项目"直接材料、直接人工、燃料及动力、制造费用"等设置明细科目；按成本计算对象，如某产品、某半成品等，设置辅助核算项目。制造费用科目按要素费用，如工资及福利、折旧费用、物料消耗、水电费、差旅费与办公费等间接生产费用，设置明细科目或辅助核算项目。

生产制造过程中发生的直接生产费用，如领用的材料、提取的职工薪资及附加费、消耗的水电费燃料费等，按受益原则直接或分配计入生产成本的"直接材料、直接人工、燃料及动力"成本项目之中，并区分不同的产品（成本计算对象）进行辅助核算。发生的间接生产费用，先在"制造费用"总账科目中进行归集核算。定期或月末再按受益原则以一定的标准将归集的制造费用，分配计入生产成本的"制造费用"明细科目之中，并区分不同的产品进行辅助核算；分配后，除了季节性生产企业，"制造费用"科目一般无余额。这即是生成费用的横向归集与分配。

定期或月末，再按"实际产量、约当产量、实际工时"等产品成本分配方法，进行生产费用的纵向归集与分配；根据本期某产品发生的生产费用加上期初在产品成本，减去期末在产品成本，计算出本期完工产品的总成本、单位成本。

所以，企业完工产品入库时的产品入库单上没有成本数据。待生产费用纵向归集与分配后，根据完工产品成本，用友 U8 等软件使用存货核算的"产品成本分配"功能，金蝶 K/3 等软件使用存货核算的"成本结转"功能，区分成本项目，按产品（成本计算对象）录入完工成本，进行产成品成本的信息化处理。再按照"入账科目"或"凭证模板"生成借记"库存商品"，贷记"生产成本"的记账凭证，机制凭证自动传递到总账系统。

（二）发出存货成本信息化

1. 存货计价方法

信息系统中发出存货成本的信息化，主要是确定材料领用、销售发出、代销发出、组装调拨发出、存货盘亏等减少存货的成本。用友 U8、金蝶 K/3 等软件，提供了实际成本计价、计划成本计价与售价法等存货计价方法。其中，实际成本计价又分为先进先出、后进先出、全月加权平均、移动加权平均与个别计价等方法。速达 5 000 等软件只能选择个别计价、移动加权平均、全月加权平均、售价（POS）法，不能选择先进先出、计划成本法等。

2. 平时核算发出成本

存货核算使用先进先出、后进先出、移动加权平均与个别计价等计价方法时，在货物发出时可直接根据库存管理中的"出库单"，随时计算出库成本。用友 U8 等软件在存货核算的"单据记账"功能中进行出库成本核算，金蝶 K/3 等软件在存货核算"结转成本"功能中确定发出存货的成本金额。

3. 定期核算发出成本

存货核算使用全月加权平均法计价法时，平时无法计算出库成本，所以是无价出库单，应于月末进行成本核算。用友 U8 等软件，在存货核算系统期末处理时，自动计算出库成本；金蝶 K/3 等软件在存货核算的"成本结转"功能中计算。

学习任务4　损益结转与系统结账信息化

一、税费计提信息化

工作任务8.19　函数取数税费提取信息化

【任务工单】

2023 年 1 月 31 日，按本月应交增值税的 7% 计提城建税、3% 提取教育费附加。

借：税金及附加　　　　　　　　　　12 523.67
　　贷：应交税费　　　　　　　　　　　　　（函数取数）

注：应交税费明细科目，应交城建税 8 766.57 元、教育费附加 3 757.1 元。

【信息化流程】

在总账的"转账定义"中，设置自定义转账，如图 8.17 所示；再转账生成凭证。

其中，当月已交税金与转出未交增值税即是该月应交增值税，再乘以税率即为应提取城建税；所以公式为"（FS(222100106，月，借) + FS(222100105，月，借)) * 0.07"。当月已交税金与未交增值税月末贷方余额即是该月应交增值税，再乘以附加费率即为应提取教育费附加，

图 8.17 自定义转账（提税金及附加）

所以公式为"（FS(222100106，月，借)+QM(2221002，月，贷)）*0.03"。

【技能提示】

按现行税法规定，城建税及教育费附加按当期应交增值税、应交消费税合计提取；本公司只有应交增值税。

工作任务 8.20　函数取数所得税预提信息化

【任务工单】

2023 年 1 月 31 日，按当月实现利润总额的 25% 提取所得税费用。假设每个季度对未付福利费、捐赠支出与投资收益（交易性金融资产应交增值税）等纳税事项进行调整，平时按利润总额计提应纳所得税费用。

借：所得税费用　　　　　　　　　　　　　　81 908.4

　　贷：应交税费/应交所得税　　　　　　　（函数取数）

【信息化流程】

（1）凭证记账。对记账凭证进行主管签字、凭证审核、凭证记账。

（2）在总账期末转账定义中，进行自定义转账设置，如图 8.18 所示，金额公式为"（JE(6001，月)+JE(6051，月)+JE(6111，月)+JE(6301，月)−JE(6401，月)−JE(6402，月)−JE(6403，月)−JE(6601，月)−JE(6602，月)−JE(6603，月)−JE(6711，月)）*0.25"。

图 8.18 所得税预提的金额公式

（3）在总账期末处理中，转账生成凭证。

（4）凭证记账。对记账凭证进行主管签字、凭证审核、凭证记账。

二、结转损益信息化

工作任务 8.21　自动结转本年利润信息化

【任务工单】

2023 年 1 月 31 日，将本期损益类科目结转本年利润。

【信息化流程】

（1）转账定义。双击转账定义中的"期间损益"，选择"本年利润"科目、凭证类别，单击"确定"按钮。

（2）收入转本年利润。在转账生成的"期间损益"界面，选择结转月份、"收入"类型，单击上部的"全选"按钮；单击下部的"确定"按钮，即可自动取数，并生成收入转本年利润的记账凭证（贷"本年利润"1 691 414.21 元），如图 8.19 所示。

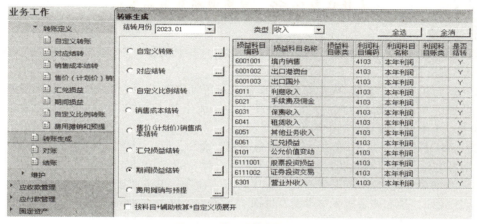

图 8.19 收入结转本年利润

（3）支出转本年利润。在转账生成的期间损益界面，选择"支出"类型，单击上部的"全选"按钮；单击下部的"确定"按钮，即可自动取数，并生成支出转本年利润的记账凭证（借"本年利润"1 445 689 元）。

（4）凭证记账。对记账凭证进行主管签字、凭证审核、凭证记账。

（5）检查或修改现金流量。若记账凭证中的现金流量指定有错，在凭证稽核签字以前可以在"总账\凭证\填制凭证"中修改；若凭证已稽核签字或已记账，应双击菜单树"总账\现金流量表\现金流量凭证查询"命令，选定错误的凭证号，单击工具栏"修改"按钮，在弹出界面中更正错误，如图 8.20 所示。

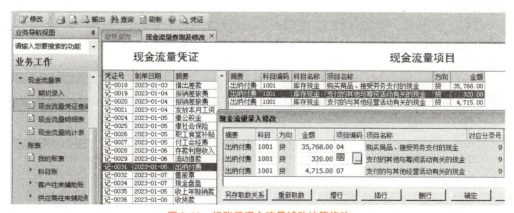

图 8.20 记账后现金流量辅助核算修改

【技能拓展】

（1）用友 U8 中，若没有启用供应链系统，可使用总账期末中转账定义的"销售成本结转"功能，采购全月加权平均法计算。前提是，库存商品、主营业务收入科目的所有明细科目都有数量核算，且库存商品、主营业务收入、主营业务成本的下级科目完全对应。

（2）没有启用供应链系统时，通过"售价（计划价）销售成本结转"功能，商业企业可进行商品进销差价的计算，工业企业可进行材料成本差异的结转。

三、期末对账与结账信息化

工作任务 8.22　总账的账表信息输出

【任务工单】

2023 年 1 月 31 日，根据核算结果查询主要的会计核算信息，为编制财务会计报表作准备。

【信息化流程】

（1）双击菜单树"总账/现金流量表/现金流量统计表"命令，单击"确定"按钮，显示经营活动现金净流入为 53 067.31 元，投资活动净流出为 11 305.7 元，筹资活动净流出为 257 320 元，汇率变动对现金的影响为 342.7 元。

（2）双击菜单树"总账/账表/科目账/余额表"命令，最后一行的期初余额为 8 972 773.21 元，本期发生额合计 13 626 467.96 元，期末余额合计 8 989 705.82 元。

（3）双击菜单树"总账/账表/科目账/序时账"命令，单击"确定"按钮，显示本月共有 156 张记账凭证，是上述余额表中本期发生额 13 626 467.96 元的详细反映。

（4）双击菜单树"总账/凭证/查询凭证"命令并单击"确定"按钮，将显示上述本期发生的 156 张记账凭证，其中，来源于总账系统 54 张、固定资产系统 4 张、存货核算系统 36 张、应收系统 36 张、应付系统 26 张。

【技能拓展】

单击上述查询界面工具栏"输出"按钮，可将查询表另存为 xlsx、xls、txt、mdb、dbf 等格式的文件。其中，xlsx 与 xls 文件可用 Excel（电子表格）软件打开，txt 文件可用记事本打开，mdb、dbf 文件可用 Access、Foxpro 数据库软件或 Excel 等软件打开。

工作任务 8.23　信息系统期末对账

【任务工单】

2023 年 1 月 31 日，检查管理信息系统的各子系统之间的信息是否相符。

【信息化流程】

（1）总账系统对账。在总账系统中，双击"期末\对账"命令，选择 1 月份；单击工具栏"对账"按钮，则在对账结果中显示"正确"或"错误"；若有错误，单击工具栏"错误"按钮，查看引起账账不符的原因。单击对账工具栏"试算"按钮，检查科目余额试算平衡。

（2）应收款管理对账。双击菜单树"应收款管理\账表管理\业务账表\与总账对账"命令，选择"科目+客户"对账方式，单击"确定"按钮；在左上角科目下拉框中，选择设为客户往来核算的 3 个科目查看，若差额栏没有记录，则应收系统与总账系统对账平衡。

（3）应付款管理对账。类似地，在应付款管理中，对账时选择"科目+供应商"方式，可查看设为供应商往来的 3 个科目与总账系统的对账结果。

（4）固定资产对账。双击菜单树"固定资产\处理\对账"命令，可检查总账与固定资产系统的资产原值、累计折旧是否相符。

（5）存货核算对账。在"供应链\存货核算\财务核算"中，可检查存货与总账、发出商品与总账是否相符。注：由于软件设计的问题，在途物资科目核对不相符。

（6）库存管理对账。在库存管理的"对账"中，可进行库存管理与存货核算的对账。

工作任务8.24 信息系统月末结账

【任务工单】

2023年1月31日，进行月末结账，以便进行下月的日常业务信息化处理。

【信息化流程】

（1）供应链管理月结。采购管理月末结账后才能进行应付款管理的结账；销售管理月末结账后才能进行应收款管理结账；采购管理、销售管理月末结账后，才能进行库存管理的结账；库存管理月末结账后才能进行存货核算的月末结账。取消结账按相反的顺序进行。

（2）往来管理月末结账。在应收款管理或应付款管理的"期末处理"中进行月末结账，在此也可取消月末结账。

（3）固定资产月结。在固定资产的"处理"菜单树中进行月末结账，在此也可恢复月末结账前状态。

（4）总账月结。总账系统应最后结账。双击总账"期末"菜单树的"结账"按钮，选择需要结算的月份，按向导提示进行月结。

若要取消月结，应在结账界面选择要取消结账的月份，按"Ctrl + Shift + F6"键可反结账。

四、损益结转与系统结账信息化精析

1. 期末提取税费

会计期末，在结转期间损益之前，应该根据税法规定的比例，计提消费税、交易性金融资产应交增值税、城市维护建设税、教育费附加、企业所得税等税费。其中，城市维护建设税、教育费附加的提取，按实际应交纳的增值税额及消费税额的合计数提取。

2. 结转期间损益

期间损益结转就是将损益类科目的本期余额自动转入本年利润科目，系统自动生成转账凭证，用以反映企业在一个会计期间实现的利润或亏损额。结转本年利润后，相关的损益类（收入与支出）科目不能有余额。结转损益必须是在其他结转业务均已完成并登记入账的情况下才可进行，否则，有可能因为损益事项的处理不完整而影响核算结果的正确性。

期间损益结转既可以按科目分别结转，也可以按损益类型结转，还可以按全部结转，结转方式应视实际情况而定。

3. 期末对账与结账

企业在信息化过程中，若能保证"数据同源、数出一门"，严格按规则与流程实施，就能保证各信息系统的"数据一致、信息共享"；但由于非法操作、计算机病毒或其他原因，有时可能会造成某些数据被破坏而引起各信息系统或本子系统内部的相关数据不符。所以，每月结账前必须进行对账。

每月信息化事项处理完毕后应进行结账，结账的目的是结束本期的信息化工作，进入下一期的信息化实施。结账是有顺序限制的，一般而言，先进行业务系统的结账再进行财务系统的结账，如，采购管理结账后再进行应付款管理系统的结账，总账系统应当最后结账。

每月结账只能进行一次，结账后无法再对以前的经济业务事项进行信息化处理。若确实需要，可以反结账。如，用友U8软件在总账系统的"结账"界面中按"Ctrl + Shift + F6"组合键可取消结账，金蝶K/3、速达与金算盘等软件在信息系统的"结账"界面中有"结账、反结账"两项功能。

学习任务 5　学习效果验证

自主学习 08

一、单项选择题

1. 用友 U8 供应链业财融合信息化模式下，销售出库单、材料出库单的成本金额，采用全月加权平均法在（　　）时回填。
   A. 审核出库单　　B. 生成凭证　　C. 月末处理　　D. 单据记账
2. 业财融合信息化时，总账系统在（　　）的情况下可以结账。
   A. 上月有未记账凭证　　　　　　B. 没有未记账凭证
   C. 本月有未记账凭证　　　　　　D. 没有未审核凭证
3. 存货核算、应付款与固定资产等业务系统的机制凭证，在总账系统（　　）处理完毕。
   A. 凭证审核前　　B. 凭证记账前　　C. 结账后　　D. 结账前
4. 在总账系统中，若期末转账业务要从会计账簿中提取数据，在转账前必须先将全部相关的业务（　　）。
   A. 填制凭证　　B. 审核凭证　　C. 凭证记账　　D. 月末结账
5. 在总账系统中设置转账分录时无须定义（　　）。
   A. 凭证号　　B. 凭证类别　　C. 摘要　　D. 借贷方向
6. 用友 U8 供应链业财融合信息化模式下，销售出库单、材料出库单的成本金额，采用先进先出法与移动平均法在（　　）时回填。
   A. 月末处理　　B. 生成凭证　　C. 审核出库单　　D. 单据记账

二、多项选择题

1. 用友 U8 供应链业财融合信息化模式下，完工产品入库单的成本在（　　）时回填，采购入库单的成本在（　　）时回填。
   A. 生成凭证　　B. 月末处理　　C. 审核入库单　　D. 采购结算
2. 用友 U8 进行（　　）计算时，每月只能一次且要在供应链系统期末进行处理。
   A. 先进先出法的发货成本　　　　B. 材料成本差异分配
   C. 全月加权平均发货成本　　　　D. 商品进销差价分配
3. 用友 U8 期末转账定义时可以使用函数公式取数，属于用友取数函数的是（　　）。
   A. 求和（SUM）函数　　　　　　B. 净额（JE）函数
   C. 结果（JG）函数　　　　　　　D. 发生（FS）函数
4. 信息系统中期末才能确定发出存货实际成本的计价方法有（　　）
   A. 移动平均法　　B. 售价法　　C. 计划成本法　　D. 全月加权平均法
5. 总账系统信息化的核心手段是电子记账凭证，按来源分为（　　）。
   A. 原始电子单据　　B. 填制凭证　　C. 机制凭证　　D. 自动转账凭证
6. 期末调汇涉及的内容包括（　　）等信息化事项。
   A. 外币科目　　B. 外币客户债权　　C. 外币供应商债务　　D. 外币存货资产

三、判断题

1. 总账系统中只要记账凭证正确，记账后各种账簿都应是正确的与平衡的，没有必要进

行信息系统对账。 （　　）
2. 总账期末转账业务通常是企业在每月结账之前，都可能进行的有规律性的业务。（　　）
3. 企业应当于期末提取带息应收票据、带息应付票据的应计利息。 （　　）
4. 若没有启用存货核算、成本管理系统，完工产品入库可在总账系统中填制凭证。（　　）
5. 总账系统的特点之一是内部控制已部分实现程序化。 （　　）
6. 供应链系统的期末处理以存货核算子系统为核心，所以应先对该系统进行结账。（　　）
7. 一般来说，总账系统期末的费用摊提与结转业务没有处理顺序的要求。 （　　）
8. 总账系统在每个月末均需要先进行自动转账凭证的定义，再进行转账生成。（　　）

四、做中学：铁马实业信息化实训

工作任务8.25　铁马实业的出纳余额初始化

【任务工单】

（1）指定出纳科目。现金科目：1001 库存现金；银行科目：1002 银行存款。

（2）UFSOFT 进行工行存款期初对账：日记账 2023 年 12 月初借方余额 430 150 元，对账单月初贷方余额 430 150 元，没有未达账项。

（3）UFSOFT 进行建行存款期初对账：日记账 2023 年 12 月初借方余额 50 300 元，对账单月初贷方余额 53 150 元。未达账是上月 30 日普通支票付电费 2 850 元银行未付款，本公司已入账。

工作任务8.26　铁马实业的银行对账

【任务工单】

（1）2023 年 12 月 29 日，计提本月短期借款未付利息费用 3 580 元（总账系统填制凭证）。

（2）30 日，SYSTEM 收到建行存款对账单如表 8.2 所示，交 UFSOFT 银行对账；暂未收到工商银行存款对账单。

表8.2　建设银行存款账户对账单　　　　　　　　　　　　　　　单位：元

年月日	结算方式	结算号	借方	贷方	方向	余额
2023－12－1					贷	53 150
2023－12－2	普通支票		2 850		贷	50 300
2023－12－6	普通支票		34 715		贷	15 585
2023－12－16	普通支票			7 292.4	贷	22 877.4

工作任务8.27　铁马实业的期末成本信息化

【任务工单】

（1）2023 年 12 月 30 日，在总账系统期末处理的转账定义与转账生成（即自动转账）中，采用全月加权平均法结转批发部已销商品成本。

（2）30 日，在总账系统期末处理的转账定义与转账生成中，结转零售部已销商品成本并分配进销差价。

工作任务8.28　铁马实业的税费损益转账与对账

【任务工单】

（1）2023年12月30日，零售收入价税分离，本公司增值税征收率为3%，结转零售业务应交增值税（自动转账）。

（2）31日，按本月应交增值税的7%提取城建税，3%提取教育费附加（自动转账）。

（3）31日，按利润总额的25%提取本月应交的所得税费用（自动转账）。

（4）31日，将收入类科目结转"本年利润"（自动转账）。

（5）31日，将支出类科目结转"本年利润"（自动转账）。

（6）31日，将"本年利润"余额转入"利润分配"科目（自动转账）。

（7）31日，总账对账与试算平衡，应收款管理与总账系统对账，应付款管理与总账系统对账，固定资产与总账系统对账。

学习情境九

财务会计报表信息化

【技能目标】

在用友U8V10.1中，掌握电子报表外观格式设计、取数公式与报表自动生成的信息化技能；掌握报表文件口令、格式加锁、报表模板的保存与调用的信息化技能；掌握资产负债表的外观格式设置、取数公式与自动生成的信息化技能；掌握利润表的外观格式设置、取数公式与报表生成的信息化技能；掌握现金流量表的外观格式设置、取数公式与自动生成的信息化技能。

【理论目标】

理解电子财经表的数据处理特点、外观格式与关键字；理解报表公式与函数的关系；理解用友UFO报表编制步骤；理解用友U8常用总账函数；了解UFO的本表他页取数、他表他页取数函数的含义与功能。

【素质目标】

培养自觉维护国家利益、社会利益和集体利益的工作意识；引导践行客观公正的价值理念；培养诚信立身、诚信做人的思想态度。

【思维导图】

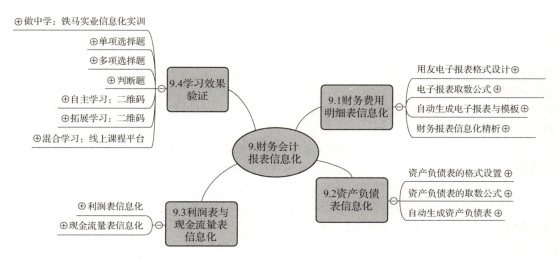

学习任务 1　财务费用明细表信息化

一、电子报表格式设计

工作任务 9.1　用友 UFO 财务费用表格式设计

【任务工单】

根据碚渝实业 2023 年 1 月业财融合信息化数据，编制财务费用明细表，如图 9.1 所示。单击下部"第 1 页"表标签将显示本公司 2023 年 1 月的报表，本月数与本年数的金额相同；单击下部"第 2 页"表标签将显示 2023 年 2 月的报表，只有本年数，本月数为空。

图 9.1　数据状态财务费用明细表

【信息化流程】

（1）新建工作表。账套主管（王林）登录用友 U8 企业应用平台，双击菜单树"财务会计\UFO 报表"命令进入 UFO 电子表界面；单击"文件\新建"命令（或者常用工具栏的"新建"按钮），将显示 50 行 7 列的空白的电子表；单击常用工具栏的"保存"按钮（或者"文件\保存"命令），将其保存到硬盘或 U 盘上，文件名为"财务费用明细表.rep"；单击"文件\关闭"命令。

（2）删行增列。单击"文件\打开"命令（或者常用工具栏"打开"按钮），找到并选定保存的文件，单击"打开"按钮；此时标题栏将显示该文件名称，标题栏之下为菜单栏，菜单栏之下为名称框、4 个编辑按钮、编辑框，以及常用工具栏；窗口底部为状态栏。

在窗口底部左下角"数据"按钮上单击使之显示为"格式"状态；以下工作过程，应始终保证电子表左下角显示为 格式 ◀ ▶ 状态。

选定表头的非末列大写字母（列头），选择"编辑\插入\列"命令，插入 3 列；鼠标指向左边第 12 行的行头，按下左键向下拖动至第 50 行，以选定这 39 行，选择"编辑\删除\行"命令；鼠标指向表头的 F 列的列头，按下左键向右拖动至 J 列，以选定这 5 列，选择"编辑\删除\列"命令；最后该表将变为 11 行 5 列，如图 9.2 所示。

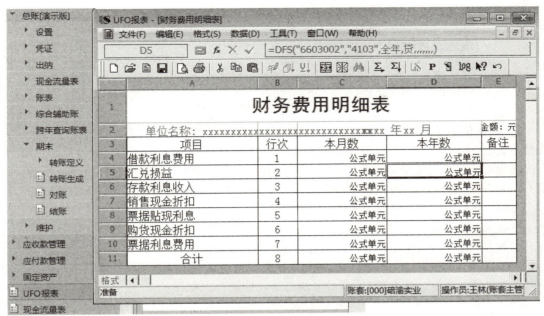

图 9.2　格式状态财务费用明细表

注：也可以选择"格式\表尺寸"菜单命令，进行行数量、列数量的调整。

（3）标题设计。单击 A1 单元格，此时上部的名称框中将显示"A1"字样；录入"财务费用明细表"的文字，单元格及上部的编辑框都将显示这些文字。

单击第 1 行的 A1 单元格并向右拖动至 E1 单元格，以选定这 5 个单元格区域，名称框将显示"A1：E1"字样；选择"格式\组合单元"菜单命令，单击"按行组合"按钮；单击第 1 行的行头，选择"格式\单元格属性"菜单命令进入"单元格属性"界面，如图 9.3 所示。

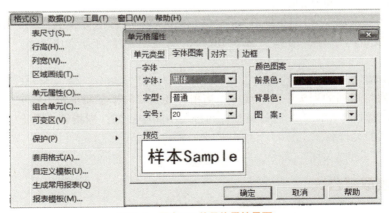

图 9.3　用友 U8 单元格属性界面

单击上部的相关卡片，分别选择黑体、普通字型、20 号字体，水平与垂直方向的对齐方式均为居中；单击"确定"按钮。

单击 A1 单元格，上部的名称框将显示"A1：E1"字样，编辑框将显示"财务费用明细表"文字；选择"格式\行高"命令，录入 12 毫米的行高；单击"确认"按钮。

（4）设计第 2 行。选定 A2 单元格，名称框将显示"A2"字样，编辑框为空；选择"数据/关键字/设置"命令，选择"单位名称"项，如图 9.4 所示，单击"确定"按钮。

图9.4 用友U8设置关键字"单位名称"

选定C2单元格,选择"数据/关键字/设置"命令,选择"年",单击"确定"按钮;再选择"数据/关键字/设置"命令,选择"月",单击"确定"按钮。

选定C2至D2这2个单元格,选择"格式/组合单元"命令,单击"整体组合"按钮;选定C2单元格,选择"数据/关键字/偏移"命令,修改单位名称偏移量为20、年的偏移量为-80、月的偏移量为-50,单击"确定"按钮。

录入E2单元格的"金额:元"文字。单击E2单元格,选择"格式/单元格属性"命令,将其设置为宋体、10号字,水平与垂直方向的对齐方式均为居中。

(5)调用格式工具栏。单击"工具\格式工具栏"命令,该工具栏将显示在常用工具栏的下部,有字体、字号、对齐方式、千位分隔与百分号等工具按钮。

(6)设计表体文字。录入表体第3行的文字。鼠标拖动A3至E3这5个单元格区域,通过上部格式工具栏,设置为宋体、12号、居中对齐(也可通过"格式/单元格属性"命令进行设置)。

录入A4至B11这16个单元格区域的文字。选定A4至A10单元格区域,通过格式工具栏设置为宋体、12号字、居左对齐;单击A11单元格,通过格式工具栏设置格式为宋体、12号、居中对齐;选定B4至B11单元格区域,设置格式为宋体、12号、居中对齐。

(7)设计表体数值区域。选定C4至D11这16个单元格区域,名称框将显示"C4:D11"字样,编辑框为空;选择"格式/单元格属性"命令,设置单元类型为数值、两位小数、逗号分隔、宋体、10号字、自动对齐方式。

(8)设计边框。选定A3至E11这45个单元格区域,名称框将显示"A3:E11"字样,编辑框将显示"项目"字样;选择"格式/单元格属性"命令,设置内边框、外边框为细线样式。

(9)设置列宽。单击A列的列头,选择"格式/列宽"命令,输入50毫米的列宽。将鼠标指针指向B列与C列的列头中间竖线处,当指针变为双向十字箭头时,按下左键向左拖动以缩小列宽。将鼠标指针指向第1行与第2行的行头中间横线处,当指针变为上下箭头时,按下左键向下拖动以扩大行高。

(10)单击"文件\关闭"命令,并同意保存。

二、电子报表取数公式

工作任务9.2 用友UFO财务费用表函数公式

财务费用表
函数公式

【任务工单】

在用友UFO报表中设置函数公式,使财务费用明细表的本月数与本年数自动从账务核算的结果中取数。

【信息化流程】

(1)转换为"格式"状态。打开保存的财务费用明细表,此时左下角显示为"数据"状态；单击该按钮使之显示为"格式"状态。

（2）借款利息费用本月数取数公式。选定 C4 单元格，名称框将显示"C4"字样，编辑框为空；键入"="号将弹出"定义公式"界面，如图 9.5（a）所示；单击"函数向导"按钮，进入"函数向导"界面，如图 9.5（b）所示。

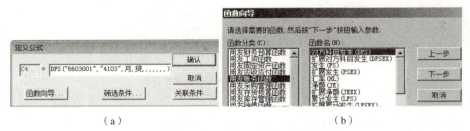

图 9.5　用友 U8 定义公式与函数向导

选择"用友账务函数"分类中的"对方科目发生（DFS）"函数名，单击"下一步"按钮进入"业务函数"界面，如图 9.6（a）所示；单击"参照"按钮进入"账务函数"界面，如图 9.6（b）所示。

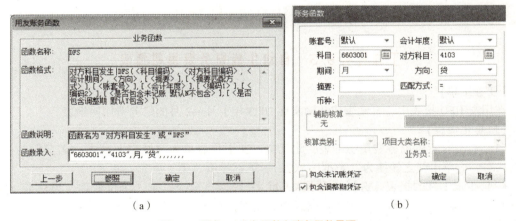

图 9.6　用友 U8 业务函数和账务函数界面

删除原有科目并选择"6603001 借款利息费用"，选择对方科目为"4103 本年利润"，选择期间为月、方向为贷；单击"确定"按钮，回到业务函数界面，单击"确定"按钮回到定义公式界面；单击"确认"按钮回到 UFO 报表界面，上部名称框及编辑框将显示为 C4 ＝DFS("6603001","4103",月,贷,,,,,,,)，其含义是：取本月会计分录中贷记 6603001 科目且对方科目是 4103 的金额。

上述公式可表述为：C4 = DFS("6603001","4103",月,贷,,,,,,,)。

（3）设置本月其他取数公式。如，C5 = DFS("6603002","4103",月,贷,,,,,,,)，C6 = DFS("6603003","4103",月,贷,,,,,,,)，C10 = DFS("6603007","4103",月,贷,,,,,,,)，C11 = DFS("6603","4103",月,贷,,,,,,,)等。

这些公式可以在定义公式界面从键盘上录入，或复制粘贴后修改，但不能直接在单元格中录入；必须在英文输入法或半角状态下，录入括号、双引号、逗号，且不能有空格或其他字符。

（4）借款利息费用本年取数公式。选定 D4 单元格，单击编辑框前的"函数"按钮（fx），进入定义公式界面,如图9.7(a)所示;单击"函数向导"按钮,选择"用友账务函数\对方发生(DFS)",单击"下一步"和"参照"按钮,进入账务函数界面,如图9.7(b)所示。

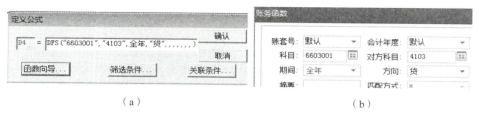

(a)   (b)

图9.7 用友U8定义公式和账务函数界面

选择科目为6603001,对方科目为4103,期间为全年,方向为贷;依序单击"确定""确定""确认"按钮,回到UFO报表界面;UFO报表上部的名称框和编辑框将显示为 D4 =DFS("6603001","4103",全年,贷,,,,,,)。

上述公式可表述为:D4 = DFS("6603001","4103",全年,贷,,,,,,)。

(5) 其他本年取数公式。如,D7 = DFS("6603004","4103",全年,贷,,,,,,),D8 = DFS("6603005","4103",全年,贷,,,,,,),D9 = DFS("6603006","4103",全年,贷,,,,,,)等。

三、自动生成电子报表与模板

工作任务9.3 自动生成财务费用明细表

【任务工单】

在用友UFO报表中,自动生成碚渝实业2023年1月—2月的财务费用明细表。

【信息化流程】

(1) 打开保存的财务费用明细表,此时窗口左下角显示为"数据"状态(若显示为"格式"状态,应单击使之转换为"数据"状态),下部显示"第1页"。

(2) 生成1月的报表。选择"数据\关键字\录入"命令,录入单位名称、2023年1月,如图9.8所示;单击"确认"按钮,同意表页重算,系统自动生成本公司2023年1月的财务费用明细表。因为是1月份的报表,所以本月数与本年数相同。

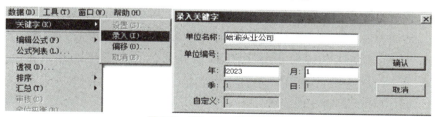

图9.8 用友UFO录入关键字

注意:若没有同意表页重算,不会自动取数;此时,应选择"数据\表页重算"命令。

(3) 列宽不够。将鼠标指针指向C列与D列的列头中间竖线处,当指针变为双向十字箭头时,按下左键向左拖动缩小列宽;列宽很窄时,单元格中将不显示数字而显示"#####"字符,表示宽度不够;此时应扩大列宽,以便显示全部金额。

(4) 生成2月的报表。左下角为"数据"状态时,选择"编辑\追加\表页"菜单命令,追加2张表页,下部将显示"第2页、第3页";选定"第2页",选择"数据\关键字\录入"命令,录入单位名称、2023年2月;单击"确认"按钮,自动生成2月份的报表。由于2月份还没有账务处理数据，所以本月数为空，本年数与1月份的数据相同。

待2月进行账务处理后，打开该电子表；选择"数据\整表重算"命令，将自动更新第2页的本月数和本年数（第1页的本年数不更新）。

（5）保存为报表模板。在UFO报表"格式"状态下，单击"格式\自定义模板"菜单命令，弹出"自定义模板"界面；选择"2007年新会计制度科目"，单击"下一步"按钮；单击"增加"按钮，选择原保存路径下的"财务费用明细表.rep"，单击"添加"按钮，单击"完成"按钮。

【拓展技能】

（1）在设计报表时（"格式"状态下），画正斜线、反斜线等特殊线条，可选取"格式\区域画线"菜单命令；通过"格式\套用格式"菜单命令，可使用系统预设的格式。

（2）用友UFO报表中，有固定区和变动区之分。固定区是组成一个区域的行、列数是固定的，设定后，其单元总数是不变的。可变区是一个区域的行、列数不固定，一个报表中只能定义一个可变区。

四、财务报表信息化精析

1. 电子财经报表的取数

电子财经报表信息系统除了直接录入的数字，本身并没有保存经济业务数据，故此必须确定数据源。从总账系统取数是会计报表系统的主要来源；其次是从工资、固定资产、购销存等业务系统取数；还可进行报表系统自身取数，如本表本页、本表他页、其他报表等；还有的是外部取数，如键盘录入、软盘读入、网络传输、从其他软件系统取数等。

在报表的编制过程中，虽然报表中的数据每个会计期间并不相同，但同一报表中各个单元填列数据的规律一般是不变的，因此可将这种规律用公式固定不变来反映，每次编制报表通常不需要重新设定。如资产负债表中"货币资金"项目是按库存现金、银行存款和其他货币资金相加填列的。由于电子财经报表系统中保存的是报表取数公式，在编制报表时需键入参数命令，用友U8为关键字，金蝶K/3为日期参数等，系统自动从数据源取数，生成所需报表。故此，报表公式的设置，是实现信息系统动处理报表数据的关键步骤。

报表公式架起了报表系统与其他系统、不同报表文件之间、本表他页之间，以及本表本页之间数据传递的桥梁。如，D5 = A5 − B5 + C5 表示：将本表单元格A5减B5加C5的计算结果填入D5单元格。

再如，表2、表3在同一报表文件中且表2中有数据，在表3的E4单元中键入"= C4 +表2！D4"表示自动将表3中C4单元格的值，加上表2的D4单元格的值，填入表3的E4单元格，实现本表本页和本表他页取数；若表2数据进行了更新，则表3的E4单元数据随之变动。

2. 电子财经报表的公式种类

电子财经表系统的公式主要有单元公式、审核公式、收舍平衡公式、命令公式四类。

单元公式是表单元与数据源之间的数据链接、数据处理的等式。利用单元公式，可以在单元之间、报表之间、不同子系统之间建立引用、加、减、乘、除等数据传递与运算关系。

报表之间、报表之内有一定的勾稽关系，如利润表与现金流量表的净利润应相等，表内小计之和等于总计等。在报表数据之间存在错误时进行提示，并将勾稽关系用公式表示，称之为审核公式。它又可分为表内审核、表间审核公式两种。

报表数据的计量单位可以是"元"或"万元"，人民币或美元，"千克"或"吨"等。收舍平衡公式是指在改变报表数据计量单位时，为防止原有的数据平衡关系被破坏，设置的舍位后自动调整平衡关系的公式。

3. 电子财经报表的公式与函数

电子报表公式基本构成 3 要素：表单元及坐标（单元在表中的位置），运算符（包括+，−，※，/，^，=，>，<，<>等），表达式（将常量、变量、函数用运算符连接起来）。如，"C7 = SUM(C2:C6) − B2 + D5"表示：C7 单元等于 C2 到 C6 这 5 个单元区域相加，减 B2 单元，再加 D5 单元；其中的"SUM"为求和函数。

为简化报表数据来源的定义，电子表软件将报表编制中比较固定的处理过程制作为独立的模块，提供针对性较强的、从各种数据源文件中调取数据的函数。如 A8 = (D1 + D2 + …… + D120)/120，可用函数表达为"A8 = Average(D1:D120)"，从而大大地减少了定义公式的工作量，简化了公式的表达形式。

不同电子表系统报表函数的表达是有区别的，如求和公式的表达，在 Excel 中是"D9 = SUM(D2:D8)"，金蝶 K/3 为"D9 = SUM(D2:D8)"，用友 UFO 表为"D9 = ptotal(D2:D8)"。

4. 用友 UFO 电子表格软件

用友公司开发的 UFO 财经电子表格软件的特点是，表的格式与数据融为一体，表头、表体定义方便，可实现表内、表间数据的灵活取数，大量的函数和工具用于编制报表、建立模型，或管理分析，可用图形直观表达表内数据等。

在用友 UFO 中制作一张会计报表的基本步骤是：启动 UFO 建立报表—设计报表的格式—定义各类公式—报表数据处理—报表图形处理—打印报表。

在用友 UFO 表系统中编制会计报表，均需要在"格式"状态下进行报表格式的设计，然后在"数据"状态下自动计算生成报表。

用友 UFO 报表编制资产负债表、利润表、现金流量表、所有者权益变动表等这些常用报表，要使用账务函数。用友账务函数又称总账函数，这些函数的符号，大多是该函数名称中某个关键汉字拼音第一个字母，如 Q 表示"期"、M 表示"末"、W 表示"外"、S 表示"数"、L 表示"累"（或"流""量"）等。

用友 UFO 编制财务会计报表时使用的总账函数是：①期初函数：QC、sQC、wQC；②期末函数：QM、sQM、wQM；③发生函数：FS、sFS、wFS；④累计发生函数：LFS、sLFS、wLFS；⑤条件发生函数：TFS、sTFS、wTFS；⑥对方科目发生函数：DFS、sDFS、wDFS；⑦净额函数：JE、sJE、wJE；⑧汇率函数：HL；⑨现金流量函数：XJLL、LJXJLL。

学习任务 2　资产负债表信息化

一、资产负债表的格式设置

工作任务 9.4　用友 UFO 资产负债表格式修改

【任务工单】

根据《企业会计准则》的最新规定，在用友 UFO 报表中进行资产负债表的格式修改。

【信息化流程】

（1）打开报表模板。双击菜单树"财务会计\UFO 报表"命令进入 UFO 报表界面，在"格式"状态下，单击常用工具栏"新建"按钮（或"文件\新建"命令）将新建空白电子表格；选择"格式\报表模板"命令,选择行业为"2007年新会计制度科目",在财务报表的下拉框中,将显示资产负债表、利润表等系统预设的报表模板,还有上述自定义的财务费用明细表模板。

选择"资产负债表"模板,单击"确认"按钮同意覆盖本表,打开的资产负债表有38行8列,单击 UFO 报表工具栏的"保存"按钮,将其保存到硬盘或 U 盘上,文件名为"资产负债表.rep",标题栏将显示该表名,如图9.9所示。

图9.9 格式状态下的资产负债表

（2）报表外观格式设置。单击第9行的行头并选择"编辑\插入\行"菜单命令，确认插入1行；单击A12单元格并选择"编辑\插入\行"菜单命令，确认插入1行；单击A26单元格并选择"编辑\插入\行"菜单命令，确认插入2行；该表将调整为42行8列，重新录入"行次"列中的数字顺序号。

拖动选定A16至D17单元格区域并右击鼠标选择"剪切"命令，再右击A14单元格选择"粘贴"命令。拖动选定E13至H13单元格区域并右击鼠标选择"剪切"命令，再右击E12单元格选择"粘贴"命令。拖动选定E17至H17单元格区域，按下键盘上的DEL键。拖动选定E18至H18单元格区域并右击鼠标选择"剪切"命令，再右击E16单元格选择"粘贴"命令。

在A9及E9单元格分别录入"衍生金融资产""衍生金融负债"文字，在A12、A16及E13单元格分别录入"应收款项融资""合同资产""合同负债"文字，在A17、E17单元格分别录入"持有待售资产""持有待售负债"文字。再双击上述单元格，在文字前按下键盘上的2个空格以实现文字对齐。

类似地，进行其他单元格区域内容的移动、删除，以及单元格文字的录入，要求该表在"格式"状态下显示如图9.9所示。

（3）浏览UFO预设的公式。在左下角为"格式"状态时，单击货币资金后的C7单元格，上部编辑框将显示"QM("1001",月,,,年,,)＋QM("1002",月,,,年,,)＋QM("1012",月,,,年,,)"公式，其中，QM表示期末。其含义是：**将库存现金（1001）、银行存款（1002）和其他货币资金（1012）科目本年当月末余额相加**。

双击C20单元格，弹出定义公式界面，显示C20＝ptotal（？C7:？C19），其含义是：**将C7至C19单元格的值相加**。注：ptotal表示求和，公式中的"？"号可以省略。

选择"数据\公式列表"菜单命令，将列表显示模板中预设的本表的所有公式。其中的**D8＝QC("1101",全年,,,年,,)**表示D8单元格的值为交易性金融资产（1101）本年初的余额"。

所以，编制资产负债表的公式主要是QC、QM、ptotal这三个函数。

（4）取消关键字。选取"数据\关键字\取消"菜单命令，选择所有复选框，单击"确定"按钮，以取消原有关键字；选定A3单元格，删除其中的文字。

（5）重新设置关键字。选定A3单元格，选择**"数据\关键字\设置"命令，选择"单位名称"**；选定E3单元格，分别设置该单元格3个关键字为：年、月、日。

（6）设置关键字偏移。选择**"数据\关键字\偏移"**命令；设置单位名称偏移10、年偏移－100、月偏移－70、日偏移－40；单击"确认"按钮。

（7）千位分隔。选择"工具\格式工具栏"；鼠标拖动C、D列头以选定这两列，**单击格式工具栏的"千位分隔"（千分撇）按钮**；拖动选定G、H两列，单击"千位分隔"按钮。

二、资产负债表的取数公式

工作任务9.5　资产负债表函数公式修改

资产负债表函数公式

【任务工单】

根据碚渝实业2023年1月业财融合信息化数据，在用友UFO报表中修改资产负债表的取数公式与函数。

【信息化流程】

（1）修改预收账款公式。根据《企业会计准则》与制度规定，**应收账款（1122）、预收账**

款（2203）所属各明细科目的贷方余额合计填入资产负债表"预收账款"项目，用函数向导修改公式。

在"格式"状态下，双击 G12 单元格（预收账款期末余额）进入定义公式界面，单击"函数向导"，选择账务函数中的期末（QM）函数，如图 9.10（a）所示；单击"下一步"按钮进入业务函数界面，单击"参照"按钮进入账务函数界面，如图 9.10（b）所示。

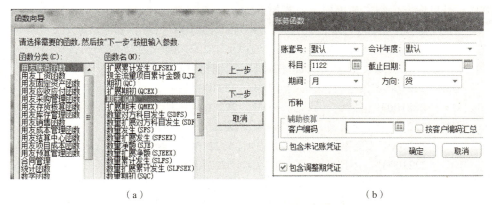

（a）　　　　　　　　　　　　　　　（b）

图 9.10　用友 U8 选择期末函数和账务函数界面

在此参照选择或录入科目为 1122、期间为月、方向为贷，单击"确定"按钮回到业务函数界面；单击"确定"按钮回到定义公式界面；在公式后键入"＋"后，再重复单击"函数向导"按钮，依序再次进入函数向导（选 QM）、业务函数、账务函数界面；在账务函数界面参照选择或录入科目为 2203、期间为月、方向为贷；依序回到业务函数、定义公式界面，公式框将显示"QM("1122",月,"贷",,,"",,,,,) + QM("2203",月,"贷",,,"",,,,,)"；单击"确认"按钮回到 UFO 报表界面。

H12 单元格（预收账款年初余额）的公式类似地定义为：H12 = QC("1122",全年,"贷",,,"",,,,,) + QC("2203",全年,"贷",,,"",,,,,)。该公式定义过程除了在函数向导界面中选择期初（QC），在账务函数界面中选择期间为全年外，其他操作与上面相同。

（2）直接修改应收账款项目公式。资产负债表的应收账款项目，应根据应收账款、预收账款所属各明细科目期末借方余额合计减坏账准备（1231）期末贷方余额填列。

选定 C11 单元格并输入"＝"进入定义公式界面，将公式修改为"QM("1122",月,"借",,,"",,,,,) + QM("2203",月,"借",,,"",,,,,) - QM("1231",月,"贷",,,"",,,,,)"，如图 9.11 所示，单击"确认"按钮。

图 9.11　用友 U8 应收账款定义公式

该项目年初余额公式为：D11 = QC("1122",全年,"借",,,"",,,,,) + QC("2203",全年,"借",,,"",,,,,) - QC("1231",全年,,年,,)。

（3）报表应付账款与预付账款项目公式。报表应付账款项目根据应付账款（2202）、预付账款（1123）所属各明细科目贷方余额合计填列，它们的借方余额合计应填入预付账款项目，公式如下：

$$G11 = QM("2202",月,"贷",,,"",,,,) + QM("1123",月,"贷",,,"",,,,)$$
$$H11 = QC("2202",全年,"贷",,,"",,,,) + QC("1123",全年,"贷",,,"",,,,)$$
$$C13 = QM("2202",月,"借",,,"",,,,) + QM("1123",月,"借",,,"",,,,)$$
$$D13 = QC("2202",全年,"借",,,"",,,,) + QC("1123",全年,"借",,,"",,,,)$$

（4）报表其他流动资产项目根据应收出口退税款（1220）、应交税费/待认证进项税额（2221007）科目借方余额之和填列，公式如下：

$$C19 = QM("1220",月,,,,,,,,) + QM("2221007",月,"借",,,,,,,)$$
$$D19 = QC("1220",全年,,,,,,,,) + QC("2221007",月,"借",,,,,,,)$$

（5）报表应交税费项目按应交税费（2221）明细科目贷方余额计算，公式如下：

$$G15 = QM("2221001",月,,,,,,,,) + QM("2221002",月,,,,,,,,) +$$
$$QM("2221003",月,,,,,,,,) + QM("2221004",月,,,,,,,,) +$$
$$QM("2221005",月,,,,,,,,) + QM("2221006",月,,,,,,,,)。$$
$$H15 = QC("2221001",全年,,,,,,,,) + QC("2221002",全年,,,,,,,,) +$$
$$QC("2221003",全年,,,,,,,,) + QC("2221004",全年,,,,,,,,) +$$
$$QC("2221005",全年,,,,,,,,) + QC("2221006",全年,,,,,,,,)$$

（6）<u>报表其他应收款项目根据其他应收款（1221）、应收股利（1131）与应收利息（1132）科目期末借方余额之和填列</u>，公式如下：

$$C14 = QM("1131",月,,,年,,) + QM("1132",月,,,年,,) + QM("1221",月,,,年,,)$$
$$D14 = QC("1131",全年,,,年,,) + QC("1132",全年,,,年,,) + QC("1221",全年,,,年,,)$$

（7）报表其他应付款项目根据其他应付款（2241）、应付股利（2232）与应付利息（2231）科目期末贷方余额之和填列，公式如下：

$$G16 = QM("2231",月,,,年,,) + QM("2232",月,,,年,,) + QM("2241",月,,,年,,)$$
$$H16 = QC("2231",全年,,,年,,) + QC("2232",全年,,,年,,) + QC("2241",全年,,,年,,)$$

（8）设置不可见的过渡单元格。拖动选定 A1 至 C2 这 6 个单元格构成的区域，选择"格式\单元格属性"菜单命令；在"单元类型"卡片中选"数值"，<u>在"字体图案"卡片中，将前景色与背景均选择为白色</u>。

（9）报表长期借款项目根据长期借款（2501）科目期末贷方余额扣除一年内到期的长期借款本息之差填列，计算公式（将使用上述过渡单元格）为：

$$G22 = QM("2501",月,,,年,,) - B1$$
$$H22 = QC("2501",全年,,,年,,) - B2$$

（10）报表应付债券项目根据应付债券（2502）科目期末贷方余额扣除一年内到期的应付债券本息之差填列，本公司没有使用但仍可定义计算公式（将使用上述过渡单元格）为：

$$G23 = QM("2502",月,,,年,,) - C1$$
$$H23 = QC("2502",全年,,,年,,) - C2$$

（11）报表一年内到期的非流动负债项目，使用<u>前述定义的不可见过渡单元格</u>，计算公式为：

$$G18 = B1 + C1$$
$$H18 = B2 + C2$$

（12）报表未分配利润项目根据本年利润（4103）、利润分配（4104）科目期末余额之和填列，计算公式为：

$$G40 = QM("4103",月,,,年,,) + QM("4104",月,,,年,,)$$

H40 = QC("4103",全年,,,年,,) + QC("4104",全年,,,年,,)

（13）表内合计部分计算公式如下：

C20 = ptotal（C7:C19）

C41 = ptotal（D22:D40）

C42 = C20 + C41

G20 = ptotal（G7:G19）

H30 = ptotal（H22:H29）

G41 = ptotal（G33:G40）− 2 * G36

三、自动生成资产负债表

工作任务9.6　用友UFO资产负债表自动生成

【任务工单】

根据碚渝实业业财融合信息化数据，长期借款中将于一年内归还的本金，2023年年初为238 000元，2023年1月末为247 000元，根据公司核算数据编制资产负债表。

【信息化流程】

（1）单击UFO报表界面左下角转换按钮，使之显示为"数据"状态。

（2）录入动态数据（过渡单元格）。在过渡B1单元格录入"247000"，在B2单元格录入"238000"（长期借款中将于一年内归还的本金）。

过渡单元格的背景色、前景色均为白色，所以录入数据后按下键盘上的回车键，数据不会显示出来；但选定该单元格时，上部编辑框中能显示出来。

（3）录入关键字。选取"数据\关键字\录入"菜单命令，分别录入本公司名称、2023年1月31日，即可生成1月份的资产负债表。

（4）资产负债表显示：C42 = G42 = 7 712 000.42元，D42 = H42 = 7 544 500.68元。

货币资金项目期末余额2 594 575.64元，年初余额2 809 791.33元，净增加−215 215.69元，这些金额应与现金流量表的现金及现金等价物期末余额、期初余额与净增加额相等。

未分配利润项目期末余额755 143.13元，年初余额509 417.92元，净增加245 725.21元，净增加额应与利润表的净利润相等。

学习任务3　利润表与现金流量表信息化

一、利润表信息化

工作任务9.7　用友UFO利润表格式修改

【任务工单】

根据《企业会计准则》的最新规定，在用友UFO报表中修改利润表格式。

【信息化流程】

（1）打开并保存利润表。双击菜单树"财务会计\UFO报表"命令进入UFO报表界面，单击工具栏"新建"按钮，选择"格式\报表模板"菜单命令，选择2007年新会计制度科目中的"利润表"；单击"确认"按钮并同意覆盖本表格式，将显示24行4列的利润表。

单击工具栏"保存"按钮,将其保存到硬盘或U盘上,文件名为"利润表.rep"。单击该表左下部的**"数据/格式"转换开关使之显示为"格式"状态**(或者选择"编辑/数据/格式"菜单命令)。

(2)按最新《企业会计准则》及其最新规定,修改报表项目名称等外观。通过"编辑\插入\行"菜单命令增加报表项目,并录入或修改A列中的相关文字;选定相关单元格区域后通过"剪切+粘贴"命令,移动原有的报表项目位置;选定某行并通过"编辑\删除\行"菜单命令删除多余的表行;最终使本表调整为35行4列,如图9.12所示。

行	项目	行数	本期金额	上期金额
1	利润表			
2				会企02表
3	单位名称:××××××	××××年 ××月		单位:元
4	项 目	行数	本期金额	上期金额
5	一、营业收入	1	公式单元	公式单元
6	减:营业成本	2	公式单元	公式单元
7	税金及附加	3	公式单元	公式单元
8	销售费用	4	公式单元	公式单元
9	管理费用	5	公式单元	公式单元
10	研发费用	6	公式单元	
11	财务费用	7	公式单元	公式单元
12	其中:利息费用	8	公式单元	
13	利息收入	9	公式单元	
14	加:其他收益	10		
15	投资收益(损失以"-"号填列)	11	公式单元	公式单元
16	其中:对联营企业和合营企业的投资收益	12		
17	以摊余成本计量的金融资产终止确认收益	13		
18	净敞口套期收益(损失以"-"号填列)	14		
19	公允价值变动收益(损失以"-"号填列)	15		公式单元
20	信用减值损失(损失以"-"号填列)	16		
21	资产减值损失(损失以"-"号填列)	17	公式单元	公式单元
22	资产处置收益(损失以"-"号填列)	18		
23	二、营业利润(亏损以"-"号填列)	19	公式单元	公式单元
24	加:营业外收入	20	公式单元	公式单元
25	减:营业外支出	21		
26	三、利润总额(亏损总额以"-"号填列)	22	公式单元	公式单元
27	减:所得税费用	23		
28	四、净利润(净亏损以"-"号填列)	24	公式单元	公式单元
29	(一)持续经营净利润(净亏损以"-"号填列)	25		
30	(二)终止经营净利润(净亏损以"-"号填列)	26		
31	五、其他综合收益的税后净额	27		
32	六、综合收益总额	28		
33	七、每股收益:	29		
34	(一)基本每股收益	30		
35	(二)稀释每股收益	31		

图9.12 用友U8格式状态下的利润表

(3)设置关键字。选定利润表A3单元格,删除其内容;选取"数据\关键字\设置"菜单命令,选择"单位名称"后单击"确定"按钮;选定 B3 单元格,设置关键字为年;选定 C3 单元格,设置关键字为月;设置月的关键字偏移为 -30。

工作任务9.8 用友 UFO 利润表取数函数修改

【任务工单】

根据碚渝实业实际情况,在用友 UFO 报表中修改利润表取数公式。

【信息化流程】

(1)熟悉利润表取数公式。利润表模板中的各项目已有相应的单元取数公式。单击 UFO 利润表界面左下角的转换按钮使之显示为"格式"状态,选定 C5 单元格,公式编辑框显示"=fs(6001,月,"贷",,年)+fs(6051,月,"贷",,年)",其含义是"将6001(主营业务收入)与6051(其他业务收入)科目的当年本月贷方发生额相加"。

双击利润表 D5 单元格弹出定义公式界面,如图 9.13 所示,该界面显示为 D5 = select (? C5,年@ = 年 + 1 and 月@ = 月),表示"D5 单元格的值等于本表上年同月 C5 单元格的值"。其中,select 为本表他页取数函数,公式中的"?"可以省略。

图 9.13 用友 UFO 本表他页取数 select 函数

选择"数据\公式列表"菜单命令,弹出的界面中列出了本表所有已定义的单元公式、舍位公式与审核公式。例如,"C19 = ? C15 + ? C16 - ? C17"表示"C19 单元格的值等于 C15 加 C16 减 C17 单元格的值"。

所以,用友 UFO 报表系统编制利润表,主要使用发生(FS)、累计发生(LFS)、对方科目发生(DFS)、本表他页取数(select)等函数公式。

(2)理解错误公式。单击 UFO 利润表界面左下角的转换按钮,使之显示为"数据"状态;选择"数据\关键字\录入"命令,录入单位名称、年、月;单击"确认"按钮,同意表页重新;显示的财务费用项目金额与上述编制的财务费用明细表不相符;单击 C11 单元格后编辑框将显示"C11 = fs(6603,月,"借",,年)",这是发生函数取数公式。

原因分析:编制利润表使用发生函数取数的前提条件是,除了结转本年利润,没有使用损益类会计科目非缺省方向编制的记账凭证。如投资收益的缺省方向为贷方,发生的投资损失应用红字贷记该科目;财务费用的缺省方向为借方,存款利息收入应用红字借记该科目等。而本公司没有按此规则编制会计凭证,所以使用发生函数取数出错,应使用对方科目发生函数取数。

使用对方科目发生函数取数的前提条件:结转本年利润时使用"总账\期末\转账生成\期间损益结转"功能,必须按收入类、支出类分别生成 2 张转本年利润的分录;凭证已审签记账。

若选择全部科目(包括收入类与支出类)生成 1 张结转本年利润的凭证,将无法用对方科目发生函数取数。

(3)用向导修改函数公式。在"格式"状态下双击利润表管理费用(6602)项目后的 C9 单元格,进入定义公式界面,删除该界面显示的公式;单击"函数向导"按钮进入函数向导界面,选择"用友账务函数\对方科目发生(DFS)",单击"下一步"按钮进入业务函数界面,如图9.14(a)所示,单击下部的"参照"按钮进入账务函数界面,如图9.14(b)所示;录入或参照选择科目为6602、对方科目为4103、期间为月、方向为贷,单击"确定"按钮回到业务函数界面;再单击"确定"按钮回到定义公式界面,单击"确认"按钮回到UFO报表界面,编辑栏将显示定义的公式为:C9 = DFS("6602","4103",月,贷,,,,,)。公式含义:取本月贷记管理费用且对方科目是本年利润的金额。

(a)   (b)

图9.14 用友UFO修改对方科目发生函数公式

(4)用向导定义函数公式。在"格式"状态选定利润表研发费用后的C10单元格,进入定义公式界面;单击"函数向导"按钮进入函数向导界面,选择"用友账务函数\发生(FS)",单击"下一步"按钮进入业务函数界面,如图9.15(a)所示,单击下部的"参照"按钮进入账务函数界面,如图9.15(b)所示;录入或参照选择科目为1702、期间为月、方向为贷,单击"确定"按钮回到业务函数界面;再单击"确定"按钮回到定义公式界面,单击"确认"按钮回到UFO报表界面,编辑栏将显示定义的公式为:FS("1702",月,"贷",,,,)。

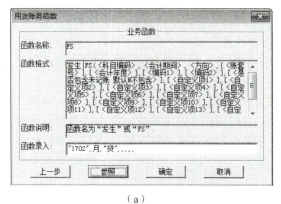 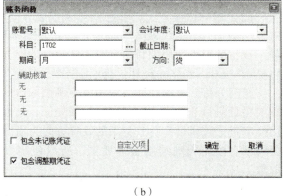

(a)   (b)

图9.15 用友UFO修改发生函数公式

注:《企业会计准则》规定,研发费用项目应根据无形资产摊销(即累计摊销的贷方)及"管理费用/研发费用"的发生额填列,本公司只有专利权摊销。

(5)直接修改公式。双击财务费用(6603)后的C11单元格,在定义公式界面直接录入"DFS("6603","4103",月,贷,,,,,)"。

投资收益(6111)的取数公式为:

C15 = DFS("6111","4103",月,借,,,,,)

(6) 其他公式：

C12 = DFS("603001","4103",月,贷,,,,,)
C13 = – DFS("603003","4103",月,贷,,,,,)
C20 = DFS("6702","4103",月,贷,,,,,)
C23 = C5 – PTOTAL(C6：C9) – C11 + C14 + C15 + PTOTAL(C18：C22)

工作任务9.9　利润表自动生成与报表保护

【任务工单】
根据碚渝实业2023年1月管理信息化资料，在用友UFO报表中编制利润表。

【信息化流程】
(1) 自动生成报表。单击UFO报表窗口左下部"格式\数据"转换按钮，使之显示"数据"状态，同意整表重算，将自动生成本公司2023年1月利润表。其中，营业收入1 687 887.08元，营业利润327 751.48元，净利润245 725.21元。

(2) 文件口令。在"格式"状态下，选取"文件\文件口令"菜单命令进入"设置文件口令"界面；输入口令（密码），单击"确定"按钮，今后要打开该电子表，必须输入口令；取消口令也在此界面中删除。

(3) 格式加锁。单击"格式\保护\格式加锁"菜单命令进入"格式加锁"界面；输入口令，单击"确认"按钮。加锁后可由"格式"状态转换为"数据"状态；但由"数据"状态进入"格式"状态时，必须输入口令。若要解锁，也在此界面进行删除。

二、现金流量表信息化

工作任务9.10　用友UFO现金流量表格式修改

【任务工单】
在用友UFO报表中打开现金流量表模板，修改报表格式。

【信息化流程】
(1) 打开并保存现金流量表。在UFO报表界面单击工具栏"新建"按钮，选择"格式\报表模板"命令；选择2007年新会计制度科目中的"现金流量表"，单击"确认"按钮并同意覆盖本表；单击工具栏"保存"按钮，将其保存到硬盘或U盘上，文件名为"现金流量表.rep"。

(2) 插入列。在"格式"状态下选定A1单元格，单击常用工具栏"组合单元"按钮（🔲），单击"取消组合"按钮；选定C1单元格，选择"编辑\插入\列"命令；选定A1至E1这5个单元区域，单击工具栏"组合单元"按钮，单击"按行组合"按钮；修改或录入表头的相关文字，如图9.16所示。

(3) 格式工具栏的使用。选择"工具\格式工具栏"命令，常用工具栏下部将显示格式工具栏；选定A1单元格，单击格式工具栏 U 按钮以取消原设置的下划线；鼠标指向左边第2行的行头并按下左键向下拖动到第42行，通过格式工具栏修改为宋体、9号字体。

(4) 取消折行显示。单击A列的列头，选择"格式\单元属性"命令，在"对齐"卡片中，取消"文字折行显示"，单击"确定"按钮。

将鼠标指针指向A、B两列中间竖线，当指针变为双向十字箭头时，按下左键向左或向右

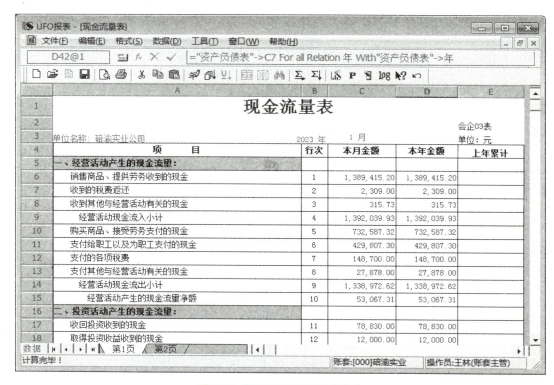

图9.16 数据状态下的现金流量表

拖动，以将该列的文字全部显示出来。

（5）等高与等宽。用鼠标拖动选择第2~42行的行头以选定这41行，鼠标指针指向选定的任意两行的行头中间横线，当指针变为双向十字箭头时，按下左键向上或向下拖动，选定的各行均调整了行高且等高。

用鼠标拖动C、D、E三列的列头以选定这3列，将鼠标指针指向两列列头的中间竖线，当指针变为双向十字箭头时，按下左键向左拖动，这3列均缩小了列宽且等宽。

（6）设置关键字。设置A3、B3与C3单元格关键字为编制单位、年、月。

工作任务9.11 设置现金流量表函数公式

【任务工单】

在用友UFO报表中，定义现金流量表的函数取数公式。

【信息化流程】

（1）函数向导设置本月流入项目取数公式。"格式"状态下选定C6单元格，按下键盘上的"="键进入定义公式界面；单击"函数向导"按钮进入函数向导界面；选择"用友账务函数\现金流量项目金额（XJLL）"函数，如图9.17（a）所示；单击"下一步"按钮进入业务函数界面，单击"参照"按钮进入账务函数界面，如图9.17（b）所示。

选择会计期间为月，方向为流入，现金流量项目为"01 销售商品、提供劳务收到的现金"；两次单击"确定"按钮回到定义公式界面，此时将显示"XJLL（,,"流入","01",,,,,月,,,,,,）"；将其选定后复制，从键盘上输入"–"键，粘贴后将"流入"修改为"流出"；单击"确认"按钮回到UFO报表界面，上部名称框及编辑框将显

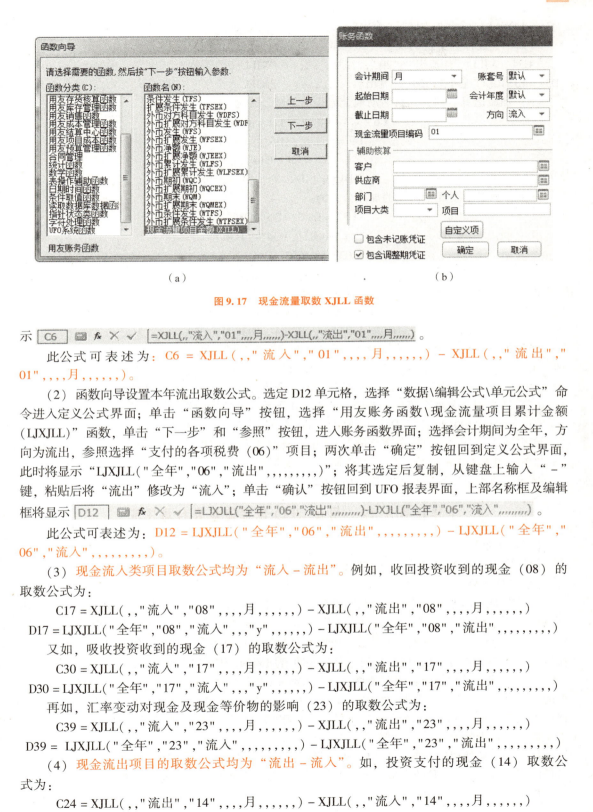

图 9.17 现金流量取数 XJLL 函数

此公式可表述为：C6 = XJLL(,," 流入 "," 01 ",,,,月,,,,,) – XJLL(,," 流出 "," 01 ",,,,月,,,,,)。

（2）函数向导设置本年流出取数公式。选定 D12 单元格，选择"数据\编辑公式\单元公式"命令进入定义公式界面；单击"函数向导"按钮，选择"用友账务函数\现金流量项目累计金额（LJXJLL）"函数，单击"下一步"和"参照"按钮，进入账务函数界面；选择会计期间为全年，方向为流出，参照选择"支付的各项税费（06）"项目；两次单击"确定"按钮回到定义公式界面，此时将显示"LJXJLL("全年","06","流出",,,,,,,,)"；将其选定后复制，从键盘上输入" –"键，粘贴后将"流出"修改为"流入"；单击"确认"按钮回到 UFO 报表界面，上部名称框及编辑框将显示 D12 ƒx × √ =LJXJLL("全年","06","流出",,,,,,,,)-LJXJLL("全年","06","流入",,,,,,,,)。

此公式可表述为：D12 = LJXJLL(" 全年 "," 06 "," 流出 ",,,,,,,,,) – LJXJLL(" 全年 "," 06 "," 流入 ",,,,,,,,,)。

（3）现金流入类项目取数公式均为"流入 – 流出"。例如，收回投资收到的现金（08）的取数公式为：

C17 = XJLL(,," 流入 "," 08 ",,,,月,,,,,) – XJLL(,," 流出 "," 08 ",,,,月,,,,,)

D17 = LJXJLL(" 全年 "," 08 "," 流入 ",,," y ",,,,,) – LJXJLL(" 全年 "," 08 "," 流出 ",,,,,,,,,)

又如，吸收投资收到的现金（17）的取数公式为：

C30 = XJLL(,," 流入 "," 17 ",,,,月,,,,,) – XJLL(,," 流出 "," 17 ",,,,月,,,,,)

D30 = LJXJLL(" 全年 "," 17 "," 流入 ",,," y ",,,,,) – LJXJLL(" 全年 "," 17 "," 流出 ",,,,,,,,,)

再如，汇率变动对现金及现金等价物的影响（23）的取数公式为：

C39 = XJLL(,," 流入 "," 23 ",,,,月,,,,,) – XJLL(,," 流出 "," 23 ",,,,月,,,,,)

D39 = LJXJLL(" 全年 "," 23 "," 流入 ",,,,,,,,) – LJXJLL(" 全年 "," 23 "," 流出 ",,,,,,,,,)

（4）现金流出项目的取数公式均为"流出 – 流入"。如，投资支付的现金（14）取数公式为：

C24 = XJLL(,," 流出 "," 14 ",,,,月,,,,,) – XJLL(,," 流入 "," 14 ",,,,月,,,,,)

D24 = LJXJLL("全年","14","流出",,,,,,,,) – LJXJLL("全年","14","流入",,,,,,,,)

再如，偿还债务支付的现金（20）取数公式为：

C34 = XJLL(,,"流出","20",,,,月,,,,,) – XJLL(,,"流入","20",,,,月,,,,,)

D34 = LJXJLL("全年","20","流出",,,,,,,,) – LJXJLL("全年","20","流入",,,"y",,,,,)

（5）加减运算。如，经营活动现金流量的加减公式为：

$$C9 = C6 + C7 + C8$$ 或者 $$C9 = ptotal(C6:C8)$$

$$D9 = ptotal(？D6:？D8)$$

$$C15 = C9 - C14$$

$$D15 = ？D9 - ？D14。$$

又如，筹资活动现金流量的加减公式为：

$$C37 = C34 + C35 + C36$$

$$D37 = ptotal(？D34:？D36)$$

$$C38 = ？C33 - ？C37$$

$$D38 = ？D33 - ？D37。$$

再如，现金及现金等价物净增加额公式为：

$$C40 = C15 + C28 + C38 + C39$$

$$D40 = ？D15 + ？D28 + ？D38 + ？D39$$

（6）期初现金及现金等价物余额。期初QC函数取数的公式为：

C41 = QC("1001",月,,,年,,) + QC("1002",月,,,年,,) + QC("1012",月,,,年,,)

D41 = QC("1001",全年,,,,,,,,) + QC("1002",全年,,,,,,,,) + QC("1012",全年,,,,,,,,)

（7）期末现金及现金等价物余额。期末QM函数取数公式为：

C42 = QM("1001",月,,,年,,) + QM("1002",月,,,年,,) + QM("1012",月,,,年,,)

用表间取数公式，**提取资产负债表C7单元格的货币资金期末余额：D42 = "资产负债表" –> C7 For all Relation 年 With "资产负债表" –> 年**。

还可以直接根据本表数据计算，如，E42 = E40 + E41。

工作任务9.12 用友UFO现金流量表自动生成

【任务工单】

根据碚渝实业2023年1月业财融合信息化数据，编制现金流量表。

【信息化流程】

（1）生成1月现金流量表。单击UFO报表左下角按钮使之显示为"数据"状态；选择"数据\关键字\录入"命令；录入单位名称、年、月，单击"确认"按钮，自动取数生成2023年1月的现金流量表，**由于是1月份，所以本月数与本年数相等**。其中，经营活动产生的现金流量净额为53 067.31元，现金及现金等价物净增加额为 –215 215.69元。

（2）生成2月现金流量表。选择"编辑\插入\表页"命令，增加1张电子表格；选定下部的"第2页"，选择"数据\关键字\录入"命令；录入单位名称、年、月，单击"确认"按钮，生成本公司2023年2月现金流量表；由于**第2月还没有账务处理，所以本月数为空，本年数为1月份的金额**。

待2月账务处理后，再进入UFO报表界面；选择"数据\整表重算"命令，将自动生成2月份的现金流量表，2月的金额自动取数，2月的本年金额自动累加更新，但1月报表中的本年金额不累加。

学习任务4 学习效果验证

自主学习09

一、单项选择题

1. 数据状态下发现用友UFO生成的报表，有公式的单元格中的数据有错，修改方法是（　　）。
   A. 直接键入正确的数据　　　　B. 格式状态下修改数据
   C. 格式状态下修改公式　　　　D. 数据状态下修改公式
2. 在用友UFO报表系统提供的功能中，每个月都需要调用的功能是（　　）。
   A. 定义关键字　　　　　　　　B. 报表公式定义
   C. 录入关键字　　　　　　　　D. 报表格式定义
3. 尽管电子报表每月的数值都在变，但它们的（　　）却是相对不变的。
   A. 数值大小　　　　　　　　　B. 数据来源
   C. 报表日期　　　　　　　　　D. 计算结果
4. 在用友UFO报表中欲将关键字位置向左调整时，需输入（　　）形式的数据。
   A. 左10　　B. −10　　C. 10　　D. +10
5. 在用友UFO报表中用（　　）取总账系统指定科目的本期外币发生函数。
   A. DFS( )　　B. SFS( )　　C. WFS( )　　D. JE( )
6. 用友UFO报表在数据状态下，不提供（　　）关键字的录入。
   A. 年　　B. 月　　C. 季　　D. 周

二、多项选择题

1. 在用友UFO空白报表中选定单元格并（　　），可进入定义公式界面输入单元格公式。
   A. 按"="键　　　　　　　　　B. 在编辑框按"="键
   C. 单击"fx"按钮　　　　　　　D. 单击单元格
2. 改变原保存的用友UFO报表尺寸即报表的行数与列数，可以选择（　　）方法。
   A. 数据状态下插入表页　　　　B. 格式状态下插入行或列
   C. 格式状态下追加行或列　　　D. 格式状态下发出表尺寸命令
3. 用友UFO生成报表时，（　　）操作必须在数据状态下完成。
   A. 录入关键字　　　　　　　　B. 设置列宽
   C. 表页重算　　　　　　　　　D. 单元组合
4. 用友UFO报表一般使用函数公式取数，属于用友取数函数的是（　　）。
   A. 数量发生（SFS）函数　　　 B. 累计发生（LFS）函数
   C. 对方科目发生（DFS）函数　 D. 外币条件发生（WTFS）函数
5. 在电子报表系统中，报表的输出形式主要有（　　）。
   A. 屏幕显示　　B. 打印输出　　C. 磁盘输出　　D. 网络传输
6. 在用友UFO报表中选择A1：C1区域定义组合单元，应采用（　　）组合方式。
   A. 整体组合　　B. 按列组合　　C. 按行组合　　D. 取消组合

三、判断题

1. 在用友 UFO 报表的数据状态下选定 2 行 2 列，可通过"工具"菜单插入直方图的图表对象，但无法插入折线图、饼图与立柱图等。（　　）
2. 在电子报表系统中，除了直接录入的数字没有保存经济业务的数据，编表时要确定数据源。（　　）
3. 在电子报表系统中，用于检查并提示报表之间、报表之内有一定的勾稽关系是否有错误的公式是单元格公式。（　　）
4. 在用友 UFO 报表中编制现金流量表，使用的取数函数主要是 XJLL、LJXJLL。（　　）
5. 在用友 UFO 报表中，发生函数为 FS、期初函数为 QC、期末函数为 QM。（　　）
6. 只有在用友 UFO 报表格式中已设置了关键字，数据处理中已为不同表页录入了不同关键字，关键字才能在计算公式中起到作用。（　　）
7. 在用友 UFO 报表的数据状态下，可以调整报表的行高和列宽、设置字体加粗。（　　）
8. 在用友 UFO 报表的单元公式定义中，可以使用半角字符，也可以使用全角字符。（　　）

四、做中学：铁马实业信息化实训

工作任务9.13　铁马实业的会计报表生成

【任务工单】

（1）在用友 UFO 报表中利润表的"数据"状态下，录入关键字（不必修改报表的格式、项目名称等），自动生成铁马实业 2023 年 12 月报表。

（2）在用友 UFO 报表中资产负债表的"数据"状态下，录入关键字（不必修改报表的格式、项目名称等），自动生成铁马实业 2023 年 12 月报表。

工作任务9.14　铁马实业的现金流量辅助核算

【任务工单】

（1）指定现金流量的末级科目：1001 库存现金、100201 工行存款、100202 建行存款。

（2）2023 年 12 月 31 日，对使用了上述 3 个货币资金末级科目的记账凭证，期末集中进行现金流量项目的辅助核算（即流量指定）。

工作任务9.15　铁马实业的现金流量表信息化

【任务工单】

（1）在用友 UFO 报表中现金流量表的"格式"状态下，设置关键字。

（2）在用友 UFO 报表中现金流量表的"格式"状态下，用 XJLL 或 LJXJLL 函数设置取数公式。

（3）在用友 UFO 报表中现金流量表的"数据"状态下，录入关键字，自动生成铁马实业 2023 年 12 月报表。

参 考 文 献

[1] 财政部会计资格评价中心. 中级会计实务 [M]. 北京：经济科学出版社，2022.
[2] 财政部会计资格评价中心. 财务管理 [M]. 北京：经济科学出版社，2022.
[3] 王顺金. 财务业务一体信息化技术研究 [M]. 北京：北京理工大学出版社，2012.
[4] 王顺金. 会计信息系统功能架构的研究 [M]. 成都：西南交通大学出版社，2007.
[5] 王顺金. Excel 财务与会计 [M]. 北京：北京理工大学出版社，2020.
[6] 王顺金. 审计实务 [M]. 北京：北京理工大学出版社，2019.
[7] 用友集成账务软件帮助文档；版本号：V7.01A，UFO v7.0.
[8] 用友通软件帮助文档；版本号：T3，T6，Tong2005，V10.0，V10.1.
[9] 用友 U8 早期软件帮助文档；版本号：UFERP - M8.11，ERP - U8.50，ERP - U8.52，ERP - U8.60，ERP - U8.70，ERP - U8.71.
[10] 用友 U8 近期软件帮助文档；版本号：ERP - U872，ERP - U890，U8V10.0，U8V10.1，U8V11.0，U8 + V12.0，U8 + V12.5，U8 + V13.0，U8 + V15.0，U8 + V16.0.
[11] 用友软件发版说明；版本号：U6V3.1，U9V1.0，U9V1.5，U9V2.1.
[12] 金蝶财务软件帮助文档；版本号：V6.2，V7.0，V7.3.
[13] 金蝶 KIS 软件帮助文档；版本号：ProV8.1，标准 V7.5，标准 V8.0，业务 V8.1.
[14] 金蝶 K/3 早期软件帮助文档；版本号：V8.8，V9.41，V10.4，V11.0，V12.1.
[15] 金蝶 K/3 近期软件帮助文档；版本号：Wise12.3，Wise13.1，Wise14.0，Wise14.3.
[16] 速达财务软件帮助文档；版本号：V2.1，V5.6，XP.
[17] 速达管理软件帮助文档；版本号：5000 Pro，3000 Pro，E3 Pro V5.0，ERP V5.
[18] 金算盘软件帮助文档；版本号：6F，eERP - B V6.21.
[19] 管家婆软件帮助文档；版本号：辉煌版 V7.1，辉煌版 V9，辉煌 2008 ++ .
[20] 江苏久久软件帮助文档；版本号：AC990V8.3，降龙 990.
[21] 小蜜蜂软件帮助文档；版本号：ERP - R2，V7，V8.
[22] 山东浪潮软件帮助文档；版本号：ERP - PS V9.1，Express E4000.
[23] 金财财务软件帮助文档；版本号：V6.0.
[24] 神州数码软件帮助文档；版本号：易飞 ERP.
[25] 北京安易集成账务软件帮助文档；版本号：V3.11.
[26] 格林财务管理软件帮助文档；版本号：V3.66.
[27] 四方财务管理软件帮助文档；版本号：V12.8.64.
[28] 王顺金. 财务管理实务 [M]. 北京：北京理工大学出版社，2017.
[29] 王顺金. Discussion on the Bottleneck of Comprehensive Accounting Information Accounting Information Standard [J]. Procedia Engineering，EI20121214882939.
[30] 王顺金. 试析会计信息系统建设中的几个误区 [J]. 财会月刊，2009（20）：95 - 96.
[31] 王顺金. 供应链系统的单据流程与运行设计 [J]. 财会月刊，2008（6）：41 - 42.
[32] 王顺金. 会计信息系统内涵与构成的实证分析 [J]. 实验科学与技术，2008（5）：74 - 77.
[33] 王顺金. 主流财务软件利润表的编制与比较 [J]. 中国管理信息化，2008（1）：24 - 27.

[34] 王顺金. 高职会计专业核心教材建设中的问题与对策 [J]. 财会月刊, 2013（6）: 127–128.

[35] 王顺金. 财务业务一体信息化课程开发与实践探索 [J]. 新智慧财经, 2014（12）: 126–127.

[36] 王顺金. 会计信息化 [M]. 北京: 高等教育出版社, 2018.